中国少数民族设计全集

The Design Collection of Chinese Ethnic Minorities

塔塔尔族

中国少数民族设计全集编纂委员会 编

山西人民出版社　人民美术出版社

图书在版编目（CIP）数据

中国少数民族设计全集．塔塔尔族/中国少数民族设计全集编纂委员会编；魏洁等著．—太原：山西人民出版社，2019.10
ISBN 978-7-203-10856-6

Ⅰ.①中… Ⅱ.①中… ②魏… Ⅲ.①塔塔尔族–民族文化–研究–中国 Ⅳ.① K28

中国版本图书馆 CIP 数据核字（2019）第 127599 号

中国少数民族设计全集．塔塔尔族

| 编　　者：中国少数民族设计全集编纂委员会
| 著　　者：魏　洁　等
| 责任编辑：樊　中
| 复　　审：刘小玲
| 终　　审：姚　军
| 装帧设计：谢　成

| 出 版 者：山西人民出版社　人民美术出版社
| 地　　址：太原市建设南路 21 号
| 邮　　编：030012
| 发行营销：0351－4922220　4955996　4956039　4922127（传真）
| 天猫官网：https://sxrmcbs.tmall.com　电话：0351－4922159
| E — mail：sxskcb@163.com　发行部
| 　　　　　sxskcb@126.com　总编室
| 网　　址：www.sxskcb.com

| 经 销 者：山西出版传媒集团·山西人民出版社
| 承 印 者：山西出版传媒集团·山西新华印业有限公司

| 开　　本：889mm×1194mm　　1/16
| 印　　张：18.75
| 字　　数：211 千字
| 印　　数：1—1 000 册
| 版　　次：2019 年 10 月　第 1 版
| 印　　次：2019 年 10 月　第 1 次印刷
| 书　　号：ISBN 978-7-203-10856-6
| 定　　价：270.00 元

如有印装质量问题请与本社联系调换

中国少数民族设计全集编纂委员会

总 主 编（按年龄排序）
张夫也　王立端　戴晋明　廖军　王琥　李豫闽　过伟敏　顾平
王强　李岗
执行主编　王琥
编务统筹　张明山

中国少数民族设计全集编辑工作委员会

主　　任　刘伟冬
编　　委（排名不分先后）
王琥　王峰　王强　王立端　王浩滢　白波　过伟敏　许星
许边疆　李岗　李丽　李豫闽　成光虎　肖飞　余强　汪传跃
罗力　杨明朗　陈述　陈见东　邱珂　胡万明　顾平　郑静
郭立忠　姬莹　张夫也　张泽国　张明山　张秋平　张耀引　梁盛平
樊进　谢玮　熊伟　熊微　熊建新　蔡克中　葛芳　鞠斐
魏洁　廖军　戴晋明

中国少数民族设计全集出版工作委员会

主　　任　胡彦威　周伟
执行主任　姚军　欧京海
编务统筹　阎卫斌　周小龙
编　　辑（排名不分先后）
王新斐　史美珍　冯昭　冯灵芝　吉昊　吕绘元　刘小玲　任秀芳
孙琳　孙宇欣　李广洁　李建业　李靖　员荣亮　张小芳　张志杰
张书剑　何赵云　陈俞江　吴春华　武静　周小龙　柳承旭　郝文霞
赵玉　赵晓丽　席青　秦继华　高雷　郭向南　阎卫斌　崔人杰
傅晓红　蔡咏卉　翟丽娟　樊中　薛正存　魏红　魏美荣
整体设计　谢成

中国少数民族设计全集·塔塔尔族

本册著者　魏　洁　王　峰　姜　靓　朱文涛
参与撰写　徐　靓　陈方圆　闫　雪　刘　颖
　　　　　　刘筠璨

求同存异　和合共荣

刘伟冬

中华民族，是一个由56个民族组成的大家庭。在漫长的文明发展史中，汉族和各少数民族都为中华文明的繁荣发展贡献了自己的聪明才智。纵观中华文明史，其实就是一部各族群之间"求同存异，和合共荣"的文化演进史。

从根子上讲，4000年前的"中国"，仅指北方中原地区，居住在这里的相传是上古时期黄帝部落和炎帝部落的后裔，故而自称"炎黄子孙"。其时的"中国"，不过是黄河中下游（西起陇山，东至泰山）区域。在千年发展与民族融合之后，尤其是晋末"衣冠南渡"，南迁的中原汉族与南方百越民族彻底融合，来自北方的鲜卑等民族融入汉族，使汉族前所未有地壮大发展，逐渐形成后来疆域辽阔、人口众多、物产繁盛、文化昌明的中华民族的主体族群。特别值得强调的是，自从作为一个民族整体之后，中华民族就从未中断过自己的民族发展史——这在世界历史上是硕果仅存、独一无二的。

中华民族具备兼容并蓄、虚心好学的民族天性。仅以设计学范畴的事例讲：在数千年文明发展历史中，中华民族在不断向外输出优秀的文明成果（如烧造之陶瓷砖瓦、营造之榫卯斗拱、织造之丝绸刺绣、锻造之"失蜡"分模等），影响全人类的日

常生活与生产方式的同时，也不断地吸纳域外各民族的优秀文明成果，如汉魏之印度佛教和西域音乐、隋唐之西亚服饰和家具、宋元之东洋印染和漆艺、明清之西洋机器与建筑……在中华民族内部，这样的文化交流更是从未停止过，而且是风生水起、枝繁叶茂，愈发流畅、深入，中华民族各族群之间"求同存异，和合共荣"的文化大演进，共同创造了中华民族极为灿烂辉煌的造物文明历史。仍以设计学范畴为例：原本是匈奴人发明的单足绳圈，被晋代的汉族人设计成铁质双镫；最早是鲜卑人原创的毡毯卷边，被晋代的汉族人改造成"高桥马鞍"，这宗中国式马具设计案例，被誉为"13世纪中国传入欧洲的最重要文化成果"（李约瑟语）。再如，西域（今新疆地区）是全世界最早的皮靴生产地，哈尼族为主的红河地区出现了全世界最早的梯田。再如，全世界最早的"干栏式建筑"和全世界最早的稻米人工育种、栽培，均起源于长江中下游的百越地区；全世界最早的竹藤编结器物起源于闽越地区……由中华民族共同创造、发明，后来又影响了全人类文明进程的优秀造物设计案例很多，不胜枚举。几千年中华民族的文明史，就是各种文化多元融合、共同发展的最好例证。不了解中华民族内部各族群的文明交流史，就无法真正理解中国文化史，也不能理解为什么中华民族总是能在逆境中成长强大。甚至可以说，能否完整地理解中华民族的文化史，是检验每一个当代中国知识分子（特别是文史哲专业的学者）文化立场的"试金石"。

随着改革开放的逐渐深入，各民族地区的经济与社会状态已发生了天翻地覆的变化。令人遗憾和担心的是，由于各地区政策执行力度不平衡，保护措施不得力，少数民族的文化特性正在逐步衰退，有些地区的少数民族文化特征甚至已经消失殆尽，仅仅存在于徒具形式，充满口号、标语的民族文化村旅游景点中。有学者预言，再不加快整理抢救工作，中国的少数民族可能在物质形态和文化内涵的特征上，若干年后将不复存在。

从少数民族地区反映古代中国社会某些面貌的文化遗存看，这些少数民族之所以一直与汉族地区差距巨大，存在多方面的原因，其中历代汉族统治者对少数民族的歧视政策是主要原因。此外这些地区本身就处于偏僻荒地，不是沙漠就是山区，自然条件远不及汉族聚集地区，社会发展水平滞后。20世纪50年代，有相当比例的少数民族在当时仍处于原始农耕社会或奴隶制社会，不要说通电、通水、通汽车，不少人一辈子连铁器长什么样都没见过。部分少数民族聚集地的各种自然条件也较差，缺肥少水，基本生活来源，一靠老天爷恩赐的"望天收"农作物；二靠家庭手工作坊制作些竹藤编结物和土织、土陶等土特产来换取粮食；三靠养猪、兔、羊和鸡、鸭、鹅等家禽来换取日用品，如灯油、农具、衣物和油盐酱醋等；四靠为土司、头人和大户们出卖劳力（社会底层奴隶身份），年老即被抛弃。中华人民共和国成立后，党和政府在这些地区实行社会主义改造，打倒以土司、巫师和头人为首的剥削阶级，将土地和生产资料一律收归集体所有，解放了全体少数民族民众，使他们历史上第一次有了自由劳作和生活的权利。

中华人民共和国成立之初，党和政府就高度关注民族事务问题，为如何保护、关心各少数民族制定了一系列方针、政策，也为当代中国社会处理民族问题、保护民族文化树立了光辉典范。中央人民政府政务院于20世纪50年代初发布了《关于民族事务的几项决定》，为新中国民族政策奠定了最初的思想基础，其主要内容是：一、各大行政区军政委员会（人民政府）须指导各有关

求同存异　和合共荣

省、市、行署人民政府认真推行民族区域自治及民族民主联合政府的政策和制度，并随时向政务院报告推行经验，请示者须事前向政务院请示。二、各大行政区军政委员会（人民政府）须指导各有关省、市、行署人民政府认真并有计划地实行政务院在1950年颁发的《培养少数民族干部试行方案》，并将该项工作进行情况定期加以检查，每半年向政务院报告一次。中央民族学院及西北、西南、中南各军政委员会和新疆省人民政府的民族学院，必须依计划实行，并向政务院报告。三、政务院于1951年下半年适当时间将同时召开有关少数民族的卫生、教育及贸易三个专业会议，责成政务院文教委员会、中财委指导中央卫生部、教育部、贸易部开始筹备，并责成中央民族事务委员会协助进行。有关部门如农业部、文化部也须派人参加。四、责成中央人民政府各委、部、会、院、署、行注意建立有关民族事务的业务。五、在政务院文教委员会内设民族语言文字研究指导委员会，指导和组织少数民族语言文字的研究工作，帮助尚无文字的民族创立文字，帮助文字不完备的民族逐渐充实其文字。六、扩大中央民族事务委员会委员名额，责成中央民族事务委员会提出补充名单的建议，并于1951年下半年召开中央民族事务委员会扩大会议，检查与总结关于推行民族区域自治及民族民主联合政府的经验。

20世纪50年代，中央人民政府和政务院，曾多次组织"中央慰问团""土改工作队"和"普查工作队"等，花费大量人力和物力，深入各少数民族地区，进行了大量较为翔实的社会历史调查。50年代这轮由政府统筹、由中央民委组织行政领导和人类学、社会学专家学者以及民族同志组成工作队与考察队的少数民族大考察活动，1953年正式启动，1956年结束（个别地区延期至1958年才结束）。直接成果之一，就是为1956年国务院公布的55

个少数民族的正式定名和划分，提供了可靠的依据。

从当时考察的资料看，各少数民族的社会发展水平参差不齐，不少民族呈现类似汉族曾经历过的各种历史发展状况，为我们今天考察、了解并研究过去的历史以及各学术分支问题，提供了绝好的活体范本。比如以"设计发生学"研究为例，以山寨（村落）为主的初级社会组织形态，原始手工业在农耕环境中的地位，原始造物的手工技艺与设备、工具等，都是我们极感兴趣的研究对象。

在西北、西南和东北各少数民族聚集地区，有些古时流传下来的本民族手工造物技术，迄今仍保存良好。其吸收了汉族和其他兄弟民族的技术长处之后演变出来的各时段手工造物技术，则印证了各民族互相融合、取长补短的史实。更有些原始手工艺，特别具有艺术和历史研究价值。以维吾尔族人为例，本世纪初，笔者在新疆喀什城艾格孜艾日克老街看到几样手工艺绝活：其一是整条街的维吾尔族乐器店，除了热瓦普、曼陀林和冬不拉等少数维吾尔族知名乐器外，全是些笔者叫不上名来却似曾相识的弹拨乐器和拉弦乐器，于是从心里认可了"西域古乐成就了中国传统民乐"这句话所言不谬。其二是亲眼所见一个拖着鼻涕的不到10岁的维吾尔族小男孩，拿着电砂轮在铜壶上信手飞快地刻着精美细腻的图案，一不要底稿，二没有图纸，真是佩服得五体投地，也相信了"汉族人长于热铸，西域人长于冷锻"这个说法。其三是在喀什近郊著名的大巴扎"金器一条街"上看见近百家金店生意红火，家家门前毡毯上都围坐着一群金店伙计和顾客，正在热烈讨论、共同设计着花样繁多的未来金饰嫁妆，感受到了"中国传统样式的金银首饰工艺，最富有创意的设计和最先进的工艺制作，原来在维吾尔族人手里"这句大实话。还有，笔者

求同存异 和合共荣

在云南景洪县城集市上，曾亲眼见过景颇族老乡用古老的"焖烧法"烧出的红彤彤的土陶——跟笔者一知半解的仰韶彩陶的烧制工艺几乎一模一样。还有，笔者在大西北甘陕宁各省亲眼所见的回族、保安族、裕固族和东乡族老乡巧手做出的那些花样繁多、样式复杂的面塑造型，真是个个精妙绝伦。这方面的事例实在太多了。

50年代的少数民族地区社会大普查，以及半个多世纪以来社会各界对其丰富而珍贵的考察、研究，意义深远，价值极为重大。这些地区客观上保存的较为完整的、与数千年前中国原始社会最初形态近似的许多社会特征，为我们研究社会的最初形态形成和当时的经济、文化、政治的基本状况以及"设计发生学"的相关课题，提供了珍贵的类型学"活化石"范本，价值非凡。改革开放以来，这些少数民族地区也获得了前所未有的巨大发展，人民生活日新月异；但与此同时，少数民族地区的民族性在不可避免地愈发衰减、退化，甚至消失。如果我们再不采取保护措施，若干年后，各少数民族的许多宝贵民族文化遗产将无法挽救地彻底消亡，这部分同属于全人类精神财富和中华民族集体智慧的宝藏，我们将再也看不到了。

在"设计发生学"问题上，我们一向秉持文化多元论的观点，认为人类文明是全世界人民共同创造的，各国家、地区、民族均做出过大小不一、形态各异的贡献；同理，中华民族的灿烂文明是中国的各族人民共同创造的，每个民族都对中华传统文化做出过贡献，也都应当得到尊敬和肯定。中国的各少数民族在中华文明漫长的演化过程中，都曾经以自己独特而充满智慧的文明成果，补充、完善甚至改良着中华文明。比如，古代西域的龟兹古国各民族创造或引自西亚的弹拨乐器和拉弦乐器以及音律、曲

式，彻底改造了中国古代音乐，新创作出代表中国古乐精髓的江南丝竹；南疆的维吾尔族和北疆的哈萨克、塔塔尔、塔吉克等族首创了制革术，并引进古波斯革皮书籍装帧术和制靴术、制毡术、毛衣编结术；海南岛的黎族率先种植棉花并纺织棉布，传入内地后棉织业逐渐形成中国古代手工行业的"天下第一营生"……保护少数民族的民族文化特性，就是保护我们的历史遗产，就是传承我们的文明。我们应进一步发扬文化兼容的优良传统，把振兴中华的百年民族复兴梦，逐步落实为将大中华建设成为中国各民族共同拥有的美好家园。

由上千名来自全国各高等艺术院校的教授、研究生组成的55支团队参与编撰的《中国少数民族设计全集》（55卷），正是有识之士基于对各少数民族的民族文化特性正在快速衰减、消亡的严重现实问题的深切忧虑而进行的抢救、发掘、整理中国少数民族文化遗产的重要文化工程。经过两年精心筹划，六年努力写作，在国家出版基金管理部门的支持下，在山西人民出版社和人民美术出版社的策划和组织下，目前《中国少数民族设计全集》的书稿编撰工作已基本完成，即将付梓。在长达八年的漫长过程中，全国兄弟院校各团队涌现出的各种可歌可泣的事迹经常感动着笔者，并不时鞭策着全体作者克服千难万险，一路向前。有的分卷作者身患绝症仍不眠不休地忘我工作，有的分卷作者遭遇各种意外仍坚持工作。特别是，很多民族同志公而忘私、不计较个人得失，有人不惜将自己赚钱的企业关张歇业，全身心地投入各自所负责分卷的繁重编撰工作中；有人义无反顾地将自己珍藏多年的本民族实物、资料和研究成果无偿提供给相关分卷作者。大家万众一心，克服各种复杂得难以想象的困难，以确保这部凝聚了众人八年心血的巨著，能按计划如期完成。借此机会，笔者谨

求同存异 和合共荣

代表本丛书编委会全体成员，向领导、编辑和作者们表示衷心的感谢！

　　作为一项文化创举，笔者深信《中国少数民族设计全集》必将在未来岁月的长期检验中，愈发显现其非凡的、独特的文化价值。

2017年夏季于南京

前言

塔塔尔族主要分布于中国、俄罗斯、乌克兰、哈萨克斯坦等国家，在国外也称鞑靼人（鞑靼族也是俄罗斯第二大民族）。塔塔尔族属于欧罗巴人种白海—波罗的海类型，是中国人口最少的民族之一。在中国，塔塔尔族主要分布在伊犁哈萨克自治州、昌吉回族自治州以及乌鲁木齐市等地区，比较集中分布在乌鲁木齐、伊宁、塔城、奇台、吉木萨尔、阿勒泰、昌吉等地。新疆维吾尔自治区昌吉回族自治州奇台县大泉塔塔尔乡，是全国唯一的以塔塔尔族为主体的民族乡。塔塔尔族人民在劳动生活中，经过自己的努力，创造出了许多独特的物质文明与精神文明，在衣、食、住、行、艺术等方面都有独特的设计。我们在了解塔塔尔族独特设计的同时，也力图保护与发展塔塔尔族的传统设计文化。

一、塔塔尔族的族志族源

"塔塔尔"一名为"Tatar"汉语译音，是塔塔尔族对本民族的自称。这一名称最早见于突厥如尼文阙特勤碑文中。该碑文第4行和第14行都提到"三十姓鞑靼"。该碑立于732年，则"塔塔尔"见于记载的最早时间是732年，汉文译名则最早见于9世纪40年代，音译为"达怛"，主要是指蒙古中的一些部落。汉文的史籍当中曾有"鞑靼"、"达怛"、"达靼"等几种不同的译名。

"塔塔尔"在汉文史籍中一般被称为"鞑靼"，该名称最初指的是古代的塔塔尔各个部落。塔塔尔族的祖先，是中国古代北方游牧的突厥汗国统治下的塔塔儿部落，也就是后来的"鞑靼"本部，它曾在历史上统治过许多部落。8世纪时，突厥人把东面的室韦诸部

统称为"塔塔儿",突厥衰亡后,鞑靼大部分归服回鹘主黠戛斯,其中一部分(阴山鞑靼)与中原王朝建立了朝贡关系。9世纪中期,鞑靼部落入主回鹘领地,进而在漠北一带称雄,漠北的诸部落遂一概被称为"鞑靼"。《五代史》曾正式为鞑靼立传,此后的北方诸部虽臣属于辽金政权,但仍称为"鞑靼"。并且称漠北的蒙古部为黑鞑靼,漠南的汪古部为白鞑靼,森林狩猎部落则为生鞑靼。"鞑靼"一词逐渐成为蒙古高原各部的通称,鞑靼(塔塔儿)部则成为蒙古高原上最强的大部落。

据14世纪初波斯史学家拉施特所编的《史集》记载,在辽金时代,鞑靼人有6个部落:阿亦里几惕塔塔尔、备鲁几惕塔塔尔、阿勒赤塔塔尔、都塔兀惕塔塔尔、察阿安塔塔尔、阿鲁孩塔塔尔,共有7万户,他们的牧地和屯营地主要在今天的贝加尔湖地区。

史学家一般认为,塔塔尔人是由许多不同部落长期融合而成的,其中主要组成部分为保加尔人、钦察人和蒙古人。保加尔人属欧罗巴人种巴尔干类型,含有蒙古人种成分,7世纪前后,一部分人迁到伏尔加河中下游和卡马河一带,组成保加尔部落联盟。钦察人为古代欧亚以游牧为主业的民族,俄国编年史在1054年第一次提到他们出现在黑海以北草原。

12世纪末,原来从属金朝的蒙古鞑靼部起兵叛金,又因鞑靼部与蒙古部结有世仇,成吉思汗为报鞑靼人的杀父之仇,联合王罕军队配合金国夹击鞑靼部,双方进行了多次战争,最后蒙古部击溃鞑靼部。最终一部分鞑靼人并入蒙古部,成为蒙古部的组成部分,另一部分鞑靼人向西迁至钦察人和保加尔人居住的地方。

13世纪初成吉思汗孙拔都,在伏尔加河一带建立了横跨欧亚大陆的钦察汗国,保加尔人、钦察人和鞑靼人等均为其属民。

16世纪末,卫拉特蒙古逐渐崛起,他们游牧于天山以北的塔尔

也哈台地区、伊犁河谷和额尔齐斯河两岸的广大草原，完全附属于清朝，向清朝纳贡。17世纪初，它的势力已经越过伊犁河下游及以西面地区广大哈萨克游牧草原，达到中亚塔拉河流域，繁衍生息于这块土地上的塔塔尔人以游牧射猎为主，为卫拉特的属民。

16世纪末到17世纪初，当卫拉特人遭到沙俄侵略时，塔塔尔人也遭到战争的灾难。1589年沙俄侵占塔拉河流域，建立了侵略据点，此后，塔拉河地区的一些塔塔尔人就逃到准噶尔部的辖区。1775年2月，清朝平复了额尔齐斯河上游准噶尔封建贵族的叛乱后，收复了阿尔泰山以东的地区，居住在这里的塔塔尔牧民和哈萨克大玉兹、中玉兹部落仍是清朝臣民。

19世纪中叶，沙俄迫使清政府于1851年与其签订了《中俄伊犁塔尔巴哈台通商章程》，在伊犁和塔尔巴哈台地区设立了贸易区、侨民区，并迁入大批俄罗斯商人和侨民。前来新疆的俄罗斯商人招募了许多善于交际，通晓俄语、维语、哈语的塔塔尔人，为其在新疆的商业经营当翻译、保管员、推销员、会计和出纳。这样就有不少塔塔尔人跟随俄罗斯迁居伊犁、塔城等城市的贸易圈和侨民区。

1882年，《中俄伊犁条约》签订之后，我国收复伊犁，塔塔尔人便要求加入中国国籍，留居当地从事商业并兼营畜牧业。1892年，散居阿尔泰山地区的一些塔塔尔牧民，陆续内迁，从阿尔泰山北麓牧区来到天山博格达高峰脚下，分别在奇台县白杨河山区和吉木萨尔县泉子街山区定居从事畜牧业生产。1905年，俄国暴发第一次资产阶级革命，俄国境内的塔塔尔宗教人士、知识分子迁入新疆定居，成为我国塔塔尔族的一部分。1912年，新疆最大的码头——额尔齐斯河码头建成，吸引了大批塔塔尔小商贩和手工业者涌向新疆布尔津县。中华人民共和国成立后，我国塔塔尔族一部分散居于牧区从事畜牧业与养蜂生产，一部分散居于城市，大多从事教育事业。

塔塔尔族源的演变和民族的形成，是中世纪民族大迁徙浪潮中，突厥人蒙古化、蒙古人突厥化这一交融过程中的典型写照。总之，"鞑靼"是塔塔尔的祖先，是其祖先的古称和族名。"鞑靼"不是蒙古部落的祖先，也不是蒙古部落的族名，"鞑靼"在历史上强大时，许多部落都称其为"鞑靼"，或属于"鞑靼"一部分。蒙古就曾经属于鞑靼诸部之一。把"鞑靼"改称塔塔尔，是恢复基本民族的自己族名和自称。

我国新疆境内的塔塔尔族主要是16世纪末以后不堪忍受沙皇俄国的统治陆续从伏尔加河和马河一带迁入的，到20世纪初基本上形成今天新疆境内的塔塔尔族。1950年我国将新疆境内的鞑靼人，正式命名为"塔塔尔族"。

二、塔塔尔族的文化生态

我国新疆牧区塔塔尔人以经营畜牧业为主，农业为辅，均为个体经营的私有经济。塔塔尔族经营畜牧业历史悠久，素有养羊、养牛、养马的习惯。经营农业，则是自改革开放后实行定居以来才起步的个体经济。

按新疆塔塔尔人的习惯说法，新疆塔塔尔族又可分为城市塔塔尔人和牧区塔塔尔人两部分。据1995年统计，塔塔尔族总人口为4331人，其中城市为1190人，占总数的27.5%；牧区为3141人，占总数的72.5%。其分布特点是：在城市以5～6户形成一个居民点，与维吾尔族、乌孜别克族杂居共处；在牧区一般以4～5户形成一个居民点，与哈萨克族牧民杂居共处。

（一）牧区塔塔尔人分布区的自然环境和生态资源

长期以来，牧区塔塔尔人生息繁衍于从阿尔泰山南麓到天山北麓的广大地区。

阿尔泰山，蒙古语意为"金山"，因产黄金而得名。山势呈北

西—东南走向，主体在蒙古国境内，中国境内属中段南坡，长约500公里，山势以由西向东逐渐降低为主要特点。主要山脊高度在3000米以上，最高的友谊峰海拔4374米。天山，高大雄伟，势与天齐，故名天山，是我国四大山脉之一。天山山脉全长约2500公里，中国境内的山体长达1700公里。山势西高东低，西宽东窄，山脊线在海拔4000米以上，最高的托木尔峰海拔为7435.8米。西段宽达400公里；东段变窄，宽100公里。阿尔泰山和天山都有许多平行支脉，各支脉之间有许多大小不等的天然河谷盆地。这里常年山清水秀、丛林叠翠、牧草青青、气候凉爽。在冰山脚下和草坡之间有许多潺潺溪水汇成的山间河流，河流上空飞鸟翱翔，自然景观令人目不暇接。塔塔尔人就生活在这优美的天然峡谷公园里。

阿尔泰山和天山之间有准噶尔盆地和塔额盆地。这两个盆地边缘的山前缓坡平原，海拔高度400米以上，地形呈波状起伏，植被丰富，种类繁多的牧草丛生，形成了优良的平原草场。盆地中的沙丘四周蜿蜒着泉水小渠，牧草花开、香味扑鼻，塔塔尔人的毡房环立，每年的夏季，这里是阿勒泰、塔城地区塔塔尔人的避暑之地。

阿尔泰山以南、天山以北的广大地区有三条大河——额尔齐斯河、伊犁河、依灭勒河，河谷都有塔塔尔牧民居住。额尔齐斯河是中国唯一的流向北冰洋的河流，它源于阿尔泰山中蒙交界山脊线西南高岭，支流较多，最大的是布尔津河，次为哈巴河。年总流量为126亿立方米，其中流出中国国境水量约95.3亿立方米。流出中国国境后，穿哈萨克斯坦境内的斋桑湖，然后流入俄罗斯境内鄂毕河，最后注入北冰洋。它在中国境内的流程为546公里，流域面积为51708平方公里。伊犁河是中国最大的内陆河之一，它源于天山西北部也肯达板西侧，上游为特克斯河、巩乃斯河和喀什河，在雅马度汇合后形成伊犁河，流入哈萨克斯坦境内巴尔喀什湖。年总流量为

158亿立方米，流出国境总流程1500公里，中国境内流程为435公里，年总流量为117亿立方米。依灭勒河源于塔尔巴哈台山中哈交界山脊线南侧，上游为沙拉依灭勒河、哈拉依灭勒河两大支流。该支流汇合后形成依灭勒河，全长224公里，流经塔城市、额敏县、裕民县、托里县，注入哈萨克斯坦境内的阿拉湖，年总流量为150.5亿立方米，其中流出国境的水量为3.1亿立方米。

冰川是分布于阿尔泰山和天山的奇特景观。冰川就是雪线以上大面积积雪，类似固体水库。山区冬季漫长、气候寒冷，当年的积雪，次年春季、夏季才融化，成为春夏季节河流的主要水源。作为水资源，冰川有很好的作用，对降水有调节作用，能减少蒸发，能补给河流水量，对农牧业生产和植被的生长有利。居住在高山脚下的塔塔尔牧民，每当夏季还要登上高山冰川之地踏雪竞走，呼吸新鲜空气，采集野生植物。

天山以北、阿尔泰山以南的广大山区，为寒温带，冬季长，气温低，年平均气温4℃。无霜冻期一般150天，夏季阴天少，日照时间长，全年日照时数在2500小时以上，平均每天8小时，气温多在22～26℃之间。年降水量为300～500毫米，夏初多雨，冬季和初春多雪，地面积雪厚度一般为50～60厘米。气温、降水量等条件适于各种农作物和牧草的生长，山坡、河谷地带生长着茂密的森林。树木种类较多，常见的有白桦、山杨、密叶杨、胡杨、小叶白杨、新疆云杉、雪岭云杉、山柳、山楂、山楸。还有落叶乔木、河柳、枸子、柽柳、黄柏、梭梭、铃铛刺、沙枣、沙棘、骆驼刺等灌木。人工林的树种有新疆杨、银白杨、北京杨、箭杆杨、白榆、刺槐、白蜡、复叶槭。天山西段除天然森林外，还有世界罕见的原始野果林，总面积达30余万亩，分布区域跨越两万平方公里。野果林共有5种43个种类，而且绝大多数为国内特有的品种。其中具有一定经济

价值的有野苹果、山杏、沙棘、马林等。属稀有品种的有野核桃、欧洲李、樱桃等。此外还有山楂、蔷薇、草莓、沙枣、巴旦杏、茶藨子、花椒等，大都可食，可入药。山区草原又是天然牧草宝库，牧草资源种类丰富，世界著名的优良牧草野芋、针芋、洋芋、党参、雪莲、贝母等分布最广泛。另外还有禾本科野生牧草的重要品种——草地看麦娘、无芒雀麦、大穗雀麦、老芒麦、滨草、猫尾草、狗尾草、狼尾草、拟林牧草、粟草、发草、羽状短柄草、灯芯草、野黑麦、披碱草、鹅观草，以及珍贵的药用植物，如肉苁蓉、锁阳、阿魏、贝母、枸杞、甘草、麻黄、当归、雪莲、沙拐枣、紫草、吉利子、薄荷、黄蒿等。它们在博格达峰脚下的塔塔尔民族乡分布最多。当春风吹拂之时，草原上的草木开花，争芳吐艳。随着季节和气候的变化，此谢彼开，或白、或黄、或红、或紫、或蓝、或褐，五彩缤纷，令人赏心悦目。森林里栖息着百余种野生动物，其中经济价值高的有熊、马、鹿、羚羊、猞猁、旱獭、银狐、雪豹、天鹅、雁鹤、雪鸡、麝鼠等。改革开放给散居在深山密林中的塔塔尔牧民采集各种名贵药材、加工各种裘皮提供了良好的经营环境。塔塔尔人居住的地方鱼类资源也很丰富，额尔齐斯河出产大白鱼、红鲤鱼、鲟鳇鱼、乔尔唐鱼、五道黑、小白条等名贵鱼种。伊犁河和依灭勒河出产鲤鱼、草鱼、鳊鱼、鲢鱼和鲟鳇鱼。

　　散居在三条大河流域的塔塔尔人在从事牧业生产的同时，又发展渔业生产。塔塔尔牧民从事牧业生产，主要养殖牛、羊、马，每天除向市场供应牛肉、羊肉、马肉类商品外，还提供皮张、毛绒、肠衣、马鬃、马尾等畜产品。中共十一届三中全会以后，塔塔尔人实行定居，开始从事农业生产，特别是大泉塔塔尔民族乡的塔塔尔人，定居30多年以来，开辟了博格达峰山前平原荒地，发展灌溉农业，种植一年一熟的农作物，主要有小麦、玉米、油菜、大蒜等，

因而家家户户都增加了收入。

在天山以北阿尔泰山以南的广大地区，除了有蕴藏量丰富的油田、煤田外，还有各类矿产，分布广、储量大。现在已发现金属矿类有20多个品种，其中珍贵金属矿有金、铂、银3种，稀有金属矿有铍、锂、钽、铌、铷、铯、硒、镉8种，有色金属矿有铅、锌、铝、钴、镍、钨、铜、汞等9种，黑色金属矿有铁、锰、铬、钒、钛5种，非金属矿有云母、石棉、滑石、石膏、石墨、水泥灰岩、大理石、绿灰岩、蛭石、膨润土、水泥用黏土、石灰岩、皂石等15种，化工冶金原料矿有硫铁、自然硫、磷、钾、蛇纹石、盐、芒硝、天然碱、钠硝石、重晶石、熔剂灰岩、熔剂白云岩、耐火土、萤石、硅石、红柱石等18种。此外，特种非金属矿有压电水晶、熔炼石英、冰川石、玛瑙、绿宝石、工业彩石、玉石、石榴子石等十多种。新疆解放后，这些优质资源的开发利用，带动了塔塔尔族经济的快速发展。

（二）城市塔塔尔人分布区的生活环境和人才资源

新疆乌鲁木齐、伊宁、塔城、阿勒泰等城市都有塔塔尔族居民。

生活在乌鲁木齐市的塔塔尔族有640多人，占塔塔尔族总人口的14.8%。乌鲁木齐位于天山北麓，东经86°40′，北纬43°15′，南靠天山，北临准噶尔盆地，东、南、西三面环山，乌鲁木齐河自南而北贯通流过。海拔660～920米。它是中国现代化城市之一，是新疆维吾尔自治区政治、经济、科技、文化中心，也是亚洲大陆的地理中心，是亚欧大陆桥上的交通枢纽。改革开放以来，中国的交通、通讯事业发展迅速，由乌鲁木齐向西通往中亚五国，向东通往祖国各地，已形成现代化的公路、铁路、航空、邮电网络。这是塔塔尔人发展本民族文化、科技事业的方便条件。

生活在伊宁市的塔塔尔族有221人，占塔塔尔族总人口的

5.1%，历史上伊宁市的塔塔尔族近千人，其中有不少人后来迁至霍城、巩留、新源、特克斯、尼勒克、昭苏等县。伊宁市地处天山西部伊犁河谷盆地中部，东经81°03′~81°29′，北纬43°50′~44°19′，海拔高度640米。市区面积111平方公里，距乌鲁木齐市720公里。伊宁市是伊犁哈萨克自治州州府所在地，是新疆新兴的地方工业城市，交通、邮电、通讯事业发展较快，已形成了通向全国各地、中亚五国的航空、铁路、通信网络，交通非常方便。

生活在塔城市的塔塔尔族256人，占塔塔尔族总人口的6%。历史上这个城市的塔塔尔人近千人，其中有不少人后来迁到牧区，有的投靠亲友已迁居国外。塔城地处新疆西部边陲，准噶尔盆地边缘，塔尔巴哈台山南麓。东经82°57′，北纬46°45′。平均海拔高度546.7米，面积3732.3平方公里，距乌鲁木齐市637公里，交通、通讯都很方便。塔城是塔城地区政府机关所在地，是该地区政治、经济、文化中心，以畜牧业经济为主。

生活在阿勒泰市的塔塔尔族446人，占塔塔尔族总人口的10.3%。阿勒泰市位于阿尔泰山南麓，东经88°07′~88°38′，北纬47°14′~48°38′。海拔高度922米，距乌鲁木齐市769公里。阿勒泰市是阿勒泰地区政府机关所在地，是该地区政治、经济、文化中心，畜牧业经济发达，是对外开放的城市，交通方便。

塔塔尔族文化素质较高，青少年中没有文盲。据统计，1985年塔塔尔族应届高中毕业生18人，其中考入各类大学12人，在校大学生143人，每万人中的大学生在世居新疆的13个民族中名列前茅。到1995年，各类大学毕业生达205人。塔塔尔族的高级知识分子队伍不断扩大，分布于教育、医学、农艺、畜牧、财经、石油、金融、商贸、科技等各领域。

塔城塔塔尔人中除少数人是国家公务员外，大多从事教育。他们中有的是新疆大学、新疆师范大学、新疆农业大学、新疆医科大学、新疆财经大学、新疆石油学院、新疆艺术学院、新疆教育学院、自治区党校、伊犁州党校、伊犁师范学院、乌鲁木齐职业大学、新疆电视大学的教授或副教授，有的是各级医院的主任医师或副主任医师，有的是各级出版行业的总编辑或副总编辑，有的是各级广播电视行业的总编导或高级播音员，有的是农牧业科技部门的高级畜牧师、畜医师，有的是财经、金融系统的高级经济师、高级统计师。还有各类专科学校和普通高中的特级教师和自治区级科研部门的研究员或副研究员。他们在不同的工作岗位上，为祖国建设作出了显著贡献，深受新疆各族人民的爱戴。

（三）塔塔尔族宗教与民俗

塔塔尔族信仰伊斯兰教，生活、习俗等方面都受到伊斯兰文化的影响。中华人民共和国成立后，实行宗教信仰自由，一切合法的宗教活动，都得到了当地政府在法律和政策上的保障。许多有碍人们身心健康和生产发展的繁琐的宗教仪式，人民也按照自己的意志加以简化了。

塔塔尔族的文化教育事业发展较早，知识分子较多。19世纪末20世纪初塔塔尔族的宗教上层人士在伊宁、塔城等地开办了以宗教教育为主，兼学语文和算术的学校。有的塔塔尔族知识分子还到农村、牧区开办教育事业，为新疆教育事业的发展作出了不可磨灭的贡献。20世纪30年代初，塔塔尔族人民开始建立了剧团，先后出演了许多受当地人民喜爱的戏剧。

塔塔尔族人民能歌善舞，文化生活丰富多彩。塔塔尔族的音乐节奏鲜明，活泼动听，具有独特的民族风格，亦颇有中亚音乐的特点。他们的民族乐器比较多，像古老的二孔"库涅"（直吹的木

箫），铜片制的"科比斯"（放在嘴唇之间吹的口琴），普遍使用的乐器有手风琴、曼陀林、七弦琴、小提琴等，唱歌、跳舞时也用手风琴、曼陀林伴奏。只要举行庆典和婚礼，都少不了演奏塔塔尔族乐曲，唱塔塔尔族民歌，跳塔塔尔族舞蹈。在婚礼上，一般用手风琴、曼陀林来伴奏，塔塔尔族舞蹈活泼，吸收了维吾尔、俄罗斯、乌兹别克等族舞蹈的特点，又具有自己的独特风格，因而塔塔尔族舞蹈具有广泛的群众性。按照传统习惯，舞蹈中的男角色要由女子扮演，舞蹈的动作活泼、灵巧、奔放，男子多踢蹲、跳跃的动作，女子多手部和腰部动作。舞曲一般都节奏鲜明，轻松愉快，音乐旋律和舞蹈形象都十分优美动人。在节日喜庆时人们还举行舞蹈比赛，特别是每年春天举行的"撒班节"，即犁头节，塔塔尔族人都要选择风景如画的地方，尽情地欢歌起舞，如痴如醉。

塔塔尔族习惯于日食三餐，早、晚是茶点，中午为正餐，日常饮食主要是面、肉和奶，也吃一些大米。塔塔尔族妇女素以烹调技艺高超著称，善于制作各种糕点。用鸡蛋、奶油、砂糖、鲜奶、可可粉和苏打制成的小馕，非常精美可口。节日和待客食品除了抓饭外，还有塔塔尔族特有的食品，即用奶酪、杏干、大米烘焙的"古拜底埃"和用南瓜、肉、大米焙烘的"伊特白里西"。其中"古拜底埃"外酥脆，里面松软可口，是驰名新疆的风味糕点。

塔塔尔族的日常主食除肉、卡特力特（用牛肉、土豆、大米、鸡蛋、盐、胡椒粉为原料制成，类似于抓饭）、馕和拌面之外，还有帕拉马西（馅饼）、饺子、油煎饼（带土豆）等。塔塔尔族喜欢的风味饮料有用蜂蜜发酵制成的"克儿西麻"，口感类似啤酒，还有用野葡萄、砂糖和淀粉酿制的"克赛勒"等。

三、本卷选编的内容

本卷共收录了解析塔塔尔族传统造物的50个案例。这些案例

涉及塔塔尔族传统生活、生产的方方面面，共分为塔塔尔族传统服饰、塔塔尔族传统建筑、塔塔尔族传统餐饮、塔塔尔族传统生活用具、塔塔尔族传统生产工具、塔塔尔族传统手工艺、塔塔尔族传统民俗及宗教造像七大部分。

"塔塔尔族传统建筑"部分，选取了塔塔尔族塔城红楼、毡房、吐达洪巴依旧居以及额敏豪宅共4个案例，这些案例均具有一定代表性。

塔城红楼是一座典型的俄式风格建筑，位于新疆维吾尔自治区塔城市和平街道解放街与文化路交汇处，由塔塔尔族商人热玛赞·坎尼雪夫于1910年投资兴建，1914年竣工。这座高大豪华的建筑原先是贸易商场，是中俄贸易的重要场所，如今是塔城市塔城地区的历史博物馆。红楼铁锈红墙砖，绿色屋顶，白木质窗棂，色彩强烈，气派非凡，独特建筑样式也见证了塔城作为中俄通商口岸的历史。红楼是全疆保存最好、最大的一处砖木结构形式的近代俄式建筑，其建造方式与细节构造也能代表塔塔尔族官式建筑的经典做法，2006年塔城红楼被公布为全国重点文物保护单位。

毡房是塔塔尔族人的传统游牧民居，主要用于春、夏、秋三季，冬季塔塔尔人一般住在冬牧场的土房和木房里。毡房建筑骨架由木撑杆、木栅栏、圆形圈顶组成，建筑维护结构主要有毡片、花毡和芨芨草帘。普通的毡房宽2～3米，高1.7～2米，结构简单搭建方便，适应性强。

吐达洪巴依旧居是中国境内保存较完整、规模最大的一座塔塔尔族民居，"巴依"是维吾尔语中对"王爷""财主"的称呼。旧居始建于1931年，占地面积8亩，如今位于新疆伊犁市伊犁街3号，原是俄国商人吐达洪的旧宅，现为伊犁州级文物保护单位。

塔塔尔族的额敏豪宅是塔城地区额敏县境内的一座俄式建筑，

位于额敏县额敏镇郊区乡塔斯尔海村东南1公里供销社院内，位置是当地繁华地区。它是19世纪末由塔塔尔族商人兄弟二人所建，修建以后一度成为当地的商贸中心。其为单层建筑，坡屋顶，土木结构，占地面积997.2平方米，保存现状较差。原来用作居住与商贸，现是当地供销社的办公所在地。

"塔塔尔族传统服饰"部分，选取了女式围裙、女式衬衫、女子上衣、女裙、坎肩、男式风衣、男式衬衫、女式花帽、男式花帽、女士头巾、女式辫饰、女士腰带、毡筒女靴、男士长筒皮靴、男士家用便鞋在内，不同材质的男、女服装，男帽、女帽、鞋以及配饰共15个案例。这些案例以服装为主题，辅以各类配饰来读解塔塔尔族服饰的基本面貌。

塔塔尔族的服饰十分特别，无论男女老幼，一般都喜欢穿一种宽袖、竖领的白色绣花衬衣，在衬衣的领口、袖口、胸前大都绣着几何图案花纹，颜色协调雅致。套一件黑色短背心在白色衬衣外面，这种黑白颜色搭配，在男子服饰上更为普遍。除了衣服，男子头上也多戴黑白两色的绣花小帽，下配赤色窄腿长裤。冬季则戴黑色羔皮帽，帽檐上卷，外套毛皮大氅，扎腰带，下穿宽裆紧身黑裤，脚蹬长筒皮靴，显得威武、潇洒。

塔塔尔族的女子服饰装束接近欧洲民间服饰。塔塔尔族女子上衣的特点是装饰华丽、竖领、窄袖管。女子上衣的领子有立领套头和开襟之分。衣长长短不一，短衣齐腰，中衣盖住胯部，长衣长至膝盖。其主要有两种款式，一种是直筒宽松款，一种是紧身束腰款，前者更为常见。塔塔尔族妇女善刺绣，无论何种款式的女子上衣都会饰有精美的植物纹样刺绣，风格热烈、活泼，但又不失整体的和谐效果。女子上衣有各种颜色，一般搭配褶边连衣裙穿着，也会配上独特的头饰作为盛装，至今仍是节日庆典中必不可缺的点

缀。

塔塔尔女衬衫，又名连衫衣，是塔塔尔女性日常外穿的一种服饰。这种女士衬衣多为白色或拼色，有精致绣花，其款式特点是衣衫较长似裙装，下摆长至小腿，竖领，束腰，窄长袖。其以绸缎和棉麻布衣料为主，一般为女子春夏季穿着，也适合不同年龄段的女性。

围裙，又可称围腰，是塔塔尔女性经常穿在长衫、连衣裙外的传统搭配服饰。塔塔尔女性外穿围裙既是一种服饰传统又有着美观和保持衣服整洁的作用。围裙款式分长短，短款的裙长大致到大腿中间，长款则至脚踝以上。开片款式大致分两种，一种为只有前片，后用布条打结相系的围裙。一种是有前后两片，可套穿式围裙。围裙是和其他内外衣裙搭配穿着，不可单穿，常见在夏季穿着。塔塔尔人服饰风格整洁典雅，所以塔塔尔女式绣花围裙以白色居多，也见有红色、黑色和黄色，彩色的围裙上多编织分布各种几何纹样。塔塔尔妇女心灵手巧，还常根据不同的服饰制作能够搭配的各色围裙。塔塔尔族姑娘还以擅长刺绣著称，因此她们的围裙上都装饰有用各种刺绣方法绣出的精美花纹。

腰带是塔塔尔族女子重要的服饰件，喜欢穿紧腿裤和宽大连衫褶边裙的塔塔尔女子一般都会在腰间系上有精美金属腰扣的布腰带。腰带一般宽约5厘米，长度在70～80厘米不等。金属腰扣有方形、圆形以及各种花样图形，上面布满各种錾刻与镶嵌工艺，由塔塔尔族手工艺人精心制作，显得富丽又别致。腰带既有整衣束腰的功能，更衬托出塔塔尔女性玲珑又挺拔的身材体态。

受到伊斯兰宗教传统的影响，塔塔尔族女子披戴头巾，这原本是一种尊重妇女的表现，用这种方式来保护本族女性不受侵犯。现在已经成为信仰伊斯兰教的妇女服饰标志和传统。塔塔尔女子也不

例外，无论年龄大小、何种职业，她们一年四季都披戴头巾，但不同年龄身份或地区的女子会根据传统有着不同的选色和披戴方式。塔塔尔女子头巾尺寸并无规定，戴法较灵活，通常呈边长为60～130厘米不等的正方形。头巾除颜色各异外，还附有各种装饰，有平脚边，也常见有四周带穗装饰。

花帽是塔塔尔族女子最有民族特征的头饰，不管在平时还是盛大集会，她们都会选择佩戴各种款式和装饰的花帽。最为常见的是平顶小花帽和绣织帽两种。平顶小花帽是一种圆形硬顶帽，颜色较深，一般在帽顶和帽外壁面附有浅色绣花装饰。城市里年轻女子更喜欢在平顶小花帽檐边用金丝镶串珠和宝石，这款花帽又称为金丝串珠绣帽。绣织帽是一种软帽，是塔塔尔女性在春秋季节最常佩戴的花帽。绣织帽帽身较长，通体绣有花饰，戴上后帽顶自然下垂，保暖又美观。塔塔尔族女子在花帽佩戴上特别花费心思，她们喜欢两种颜色反差较大的花帽，又配合服饰颜色与样式的搭配来展现自己的独有的女性魅力。

毡筒靴是塔塔尔族人日常穿着的一种由毡片制成的靴子，靴型与一般的皮质筒靴接近，筒高30厘米左右，靴头平直，不上翘，女靴的特点是采用各种毡片进行装饰。塔塔尔族先民主要在蒙古高原和中亚草原游牧聚居，当地气候比较寒冷、多变，毡筒靴原先是在冬季及积雪时普遍穿的靴子，有着良好的保暖作用，之后成为塔塔尔人日常穿着的靴子，因而在毡筒靴上进行装饰。特别是塔塔尔女子为了美观，将各种毡片缝制成靴子的表面纹样图案，使得靴子表面更具凹凸层次感和丰富装饰效果，成为一种具有塔塔尔民族特点的工艺品。

塔塔尔族的男士服装也十分有特色。袍风衣是一种衣长过膝的对襟长外衣，也是塔塔尔族男士典型的日穿服装。其面料有单色，

也常见条纹相间，衣襟和袖口用深色的羊皮滚边配以动物绒毛。其衣下摆由后向前逐渐变短，收成一个圆角，衣袖常为半袖，长度只到手臂肘弯处，袖子有里衬，衣身上有刺绣纹样。袍风衣一般为对襟无扣，内搭绣花白衬衣，扎腰带，下配黑色窄腿长裤，搭配高筒皮靴穿着。除炎热夏季外，塔塔尔族男子传统日常外出都需穿着风衣，而如今外穿坎肩则更为普遍。根据适穿时节不同，袍风衣主要有由绒布制成的单层袍风衣，加有羊皮滚边和动物绒毛的夹层袍风衣两种。袍风衣也常有纹样装饰，根据不同场合的需要，装饰也自然有所差别。普通袍风衣只在胸前和肩部饰有简单绣花纹样，而重大节庆和集会活动中的礼服功能的袍风衣则常常通体精致绣花，并加以银元、宝珠等装饰，体现塔塔尔礼俗节庆的隆重与欢喜。

男式衬衫是塔塔尔族日常实用又形态别致的代表服装。其基本特征是宽袖、竖领，前襟开扣，在衬衣的领口、袖口、胸前绣着十字形、菱形等几何图案花纹。衬衫款式分为A字式和直筒式，衣身较长，需扎腰带，衬衣配合男子在不同场合、时节和坎肩、袍风衣等外衣搭配穿着，也可单独外穿。塔塔尔族男子最喜爱的一种搭配是在白色衬衣外，再套一件深色的齐腰短背心，下身裤子一般也是黑色宽裆紧腿裤，脚穿皮靴。这种黑白两色配搭，有着强烈反差效果，十分别致，是其独有的着装表现。

男式花帽，俗称"赛维待依"，是塔塔尔族男子主要戴的帽饰。男式花帽有很多种类，多以黑白两色为主。夏天主要戴的是绣花小帽与圆形平顶丝绒花帽，冬天则以戴黑色羔羊皮帽为主。小帽和平绒帽一般都绣有精美的花纹，花纹颜色一般为淡黄色或金黄色，绣花小帽与圆形平顶丝绒花帽一般是青年人与中年人戴得较多，老年人则戴相对花纹较少，颜色较素的平绒帽。冬天戴的羔羊皮帽一般是通体黑色，帽檐上卷，相对于夏天戴的帽子来说更简洁

一些,但有着很好的保暖作用。塔塔尔人日常都会戴帽,特别是做客、送葬、作礼拜、聚会等正式场合,戴帽被视为一种必要的礼节。

长筒皮靴是塔塔尔族平日最常穿着的鞋款,舒适、御寒、耐磨,便于日常劳作、行走骑乘,男女老少均可穿,也适于不同季节。皮靴由靴头、长及膝盖的靴筒和较高靴跟组成,鞋面常绣有传统花纹,大方美观。塔塔尔族是个能歌善舞的民族,精心装饰的长筒靴还作为演出服饰,在礼俗节庆的歌舞表演中穿。

"塔塔尔族传统餐饮"部分,选取了奶油酥鸡、馕、卡特力特、古拜底埃、开西米日、克儿西麻、克赛勒及斋比白里西7个案例。

塔塔尔族习惯于日食三餐,早、晚是茶点,中午为正餐,日常饮食主要是面、肉和奶,也吃一些大米。奶油酥鸡,塔塔尔语称为"吐特尔干套吾克",意为美味的鸡,是新疆伊宁塔塔尔族一道传统风味美食,是将酥油、鸡蛋和牛奶灌入鸡膛内慢火炖熟而成,口感浓郁别有风味。每当节日聚会、家庭宴会,或是远方来客造访时,热情开朗的塔塔尔人便会为来客奉上这道菜来接风或送行。在塔塔尔族别具一格的婚礼中,同样也少不了这道菜,香浓鲜美的奶油酥鸡寓意着新婚生活鲜香绵长。

馕是塔塔尔族的主食,也是西北草原民族的常见主食,古代称之为"胡饼""炉饼",有两千多年历史。常见的塔塔尔族馕呈圆形,边沿厚约2厘米,中间薄约0.5厘米,品种很多,有大有小,最小的10厘米左右,大的直径有50厘米。塔塔尔馕用发酵面制作,不放碱,但要放少许的盐。面发好后,放在馕坑里烤制10分钟左右。做馕的技术在塔塔尔族人中十分普及,无论男女都会做馕。馕不仅是他们的主食,也常用来招待远道而来的客人。

卡特力特是塔塔尔族的一种特色主食，是由牛肉、土豆、大米、鸡蛋、盐、胡椒粉作原料，油煎、蒸制而成的土豆牛肉饼。金黄色的土豆片配上喷香四溢的牛肉饼，韧性十足、色香俱全，主要供塔塔尔人在中午正餐食用。

古拜底埃在塔塔尔语中是大馅饼的意思，是塔塔尔最具民族风味的糕点。塔塔尔人对带馅的糕点情有独钟，古拜底埃是其中的代表。馅饼直径在30～35厘米，厚约10厘米。馅料除了大米和各种肉馅，还有蔬菜、鸡蛋和水果等食材，由火炉烤制而成，色泽红亮，酸甜香酥，入口即化。婚礼、节日或重要客人到访的特殊场合，在塔塔尔人的餐桌上，绝对少不了古拜底埃。

开西米日是塔塔尔族极富特色的一道肉类美食，以牛、羊、马肉和土豆、胡萝卜为主要食材，取材方便，配合密制酱汁，以传统的清真烹煮技艺制作而成，一年四季都适宜制作。其汁醇味浓，色彩油亮，口感鲜美，营养丰富，也常用来招待客人。

"克尔西麻"、"克塞勒"（kisel），都是汉译塔塔尔语发音，是塔塔尔族的独具特色的用当地葡萄和蜂蜜作为原料酿制的两种饮料。塔塔尔人有着热情好客的饮酒风俗，当家里有客人临门，热情的主人会端上自制的饮料和食物盛情款待宾客。这两种饮料香甜醇厚，风味别具，老少咸宜，故称"风味酒"。

斋比白里西是塔塔尔族的一道既美味营养，而造型又富有特点的日常传统食物，又称作"齐比拜里西"，俗称"烤包子"。塔塔尔族的"烤包子"十分独特，制作方式上与汉族包子不同，形态上也区别于新疆其他少数民族的"烤包子"。斋比白里西的制作过程颇为讲究，但包子形态大小变化多样，别有创意。

"塔塔尔族传统生活用具"部分，包括了"塔塔尔族传统乐器"、"塔塔尔族传统家具"、"塔塔尔族传统交通工具"、"塔

塔尔族传统生活用具"与"塔塔尔族传统餐具"五个部分，共10个案例。

其一，"塔塔尔族传统乐器"部分，选取了多合热提卡、巴拉莱卡以及曼陀林3个案例。"多合热提卡"是塔塔尔人聚居区流传的一种键钮式传统手风琴乐器，基本结构和现代巴扬手风琴类似，但外在形态和局部结构原理上如按键排布等仍与其有较大差别，表现得更为独特和传统。琴体为方形、木质，体积较小，外观装饰极为精美，声音洪亮、清脆，而且携带方便，适宜演奏轻松欢快的乐曲，常用于歌舞伴奏，可独奏，也可和其他器乐配合组成乐队。虽然塔塔尔人现在普遍使用的是更为现代巴扬手风琴，但仍有一些人十分热爱演奏和制作这种传统乐器，还把它作为工艺品。巴拉莱卡琴是塔塔尔族常用的一种琴身主体呈三角形的民间弹拨弦乐器。这种琴发源于俄罗斯地区，中文译作"俄式三角琴"。它有六种型号，琴体的大小决定着它的音域和音高。最小的琴高60厘米左右，可独奏，亦可为歌舞伴奏，一般在节日和家庭聚会时使用，声音短促、活泼、强劲；最大的三角琴高度相当于普通人的身高。大型号三角琴是低音乐器，一般是跟冬不拉、曼陀林等合奏。"曼陀林"是塔塔尔族很有代表性的一种弹拨乐器，也译作"曼陀铃"，是意大利语发音，原意为"杏仁"，由于琴身形状酷似杏仁而得名。其原是西方乐器，从欧洲经西亚波斯传入，逐渐在亚洲民族中普及开来，也发展出不同的尺寸和样式。塔塔尔的曼陀林与欧洲的曼陀林基本相似，只是在装饰和尺寸上略有不同。塔塔尔人喜欢在庆典或家族聚会时演奏曼陀林，一般作为独奏乐器出现。乐器声部为高音声部，音色清脆嘹亮，辨识度很高。

其二，"塔塔尔族传统家具"部分，选取了奥伦多克1个案例。奥伦多克是塔塔尔人室内常见的一种椅子，其从造型到工艺都是十

分典型的欧式家具，风格既典雅又现代，广泛使用在塔塔尔族的家庭住宅内，用于会客、聚餐等场合。奥伦多克整体高约84厘米，座面高约46厘米，椅子采用榉木、桦木、橡木、水曲柳等实木制成，靠背和腿均用曲木工艺制成，椅面用胶合板或者竹编镶成。这种椅子在20世纪初开始在塔塔尔族家庭中流行，其采用工业化生产方式制作，运用了蒸气和弯木等现代家具技术，不仅增加椅子的产量、降低其生产成本，也形成椅子的各种独特造型。它是一款真正意义上的现代技术与风格的产品。

其三，"塔塔尔族传统交通工具"部分，选取了阔阿尔瓦、恰纳以及特拉西蒙卡3个案例。阔阿尔瓦是塔塔尔人使用的一种载货运输的小拉车，呈四四方方的盒子状，由结实的木材拼装制作而成，经久耐用。阔阿尔瓦常见于伊宁、塔城等塔塔尔人聚居地区，可由一人拉着走，也可两人一前一后推拉车前进。塔塔尔族生活地区地势高，冬季漫长，气候寒冷，当年积雪，次年春季才能融化，物资不是随时都非常充足。所以塔塔尔人经常需要集中购买，而运送货物的交通工具对村民格外重要，姑娘去集市购置物品时就会拉着阔阿尔瓦，车厢里面可装不少货物。尤其是在塔塔尔族撒班节、肉孜节和古尔邦节等传统节日到来前夕，妇女们都会拉着阔阿尔瓦到繁华集市采购节日用品和日用品。恰纳是塔塔尔族一种冬季常见的交通工具，也就是爬犁、雪橇，主要用马拉，人坐在车上，在冰雪上滑行，轻便精巧，不仅见于塔塔尔族，也是新疆高海拔地区牧民常用的交通工具。恰纳底脚平直，底部安装有厚铁片，前端向上弯曲，这种设计能很好地减小摩擦阻力，使行进轻快。特拉西蒙卡是塔塔尔族一种小型的马拉四轮运输工具，俗称槽子车，两根牵引板上部平直，有四个车轮，通常由一匹马牵引。前轮直径约60厘米，后轮直径约100厘米，为了保持车厢的平衡，前轮轴上垫木较厚，后轮轴上垫木较薄。它的四个轮子由坚硬的木料加工而成，两个前轮和两个后轮分别架着一个梯形的棱木制成的大槽厢。车厢后轮上方装有木质靠背，靠背后面安装有摆放行李、箱笼的架子。特拉西蒙卡主要常见于新疆伊宁、塔城、乌鲁木齐等地区。塔塔尔族的先民是游牧民族，时常迁徙，特拉西蒙卡就用于搬迁运载大型货物和人员。它由一匹高头大马拉着，即使在平路上行驶，也会发出"哐啷哐啷"的响声。若是在戈壁石路面上或在搓板路上奔跑，500米外都能听到它那震耳欲聋的声响。

其四，"塔塔尔族传统生活用具"部分，选取了皮里台，防风灯、罩子灯两个案例。皮里台是一种结构简易方便搭建的灶炉，也是塔塔尔语中"土质灶台"的音译，在塔塔尔族人以及新疆北部其他少数民族日常生活中都十分常见。塔塔尔先民既有流动的畜牧经济，也有农业定居的生活，无论生活在帐篷还是传统房屋内，都适用这种设计紧凑、功能多样、方便移动的灶炉，来满足日常需要。皮里台一般安置在帐篷或客厅中间位置，不仅方便做饭煮水，冬天也可作为火炉取暖。防风灯与罩子灯为塔塔尔族居民常用的传统照明用具，主要由金属支架和玻璃罩子组成，以煤油作为燃料照明。马灯是一种手提式、防风雨的煤油灯，无需专门的灯托，能挂能放，便捷性强。骑马夜行时，马灯能挂在马身上，符合了塔塔尔族游牧迁徙之需求。罩子灯又称拉姆皮，是一种室内用的台上立灯，在远离电气的茫茫戈壁荒漠，其承担了塔塔尔族家庭夜晚照明的使命，是塔塔尔族日常生活照明的必需品。

其五，"塔塔尔族传统餐具"部分，选取了派提努斯一个案例。派提努斯是塔塔尔族日常生活中常用的一种托盘，主要是盛放器物、给客人送茶和盛食端饭之用。派提努斯有圆形、椭圆形、方形等，会在盆子边缘做成曲线花边形状，盘子中间也有花卉纹样装

饰，因而"派提努斯"这一名称也是"花盘"之意。其制作精巧，外观富丽，也常常作为嫁女的陪嫁物。

"塔塔尔族传统生产工具"部分，选取了鞑靼角弓、马鞭、木耙、铁叉以及马刀5个案例。

鞑靼角弓，是一种使用动物角制作的张力极大的反曲复合弓，总长比一般角弓略长，大概150厘米左右，弓身有明显拐点，弓梢半圆外翘或有弦垫，弓把侧凹适宜手握，是公认力量大、发射效率较高的一种常见弓，流布广泛。塔塔尔族先民鞑靼人长期在东欧、中亚地区游牧、迁徙和征战，快马利箭的骑兵弓箭手在游牧民族作战方式中成为最主要的战术编排，角弓也成为他们的一种最重要的常备武器，含有极为精良的弓箭制造技术。

马鞭，塔塔尔语称为喀姆奇，是具有游牧传统的古代鞑靼人使用的骑马辅助用具，它来自古代一种名叫那加卡（nagyka）的重型粗鞭。那加卡马鞭较短，长度大约60～70厘米，但鞭子很粗截面呈圆形，将鞭子相连的窄长条皮贴于鞭杆的一侧，用以细皮捆扎，鞭柄上有套手，鞭子前端一般有鞭拍，手握处有穗状软梢。古代鞑靼人马术精湛，善用马鞭驱使马匹，还能将其作为武器防护和狩猎，这种鞭子还有历史记载，被叫作"屠狼鞭"，这源于早期这种鞭子的柄部为长长的金属棍。鞑靼马鞭轻便易携，可挂于手上，插在腰间，制作很精巧，如今这种古老的马鞭演变出各种形态和样式，长短不一，鞭柄部位也有很多差别，常镶嵌宝石或金属或雕刻纹饰，主要流行在俄罗斯及中亚各民族中，包括我国新疆地区的塔塔尔族。

木耙是塔塔尔族的一种日常劳作工具，手柄多为木制，而耙齿有铁齿和木齿两种，也承担着两种不同的功能。木柄铁齿耙主要是农业播种时用来开沟挖渠、翻土耕地、除草，而木柄木齿耙则主要

用于收拢散乱的柴草。冬季牧区十分寒冷，牧民们需要收集大量的柴草确保冬季供暖，而且平时也需要柴草生火做饭，因此对柴草的收集整理变得十分重要，所以木耙多出现在柴房或柴堆旁。

铁叉是塔塔尔族的一种常见的劳作工具，有多种用途，叉头为铁制，装上木柄后使用。收拢牧草是塔塔尔牧民十分普遍的工作，铁叉在牧场是用来向马车上装草，收拢散草，搬动草捆。塔塔尔人也有农作生产，因而铁叉也多在打麦场上使用，用来翻抖石磙压过的带穗麦秸。有种小号的铁叉也是拾粪和肥料的工具。铁叉头用锻造熟铁制成，保证了结实耐用和多种用途。

马刀是鞑靼骑兵近战时常用的一种弯形刀。鞑靼马刀在18世纪已经形成自己的特点，刀身修长，刀刃呈弧形，线条流畅，刀柄嵌有木制十字护手，柄下端一般都略向刀刃方向弯曲成护手钩，这样带弧度的刀柄更利于骑手掌控，不易脱手。塔塔尔先民古称鞑靼，曾是游弋在蒙古草原的游牧民族，依靠骑兵四处攻伐征战是草原民族生存之必需，鞑靼骑兵主要是利用马的速度带动轻薄利刃的马刀完成劈砍等战术动作，因而马刀是鞑靼骑兵最典型的常备武器。马刀弯月形的刀身不仅能减少阻力、增大切割面积，而且承受应力的效果很好，经得起激烈碰撞。

"塔塔尔族传统手工艺"部分，选取了刺绣工艺、织品图案、印染工艺以及戒指、手镯4个案例。

刺绣是塔塔尔族妇女代代相传最为擅长的技艺之一。她们灵巧的双手将刺绣广泛装饰在各种手工织物上，也成就为一种令人赞叹的手工艺术。塔塔尔妇女会在帽子、头巾、枕巾、手帕、枕头、被单、床围、墙围、桌布、窗帘等日用物品上绣出多姿多彩的大面积图案，还能在各种服饰的袖口、领口、衣襟上绣出精细纤巧的纹样。姑娘出嫁的婚礼服，更是她们显露自己智慧与巧手的天地，她

们通过刺绣表达了自己对新生活的美好希望与追求。塔塔尔刺绣图案不仅结构大方、形象逼真，而且色泽明快、清秀典雅，有着自己独特的风格。

织品图案指的是塔塔尔族各种织物用品上的图案纹饰。织物涵盖极具民族特点的花帽、花裙、花鞋、毯类、毡类、床上用品、墙上挂品等各种物品。塔塔尔族妇女是手工织品的能工巧匠，织品图案的制作手法多种多样，有绣、纺、织、染等，其中以刺绣工艺最受塔塔尔妇女喜爱。塔塔尔的织品纹样多以植物和几何纹样为主，形态饱满，表现丰富并有一定结构规律，不仅尺寸灵活，具有适应主体装饰对象的造型，而且表现风格独树一帜，在审美价值和使用价值上达到了最大限度的统一。

在纺织品上用染料进行手工印花染色是塔塔尔族十分擅长的一种传统工艺，塔塔尔族的织物印花图案也形成自己的风格特色。塔塔尔人的传统印染原料相当丰富，以各种天然植物原料居多，传统印染工艺最多的是手工染缬法和刻模印花法，现也开始广泛使用活性染料和机器印染。传统手工染缬法多用于头巾、围裙、围兜等小件纺织品的印花；刻模压印法对大件小件织物都能应用，常见于衣物、床单等，但如今已很少见。

手镯和戒指是塔塔尔人的常见饰物，也体现了塔塔尔人精巧的金工手艺。塔塔尔族的手镯专属于女性佩戴，作为装饰和体现身份，多以金银为主。以金为材质的手镯通常会镶嵌炫目的宝石，而银质手镯通常只有纹样。塔塔尔族手镯一般佩戴在女子左手上，也常见左右手佩戴成对的手镯。塔塔尔族女性和男性都可佩戴戒指，材质以金银、宝石居多，常见戒指盖面，素面的叫"巴里大克"，镶有宝石的叫"玉祖克"。戒指不仅作为装饰，也是婚姻信物和吉祥辟邪之物。

"塔塔尔族传统民俗与宗教"部分，选取了塔塔尔族婚俗、撒班节、塔布匣子、可凡以及体育活动5个案例。

塔塔尔族实行一夫一妻制，男女可自由恋爱，但必须经过父母同意方可结婚。塔塔尔族有着独特的婚姻习俗，不是新娘嫁到新郎家，而是新郎"嫁到"新娘家，即婚礼在女方家举行。新郎要在女方家住几个月甚至一年后，才把新娘接回自己父母家，婚后生活也相对和睦。塔塔尔族婚恋文化较为传统，不仅婚礼十分讲究，而且视离婚为最大的耻辱。

撒班节是塔塔尔族特有的传统节日，有着悠久的历史，"撒班"在塔塔尔语中是"犁头"的意思，所以撒班节又称"犁头节"。节日最初是为了感谢农具"犁"所带来的增收，发展到现在则是表达塔塔尔族人民对美好生活的追求。撒班节没有固定的日期，一般选在每年6月21日至25日举行，此时正处于春耕结束夏收即将开始之间的农忙间歇举行，有祈望来年丰收的意思。这时也正值山间景色优美之时，庆祝活动多选在田头或野外，有威望长者主持，大家以家庭为单位，带着自己制作的点心饮料，穿着民族特色服装，载歌载舞参加各种娱乐活动，欢度节日。目前，塔塔尔的撒班节已入选第三批国家级非物质文化遗产的民俗项目类别。

"塔布匣子"既是塔塔尔族的丧葬用具，也是一种穆斯林殡葬用具，被称作为"塔木匣"、"塔补堤"、"讨白匣子"、"塔布"或"塔卜"。它是一种装殓抬送亡人的木匣子，塔塔尔族死者都是用"塔布匣子"送至墓地入葬。"塔布匣子"整体为一个框架结构的抬床，有些加有框架拱顶，内有抽拉的夹层，送葬时要将遗体放置于匣内抽拉层中。出殡时"塔布匣子"由亲近的人轮流抬往坟地，到达后由亲人轻轻将亡人从"塔布匣子"中抬出送下墓坑。

可凡又被称为克番或者可帆，翻译成中文为敛衣、裹尸布。

它是塔塔尔族逝者,在确定死亡之后,由死者家属为其穿着裹体的殓衣,它伴随逝者一起埋入土地中。塔塔尔族的可凡为纯白色的几块布,不同于世俗衣服,忌用针线缝制。男需"可凡"三件,即大克凡、小克凡、格米素;女需"可凡"五件,除上述三件外,再加"裹胸"和头巾"统布子"各一件。

塔塔尔族有着丰富多彩的文化娱乐生活,其传统体育活动多在民族节日的欢乐日子里举行,尤其是每年在"撒班节"盛会上,各种体育活动竞相开展,场面热闹非常,除了其他草原民族也常见摔跤和赛马外,还有塔塔尔极具代表性的传统项目:赛跑跳和爬杆。

本卷的编撰团队前期主要通过实地与网络调研相结合的方式收集相关案例资料。实地调研方面,团队成员多次前往伊宁、塔城、乌鲁木齐等城市进行实地考察,体验当地生活,走访塔塔尔族民众,进行采访、交谈,获得了大量的一手资料。在网络调研方面,主要通过编委会提供的几家大型正规图片供应商的网络平台,进行相关例图的收集工作。除此以外,编撰团队还购买了大量参考画册与书籍,如《中华民族全书:中国塔塔尔族》、《塔塔尔族》、《中国民族村寨调查丛书之塔塔尔族:新疆奇台县黑沟村调查》、《中华民族大家庭知识读本——塔塔尔族》、《新时期中国少数民族文学作品选集》、《中国文化知识读本——塔塔尔族》、《塔塔尔族简史》等,这些材料为本卷的编撰提供了必要的智力支持。

为了全面反映塔塔尔族造物思想与设计思维,在本卷案例的编撰过程中,团队主要围绕设计学本体进行延展,归纳整理了能够较为全面反映案例设计特征的图例与文字。参与编撰《中国少数民族设计全集·塔塔尔族》,对于我们来说,是一个全新的学习的过程,是一个进一步比较全面与系统地了解塔塔尔族人民及其生活和文化形态的过程。大家的共同努力,才使本卷顺利完成。在此感谢所有参加本卷撰写、绘图和提供资料的老师和同学们！但因学识与水平有限，再加上受制于编写体例要求，各案例解析书写的篇幅有限，故在本卷中，无论是案例选择的典型性方面，还是具体案例解析的全面性方面，肯定存在着许多不妥之处，难免有挂一漏万，以偏概全的现象。真诚地希望广大读者批评指正。

编者

目录

第一章　塔塔尔族传统建筑
塔塔尔族塔城红楼　002
塔塔尔族毡房　011
塔塔尔族吐达洪巴依旧居　017
塔塔尔族额敏豪宅　024

第二章　塔塔尔族传统服饰
塔塔尔族女式围裙　030
塔塔尔族女式衬衫　038
塔塔尔族女子上衣　044
塔塔尔族女裙　052
塔塔尔族坎肩　059
塔塔尔族男式风衣　065
塔塔尔族男式衬衫　070
塔塔尔族女式花帽　075
塔塔尔族男式花帽　080
塔塔尔族女士头巾　084
塔塔尔族女式辫饰　089
塔塔尔族女士腰带　094
塔塔尔族毡筒女靴　099
塔塔尔族男士长筒皮靴　102
塔塔尔族男士家用便鞋　105

第三章　塔塔尔族传统餐饮
塔塔尔族奶油酥鸡　108
塔塔尔族馕　111
塔塔尔族卡特力特　117

塔塔尔族古拜底埃　120
塔塔尔族开西米日　124
塔塔尔族克儿西麻、克赛勒　128
塔塔尔族斋比白里西　131

第四章　塔塔尔族传统生活用具

塔塔尔族多合热提卡　136
塔塔尔族巴拉莱卡　142
塔塔尔族曼陀林　146
塔塔尔族奥伦多克　150
塔塔尔族阔阿尔瓦　154
塔塔尔族恰纳　159
塔塔尔族特拉西蒙卡　164
塔塔尔族皮里台　169
塔塔尔族防风灯、罩子灯　173
塔塔尔族派提努斯　178

第五章　塔塔尔族传统生产工具

塔塔尔族鞑靼角弓　184
塔塔尔族马鞭　188
塔塔尔族木耙　193
塔塔尔族铁叉　197
塔塔尔族马刀　201

第六章　塔塔尔族传统手工艺

塔塔尔族刺绣工艺　206
塔塔尔族织品图案　211

塔塔尔族印染工艺　217
塔塔尔族戒指、手镯　222

第七章　塔塔尔族传统民俗与宗教

塔塔尔族婚俗　228
塔塔尔族撒班节　234
塔塔尔族塔布匣子　239
塔塔尔族可凡　244
塔塔尔族体育活动　249

第一章 塔塔尔族传统建筑

塔塔尔族塔城红楼

图一 塔塔尔族塔城红楼主图

塔城红楼是一座典型的俄式风格建筑，位于新疆维吾尔自治区塔城市和平街道解放街与文化路交汇处，由塔塔尔族商人热玛赞·坎尼雪夫于1910年投资兴建，1914年竣工。这座高大豪华的建筑原先是贸易商场，是中俄贸易的重要场所，如今是塔城市塔城地区的历史博物馆。红楼铁锈红墙砖，绿色屋顶，白木质窗棂，色彩强烈，气派非凡，独特建筑样式也见证了塔城作为中俄通商口岸的历史。红楼是新疆保存最好、最大的一处砖木结构形式的近代俄式建筑，其建造方式与细节构造也能代表塔塔尔族官式建筑的经典做法，2006年塔城红楼被公布为全国重点文物保护单位。

塔城红楼主要由地下室、屋身、屋架和屋顶组成，占地885平方米，2层，共有16个房间。地下室由白色的墙体组成，地面铺有地砖。屋身由红墙建成，地面铺木制地板。屋顶由木结构屋架和被绿漆覆盖的黑铁皮屋面组成。塔城红楼的墙面用砖独特，砖与砖之间有条突出来的棱角，工艺做法俗称"V字缝"，既立体美观，又坚固，是修筑此类建筑的一种民间老技法。红楼墙体较厚，外墙一般在0.9~1米，内墙一般在0.7~0.8米，起保暖、隔音、隔热的作用。屋檐和窗户上下用雕砖装饰出几何形状，天窗、排水的铁皮管道、廊檐、柱子、栏杆等处也有镂、刻图案。屋顶是沿用传统的斗篷式黑铁皮屋顶做法，除使用最外层刷防锈漆的俄罗斯黑铁皮之外，还选用优质松木交错铺设了几层。

这些松木为采自塔城、乌苏山区结实的红松。在松木上，又垫上几层沙石，加上支撑双层木框架，屋顶和墙身的厚度都达1米，冬暖夏凉。塔城红楼窗通常高约2.84米，宽约1.04米，每一个房间都有两到三扇窗户，室内光线充足。窗户均为双层玻璃，外有木制窗扇，夜晚关闭窗扇，既安全又保暖。红楼工艺复杂、用料讲究，因而历经百年，仍骨架挺拔，轮廓鲜明，熠熠生辉，没有丝毫苍老痕迹。

19世纪中期清朝和俄国签订《中俄伊犁塔尔巴哈台通商章程》后，塔城成为中俄贸易的一个重镇，与俄国做生意的当地商人日益增多，塔塔尔族大商人热玛赞·坎尼雪夫建造的塔城红楼一度成为当时塔城的商贸中心，经营大宗土特产购销和对俄进出口贸易。1938年，新疆督办盛世才以莫须有罪名逮捕热玛赞，没收红楼，改作医院。新疆三区革命时期，红楼交还热玛赞之子，其子将红楼捐给政府，仍做医院。20世纪50年代红楼改为专员公署办公楼，1984年改作塔城报社，现为塔城红楼博物馆。这座建筑也见证着塔城地区种种社会历史变迁。如今老楼的东侧于2006年新修了二层新楼，新旧楼风格完全一致。新楼用于承办展览，扩充实用功能，也更利于老楼的修缮和保护。塔城红楼展示了新疆少数民族能工巧匠的各种高超建筑技巧。在2006年扩建时发现屋顶的黑铁皮制作工艺已经失传，原砖石料也无处可觅，施工方多方寻访和反复试验才仿制成功。塔城红楼的建筑艺术和建造工艺对中国建筑文化的丰富和发展有着重要意义，同时也是近代百年中西文化交流之路的一处路标。

图片来源
图一至图十一、图十三至图十五　张晨　制图
图十二　张晨、徐靓　制图

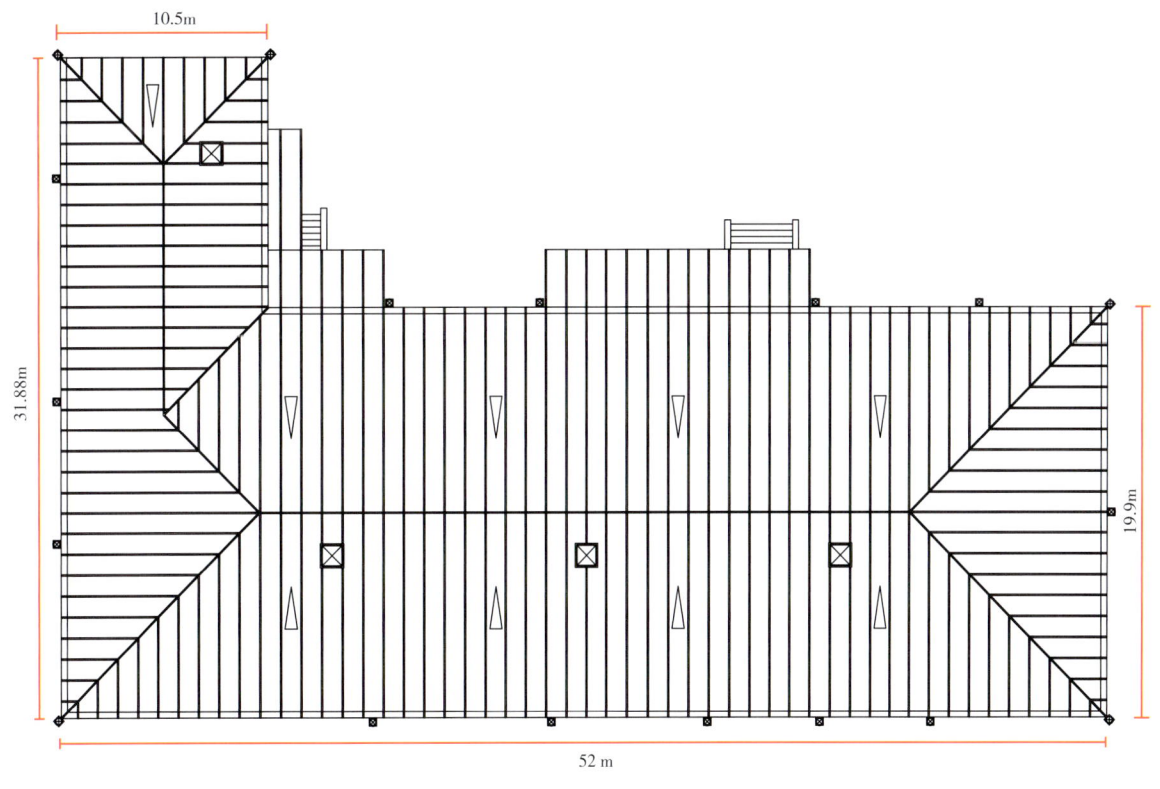

图二　塔塔尔族塔城红楼楼顶平面图

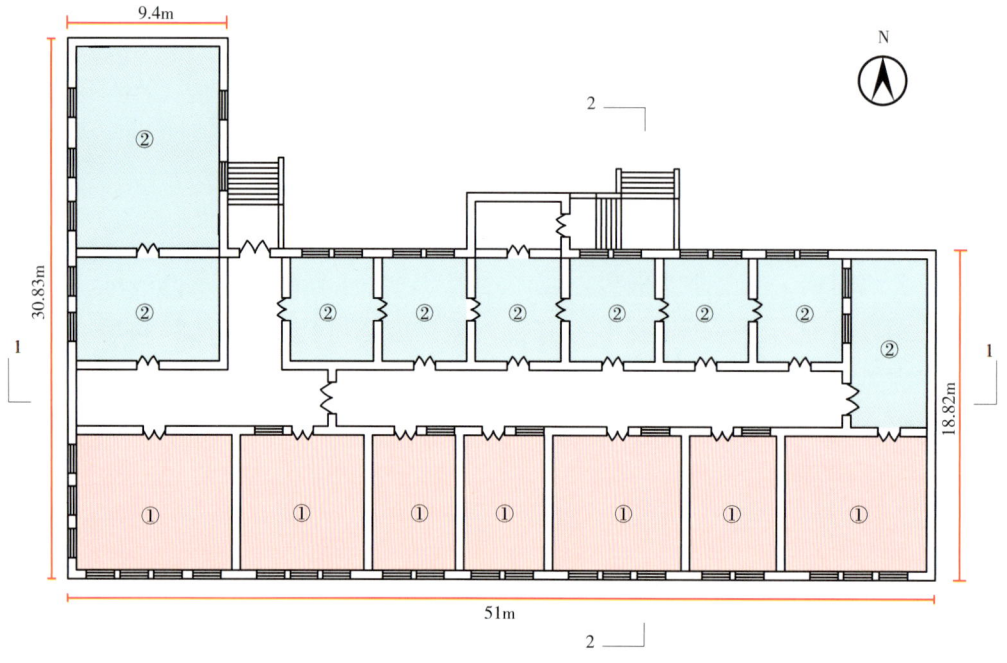

①商务办公用房

②居住用房

图三 塔塔尔族塔城红楼平面图

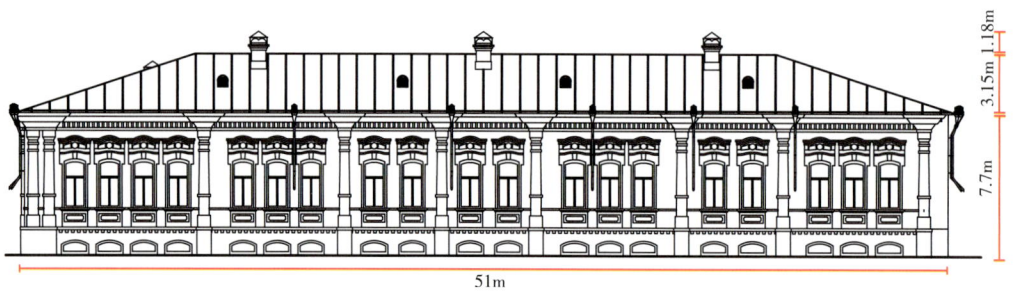

图四 塔塔尔族塔城红楼立面图

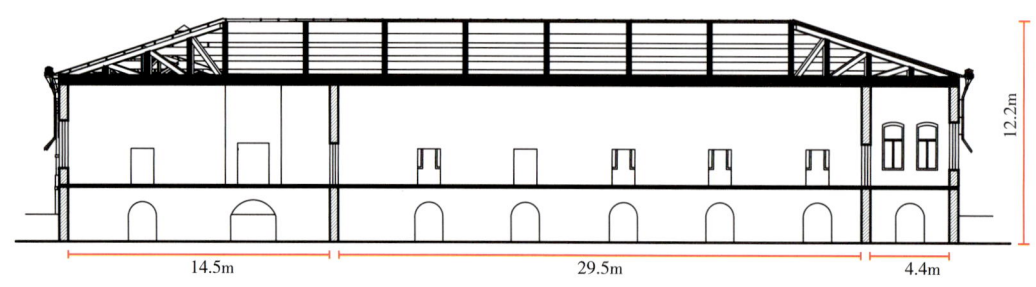

图五 塔塔尔族塔城红楼剖面图1-1

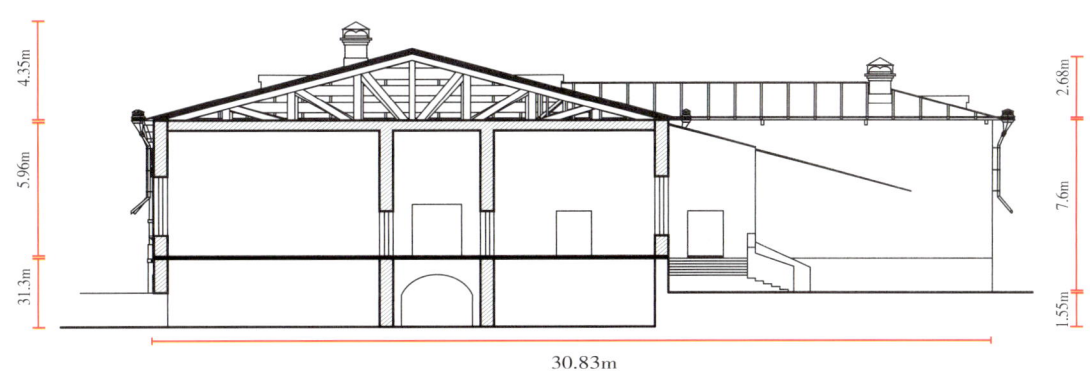

图六 塔塔尔族塔城红楼剖面图2-2

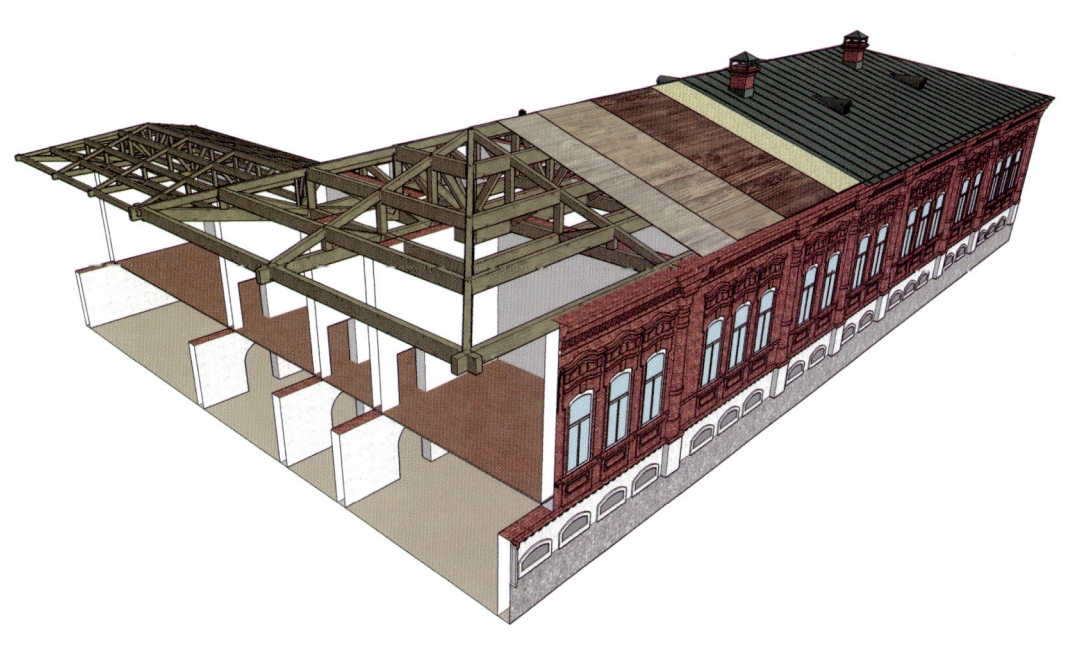

图七 塔塔尔族塔城红楼剖解图

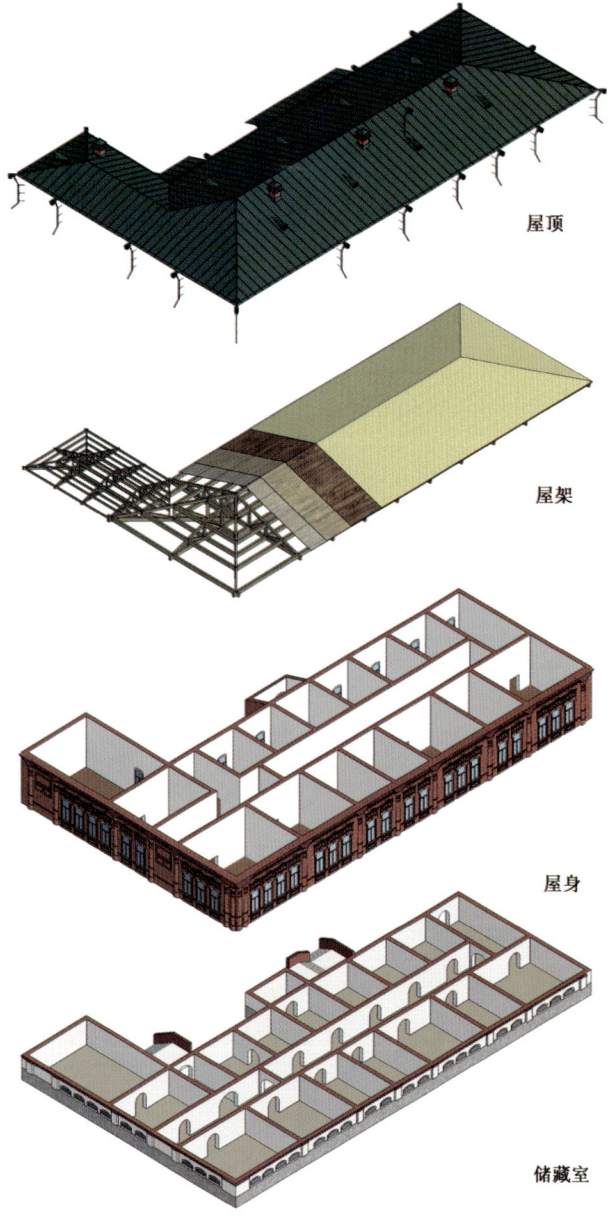

图八 塔塔尔族塔城红楼各部分拆解图

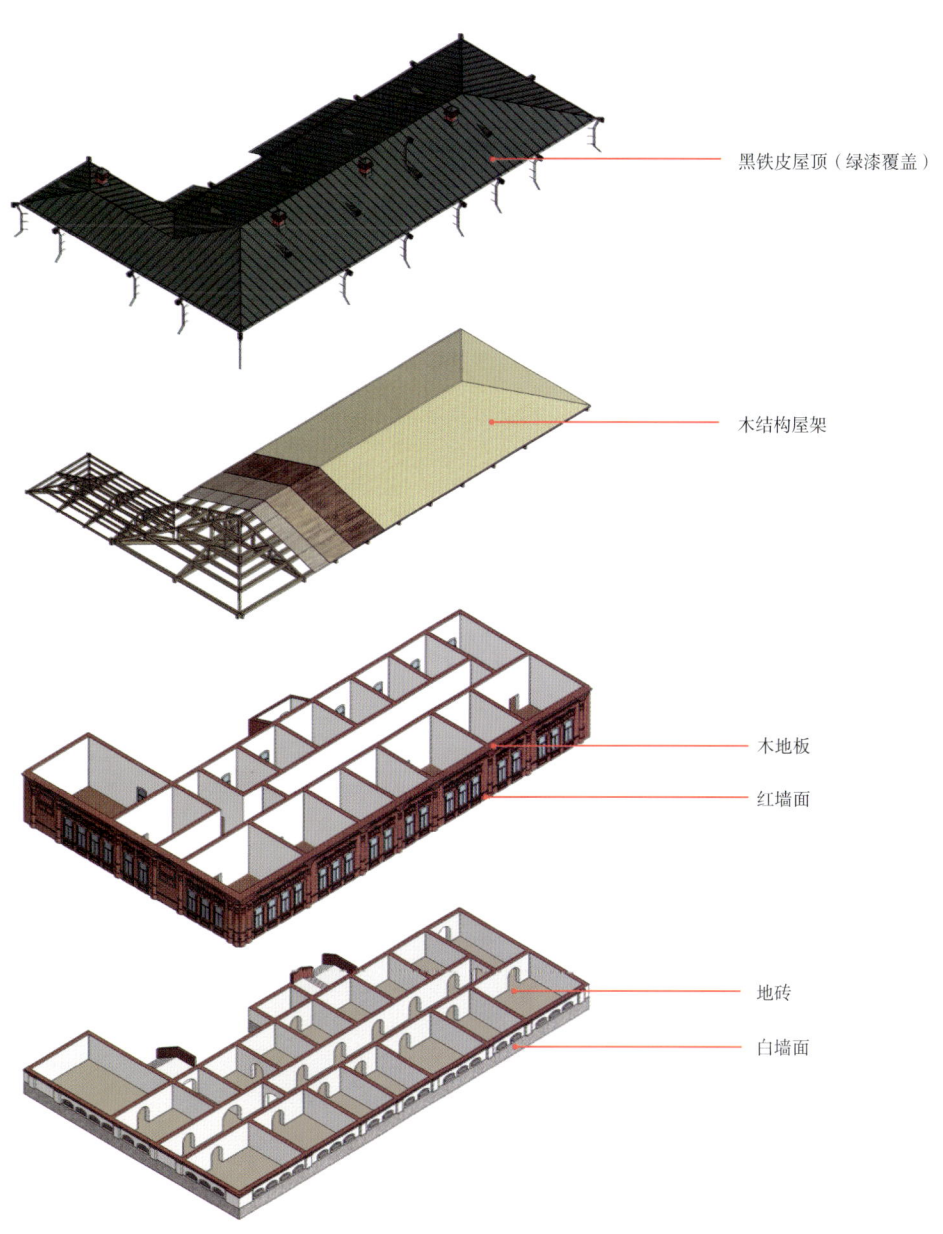

图九　塔塔尔族塔城红楼整体材质解构图

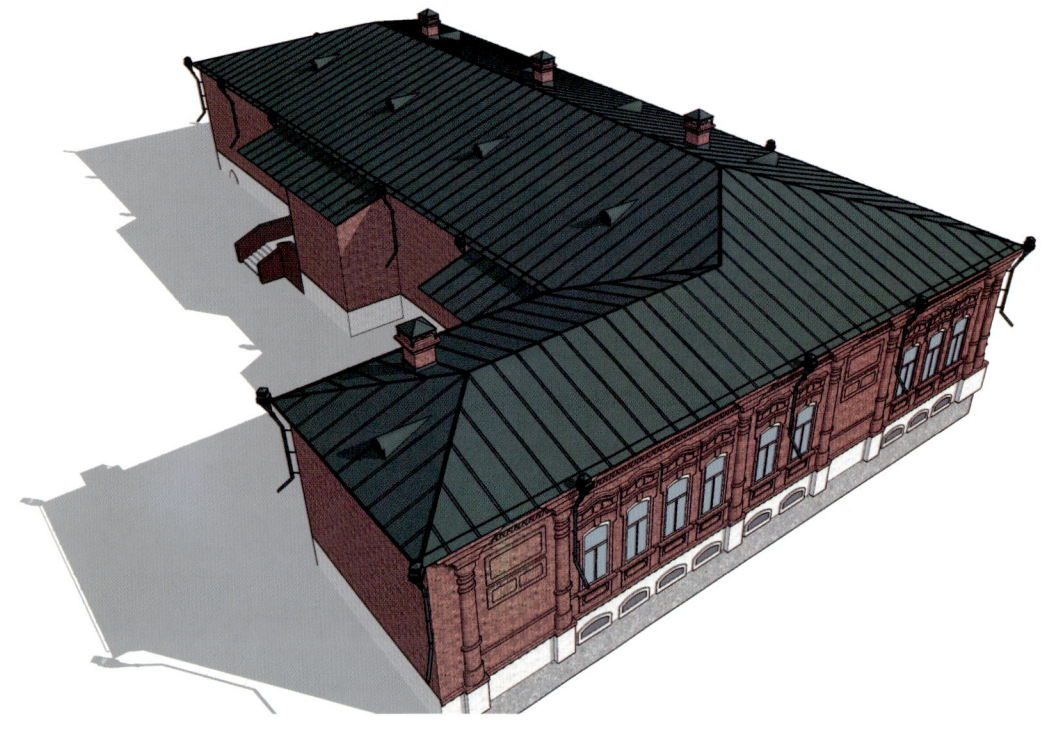

图十　塔塔尔族塔城红楼屋顶示意图

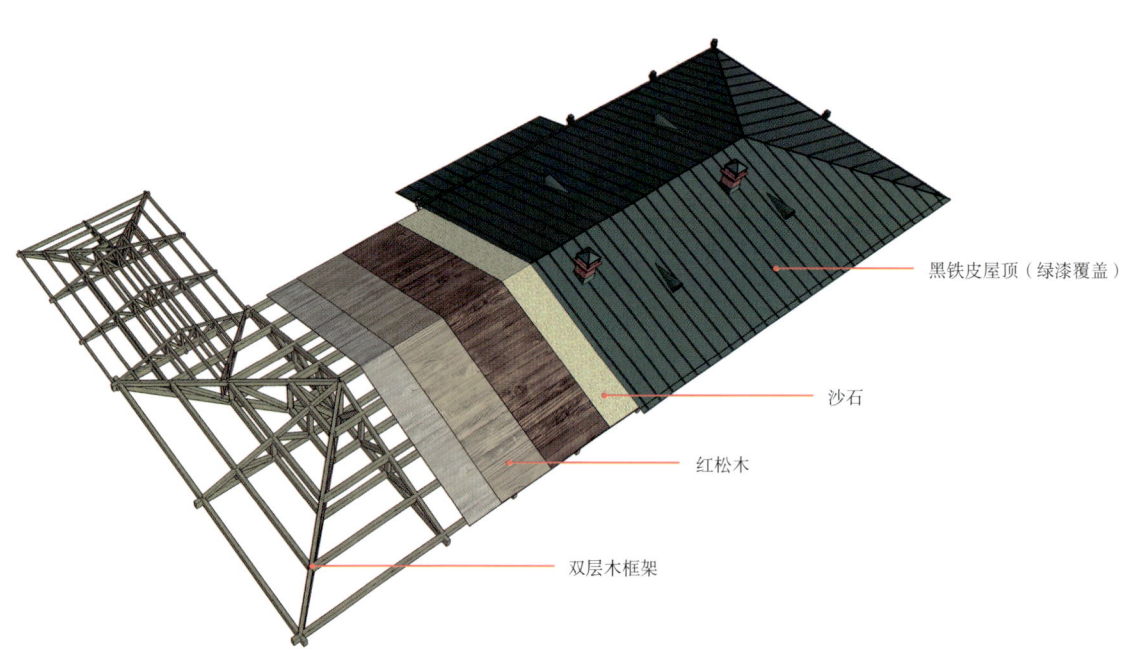

黑铁皮屋顶（绿漆覆盖）

沙石

红松木

双层木框架

图十一　塔塔尔族塔城红楼屋顶选材示意图

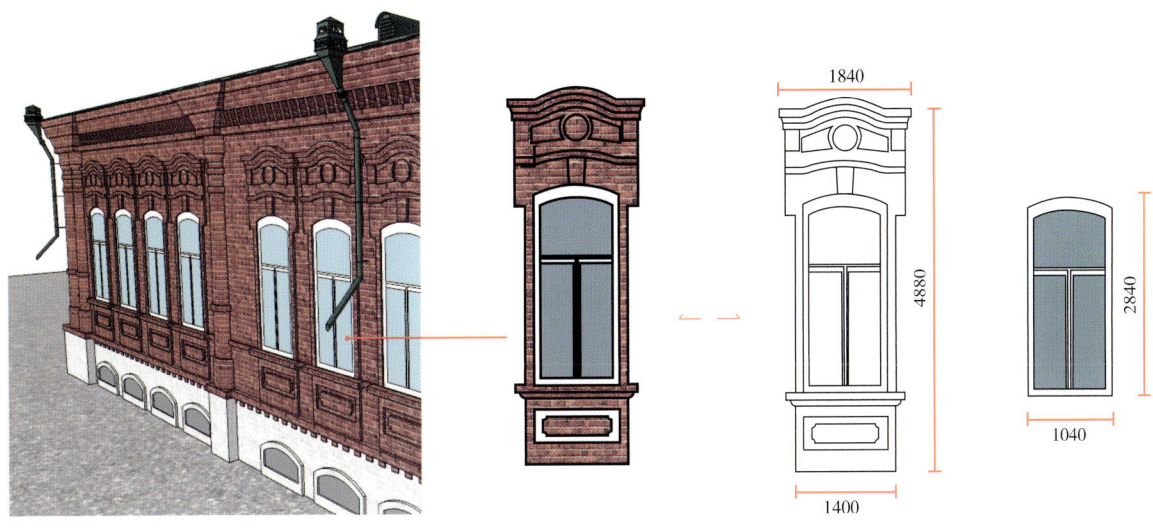

图十二 塔塔尔族塔城红楼窗户细节示意图（单位：mm）

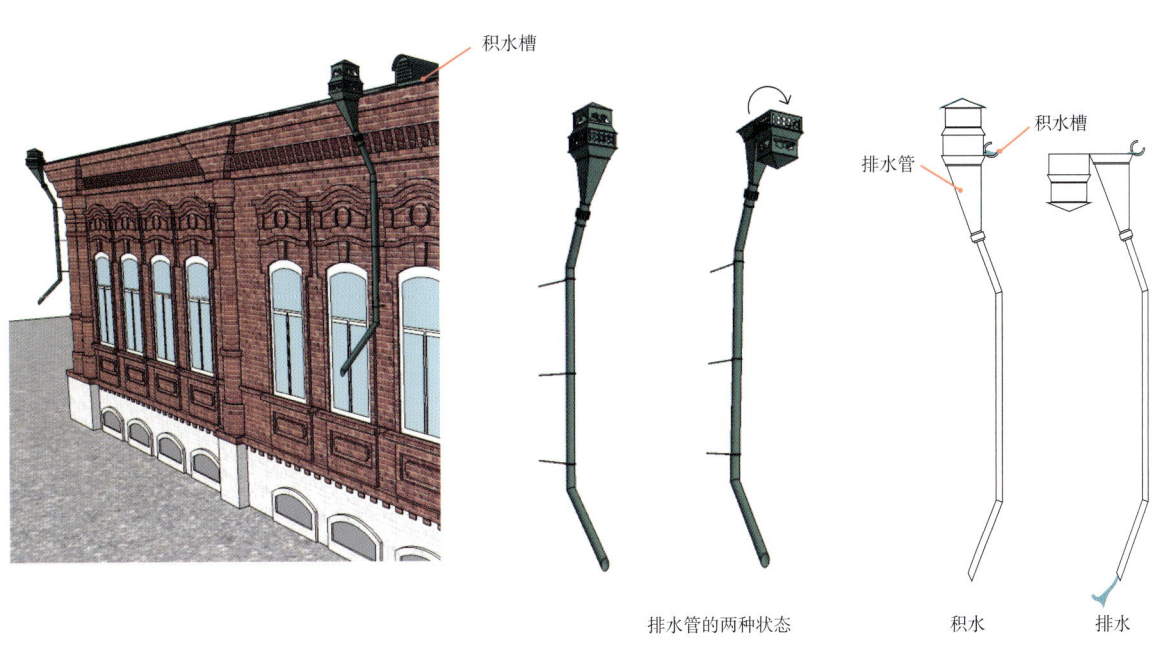

图十三 塔塔尔族塔城红楼排水示意图

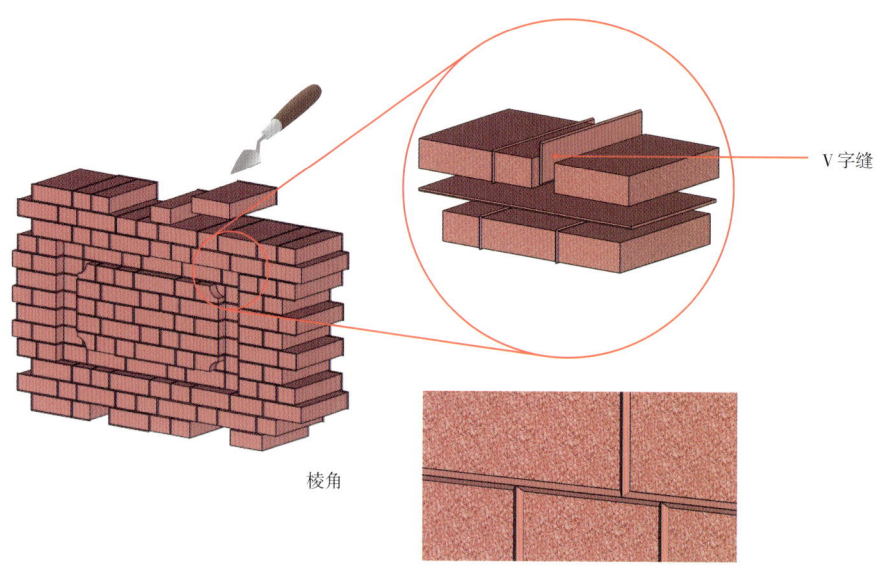

图十四　塔塔尔族塔城红楼红砖墙体结构示意图

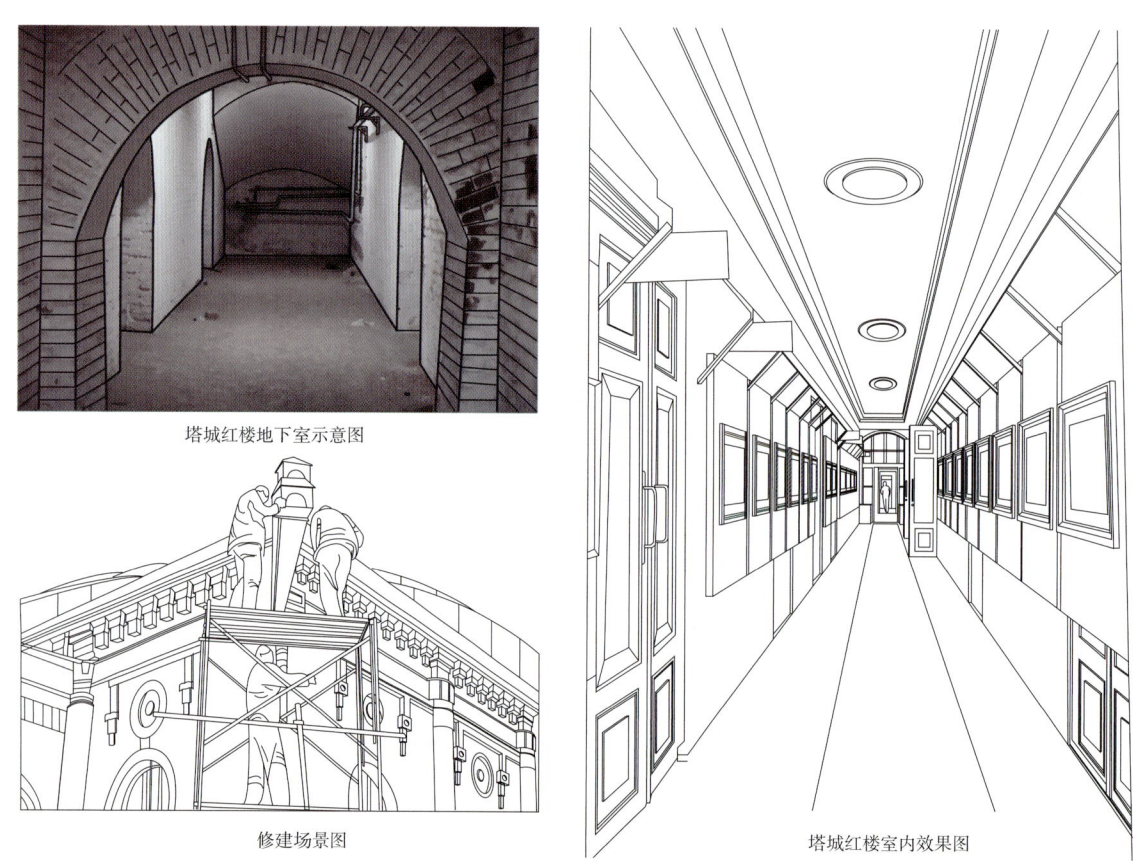

塔城红楼地下室示意图

修建场景图

塔城红楼室内效果图

图十五　塔塔尔族塔城红楼局部示意图

塔塔尔族毡房

图一　塔塔尔族毡房主图

　　毡房是塔塔尔族人的传统游牧民居，主要用于春、夏、秋三季，在冬季塔塔尔人一般住在冬牧场的土房和木房里。毡房建筑骨架由木撑杆、木栅栏、圆形圈顶组成，建筑围护结构主要有毡片、花毡和芨芨草帘。普通的毡房宽约2~3米，高约1.7~2米，结构简单搭建方便，适应性强。

　　塔塔尔族毡房建筑骨架主要由栅栏块、木撑杆、顶圈组成。毡房围墙通常是由4个或6个栅栏块组成，栅栏是用柳木、杨木制成的杆条，分别以长、中、短三种杆条铰接而成，铰接点以杆条钻孔相对，用皮条穿入，两端扎结连接。栅栏高1.3~1.5米，可折叠，便于运输。木撑杆一般选用有韧性、变形小的木材，常常用云杉、松树、桦树、杨树等树木的细、长、直的树干来制作。木撑杆直径在3~6厘米左右，长约2.4~3.2米，下端呈扁方形，绑扎在栅栏上，上端细圆笔直，插入顶圈的洞孔内，中部撑杆呈35度左右的弯曲便于上端撑杆收拢于圆形顶圈内，圆形顶圈由十字形拱架支撑。顶圈是由一个封闭的木质圆环和两组由2~4根抛物线状木杆条垂直相榫接的构件，木质圆环上有很多眼孔，以承接撑杆的插入。毡房顶呈穹隆形，结构材料一般选用木质坚硬、不易变形且耐久，直径在6厘米以上的完整树干制成，如桦、榆、山楂等树木。毡房不安装窗户，顶圈即为天窗，调节遮盖其上的顶毡等于开闭窗户的大小。毡房的门多为雕刻着图案或彩绘着纹饰的双扇门，高1.5米左右，宽

0.7米左右，木门外挂有芨芨草编织的外附花毡的门帘。毡房内的中间支有生铁炉子，炉旁铺火花毡。紧靠栅栏墙的毡房中间放有垫桌，上面陈设着被褥、箱子等。完整搭建毡房的过程一般有四步：第一步，打栏墙；第二步，支天窗、支毡房木撑杆；第三步，围芨芨草帘；第四步，围外墙毡与顶毡。

塔塔尔人一般从事农业和城市商贸、手工业，但其社会经济中仍保存有传统的畜牧经济成分，不少塔塔尔牧民、牧工仍以追逐水草畜养牲畜为生，塔塔尔族的毡房就是其草原畜牧业生活的必要产物。毡房结构简单稳固、易拆装、防风雨，其制作所用材料几乎都是就地取材，具有经济性、环境适应性等构建特点。随着西部开发进程的加快，塔塔尔牧民开始定居或半定居生活、生产，从事多种经营，一些土木结构的永久住房开始逐步替代传统毡房。但毡房这种结构与当今绿色设计理念有着某种契合，对现代的临时性和便携性设计仍有启迪价值。

图片来源
图一至图四、图六　杨扬　制图
图五　张加其　制图
图七、图八　袁巧兰　制图

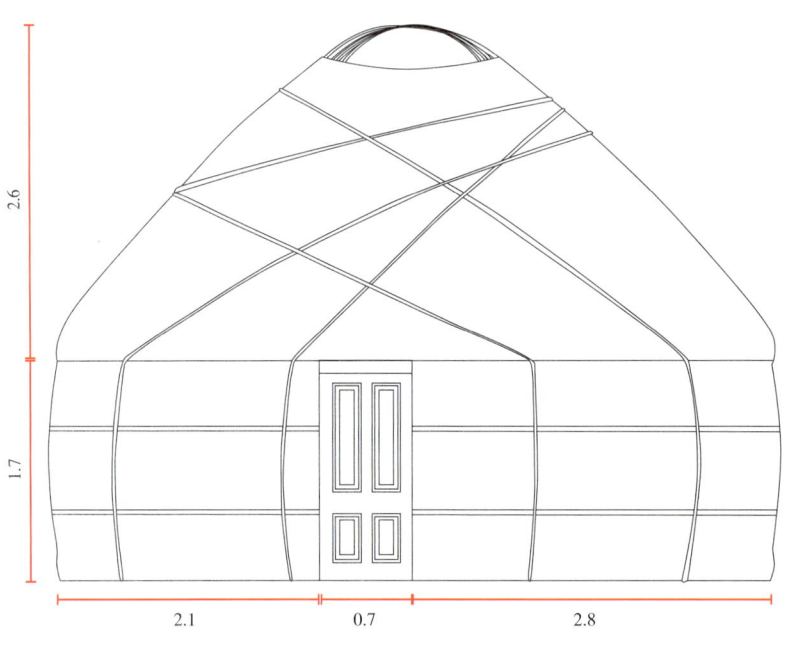

图二　塔塔尔族毡房尺寸图（单位：m）

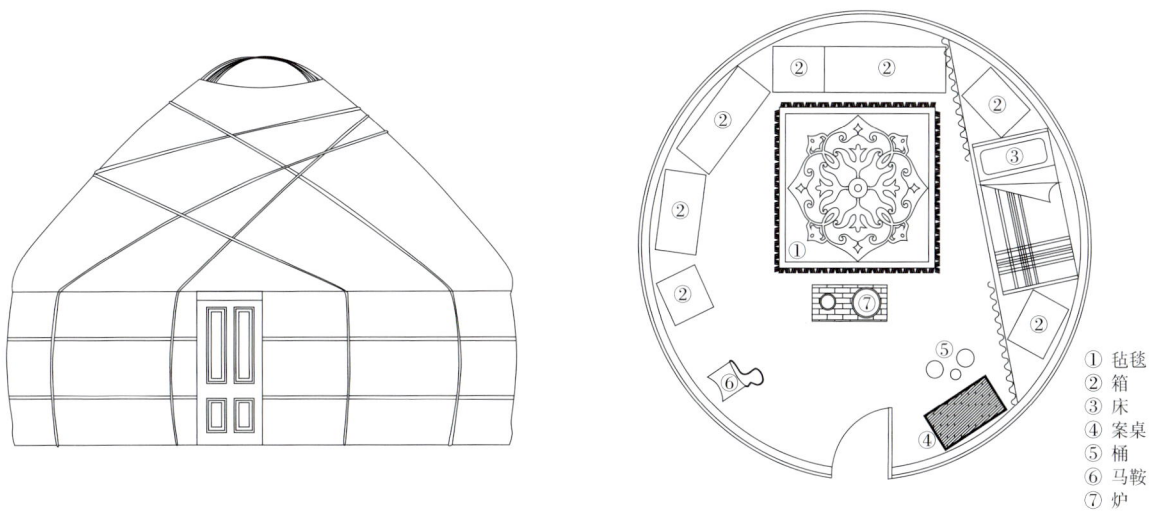

图三 塔塔尔族毡房立面图及平面图

① 毡毯
② 箱
③ 床
④ 案桌
⑤ 桶
⑥ 马鞍
⑦ 炉

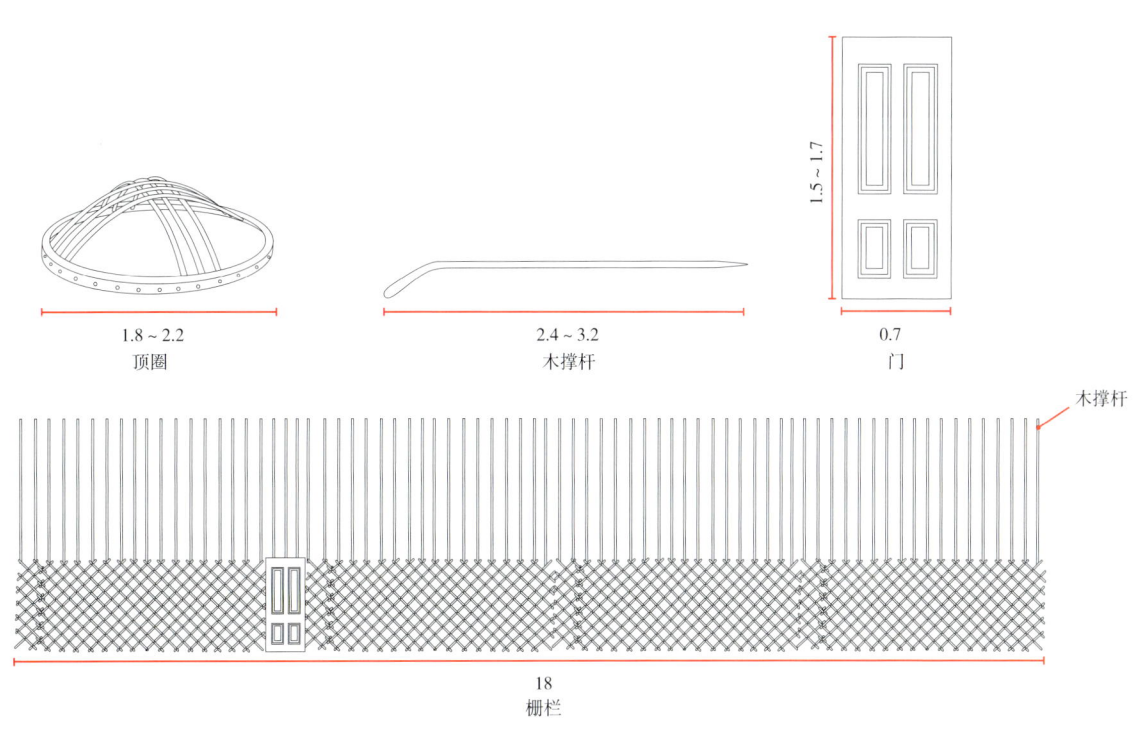

图四 塔塔尔族毡房各结构组件图（单位：m）

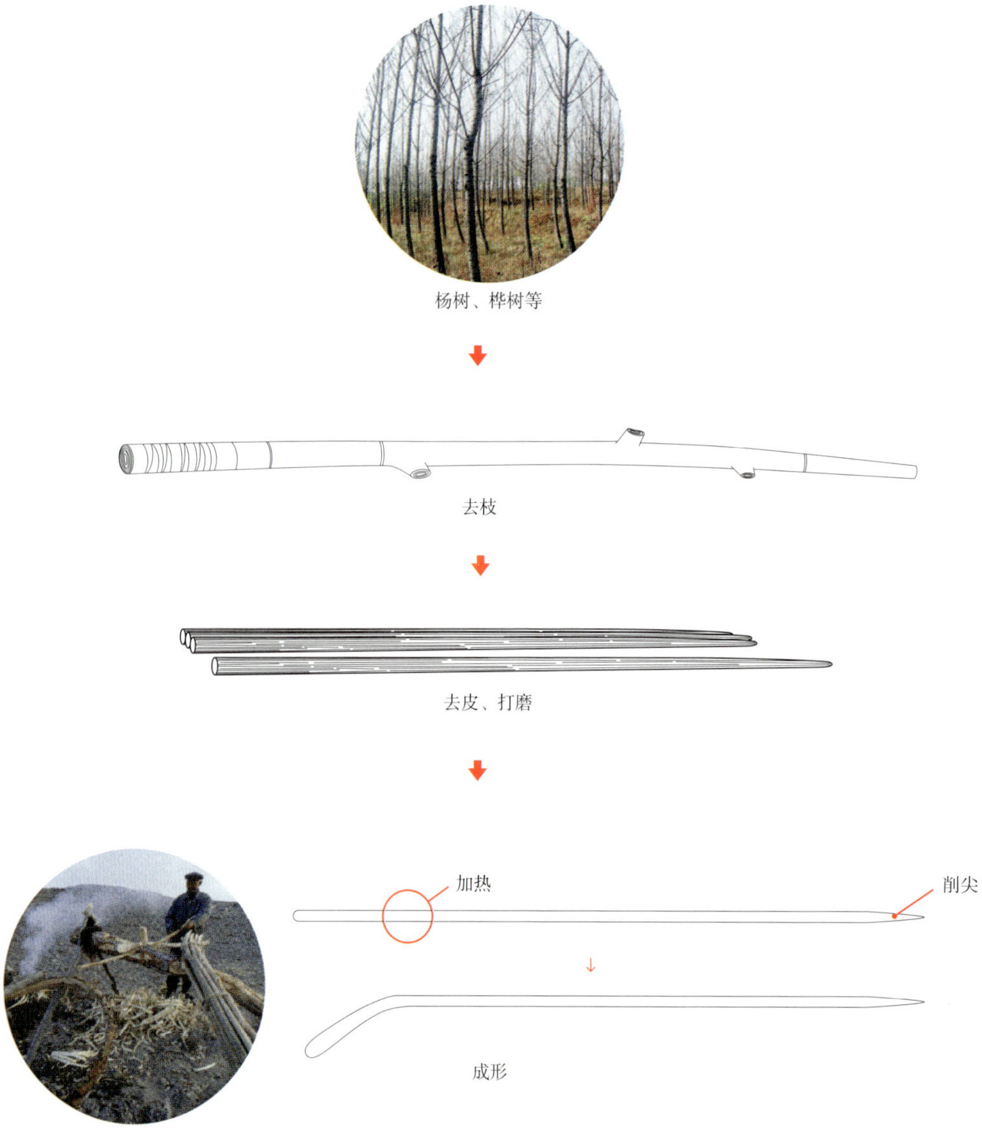

杨树、桦树等

去枝

去皮、打磨

加热　　　削尖

成形

图五　塔塔尔族毡房木撑杆制作过程图

图六　塔塔尔族毡房结构组装示意图

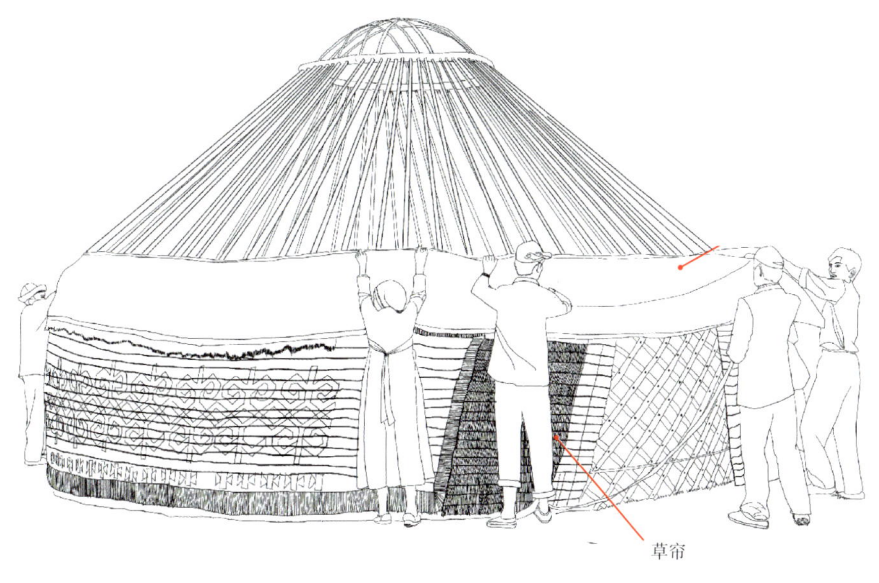

草帘

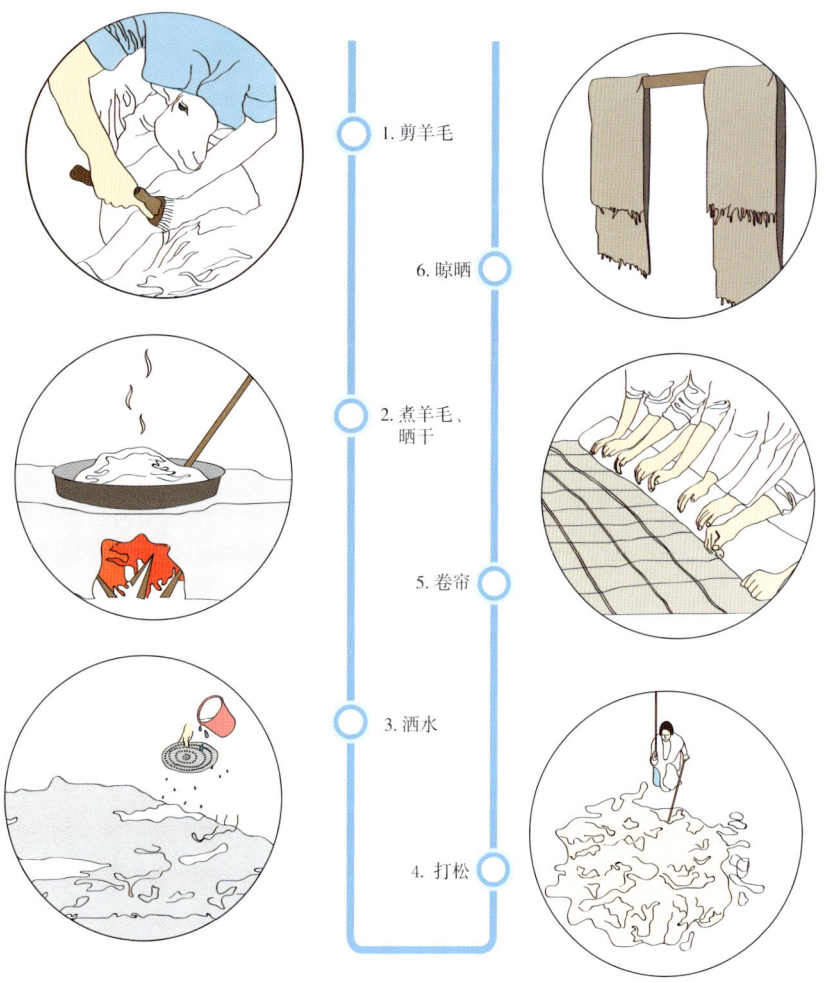

图七　塔塔尔族毡房羊毛毡制作过程图

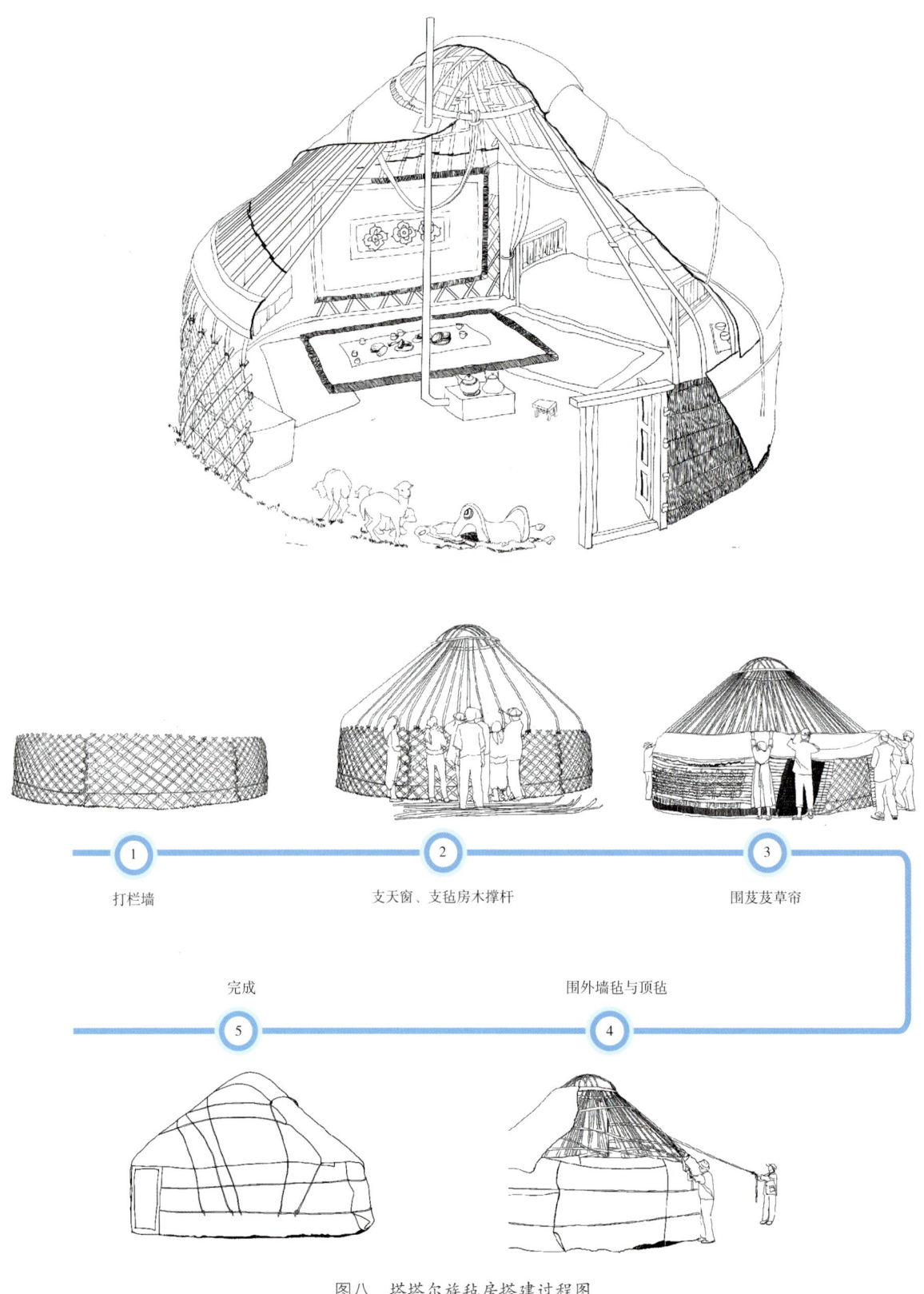

图八　塔塔尔族毡房搭建过程图

① 打栏墙
② 支天窗、支毡房木撑杆
③ 围芨芨草帘
④ 围外墙毡与顶毡
⑤ 完成

塔塔尔族吐达洪巴依旧居

图一　塔塔尔族吐达洪巴依旧居主图

吐达洪巴依旧居是中国境内保存较完整、规模最大的一座塔塔尔族民居，"巴依"是维吾尔语中对"王爷"、"财主"的称呼。旧居始建于1931年，占地面积8亩，位于新疆伊宁市伊犁街3号，原是商人吐达洪的旧宅，现为伊犁州级文物保护单位。

吐达洪巴依旧居由巴依正屋、巴依儿子住房、雇工住房以及辅助用房和室外景观组成。巴依正屋为组团型布局，坐北朝南，土木结构。屋内有俄罗斯风格的壁炉，门窗均为两层，内扇为玻璃，外扇装木质护板。整座建筑线条整齐，繁简有致。巴依儿子和雇工住房为一字型，前者人字屋顶，坐东朝西，位于庭院东侧；后者平顶，坐北朝南，布置在庭院北侧沿街一面，两者均为土木结构。旧居室内错缝平铺木地板，同样为两层门窗。建筑以木料和生土料作为承重和围护结构。用本地生土制成的土坯砖砌筑形成承重墙、隔断墙，土坯砖蓄热和隔热性能较佳，对调节室内温度有很好的效果。木材来自苏联进口的松木，除了制作屋顶、柱、梁、椽等主体支撑框架，加工后也作为地板、天花板、门窗、栏杆、檐板等各种建筑构件。旧居墙体由三部分组成：基础部分由三层卵石用石灰砂浆砌筑，再用青砖砌成墙体，高度至勒脚部分，间隔一定距离砌筑青砖扶壁柱，在扶壁柱上再放入方形松木梁。在方垛与木梁之间填充土坯砖，土坯砖之间再穿插榫卯方木与圆木。巴依正屋的山墙则整个用砖包砌，同时用砖在檐口和山花顶部砌出起伏错落的线脚。旧居的门楣、护门板、窗楣、护窗板、檐口线、廊柱柱根及托梁等处使用了大量的几何纹和植物纹砖雕和木雕装饰，室内的壁龛和壁炉也具有很强的装饰效果，装饰色彩多为材料本色或施蓝色。旧居建筑整体线条整齐，轮廓简洁，繁简有致，雕饰精美，做工精细。

吐达洪巴依旧居的所有者吐达洪出生于俄国，苏联十月革命胜利后地主阶级遭到镇压，为了逃避打击，吐达洪和家人于20世纪20年代辗转来到伊犁，随后在当年最繁华的市中心从一名锡伯族商人处购买土地，不惜重金挑选当地最好的工匠，使用最好的材料，建造过程历时三年，1931年建造完成该建筑。1936年吐达洪巴依遭迫害而死，留下的旧居在中华人民共和国成立后曾作为政府职能部门、印刷厂和个人使用。2011年作为南京援疆项目对其进行修缮，如今作为景点对民众开放。旧居建筑风格独特，布局严谨，气势宏伟，是近代当地中西文化交融下的文化遗产。其房屋结构布局、内部装饰、壁炉、墙体、顶棚等有着明显俄式风格，砖上的雕花、廊檐下的横梁、屋瓦则有着汉族地区艺术的特征，而廊檐、木雕则保留当地建筑雕刻的特点，有着很高的艺术价值。吐达洪巴依旧居院落宽阔幽静、大气厚重，比较真实地反映了伊犁当地上流社会的生活场景，有着较高的观赏和历史价值。

图片来源

图一　新浪微博（已授权）　提供
图二、图四、图九至图十四　严玮辰　制图
图三、图五至图八　胡颖　制图

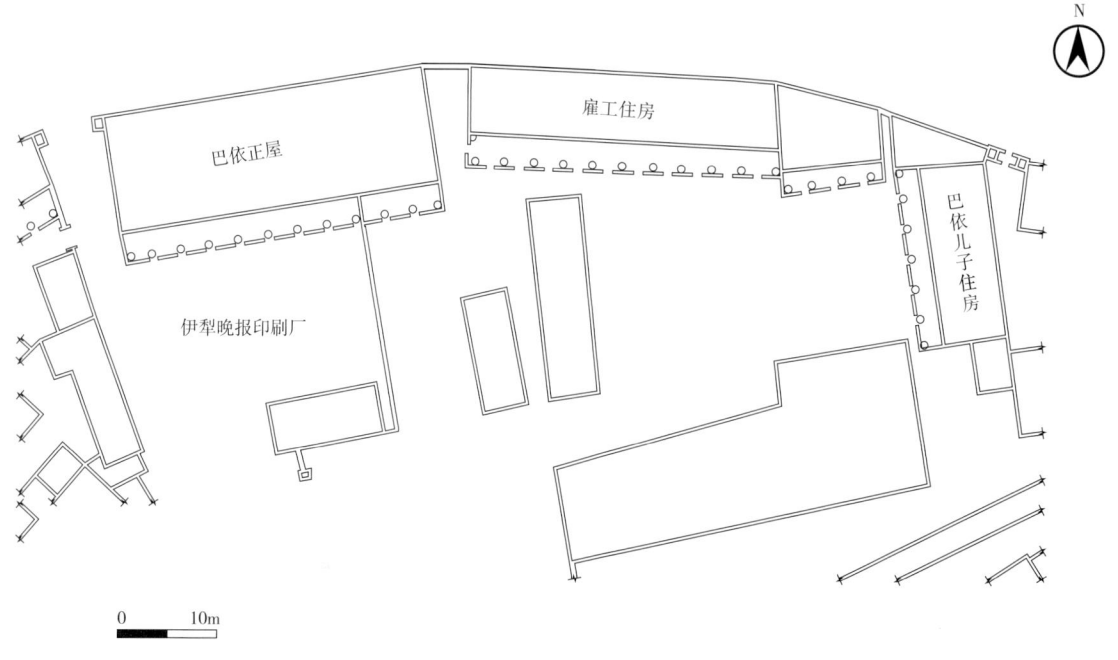

图二　塔塔尔族吐达洪巴依旧居大院总平面图

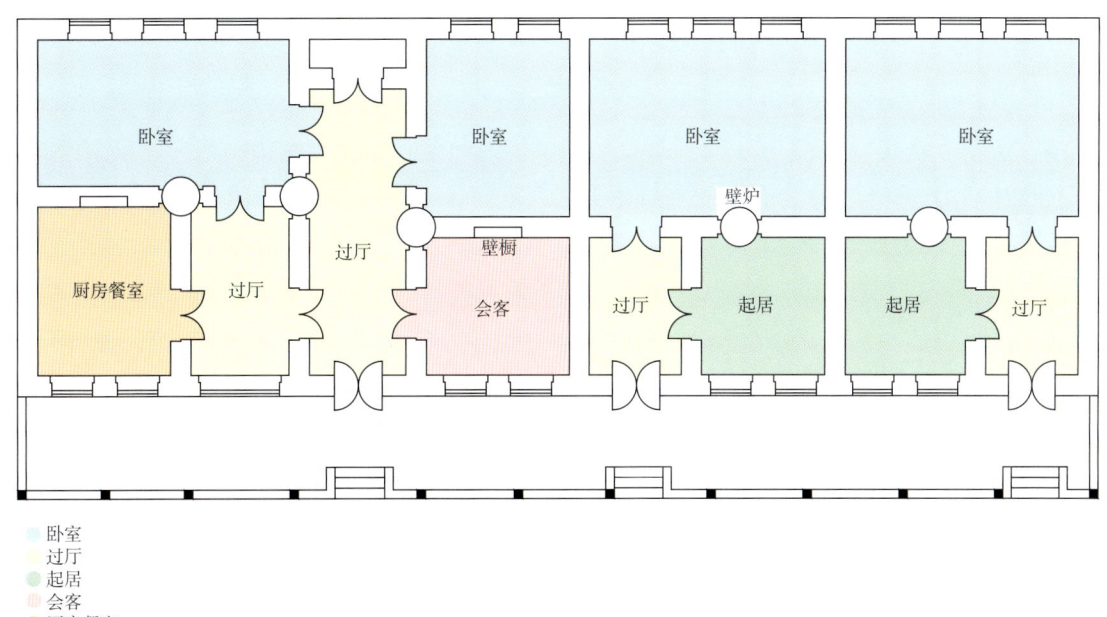

图三　塔塔尔族吐达洪巴依旧居正屋平面图

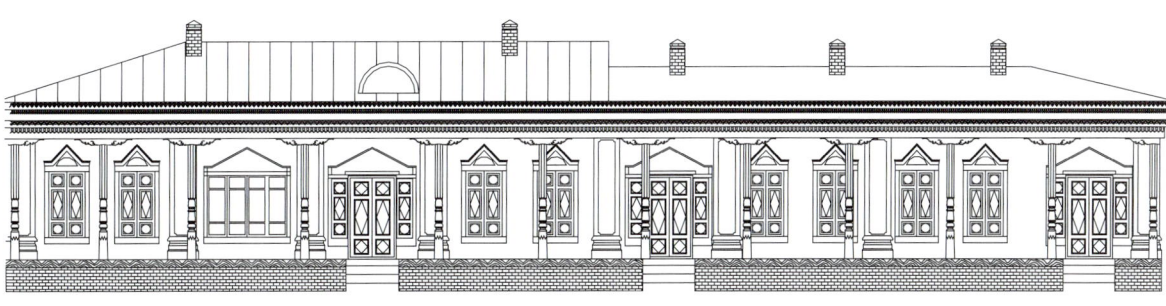

图四　塔塔尔族吐达洪巴依旧居正屋立面图

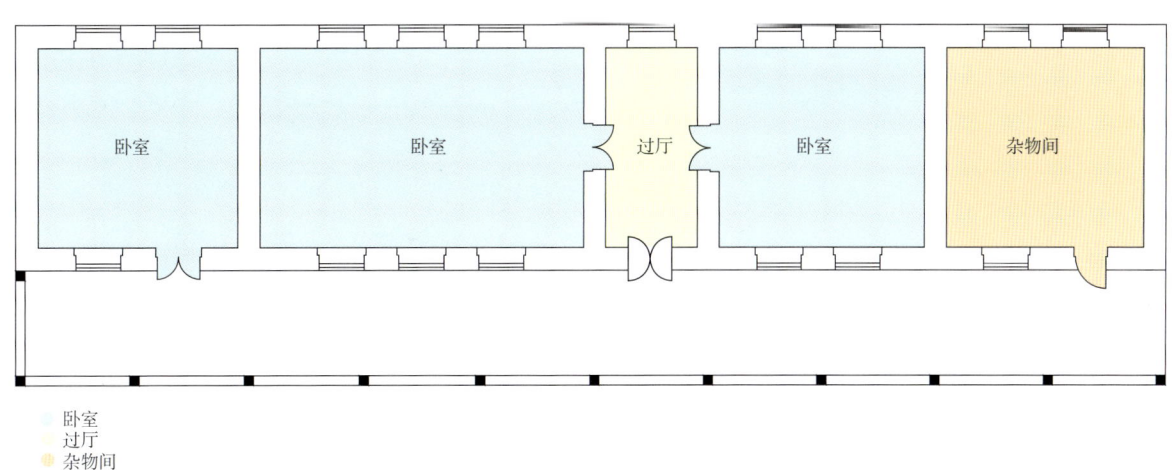

图五　塔塔尔族吐达洪巴依旧居雇工住房平面图

图六　塔塔尔族吐达洪巴依旧居雇工住房立面图

图七　塔塔尔族吐达洪巴依旧居走廊实景图

图八　塔塔尔族吐达洪巴依旧居大院实景图

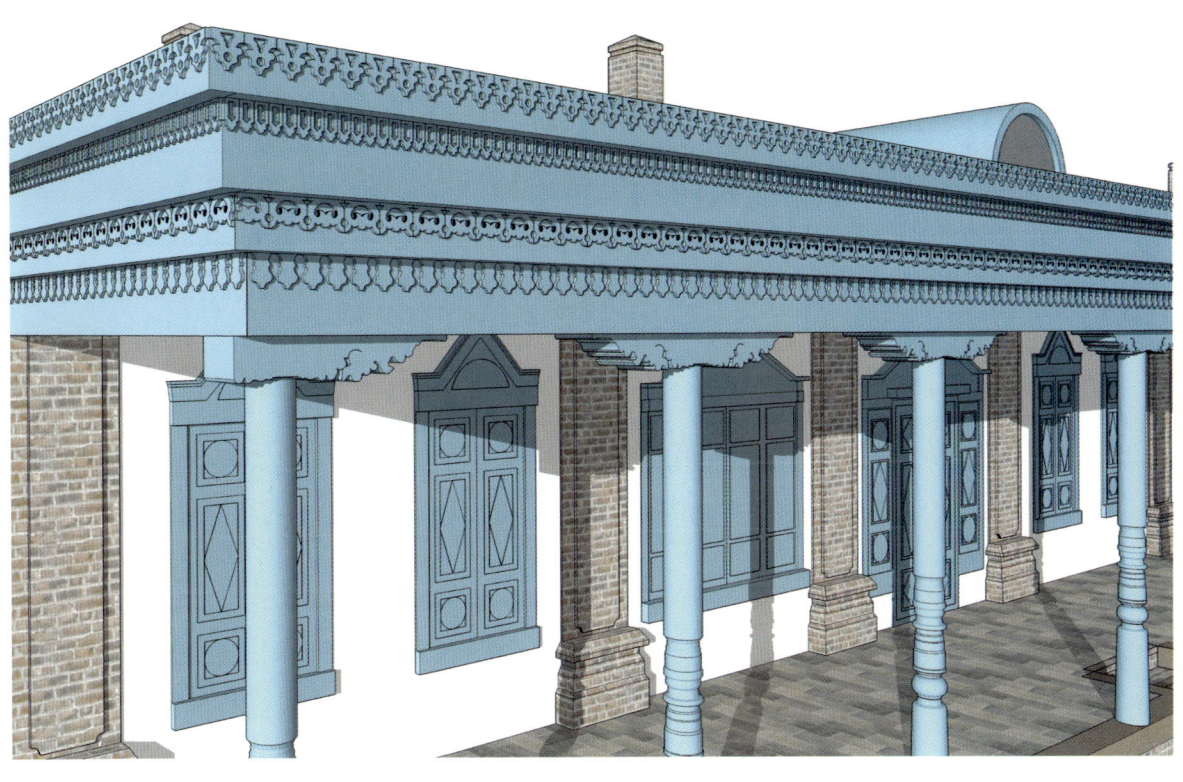

图九　塔塔尔族吐达洪巴依旧居正屋建筑细节装饰图

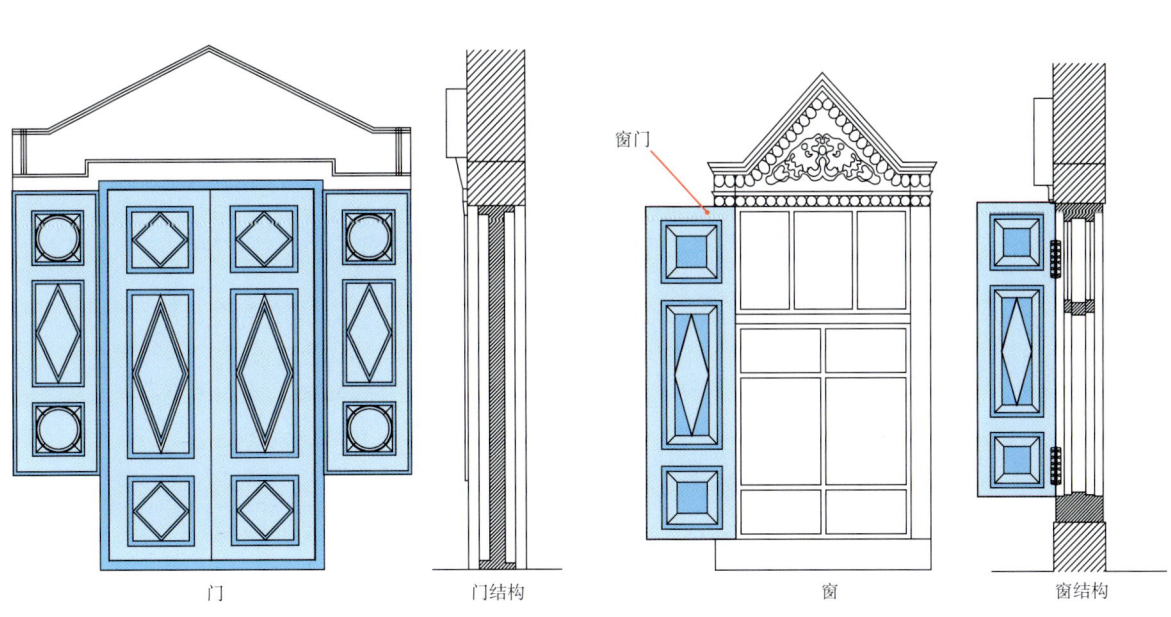

图十　塔塔尔族吐达洪巴依旧居门窗大样及其构造图

第一章　塔塔尔族传统建筑

021

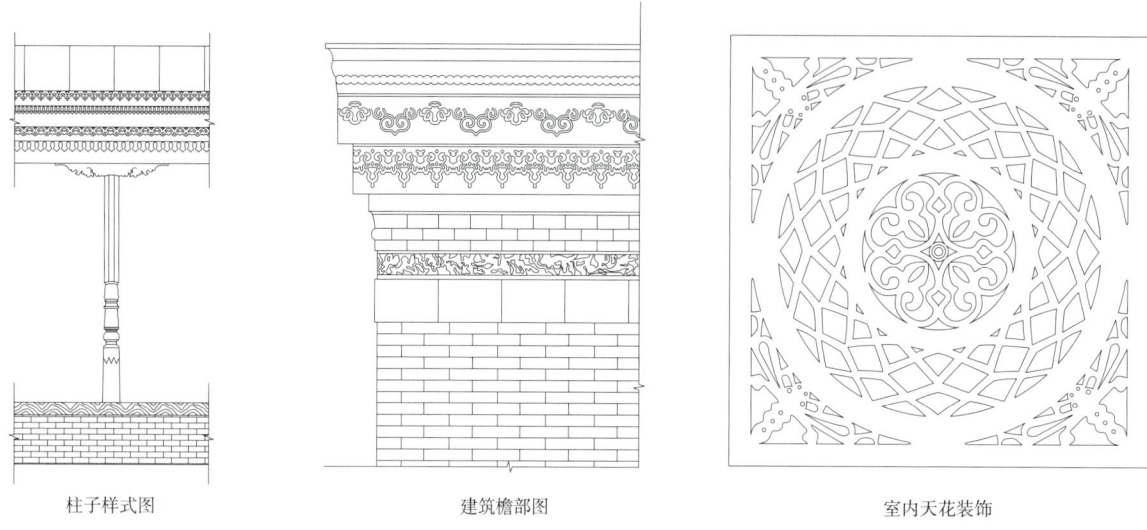

图十一　塔塔尔族吐达洪巴依旧居建筑局部纹饰图

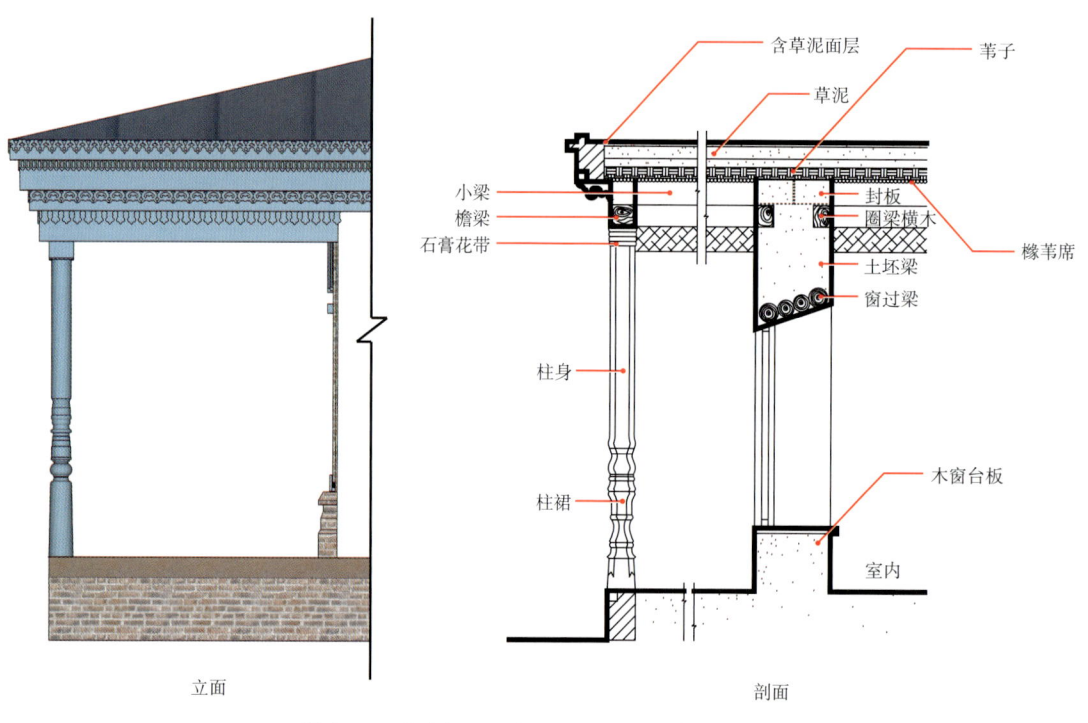

图十二　塔塔尔族吐达洪巴依旧居檐廊构造图

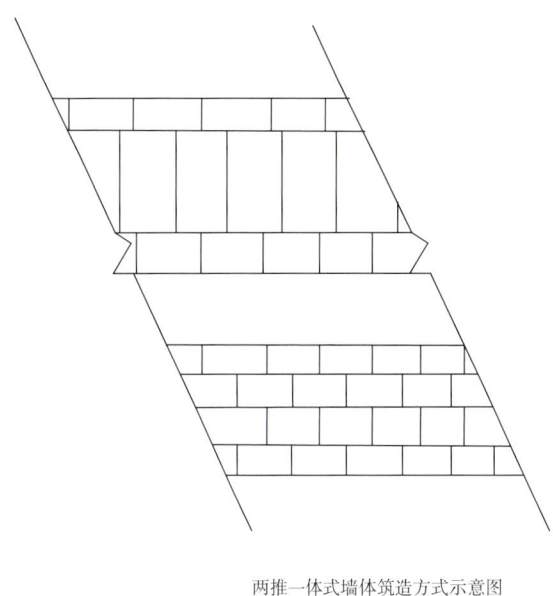

两推一体式墙体筑造方式示意图

图十三 塔塔尔族吐达洪巴依旧居墙体筑造方式图

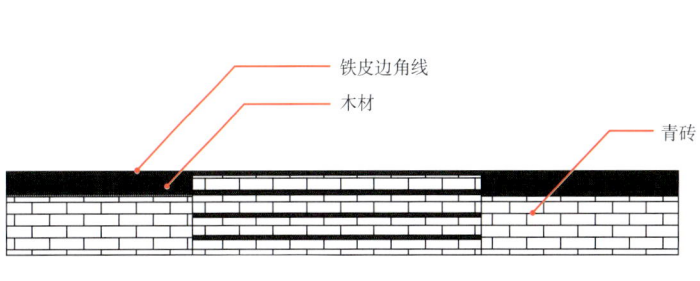

图十四 塔塔尔族吐达洪巴依旧居台基做法示意图

第一章 塔塔尔族传统建筑

023

塔塔尔族额敏豪宅

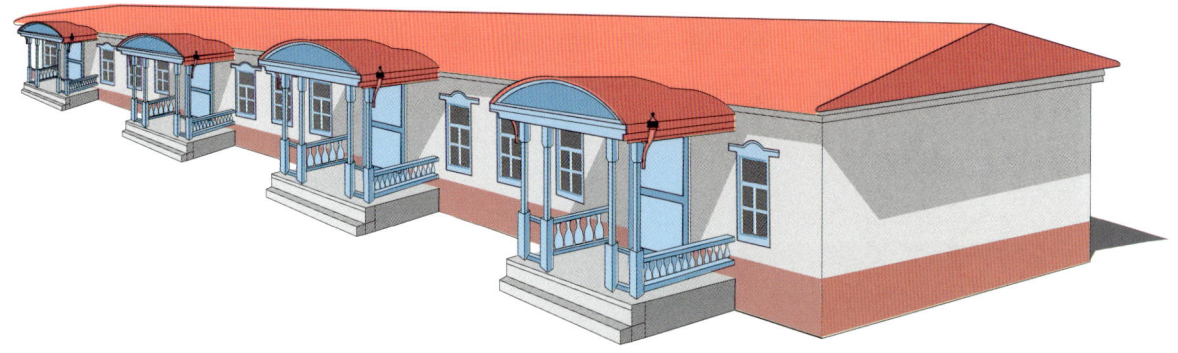

图一　塔塔尔族额敏豪宅主图

　　塔塔尔族额敏豪宅是塔城地区额敏县境内的一座俄式建筑，位于额敏县额敏镇郊区乡塔斯尔海村东南1公里供销社院内，位置处于当地繁华地区。它是19世纪末塔塔尔族商人兄弟二人所建，修建以后一度成为当地的商贸中心。其为单层建筑，坡屋顶，土木结构，占地面积997.2平方米，保存现状较差。原来用作居住与商贸，现是当地供销社的办公场所。

　　额敏豪宅只有一层，土木结构，大致呈长方形，坐北朝南，具有浓厚的俄罗斯建筑风格，东西长68.3米，南北宽11.5米，墙高4.5米，通高6米。南侧有4个门厅，门厅规格3.1×3.9米。额敏豪宅建筑材料以生土和木材为主，生土可就地取材，且易于施工，热惰性较好，蓄热、隔热性能也很优越，无论作为屋面材料还是墙体材料都有利于调节室内温度。由于当地气候湿润，木材来源丰富，木料也是主要的建筑材料，多用作梁、屋架、檩条、椽子，也有将其加工后用作地板、门窗、栏杆等。额敏豪宅室内空间较为封闭，临街面开有窗，但封窗板紧闭窗户，较少打开，偶尔打开窗户里面也挂纱帘或布帘。住宅内部各房间相互之间不开窗，但有门相互连通，因此内部空间相对开阔。宅内门窗的样式都是俄罗斯式的和伊斯兰式的，相互之间有着模仿借鉴的痕迹，体现着当地建筑文化的交汇融合。屋顶为红色铁皮，屋面结构复杂，做有老虎窗及其他装饰性构件，屋檐为木制并雕刻有花纹。由于当地盐碱土质对墙根的销蚀性较强，加之秋季雨水多，冬季降雪量大，所以额敏豪宅台基部分都由青砖砌筑，高度为0.5～0.6米。为抵御漫长的严冬、酷暑，保持室内冬暖夏凉，额敏豪宅墙体厚度约为60厘米。受俄罗斯建筑风格的影响，额敏豪宅建筑装饰较为丰富，在砖构建筑上表现为檐口、山花顶部用砖砌出起伏错落的线脚；木质构件上，在檐口、门窗周围用多层木板做成复杂精美的线脚；在栏杆上做精细处理，用小木柱、木板雕刻成各种花纹样式；铁质构件上，排水的铁皮管有镂、刻的图案，非常精美。木雕多用于房屋外部顶饰，门窗楣、檐板、柱体、栏杆等处，有各式各样的木雕花，有几何纹和植物纹，图案变化突出，风格独特，富于装饰效果。木雕的处理手法有花带、组花、透雕、贴雕等，其颜色多为蓝色或者是素色。

塔塔尔族额敏豪宅民居建筑的艺术价值主要体现在传统的伊斯兰文化和后来引入的俄式建筑风格上，它也是研究近代塔塔尔族民居建造工艺、建造技术的重要实物见证。额敏豪宅基于当地湿润、雨雪较多的气候特征而取砖木结构的人字形坡顶房，并将墙体做厚，台基建高，同时取当地生土、木材等优势建材来建造，这也反映了塔塔尔族人民就地取材、因地制宜的建筑理念。额敏豪宅如今保存状况令人担忧，内部电线线路已老化，存在着火灾隐患，建筑墙皮已经风化脱落，迫切需要进行合理的结构和安全评估及修复维护。

图片来源
图一　张守用　制图
图二至图四、图六至图九　仲寒星　制图
图五　钱梅景　制图

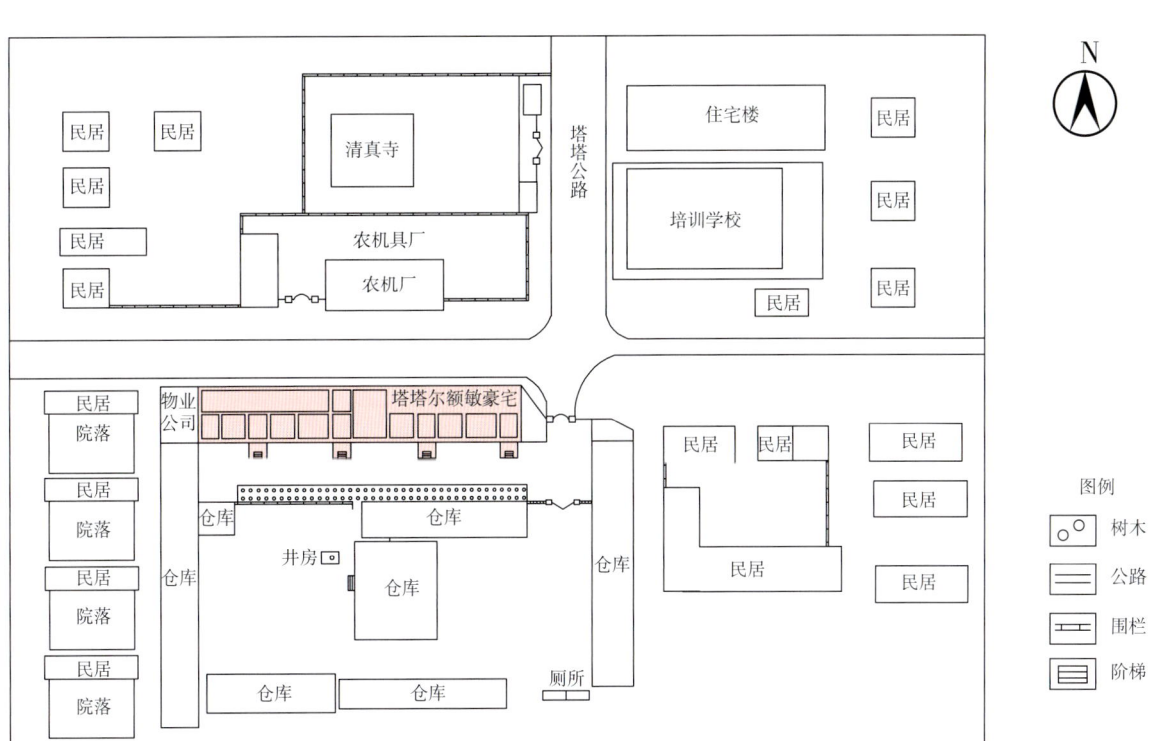

图二　塔塔尔族额敏豪宅总平面图

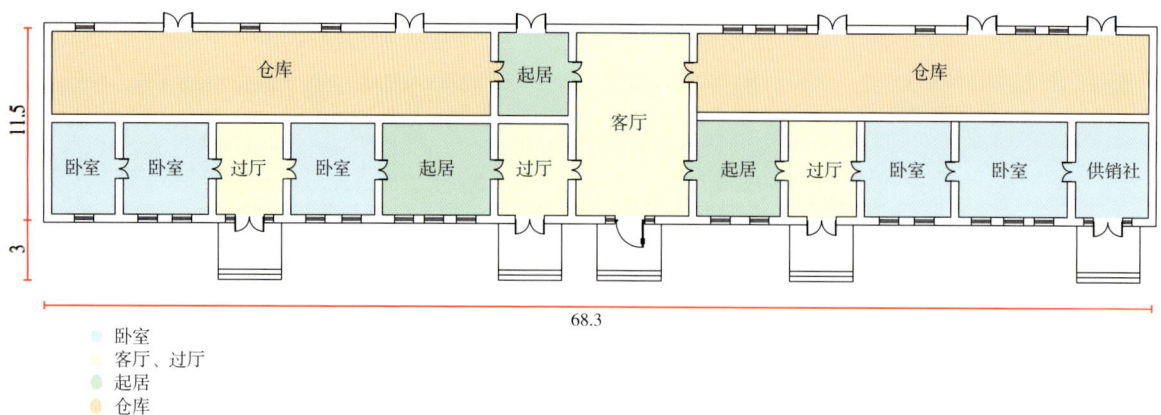

图三 塔塔尔族额敏豪宅建筑平面图（单位：m）

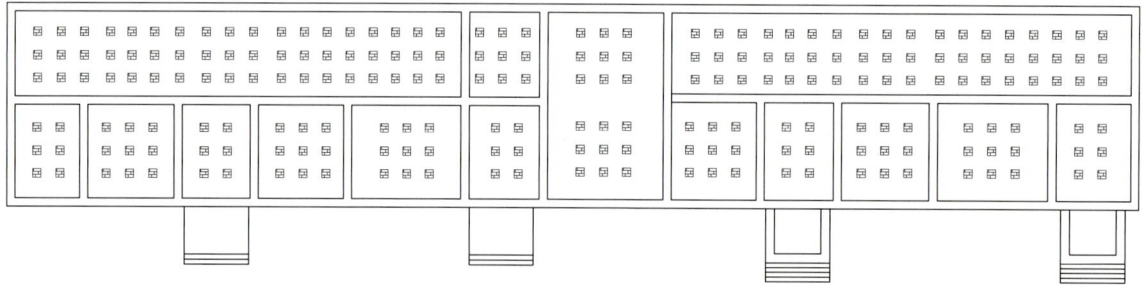

图四 塔塔尔族额敏豪宅基础平面图

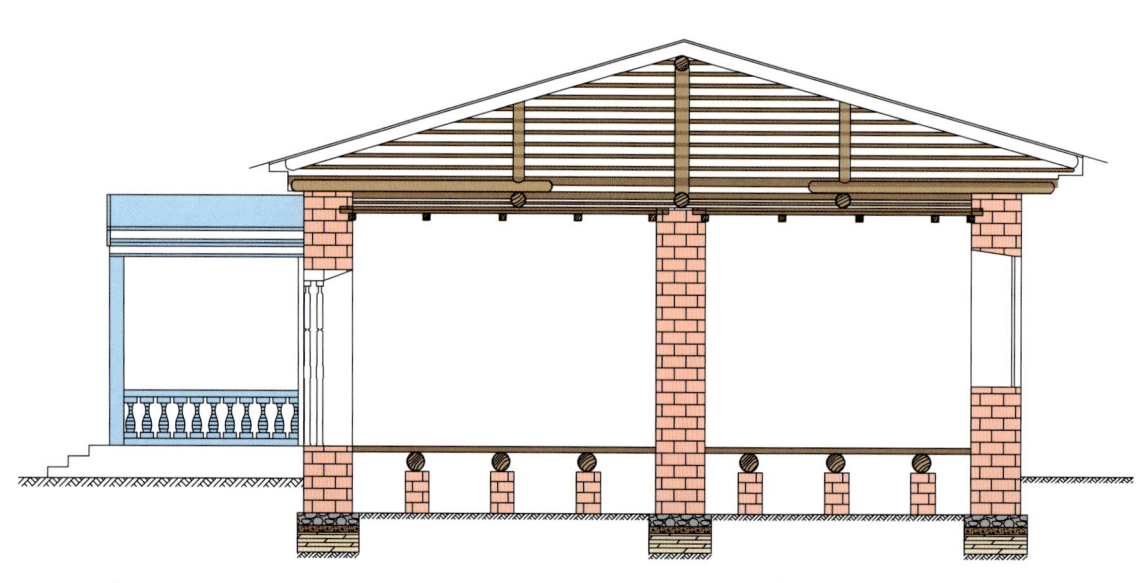

图五 塔塔尔族额敏豪宅侧剖面图

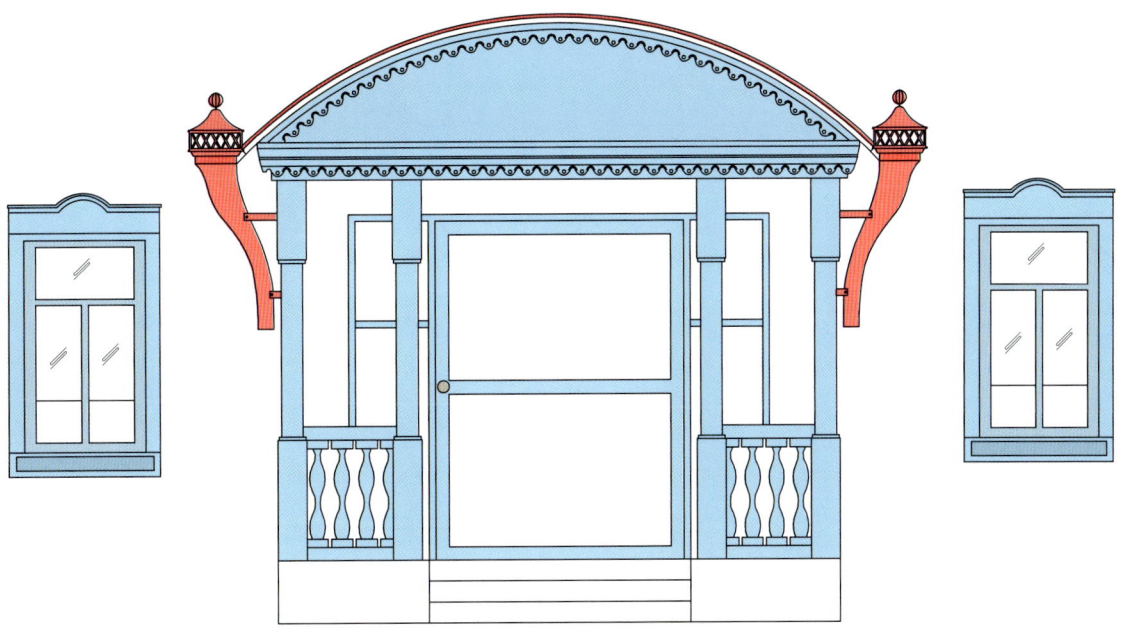

图六　塔塔尔族额敏豪宅正门立面图

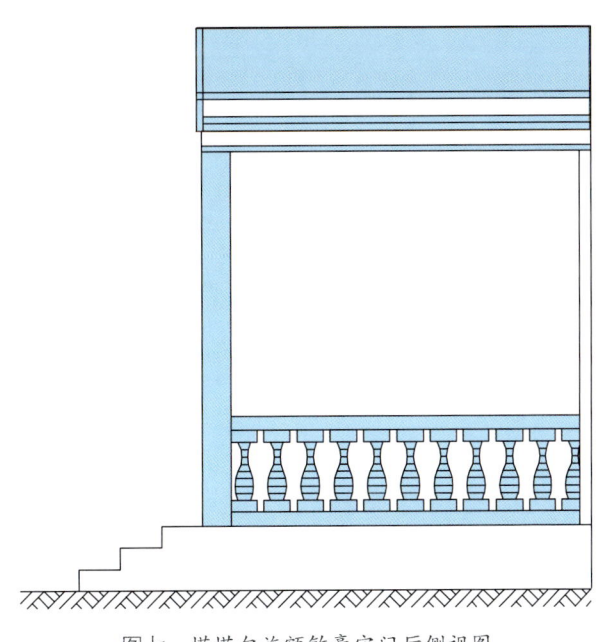

图七　塔塔尔族额敏豪宅门厅侧视图

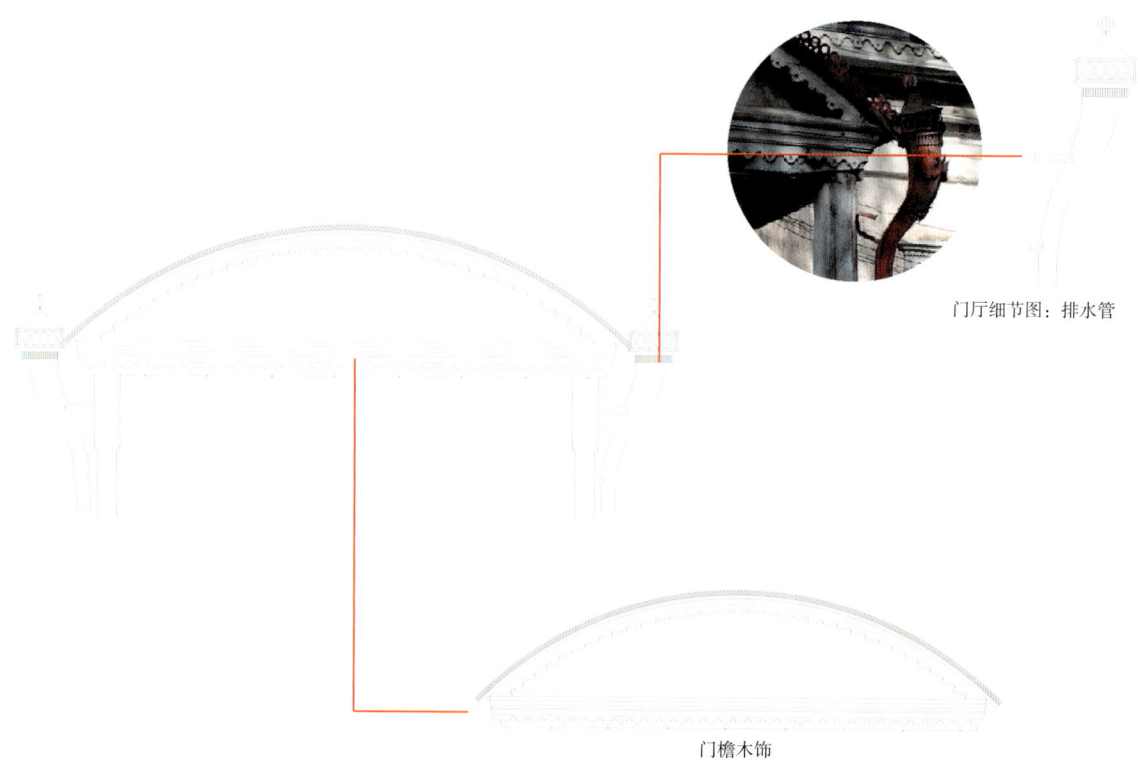

门厅细节图：排水管

门檐木饰

图八 塔塔尔族额敏豪宅门檐及排水管示意图

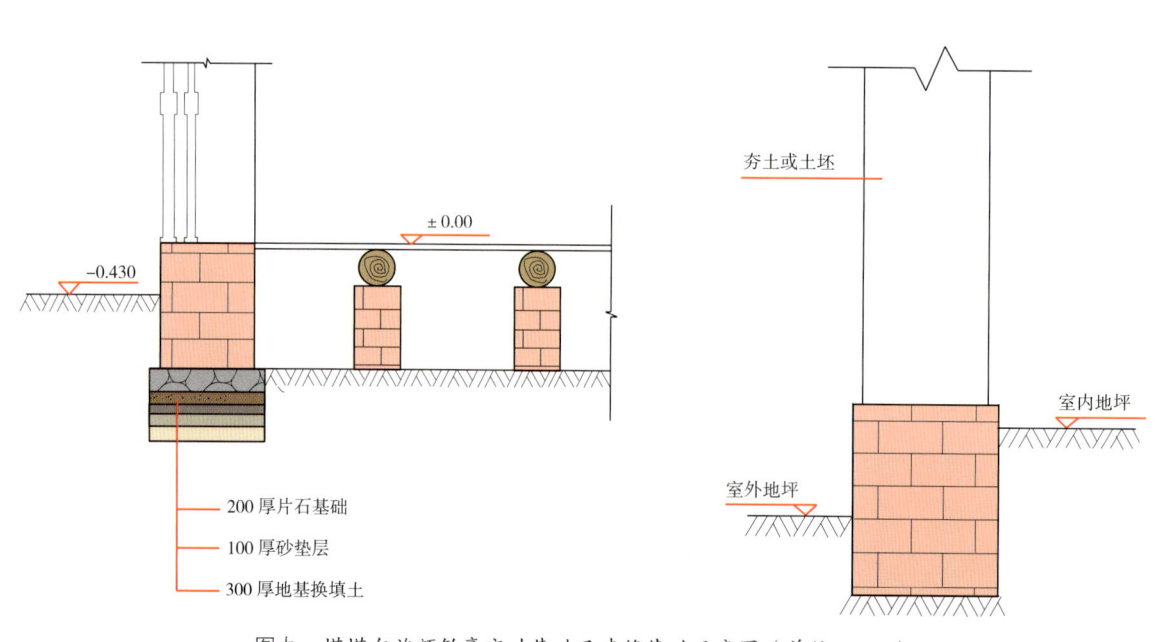

图九 塔塔尔族额敏豪宅砖基础及建筑基础示意图（单位：mm）

第二章 塔塔尔族传统服饰

塔塔尔族女式围裙

图一　塔塔尔族女式围裙主图

围裙，又可称围腰，是塔塔尔女性经常穿在长衫、连衣裙外的传统搭配服饰。塔塔尔女性外穿围裙既是一种服饰传统，又有着美观和保持衣服整洁的作用。围裙款式分长款、短款，短款的裙长大致到大腿中间，长款则至脚踝以上。开片款式大致分两种：一种为只有前片，后面以布条打结相系的围裙；一种是有前后两片，可套穿式围裙。围裙是和其他内外衣裙搭配穿着，不可单独穿，常见在夏季穿。塔塔尔人服饰风格整洁典雅，所以塔塔尔女式绣花围裙以白色居多，也见有红色、黑色和黄色，彩色的围裙上多编织分布各种几何纹样。塔塔尔妇女心灵手巧，还常根据不同的服饰制作能够搭配的各色围裙。塔塔尔族姑娘还以擅长刺绣著称，因此她们的围裙上都装饰有用各种刺绣方法绣出的精美花纹。

塔塔尔女式围裙通常有两种制作方式：一种是用棉、麻布直接剪裁缝制而成；另一种是选用彩色棉麻线编织后缝制而成。用布直接剪裁的围裙会用彩色线在裙面上绣制出美丽的花草植物纹样，有的围裙会装饰有荷叶边。而编织的围裙会直接织出几何纹样，通常编织的围裙是一种只有前片式的围裙。

本文案例中归纳了塔塔尔族的常见几种围裙款式，案例一是用米白色棉布缝制的短款围裙，在胸前和下摆缝制了精美的植物纹样，围裙前片下摆还装饰有荷叶边。这种精细线条与大块色团花相对比的纹样，十分优雅简洁，是塔塔尔常见的典型图案。案例二是编织布缝制的黄色短款围裙，直接编织出菱形等几何图案，装饰变化自然而丰富，裙片后面用上下两根细带在后颈和腰部直接系结。案例三是一款用黑色棉麻布缝制而成的长款围裙，在胸前和下摆边缘装饰有彩色花朵纹样，颜色多为补色，对比强烈又不失雅致，也是塔塔尔的典型风格。案例四是一款用白色棉布缝制的中长款围裙，在袖口用荷叶边装饰，下摆边缘为圆角锯齿形，裙子两块后片用细绳打成蝴蝶结。塔塔尔女式围裙款式多变纹样秀丽，体现了塔塔尔族女性精巧的手艺和对审美的追求。

塔塔尔妇女穿着围裙是承袭自西方的服饰传统，整洁典雅的款式纹样也能看出明显的欧洲风格。围裙原本是妇女做饭时用来挡住油污避免把衣服弄脏的功能性服装，但穿着围裙也使妇女的下身裙装有着饱满的层叠效果，成为西方优雅质朴乡村风情的代表性服饰，逐步演变成为一种装饰性的外裙，在西方许多民族中都十分流行。塔塔尔族姑娘除了在劳作忙碌时穿着围裙，避免弄脏自己好看的衣服之外，在很多节日里她们都会将漂亮围裙与华丽衣衫共同穿着载歌载舞，绣有塔塔尔民族优美装饰的围裙也从一件单纯的生活用品变成了富有装饰性的搭配服饰。

图片来源
图一至图十一　徐靓　制图

| 米白色收腰短款绣花围裙 | 黄色几何纹样裙摆短款围裙 | 黑色绣花大长摆围裙 | 荷叶边白色绣花长围裙 |

图二　塔塔尔族女式围裙分类图

| 米白色收腰短款绣花围裙 | 黄色几何纹样裙摆短款围裙 | 黑色绣花大长摆围裙 | 荷叶边白色绣花长围裙 |

图三　塔塔尔族女式围裙穿着示意图

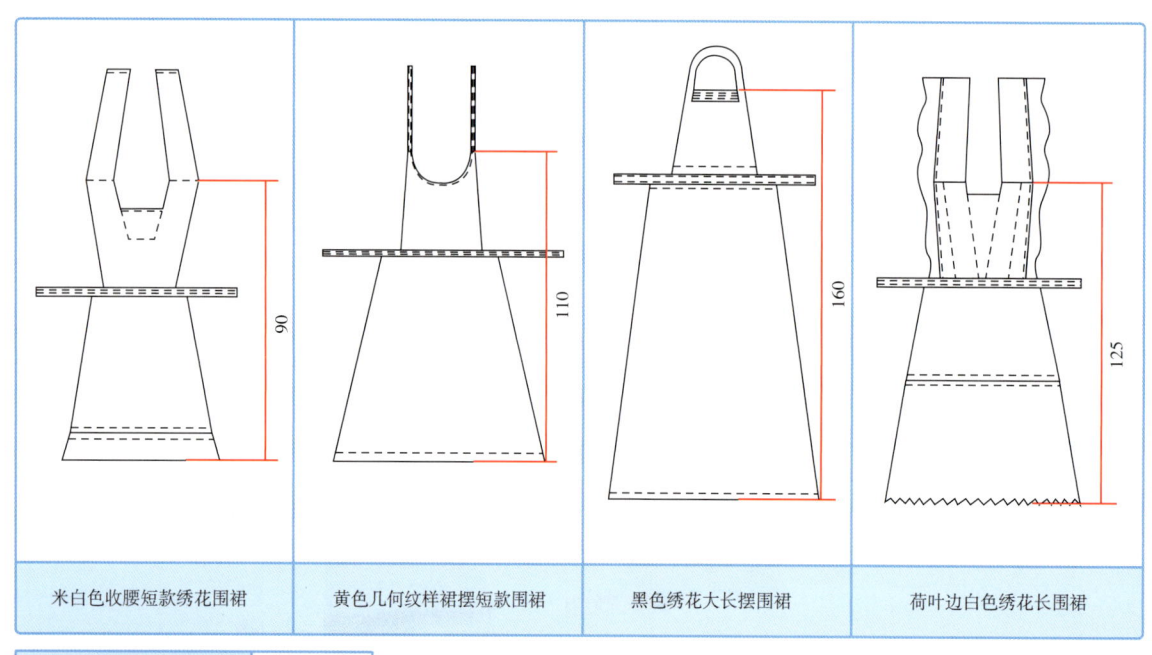

| 米白色收腰短款绣花围裙 | 黄色几何纹样裙摆短款围裙 | 黑色绣花大长摆围裙 | 荷叶边白色绣花长围裙 |

米白色收腰短款绣花围裙	衣长:90
黄色几何纹样裙摆短款围裙	衣长:110
黑色绣花大长摆围裙	衣长:160
荷叶边白色绣花长围裙	衣长:125

图四　塔塔尔族女式围裙完全展开图、尺寸图（单位：cm）

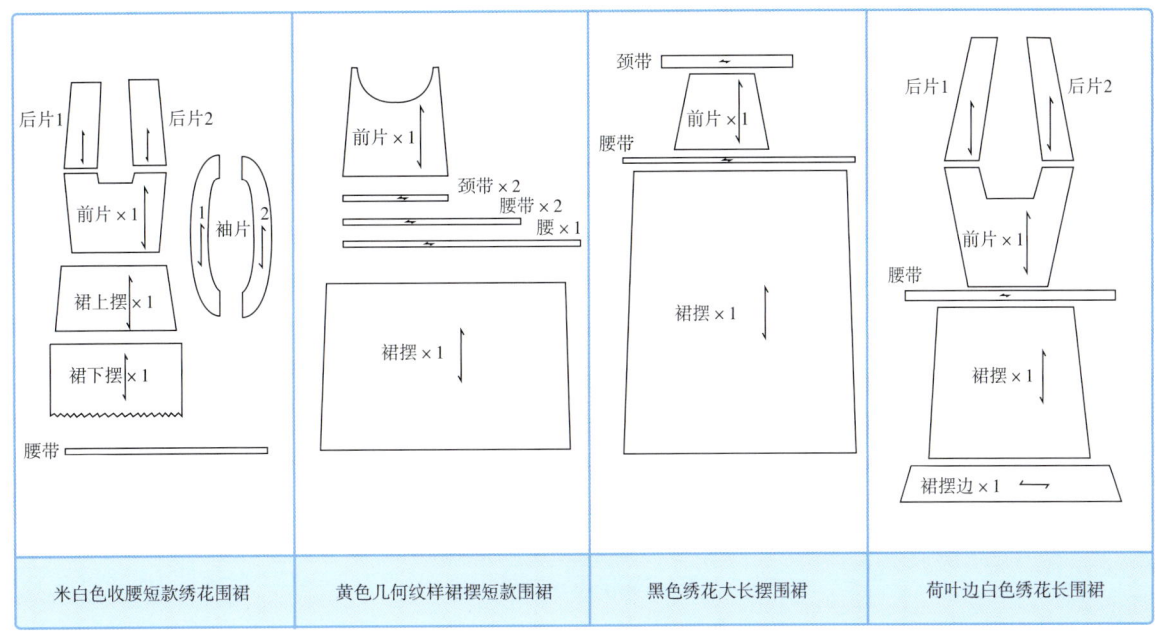

图五 塔塔尔族女式围裙开片图

图六 塔塔尔族女式围裙款式分析图

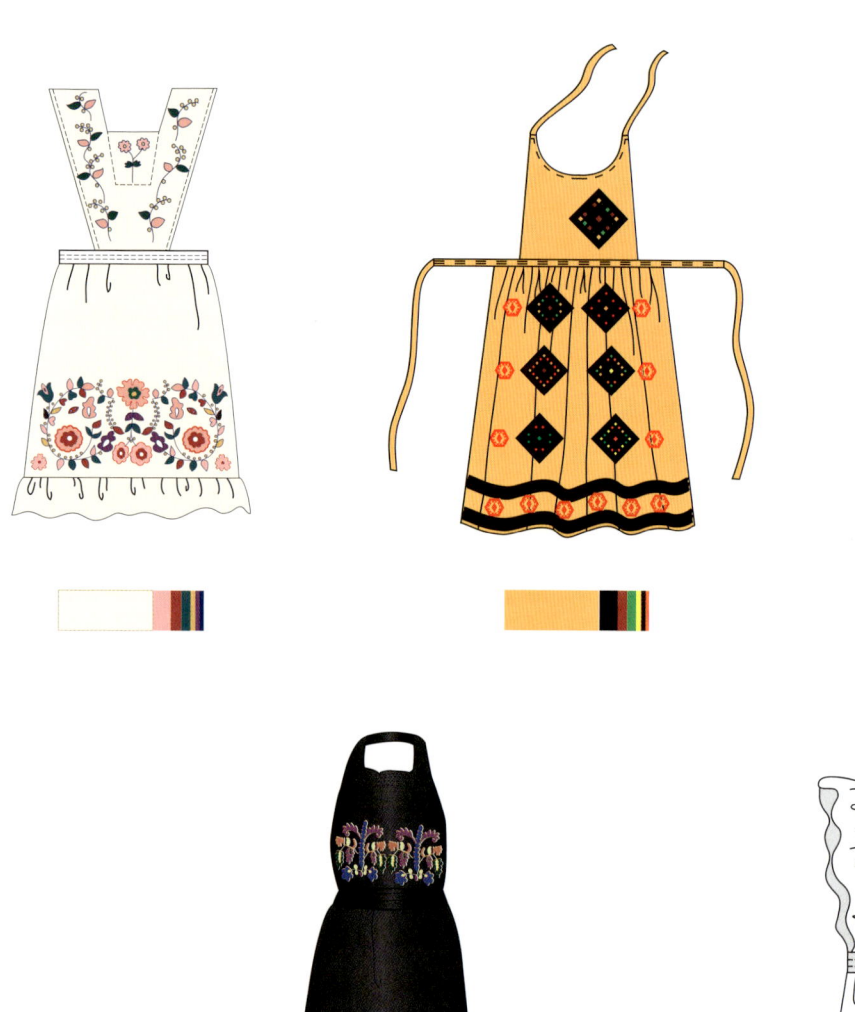

图七　塔塔尔族女式围裙色彩分析图

图八　塔塔尔族女式围裙纹样分析图

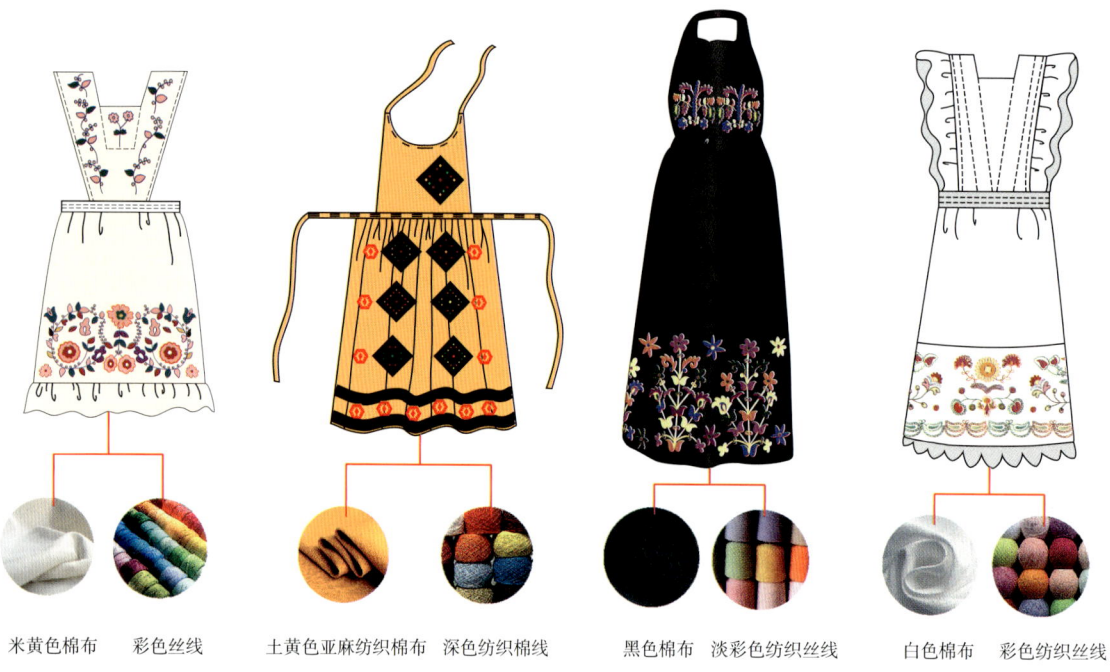

米黄色棉布
彩色丝线
土黄色亚麻纺织棉布
深色纺织棉线
黑色棉布
淡彩色纺织丝线
白色棉布
彩色纺织丝线

图九 塔塔尔族女式围裙材质分析图

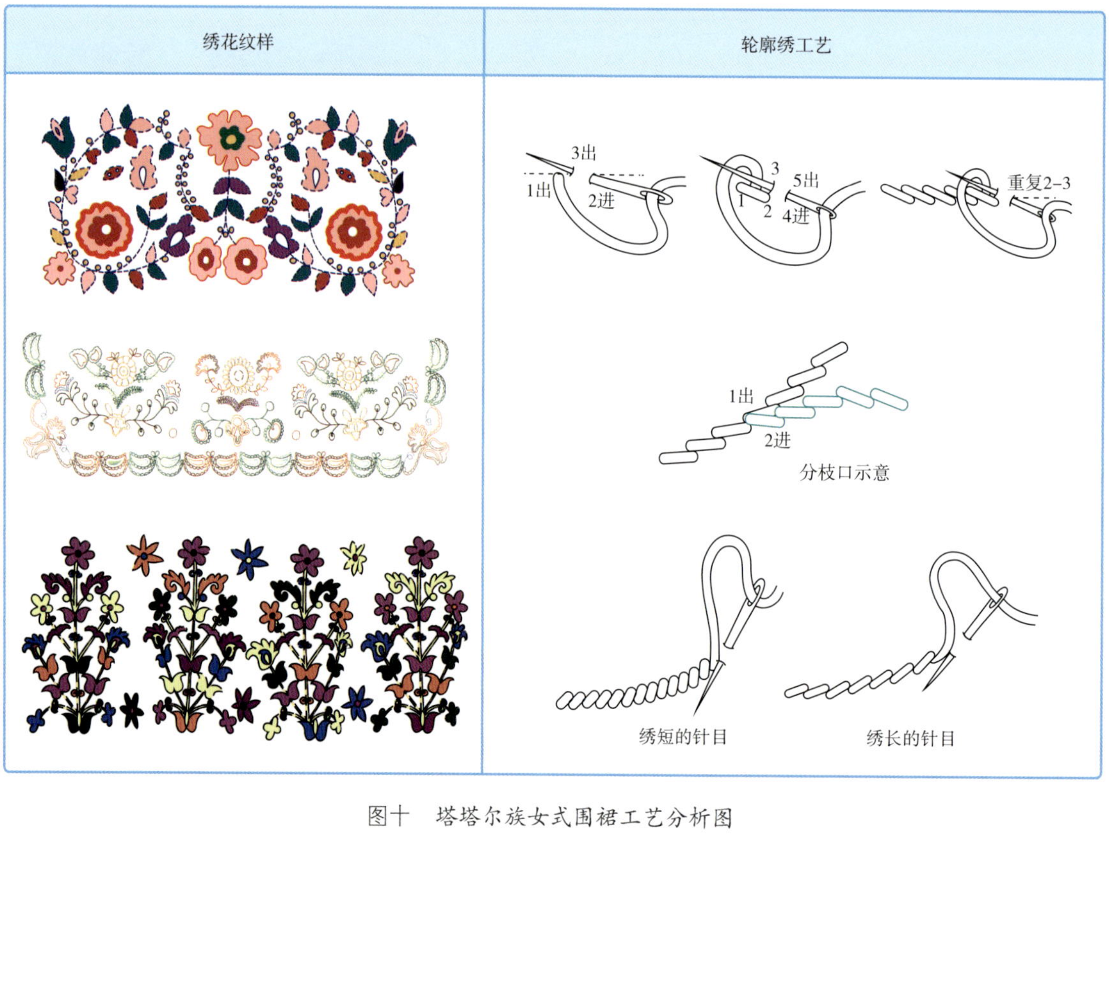
绣花纹样
轮廓绣工艺
3出
1出
2进
3
5出
1
2
4进
重复2–3
1出
2进
分枝口示意
绣短的针目
绣长的针目

图十 塔塔尔族女式围裙工艺分析图

图十一 塔塔尔族女式围裙搭配服饰种类

塔塔尔族女式衬衫

图一　塔塔尔族女式衬衫主图

塔塔尔女衬衫，又名连衫衣，是塔塔尔女性日常外穿的一种服饰。这种女士衬衣多为白色或拼色，有精致绣花。其款式特点是衣衫较长似裙装，下摆多到小腿，竖领，束腰，窄长袖。其以绸缎和棉麻布衣料为主，一般多为女子春夏季穿着，也适合不同年龄段的女性。

女子绣花衬衣多为束腰型，少见不束腰，衣领开至胸前，有立领和圆领之分。衣袖较窄，袖口部分为不收的直袖口或收紧的荷叶泡袖口。衬衣的领口、前襟开口、袖口、袖子、胸前多绣有精美的十字形、菱形等几何图案的花纹。女衬衫常选用绸缎、雪纺、棉麻布等为面料。绸缎、雪纺质地细腻，悬垂性好，不易起皱，棉麻布质地厚实，手感柔软，都适合女性穿着。本文案例中的女子花衬衫分别采用棉麻和绸缎为布料。塔塔尔女式衬衣主要由前片、后片和左右两个袖片三部分缝制而成。其制作已经完全借鉴西洋服装的立体裁剪缝合制作，如窄袖的装袖结构和肩缝工艺，手臂下垂时，衣服前后腋下比较平展，没有多余褶皱，更加适合人体自然体态。其圆立领和袖口结构十分独特，紧贴颈脖和手腕，也呈现明显西方服饰特点。女式衬衣上漂亮的几何纹饰也是其独特之处。本文案例的女式衬衫袖肘处镶有红、黑两种颜色花边，色彩搭配和谐悦目，领口刺绣着均匀的缀褶，前胸间隔装饰红白相间的十字绣几何纹样，颜色夺目又不花哨。这种花衬衣风格精美典雅，应是塔塔尔姑娘日常穿着的上等服饰。女士花衬衫有着多种灵活的搭配和穿着方式，日常穿着多为绣花白色衬衫，在重大节庆和集会活动中塔塔尔姑娘则会换上一些彩色衬衫作为盛装。

花衬衣在服装结构上已经采用立体化剪裁方式，特别是在肩袖和领子结构上。除了外穿，女式花衬衣有时还可以搭配带褶边长裙一起穿着，未婚女子还会在穿着花衬衫的同时外罩一件白色长方形绣花小围裙。从中我们可以看到无论是服装结构还是衬衣的搭配装束都有着明显的西方特征，十分接近欧洲民间服饰，从中也反映出塔塔尔族先民与西方文化有着密切的交流和影响。

图片来源
图一至图三、图五至图十　徐靓　制图
图四　张红　制图

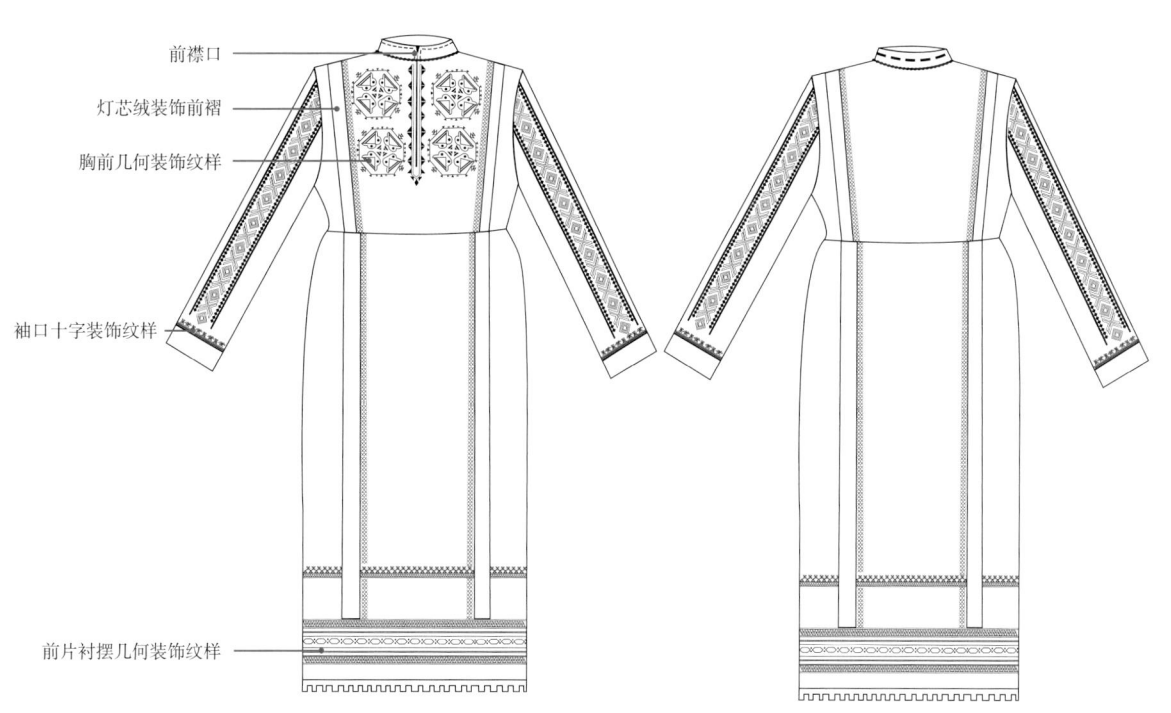

图二　塔塔尔族女式衬衫结构图

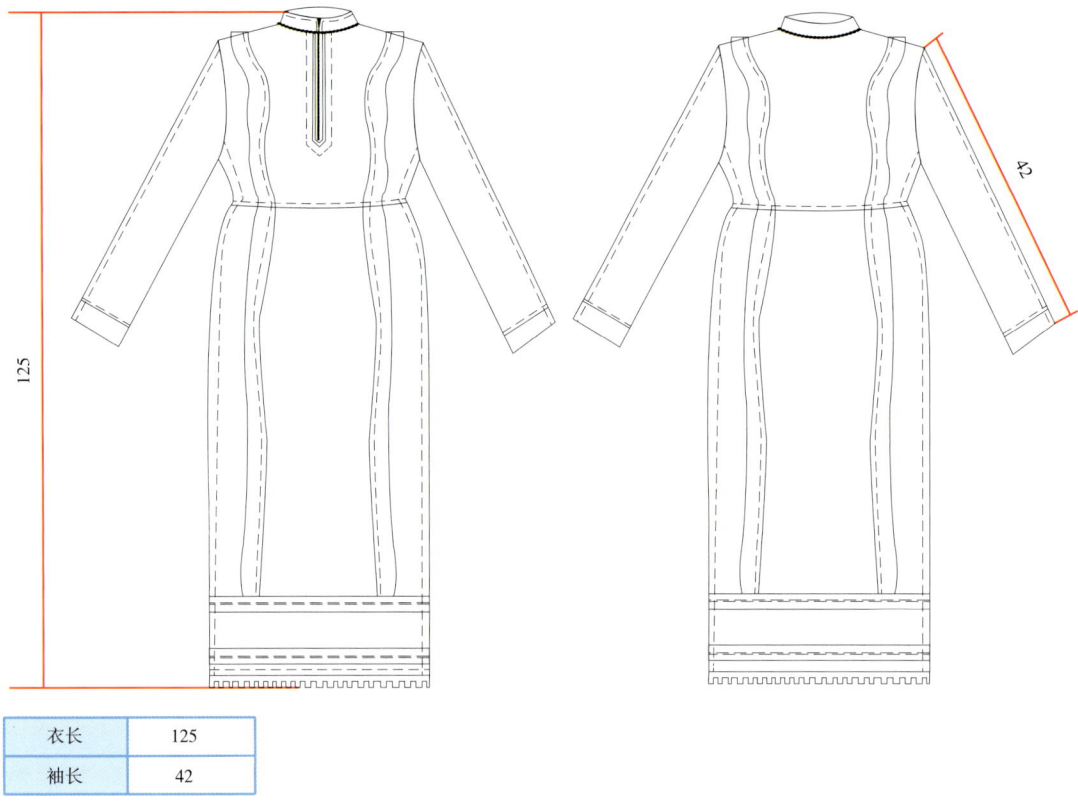

衣长	125
袖长	42

图三　塔塔尔族女式衬衫尺寸图（单位：cm）

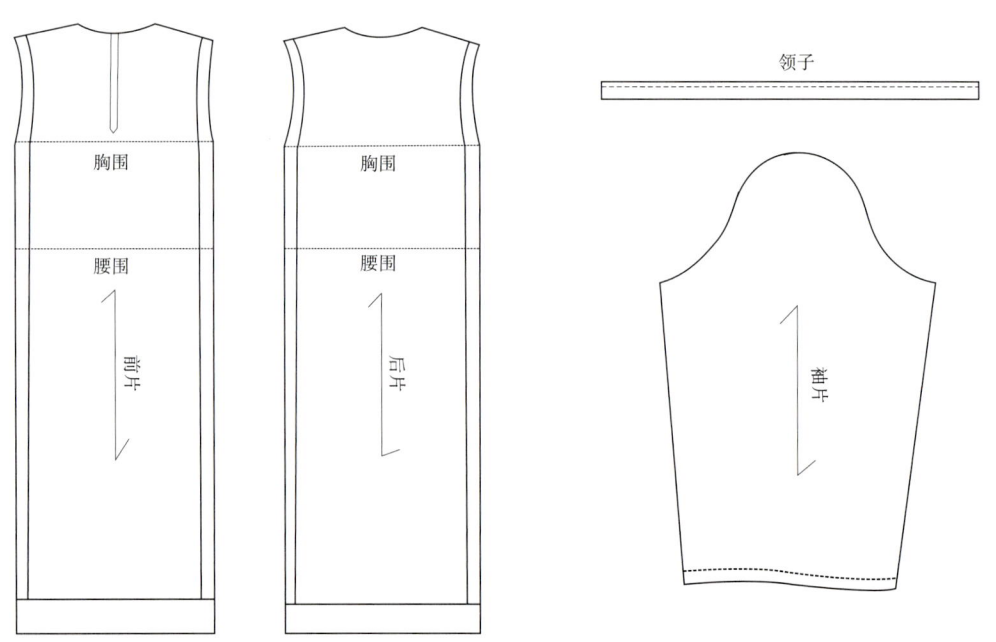

图四　塔塔尔族女式衬衫开片图

图五 塔塔尔族女式衬衫色彩分析图

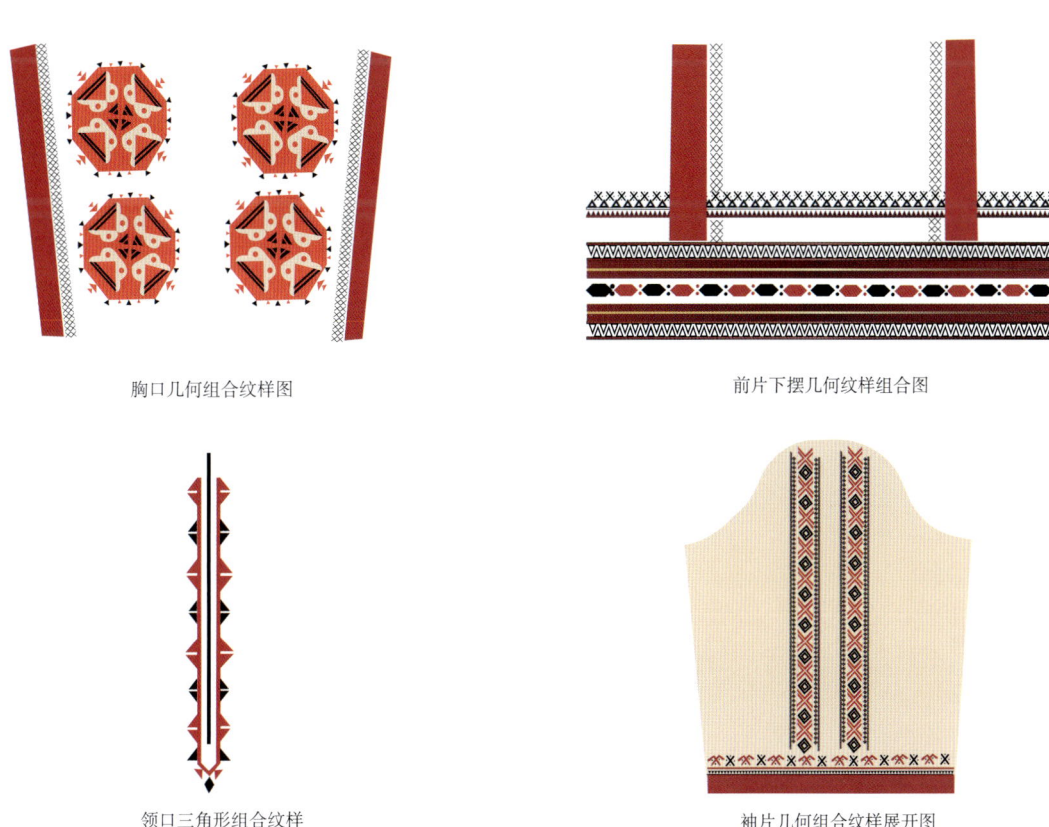

胸口几何组合纹样图　　　　　　　　前片下摆几何纹样组合图

领口三角形组合纹样　　　　　　　　袖片几何组合纹样展开图

图六 塔塔尔族女式衬衫部位纹样展示图

第二章 塔塔尔族传统服饰

041

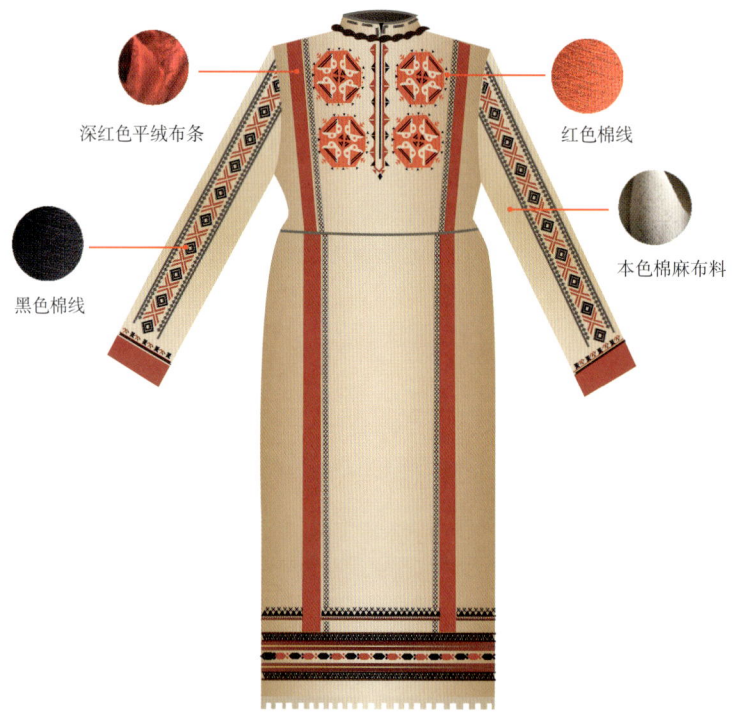

图七 塔塔尔族女式衬衫材质分析图

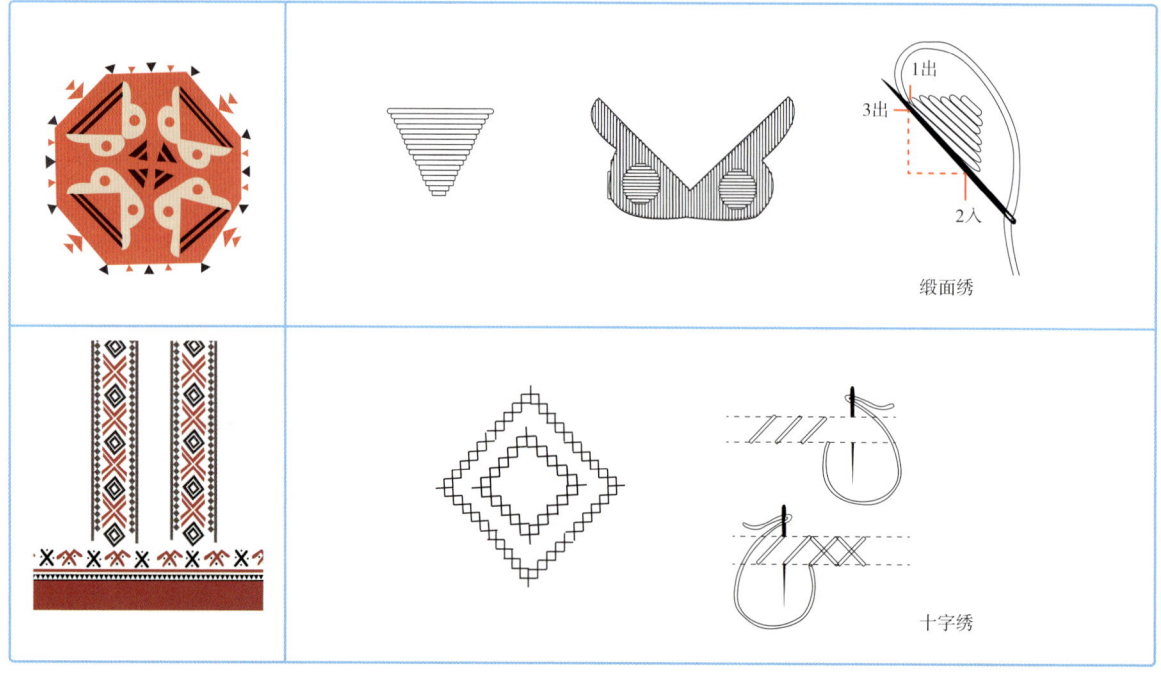

图八 塔塔尔族女式衬衫工艺图

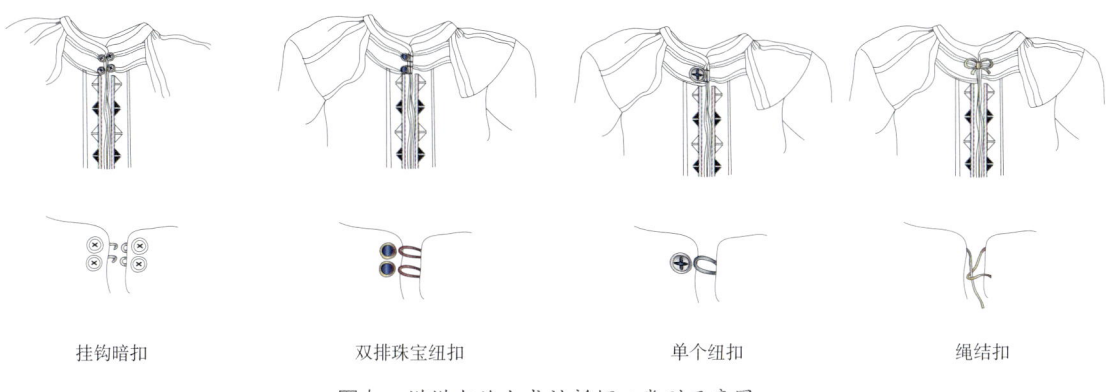

| 挂钩暗扣 | 双排珠宝纽扣 | 单个纽扣 | 绳结扣 |

图九 塔塔尔族女式衬衫领口类别示意图

女式花衬衫穿着图

其他女式花衬衫穿着图

图十 塔塔尔族女式衬衫穿着图

塔塔尔族女子上衣

图一　塔塔尔族女子上衣主图

　　塔塔尔族女子上衣的特点是装饰华丽、竖领、窄袖管。女子上衣的领子有立领套头和开襟之分。衣长长短不一，短衣齐腰，中衣盖住胯部，长衣长至膝盖。其主要有两种款式，一种是直筒宽松款，一种是紧身束腰款，前者更为常见。塔塔尔族妇女善刺绣，无论何种款式的女子上衣都会饰有精美的植物纹样刺绣，风格热烈、活泼，但又不失整体的和谐效果。女子上衣有各种颜色，一般搭配褶边连衣裙穿着，也会配上独特的头饰作为盛装，至今仍是节日庆典中必不可缺的点缀。

　　案例一为一件直筒宽松款的塔塔尔女子上衣，为亚麻编织而成，样式较为简单，下摆剪裁得很宽大，没有腰身。领口是这种款型最为独特之处，似乎是V字形领内嵌对襟领，这是通过多条滚边条纹装饰出的效果，实际是一开襟领，这种设计为其特有，十分别致。上衣的主体为红色条纹与白色相拼，领口条纹内有复杂精美的刺绣，肩部镶有绿色条纹，下摆和袖口有几何纹，采用红黄绿黑相间搭配，颜色夺目又不花哨。另一案例是一件现代塔塔尔族女子上衣，是典型的立领套头紧身束腰款，为不常见的三角形袖口。服装选用深蓝色平绒作为面料，里料采用的涤纶塔夫绸，选料适合于春秋季节穿着。这件上衣衣长为58厘米，板型较为修身简洁，为普通中号大小，适合二三十岁的年轻女子日常穿着。衬衣大量使用刺绣工艺装饰，纹样采用对称式结构的花草纹，连续纹样将繁复精美的主体刺绣纹样分割布局在前胸前襟袖口和领口位置，在深蓝色平绒面料上呈现黄色卷曲缠绕的纹饰，色彩对比强烈却又十分整洁有序，是塔塔尔服饰的典型风格，凸显出塔塔尔妇女的妩媚与典雅。塔塔尔族女子上衣色彩艳丽，装饰细腻，能烘托气氛，逐步变成人们的节日盛装，而在平日已较少穿着。

塔塔尔服装原是塔塔尔妇女自己制作。近代以来，传统服装的生产方式也发生了改变，当地人开始在专门的服装铺子里买面料请裁缝制作，更多的是服装工厂进行批量的制作销售，女子上衣的颜色、刺绣花纹以及款式也日渐多样化，但整洁精致的风格依旧不变，而衣饰手工制作也仍受到塔塔尔妇女的传承和普遍喜爱。

图片来源
图一、图二、图十一　李郭　制图
图三至图十　李郭、徐靓　制图
图十二　薛楚颖　制图

| 收腰女子上衣 | 宽松女子上衣 |

图二　塔塔尔族女子上衣分类图

| 收腰女子上衣 | 宽松女子上衣 |

图三　塔塔尔族女子上衣示意图

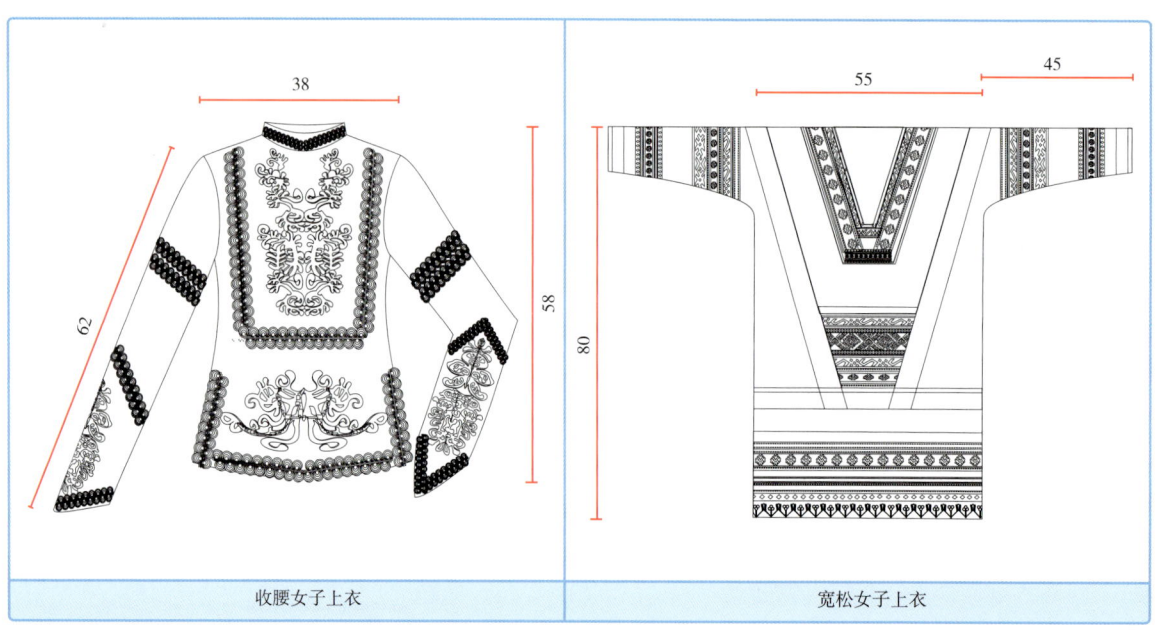

| 收腰女子上衣 | 宽松女子上衣 |

图四　塔塔尔族女子上衣尺寸图（单位：cm）

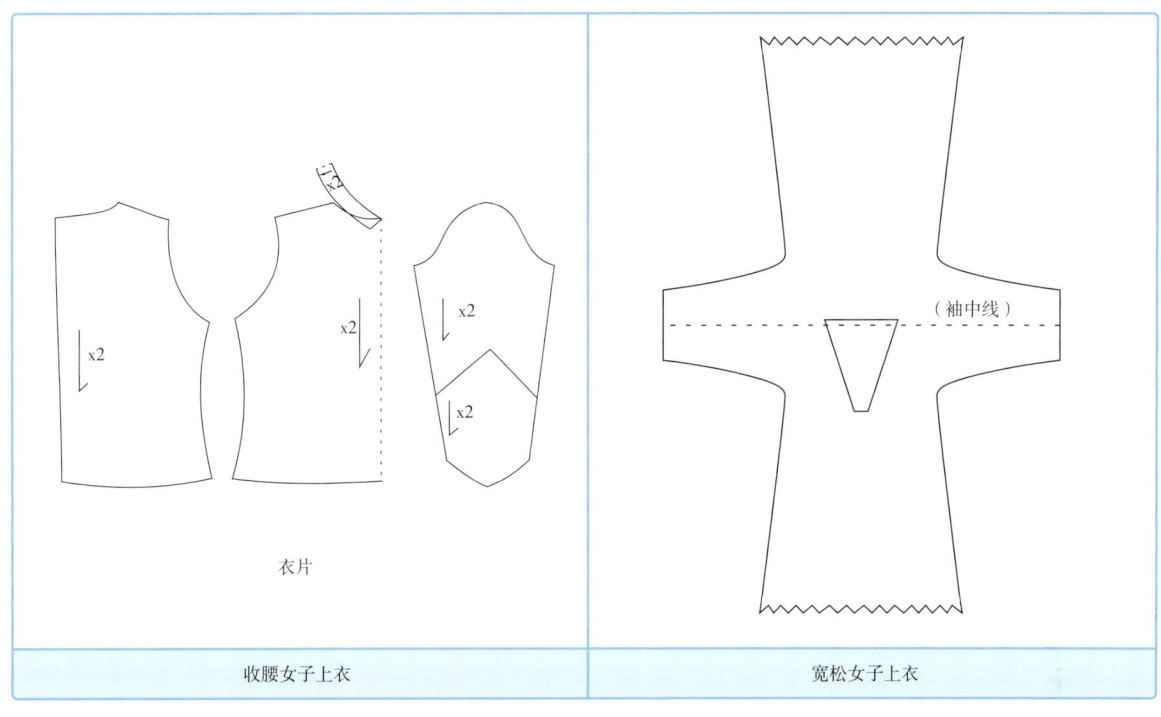

图五 塔塔尔族女子上衣开片图

图六 塔塔尔族女子上衣色彩分析图

第二章 塔塔尔族传统服饰

047

图七 塔塔尔族女子上衣材质分析图

图八 塔塔尔族女子上衣纹样分析图

图九　塔塔尔族女子上衣结构图

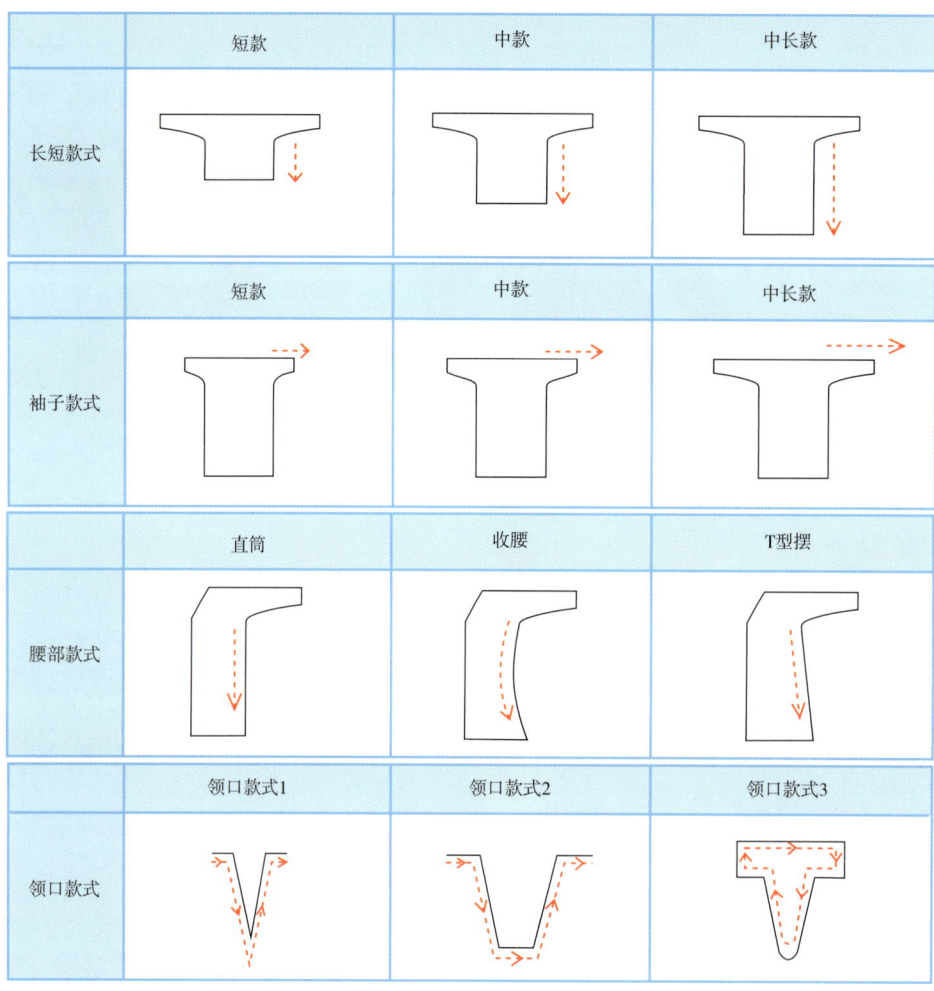

图十　塔塔尔族女子上衣其他款式分析图

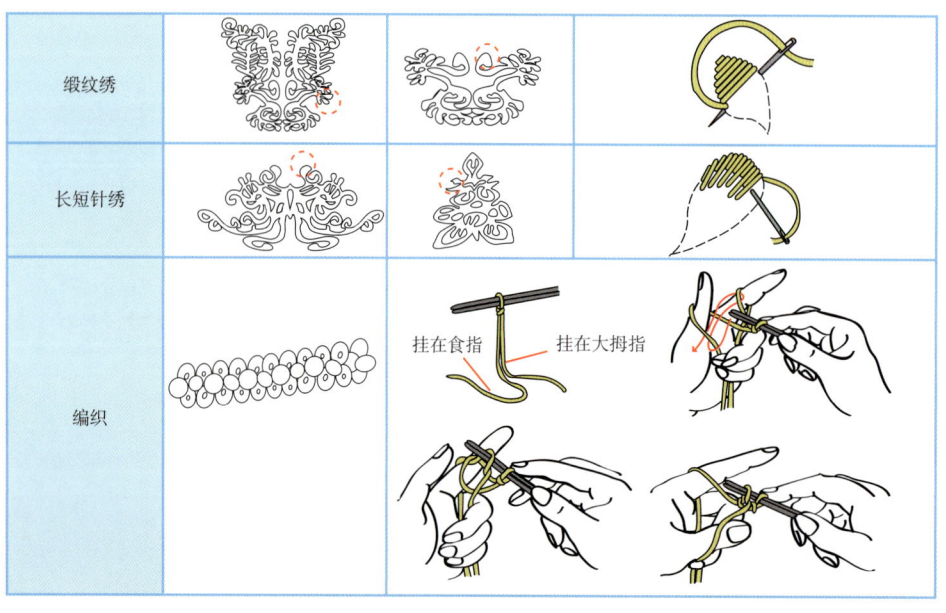

图十一　塔塔尔族女子上衣工艺分析图

图十二　塔塔尔族女子上衣穿着图

第二章　塔塔尔族传统服饰

塔塔尔族女裙

图一　塔塔尔族礼服裙主图

绦边连衣长裙是塔塔尔族女性的传统服装，常见的有两种类型：宽身大荷叶边连衣裙和礼服裙，都大致形成于19世纪中叶到20世纪初。两种裙式适用于塔塔尔女子不同场合功能的需要，宽身大荷叶边连衣裙为塔塔尔族女性日常穿着，裙长至脚踝，因宽大的裙摆上装饰以荷叶边而得名。礼服裙通常在婚礼或盛大节日等较为隆重正式的场合穿着，裙装结构长度与宽身大荷叶边连衣裙大致相同，但细部样式及装饰更为丰富，裙装制作也更为讲究。

案例一为礼服裙，裙身结构为多片式缝制，袖子多为肩部打褶的泡泡袖，窄袖口，腰口窄小，裙摆较为宽大，以各色流苏、白色羽毛等作为装饰，裁剪合体，缝制更为考究。礼服裙通常在洗礼、婚礼或节日等重要正式场合穿着。常见的颜色有银白、金黄、粉、绿等，面料以精细的丝、棉缎为主。穿着时佩戴各式珠宝首饰，更凸显华丽与隆重。案例二为宽身大荷叶边连衣裙，是塔塔尔族女性日常裙装的典型，任何年龄阶段的女性都可穿着。穿着时外面通常加一件坎肩与之搭配。宽身大荷叶边连衣裙颜色丰富，以黄、白、紫、红色居多，条纹和格纹图案的也很常见。连衣裙的面料种类也很多样，传统的有棉布、麻布、棉麻混纺的土布、棉缎、丝绸等，现在也使用新型混纺色丁面料制作。裙子领口可大可小，常见有方形、圆形或鸡心开口，裙身大致依照人体曲线进行剪裁，但并不追求合体，腰口较窄，但整体裙身宽松舒展。塔塔尔人为欧罗巴人种，女子肤色白皙，体态凹凸有致，外穿紧身的大V形领坎肩，内配宽大飘逸的色彩艳丽的连衣荷叶裙，更显其独有之异域的风情。

不只在塔塔尔族，新疆很多民族的女子都有穿连衣长裙的传统。但是塔塔尔族裙装更多地呈现了西方裙装的款型和装饰的很多特色，如在裙身褶皱较多，宽荷叶边，上窄下宽，泡泡袖，流苏、羽毛及镂空花边等衣边装饰等，因而别具一格。由此也反映出塔塔尔族的突厥先民和西方文化之间有着密切的交流和影响。

图片来源

图一　《鞑靼传统服饰精粹集》（俄），天津人民美术出版社，2005，第188页。

图二、图五　李郭　制图

图三、图四、图六、图七、图八　董稚雅　制图

图九至图十二　徐靓　制图

图十三、图十四　李郭、徐靓　制图

图十五　薛楚颖、闫雪　制图

图十六　《鞑靼传统服饰精粹集》（俄），天津人民美术出版社，2005，第187页、第195页。

图十七　《鞑靼传统服饰精粹集》（俄），天津人民美术出版社，2005，第189页。

图二　塔塔尔族礼服裙彩色复原图

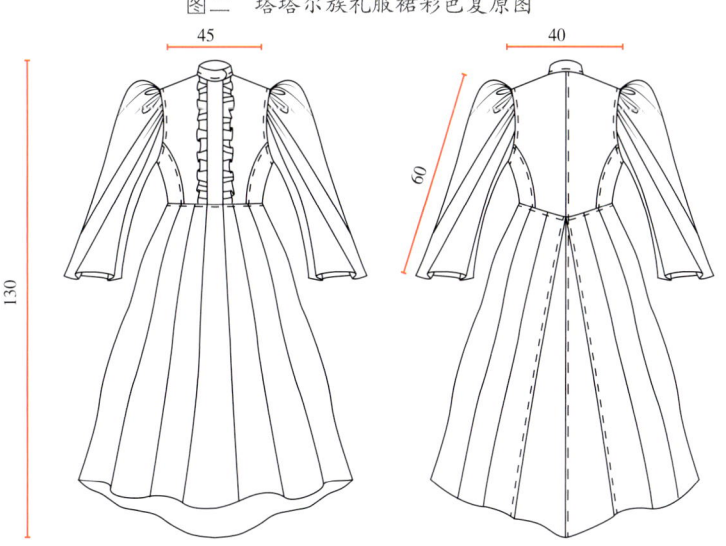

图三　塔塔尔族礼服裙尺寸图（单位：cm）

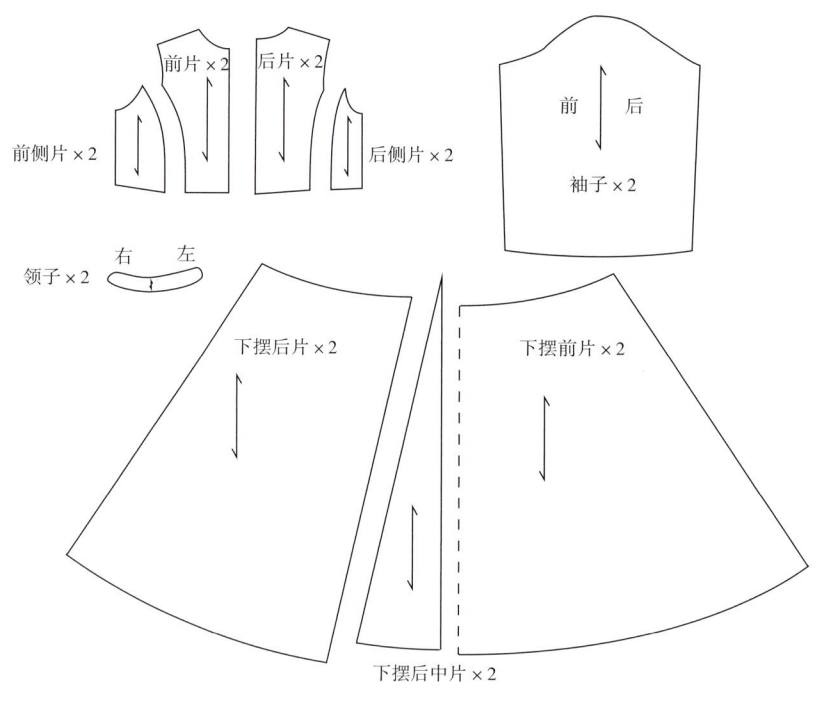

图四 塔塔尔族礼服裙开片图

图五 塔塔尔族礼服裙搭配图

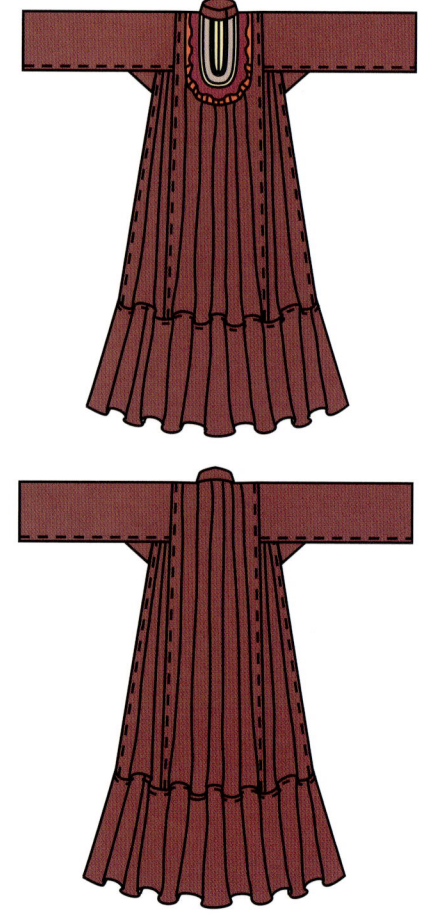

图六 塔塔尔族荷叶边连衣裙彩色复原图

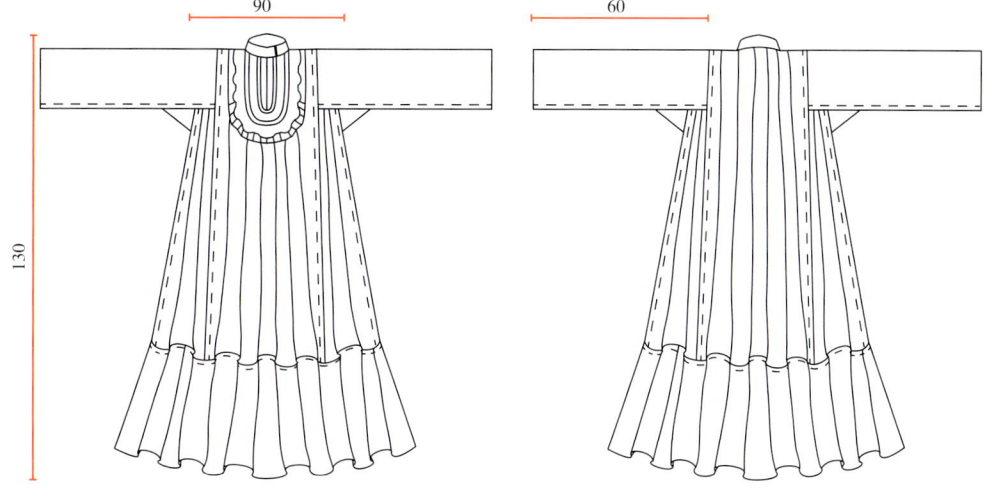

图七 塔塔尔族荷叶边连衣裙尺寸图（单位：cm）

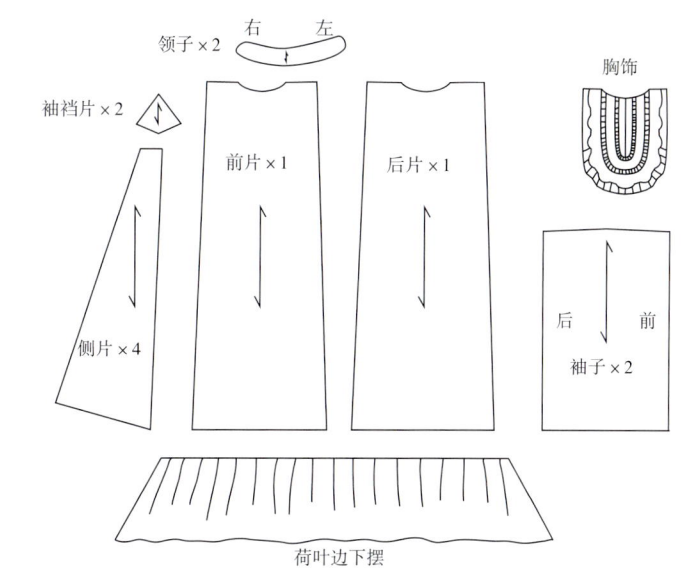

图八 塔塔尔族荷叶边连衣裙开片图

图九 塔塔尔族雪纺纱质连衣裙复原图

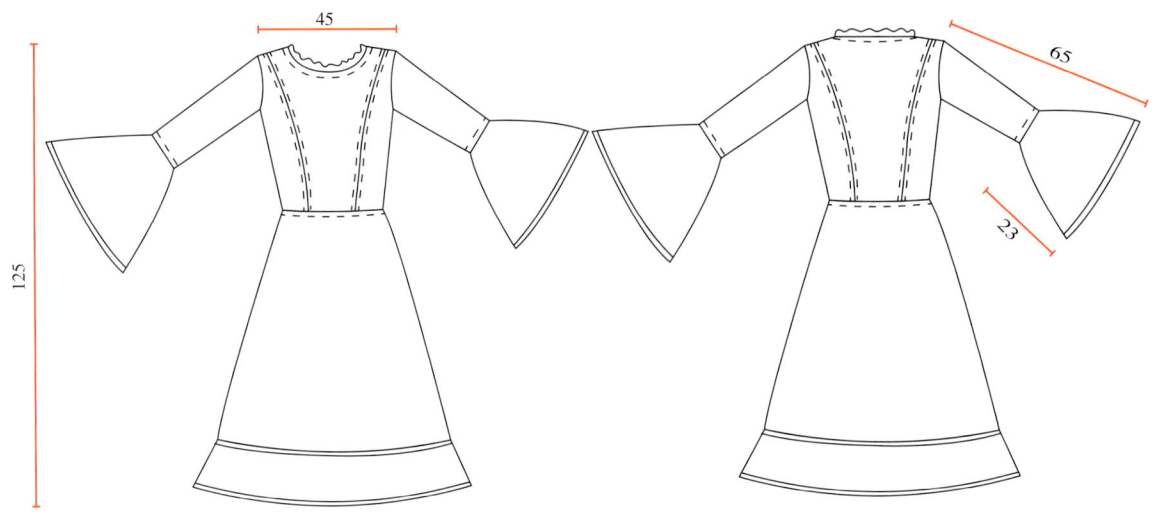

图十　塔塔尔族雪纺纱质连衣裙尺寸、结构线图（单位：cm）

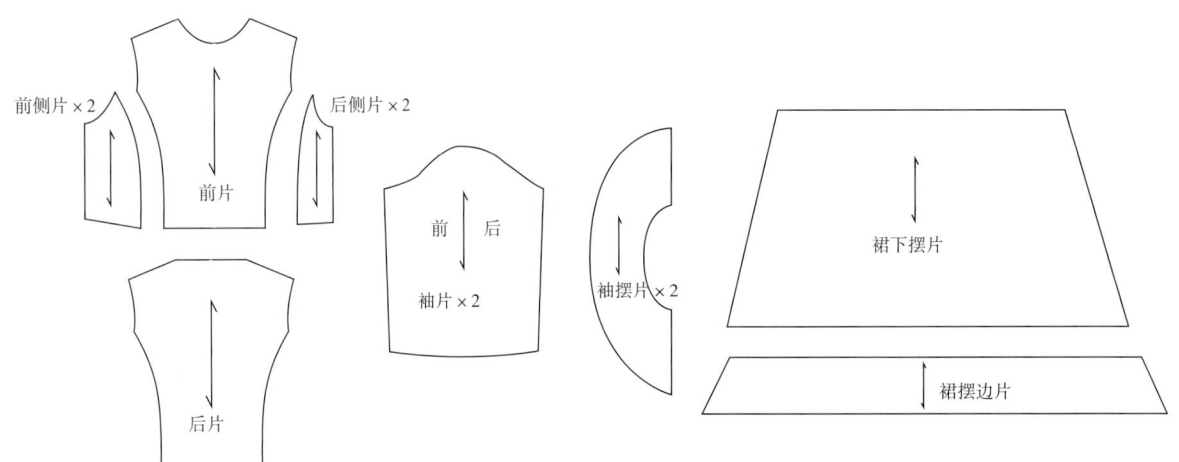

图十一　塔塔尔族雪纺纱质连衣裙开片图

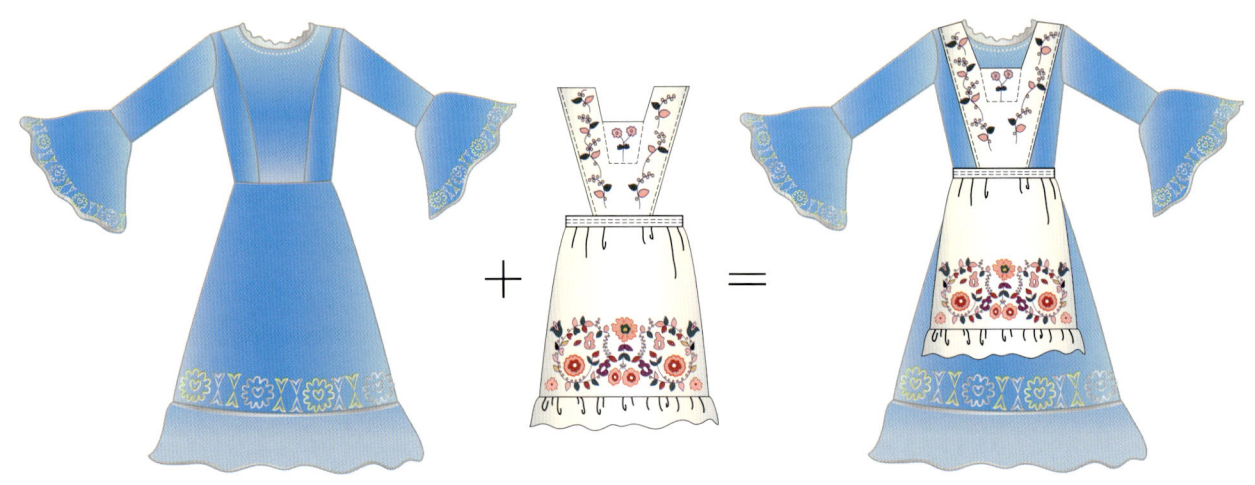

图十二　塔塔尔族雪纺纱质连衣裙穿着搭配图

图十三 塔塔尔族女裙结构分析图

图十四 塔塔尔族女裙色彩分析图

图十五　塔塔尔族女裙穿着图

图十六　塔塔尔族礼服裙穿着图

图十七　塔塔尔族礼服裙细节图

塔塔尔族坎肩

图一 塔塔尔族坎肩主图

坎肩,是塔塔尔族男女老幼日常穿着的一种服装款式,其典型特点是对襟、无领、无袖或短袖。坎肩衣长至腰部以下,主要有收腰和直筒两式,多绣有精美细致的纹饰。根据穿着者性别与年龄及时节的差异,坎肩也有着各种不同的款式。女子坎肩略收腰,前襟以暗纽扣扣合,多搭配连衣裙穿着;而男子坎肩多为直筒款,前开襟,一般不扣合,内搭配长袖衬衫。青年女子与儿童坎肩颜色鲜艳,配饰丰富,而中老年人和男子坎肩多较简洁,以黑色或蓝黑色等深色为主。夏季塔塔尔人一般挑选单层绒布坎肩,而冬季则穿着夹有棉絮填料的坎肩。

塔塔尔族坎肩以绒面料为主,传统使用羊毛加工的绒面织物,现在也使用混有其他丝织材料的绒面料,如金丝绒等。绒布有平绒、条绒之分,表面具有稠密平齐、耸立而富有光泽的绒毛,质地厚实,耐磨保暖,富有弹性又不易起皱,特别适宜坎肩这种"功能性外衣"。此案例是塔塔尔族青年女子坎肩的典型款式,采用色彩鲜艳的红色平绒布料,四开身结构,前后各两片,领型为V字弧形,无袖,对襟暗扣,前襟下摆呈圆角弧型,腰部内收,上身有挺拔修长效果,衬出塔塔尔女子丰满窈窕的体态。在坎肩前片上绣有精美又有规则的花草图案，并有大量亮片点缀，衣边和袖口则有滚边装饰，是以金银丝线包边的刺绣，显得精细有序却又热烈动人。男子坎肩的款型为直筒式，下摆多为直角方形，颜色偏深，多见在肩部及衣边角绣有对称的纹样，纹样精细但相对简洁，体现男性的豪迈和尊贵。

塔塔尔人无论男女都喜欢在浅色衬衣外搭配深色坎肩，深浅两色形成强烈对比，显得格外别致。坎肩这种服装样式既能保持身体温度又不使衣袖增加厚度，方便手臂活动，作为外衣保暖、美观，适应当地昼夜温差大的气候条件，又是功能适应性极强的设计。塔塔尔族妇女都有扎实的刺绣功底，坎肩的胸前、领口、衣边上都可见细致绣饰，既凸显其审美情趣，又是本族妇女对自身精湛手艺进行夸耀和展现的最直接方式。

图片来源

图一　《鞑靼传统服饰精粹集》（俄），天津人民美术出版社，2005，第9页、第190页、第191页。

图二至图四、图八至图十、图十二、图十三　李郭 制图

图五至图七、图十一　夏婷婷　制图

图十四　《鞑靼传统服饰精粹集》（俄），天津人民美术出版社，2005，第72页、第79页、第109页。

图二　塔塔尔族坎肩彩色复原图

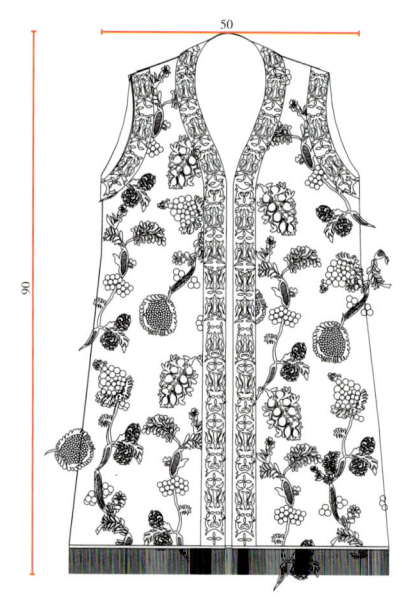

图三　塔塔尔族女子坎肩尺寸图（单位：cm）

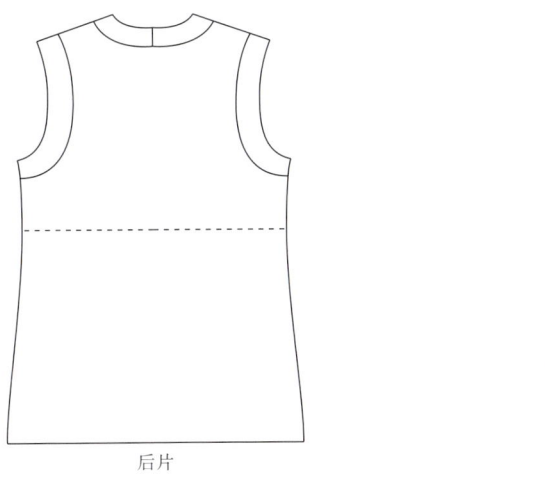

图四　塔塔尔族女子坎肩开片图

图五　塔塔尔族坎肩彩色复原图

图六　塔塔尔族男子坎肩彩色复原图

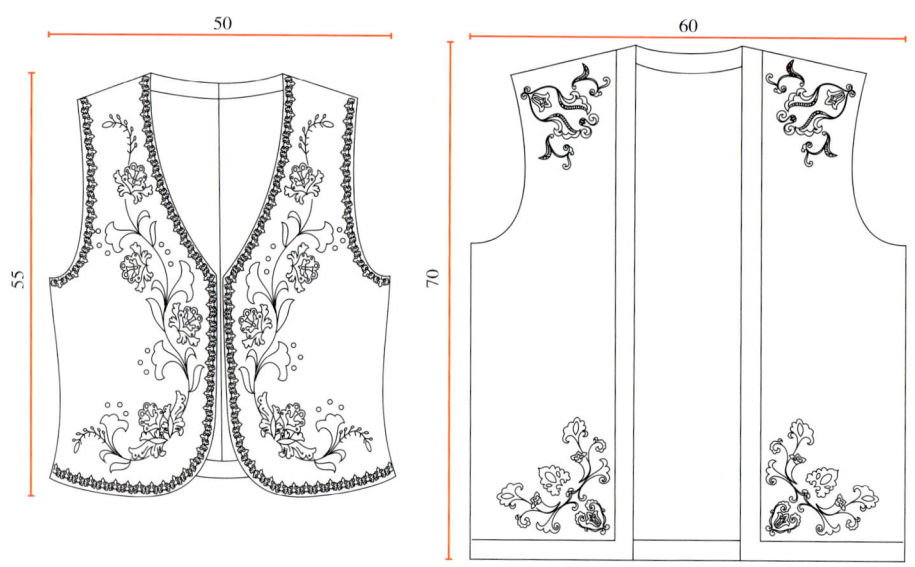

图七 塔塔尔族坎肩尺寸图（单位：cm）

	女子长坎肩	女子短坎肩	男子坎肩
结构图	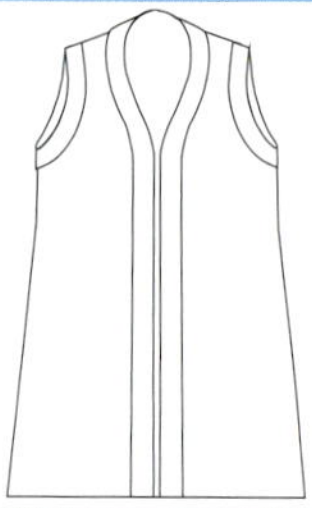		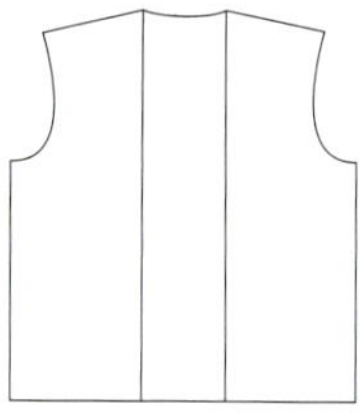
领口部位	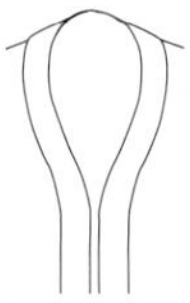 弧线V形领	 弧线V形领	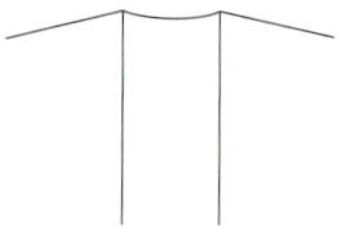 开口直领
腰部位	 直筒略宽松式	 略有收腰	 直筒式
前襟底边	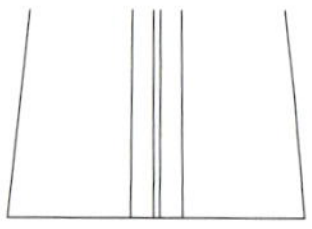 直角	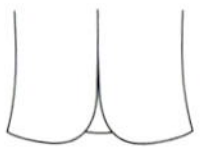 圆角弧形	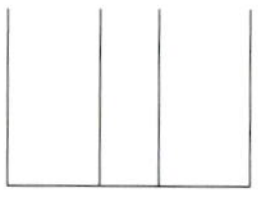 直角

图八 塔塔尔族坎肩结构分析图

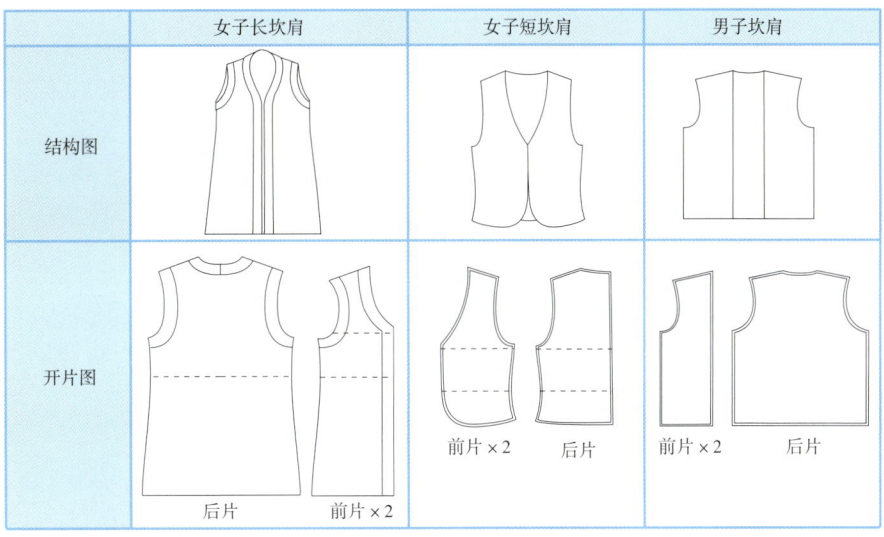

图九　塔塔尔族坎肩开片分析图

图十　塔塔尔族坎肩色彩分析图

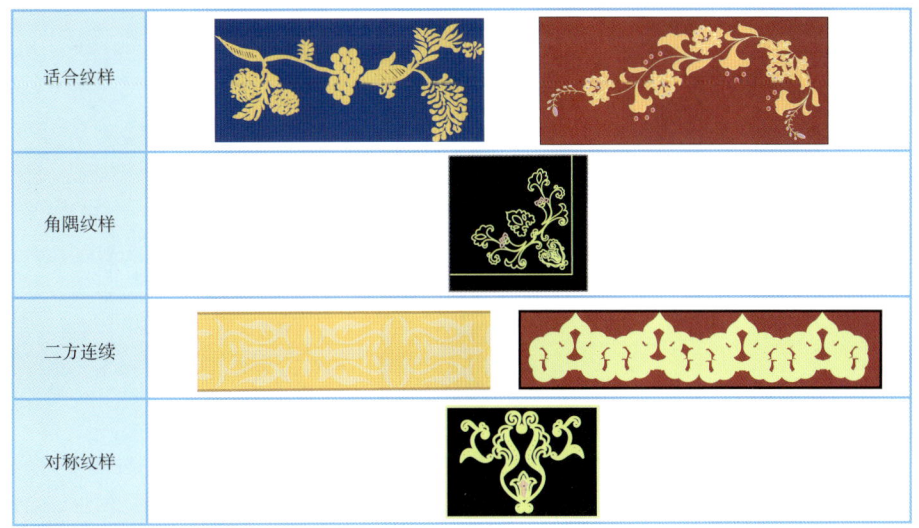

图十一　塔塔尔族坎肩纹样分析图

跑步绣		
缎纹绣		
轮廓绣、轮廓密绣		
长短针绣		

图十二　塔塔尔族坎肩纹样绣法图

图十三　塔塔尔族坎肩穿着图

图十四　塔塔尔族坎肩穿着气氛图

塔塔尔族男式风衣

图一 塔塔尔族男式风衣主图

袍风衣，是一种衣长过膝的对襟长外衣，也是塔塔尔族男士典型的日穿服装。其面料有单色，也常见条纹相间，衣襟和袖口用深色的羊皮滚边配以动物绒毛。其衣下摆由后向前逐渐变短，收成一个圆角，衣袖常为半袖，长度只到手臂肘弯处，袖子有里衬，衣身上有刺绣纹样。袍风衣一般为对襟无扣，内搭绣花白衬衣，扎腰带，下配黑色窄腿长裤，配搭高筒皮靴穿着。除炎热夏季外，塔塔尔族男子传统日常外出都需穿着袍风衣，而如今外着坎肩则更为普遍。根据适穿时节不同，袍风衣主要有由绒布制成的单层袍风衣，加有羊皮滚边和动物绒毛的夹层袍风衣两种。袍风衣也常有纹样装饰，根据不同场合的需要，装饰也自然有所差别。普通袍风衣只在胸前和肩部饰有简单绣花纹样，而重大节庆和集会活动中的礼服功能的袍风衣则常常通体精致绣花，并以银元、宝珠等装饰，体现塔塔尔礼俗节庆的隆重。

塔塔尔族的突厥先民就有外穿袍风衣的悠久历史。案例一为塔塔尔先民的传统男式袍风衣，在15、16世纪的喀山汗国时期就曾见这种款式。这件袍风衣由绸缎面料制成，通体为金橘色和白色等宽条纹相间，衣身长过膝盖，前后长度一样，领口为翻领，并且在领部有红珊瑚制成的珠扣。这是当时鞑靼族上层贵族的典型服饰，各种配饰选用的材质多是从周边地域及民族引进的稀有物品，体现其权威富贵。这件袍风衣的裁剪方式和现代风衣大体一致，由两片袖片，一片后片以及两片前衣片缝制而成，不同之处在于领部的差异，类似青果领的翻领裁片，这种设计体现穿着者的庄重和威严，可以看出西方服饰结构的风格。案例二为一件现代塔塔尔男式袍风衣的典型款式，中袖，对襟无扣，腰口略收，下摆较宽松，前短后长，面料采用深紫色天鹅绒布料制成。绒制布料具有耐磨保暖的特点，且不易起皱，是塔塔尔袍风衣、坎肩等外衣的首选材料。日常穿着袍风衣会在胸前、门襟、下摆或者袖口处适当地绣有羊角纹、卷草纹等简单纹样。这件袍风衣在前胸部位有绣花，衣边四周用皮毛装饰，是当代塔塔尔人日常穿着的一件较好品质的袍风衣。

袍风衣在西北少数民族服装史中占有重要地位，数千年来是西域居民的日常服装。塔塔尔族袍风衣，形式简单，典雅大方，既方便骑马放牧，也便于野外劳作及露宿，有助于抗风御寒，抵抗西北地区复杂多变的自然环境。古代鞑靼族袍风衣见有绸缎、各式布匹织物和各种异域装饰材料，从中也可窥见西域民族之间以及与中亚地区和汉地密切的经济和文化交流。

图片来源
图一至图八　郭晗、徐靓　制图
图九　郭晗　制图
图十　薛楚颖　制图

图二　塔塔尔族男式风衣分类图

图三　塔塔尔族男式风衣示意图

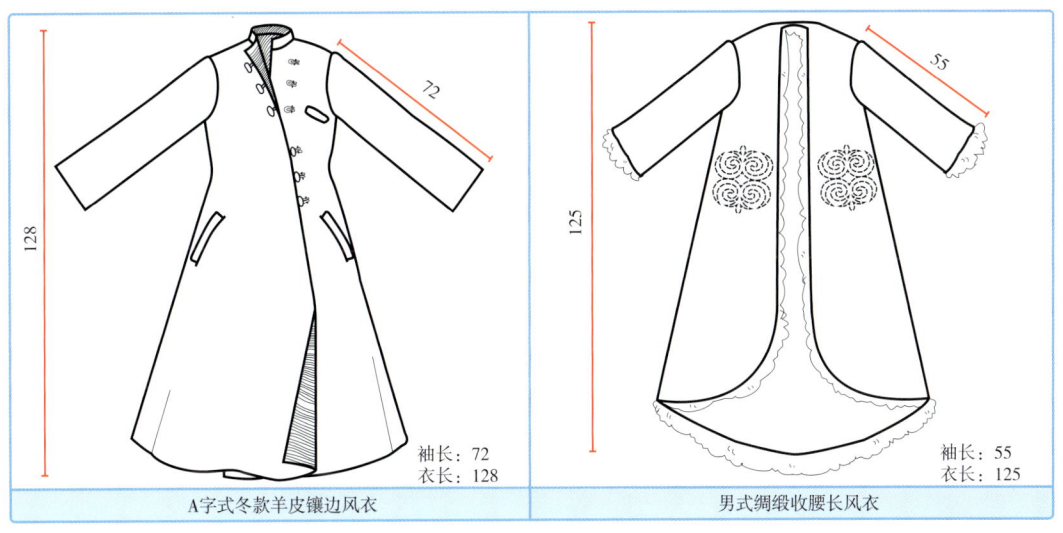

图四 塔塔尔族男式风衣尺寸图(单位：cm)

图五 塔塔尔族男式风衣缝纫线结构图

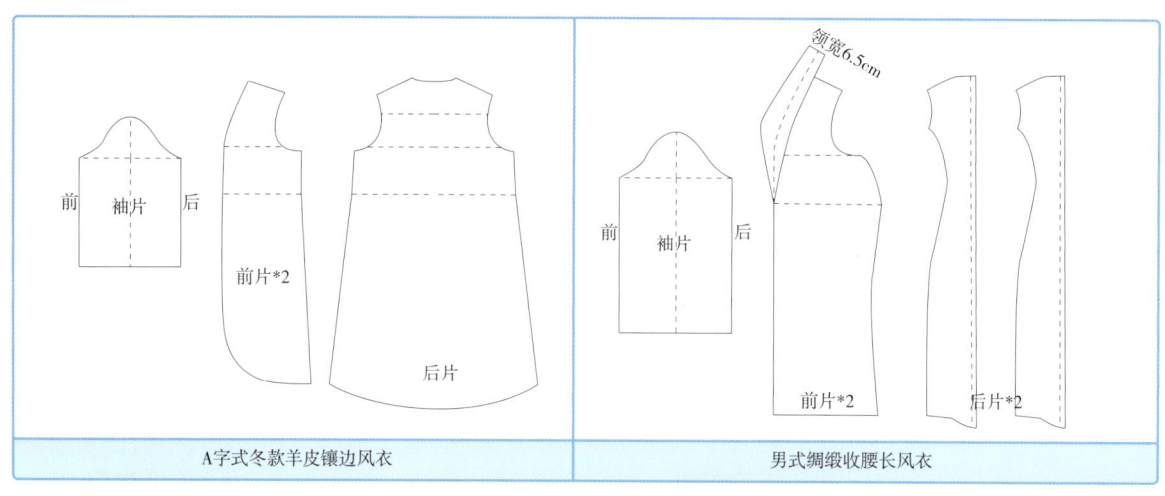

图六 塔塔尔族男式风衣开片图

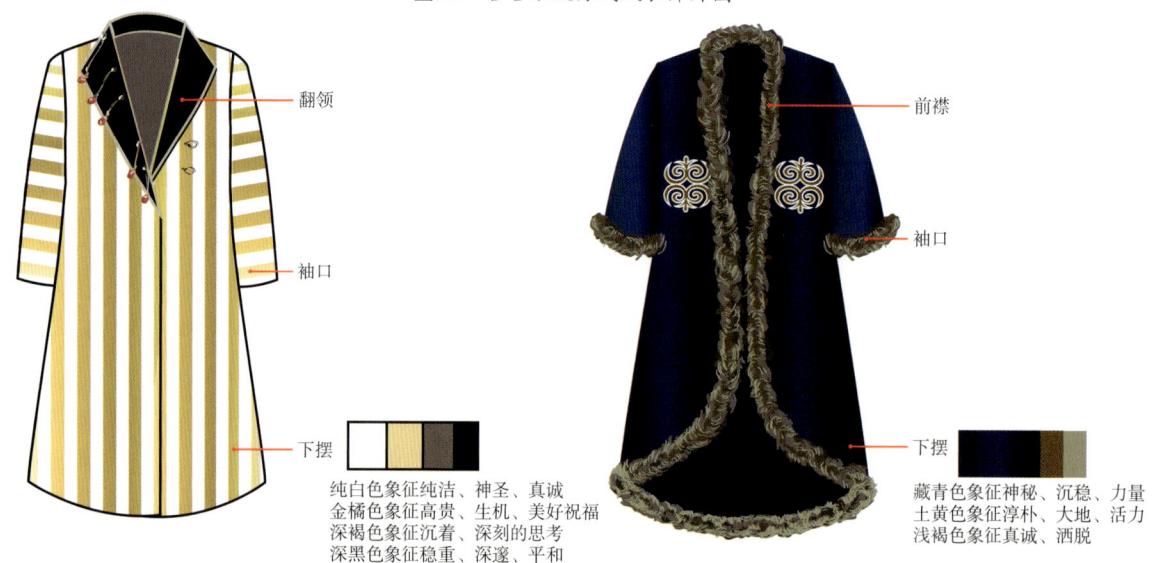

图七 塔塔尔族男式风衣结构、色彩分析图

图八 塔塔尔族男式风衣材质分析图

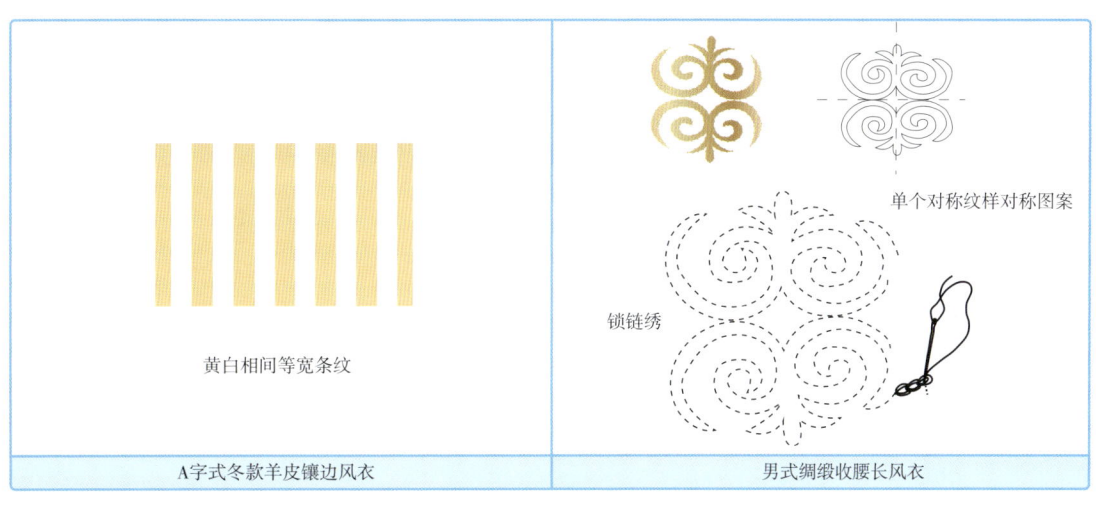

图九 塔塔尔族男式风衣纹样分析图

塔塔尔族男士冬款风衣穿着图　　　塔塔尔族男士风衣（喀山汗国时期）穿着图

图十 塔塔尔族男式风衣穿着示意图

第二章 塔塔尔族传统服饰

069

塔塔尔族男式衬衫

图一　塔塔尔族男式衬衫主图

男式衬衫是塔塔尔族日常实用又形态别致的代表服装。其基本特征是宽袖、竖领，前襟开扣，在衬衣的领口、袖口、胸前大都绣着十字形、菱形等几何图案花纹。衬衫款式分为A字式和直筒式，衣身较长，需扎腰带，衬衣适合男子在不同场合、时节和坎肩、袍风衣等外衣搭配穿着，也可单独外穿。塔塔尔族男子最喜爱的一种搭配是在白色衬衣外，再套一件深色的齐腰短背心，下身裤子一般也是黑色宽裆紧腿裤，脚穿皮靴。这种黑白两色配搭，有着强烈反差效果，十分别致，是其独有的着装表现。

衬衫是塔塔尔族男子日常必穿的便服，因而需采用舒适柔软又透气性强的面料，通常选用洁白棉布面料，如今涤纶混纺布料、绸缎等外来高档面料也很受塔塔尔族人喜爱。衬衫主体由两块裁片缝制而成，一块后片和一块前胸开口的前片。缝制后，胸腰部宽松，下摆宽大，衣领开至胸前。这种板型开片使得塔塔尔族男子衬衫较宽松，尤其在胸围处尺寸较大。衬衫的袖子为装袖结构，袖子开片结构完全采用西方服装的立体结构，袖子后片袖窿比较平缓，前片弯曲较大，保证胳膊、腋窝处有较大活动空间。衬衫较长，一般会长及膝盖处，塔塔尔男子束上腰带后，会将衬衣自然上提，留出腰部宽松的余量。在男子衬衣领口、袖口、胸前对襟大都绣着十字形、菱形等几何图案花纹，用蓝色、浅黄色、翠绿色丝线，取"十"字形花纹构成花卉图案，色彩和谐而美丽。其他西北民族也有在衬衫前襟袖口作装饰，但塔塔尔族衬衣上的刺绣纹样更为精致细巧，针法清晰，这与塔塔尔族人喜爱并擅长刺绣工艺是分不开的。

衬衫是塔塔尔男子的典型装束，这与西方服饰文化十分接近。衬衫部分结构也融合西方服装的立体化剪裁特点，可见塔塔尔族有着深厚的西方文化联系与传统。塔塔尔人的穿着也十分讲究，整洁典雅的风格给人留下深刻印象。根据不同的场合，塔塔尔男子还会选择不同的衬衫款式，一般日常生活中男子通常穿着对襟开胸的素色A字式衬衫，婚礼或重要节日，男子则穿着颜色较鲜艳的斜襟开胸的直筒式衬衫。这种衬衫刺绣面积更大，颜色也更丰富华丽。

图片来源

图一　徐靓　制图

图二、图三、图五　王玭、周瑜嫄　制图

图四、图六　王玭　制图

图七　罗梓源　制图

图八、图九　周瑜嫄、徐靓　制图

图十　《20世纪莫尔多瓦.塔塔尔民族服饰》，天津人民美术出版社，2005，第107页、第112页。

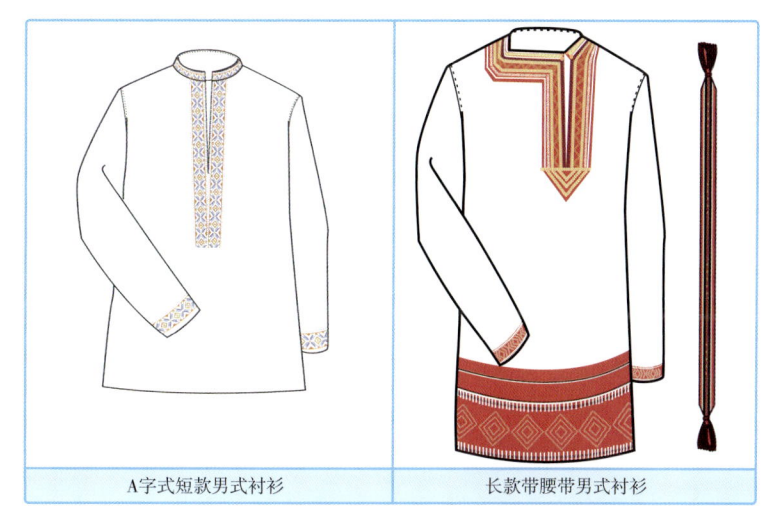

图二　塔塔尔族男式衬衫分类图

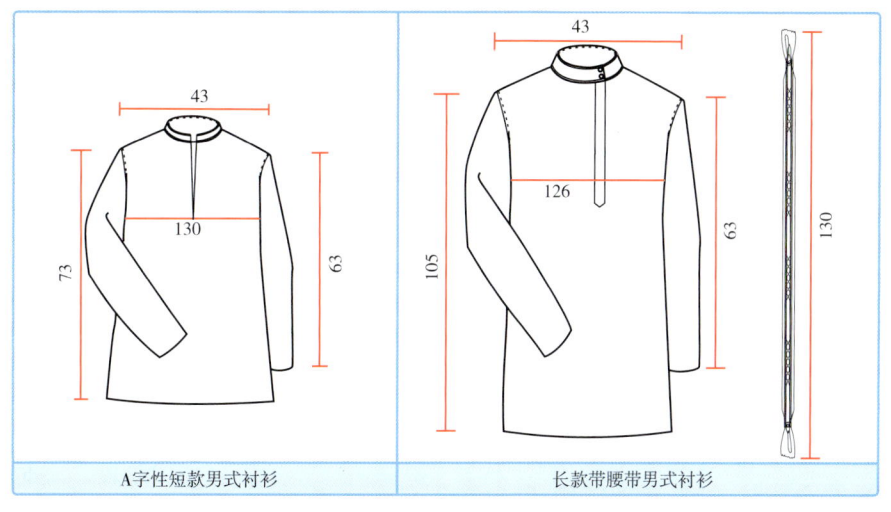

图三　塔塔尔族男式衬衫尺寸图（单位：cm）

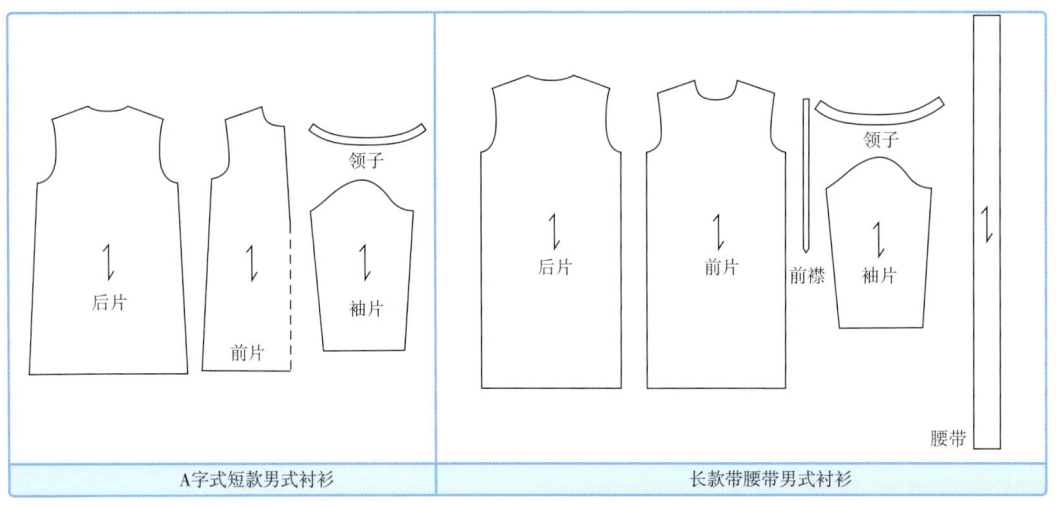

图四 塔塔尔族男式衬衫开片图

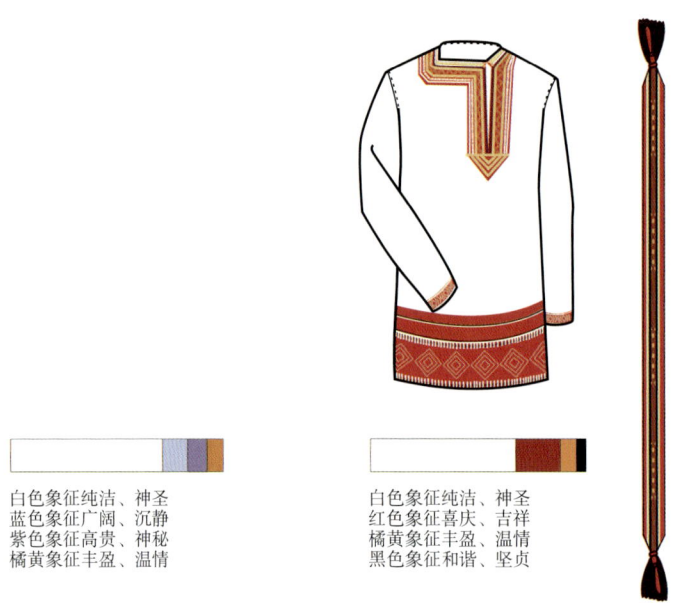

图五 塔塔尔族男式衬衫色彩分析图

图六 塔塔尔族男式衬衫纹样分析图

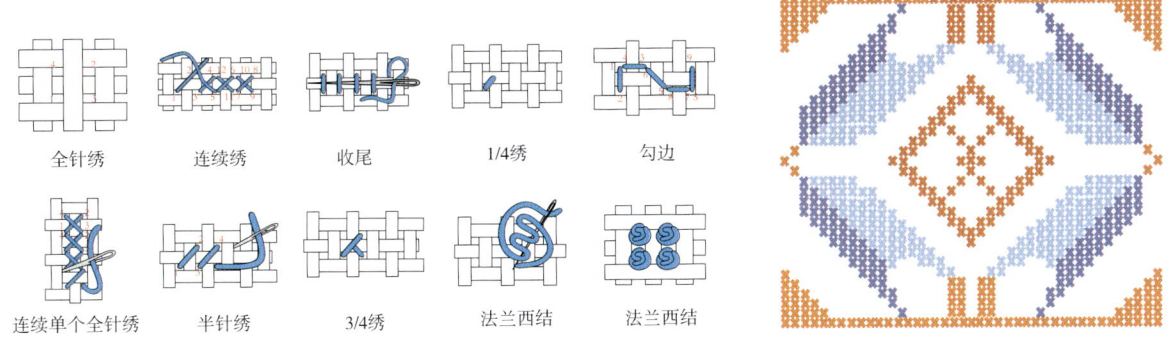

| 全针绣 | 连续绣 | 收尾 | 1/4绣 | 勾边 |
| 连续单个全针绣 | 半针绣 | 3/4绣 | 法兰西结 | 法兰西结 |

十字绣中出现的绣法　　　　　　　　　十字绣绣法复原的局部纹样

图七　塔塔尔族男式衬衫工艺分析图

长衬衫单独穿

长衬衫搭配腰带收腰穿戴

图八　塔塔尔族男式长穿着分析图

第二章　塔塔尔族传统服饰

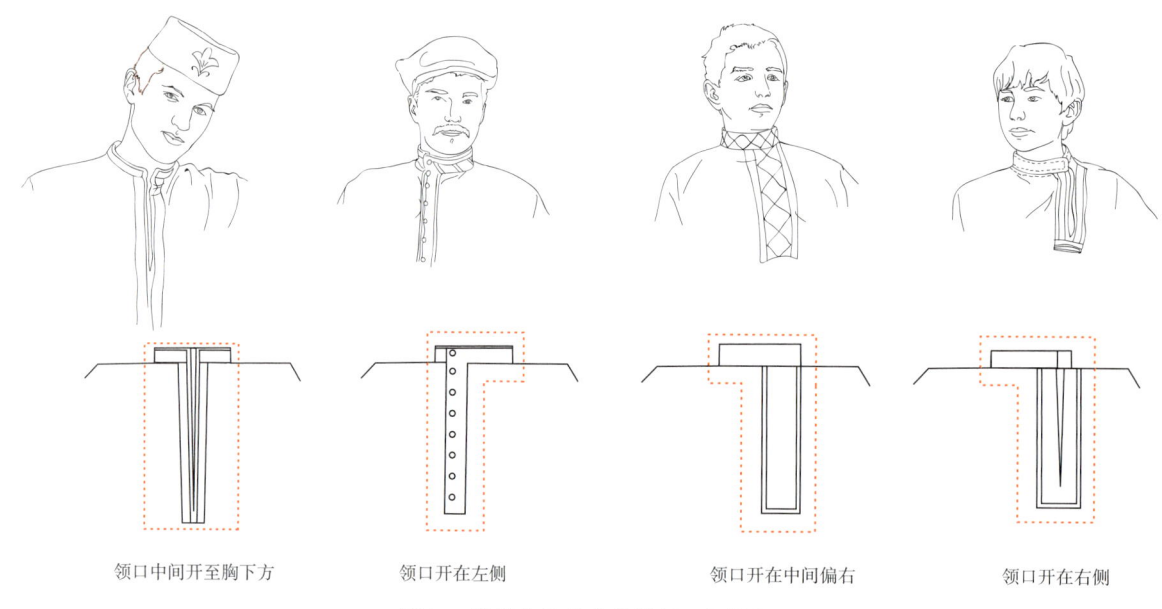

领口中间开至胸下方　　领口开在左侧　　领口开在中间偏右　　领口开在右侧

图九　塔塔尔族男式衬衫领口分析图

图十　塔塔尔族男式衬衫穿着示意图

塔塔尔族女式花帽

图一　塔塔尔族女式花帽（金丝串珠平顶花帽、绣织帽）主图

花帽是塔塔尔族女子最有民族特征的头饰，不管在平时还是盛大集会，她们都会选择佩戴各种款式和装饰的花帽。最为常见的是平顶小花帽和绣织帽两种。平顶小花帽是一种圆形硬顶帽，颜色较深，一般在帽顶和帽外壁面附有浅色绣花装饰。城市里年轻女子更喜欢在平顶小花帽檐边用金丝镶串珠和宝石，这款花帽又称为金丝串珠绣帽。绣织帽是一种软帽，是塔塔尔女性在春秋季节最常戴的花帽。绣织帽帽身较长，通体绣有花饰，戴上后帽顶自然下垂，保暖又自然美观。塔塔尔族女子在花帽佩戴上特别花费心思，她们喜欢两种颜色反差较大的花帽，又配合服饰颜色与样式的搭配来展现自己独有的女性魅力。

金丝串珠绣帽一般多用红色、紫色、深蓝色等稳重大气的条绒面料制作而成。条绒面料色泽度高，厚实且保暖性好，耐用不起球，是制作花帽的首选布料。绣织帽通常用紫罗兰、黑等深色平绒布料作为帽身，帽壁上用金色银色的丝线绣出精美的植物与几何纹样。本文案例中的金丝串珠平顶花帽，上窄下宽，高约8厘米，以紫红色绒布作为帽身，棉布作为里衬，在帽檐用一圈带有纹样的深灰色布料包边，帽身和帽顶都用白色棉线缝纫连接。帽壁和帽顶都装饰有用金丝线串银色圆珠连缀形成花纹纹样。金丝绣花帽因多为年轻女子佩戴，所以色彩艳丽，装饰繁复。案例中的绣织帽用深紫罗兰色绒布制作而成，帽身长大约18厘米，帽顶装饰有金色流苏，帽子的正面用金银丝线手工绣出一幅精美的花草植物纹样图，帽边则使用正反对称的花朵纹样装饰。帽子上的装饰纹样全部手工缝制，独一无二，穿戴起来让人赏心悦目。塔塔尔女式花帽搭配灵活，可以单独穿戴，也可以配合大丝巾和头巾一起穿戴。

在新疆很多少数民族中都喜欢穿戴花帽，塔塔尔花帽则体现着塔塔尔人别具一格的审美趣味，无论是平顶小花帽还是绣织帽都采用深色布料加上浅色精细规整的刺绣花纹，不仅展示了塔塔尔族妇女精湛的刺绣工艺，而且深浅疏密反差强烈，繁缛华丽却又清晰明快，这和她们喜欢黑白相衬的着装风格相应相承。

图片来源
图一至图八、图十　徐靓　制图
图九　徐靓、段小萌　制图

图二　塔塔尔族女式花帽分类图

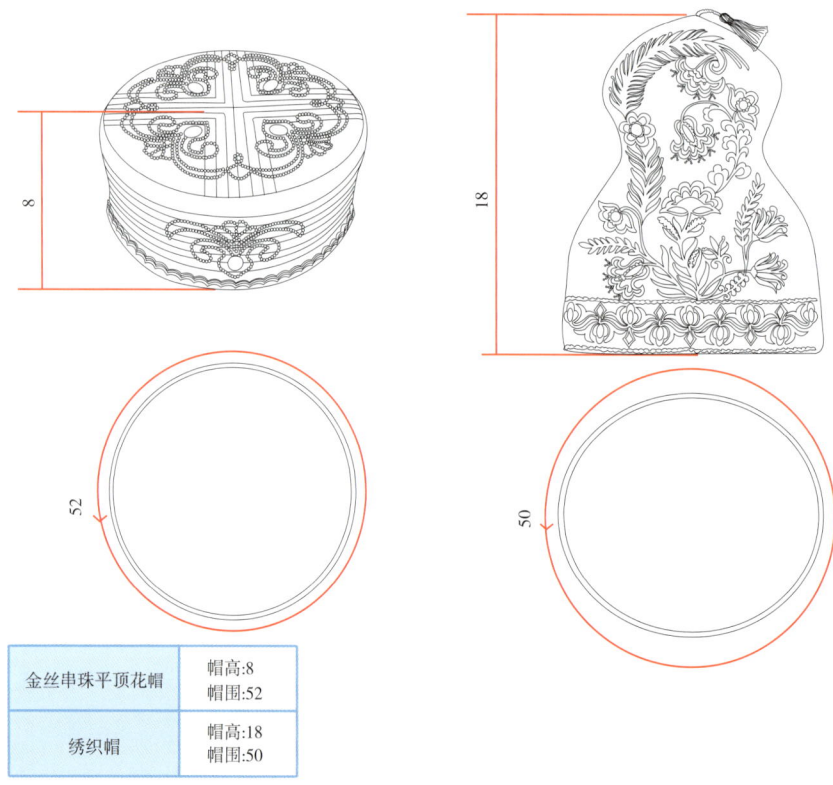

图三　塔塔尔族女式花帽尺寸图（单位：cm）

图四　塔塔尔族女式花帽结构图

图五　塔塔尔族女式花帽展开图

图六　塔塔尔族女式花帽色彩分析图

第二章　塔塔尔族传统服饰

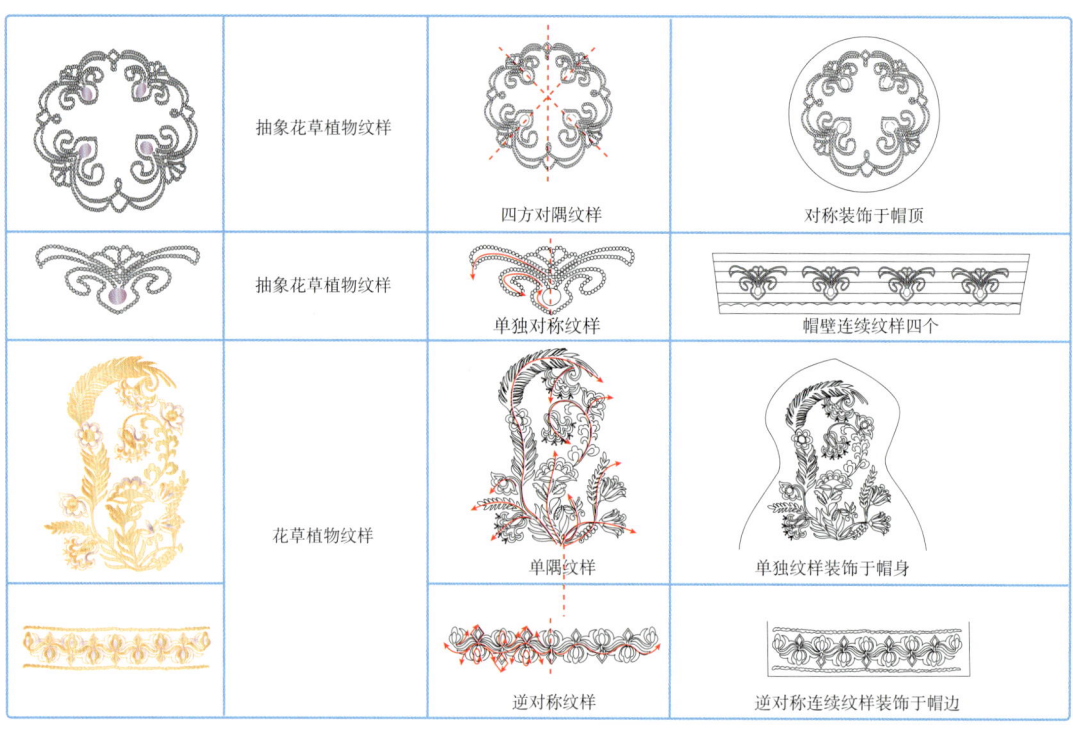

图七 塔塔尔族女式花帽纹样分析图

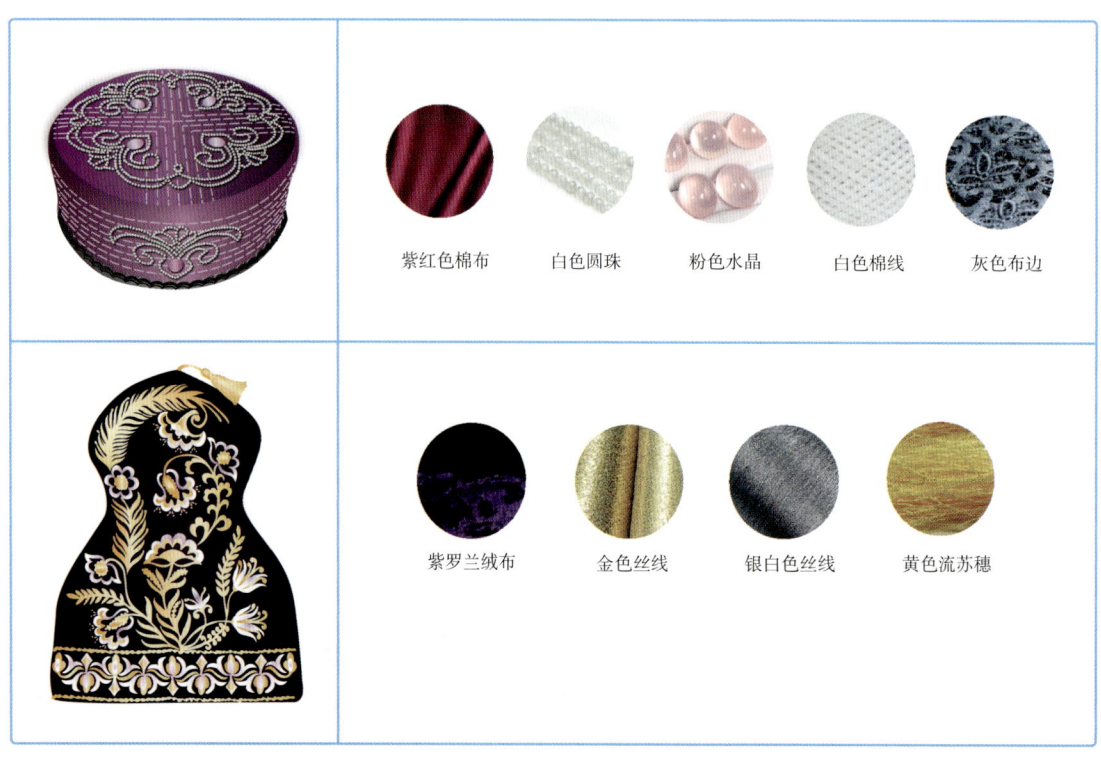

图八 塔塔尔族女式花帽材质分析图

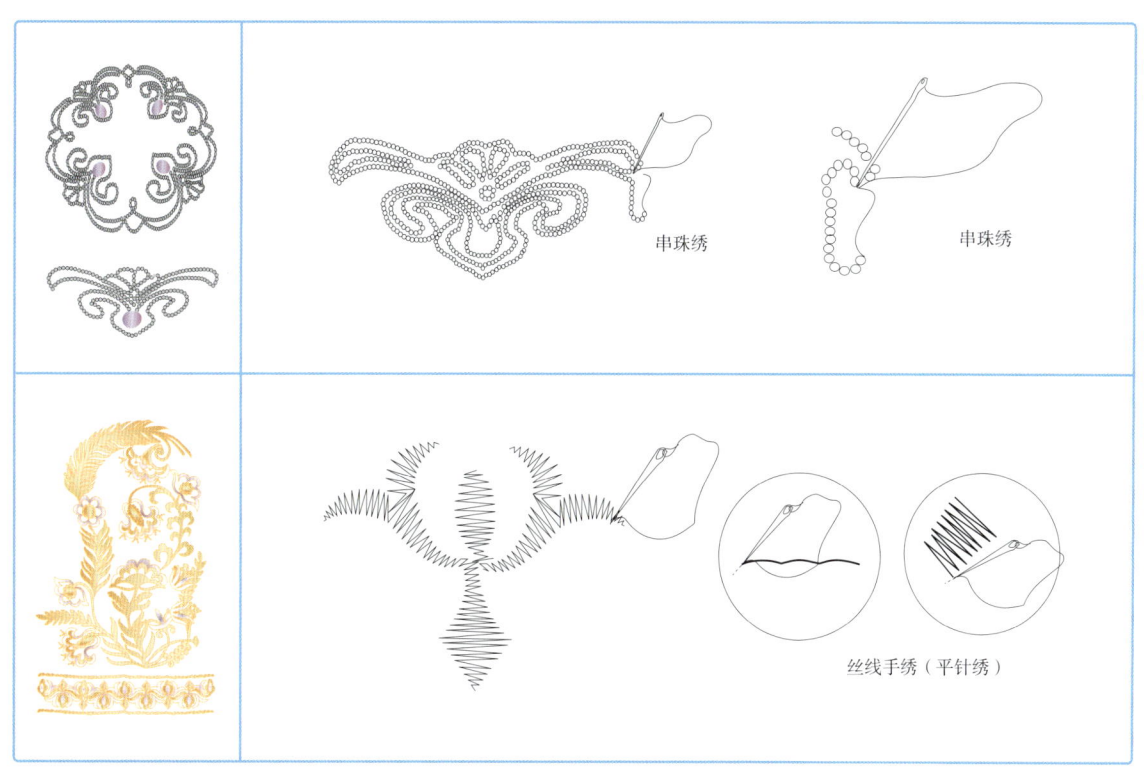

图九 塔塔尔族女式花帽工艺分析图

金丝串珠平顶花帽穿戴图　　　　　绣织帽穿戴图

图十 塔塔尔族女式花帽穿戴图

第二章 塔塔尔族传统服饰

塔塔尔族男式花帽

图一　塔塔尔族男式花帽主图

男式花帽，俗称"赛维待依"，是塔塔尔族男子主要佩戴的帽饰。男式花帽有很多种类，多以黑白两色为主。夏天主要穿戴的是绣花小帽与圆形平顶丝绒花帽，冬天则以穿戴黑色羔羊皮帽为主。小帽和平绒帽一般都绣有精美的花纹，花纹颜色一般为淡黄色或金黄色，绣花小帽与圆形平顶丝绒花帽一般是青年人与中年人戴得较多，老年人则穿戴相对花纹较少，颜色较素的平绒帽。冬天穿戴的羔羊皮帽一般是通体黑色，帽檐上卷，相对于夏天戴的帽子来说更简洁一些，但有着很好的保暖作用。塔塔尔人日常都会戴帽，特别是做客、送葬、做礼拜、聚会等正式场合，戴帽被视为一种必要的礼节。

绣花小帽通常选用条绒作为主要布料。案例中的绣花小帽，材料品质较高，主要是用墨绿色的丝绸缝制而成，里面用薄毡做衬里。绣花小帽为圆形帽，通常下檐大，上檐较小，帽壁倾斜，帽顶水平。帽壁四周常用对称的单独植物纹样装饰，颜色为金黄色，常缀有亮片装饰；平顶丝绒花帽又名达纳达尔帽，通常选用丝绒、条绒作为主要布料制作，是塔塔尔族老年人最常戴的帽子，案例中的平顶丝绒花帽，以黑色丝绒布做面子。内衬是较为绵软的黑色棉布。丝绒花帽通体呈圆柱形，帽顶较高，帽壁相对于绣花小帽较厚，帽壁上装饰单独对称的植物花纹，花纹是用黄色丝线压缝一种金黄色花边而成，帽顶有三组对称纹样，呈三角形分布，并有亮片刺绣装饰。羊羔皮帽则通体使用一色黑羔皮毛作为主要材料，棉布作为里衬，帽檐上卷，帽壁厚，主要适用冬天穿戴，具有很好的保暖性。

塔塔尔男帽相对于女帽来说整体较为质朴，样式没有女帽得多，装饰也较为简洁，也有男帽素色为主，没有纹样，体现男子的大方得体，即便如此，男帽的花色品种仍可以说十分丰富。塔塔尔族男女老少一年四季都常戴帽，这也造成塔塔尔人对帽子的大量需求和创造。塔塔尔人都是制帽高手，无论男女老少都会有属于他们自己的几顶花帽。无论男帽女帽都有各种款式，色彩装饰品种更是丰富，从中也反映出该民族独有的审美品位和创作智慧。

图片来源

图一至图九　崔学飞　制图

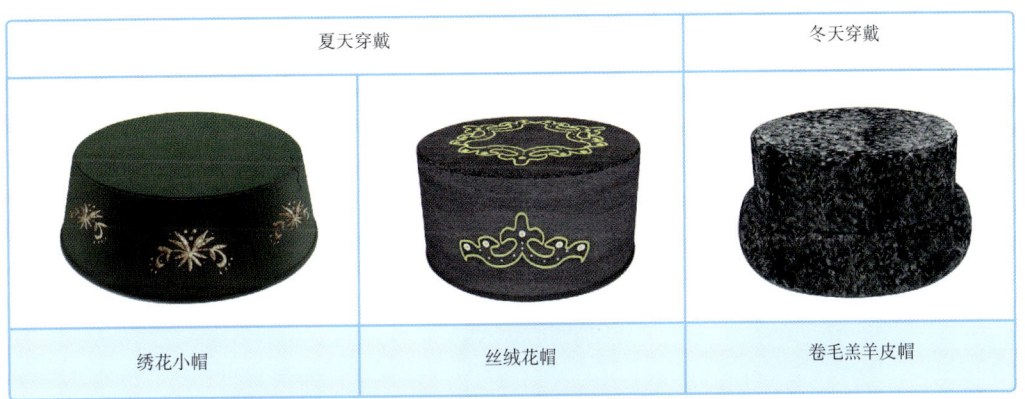

图二　塔塔尔族男式花帽种类图

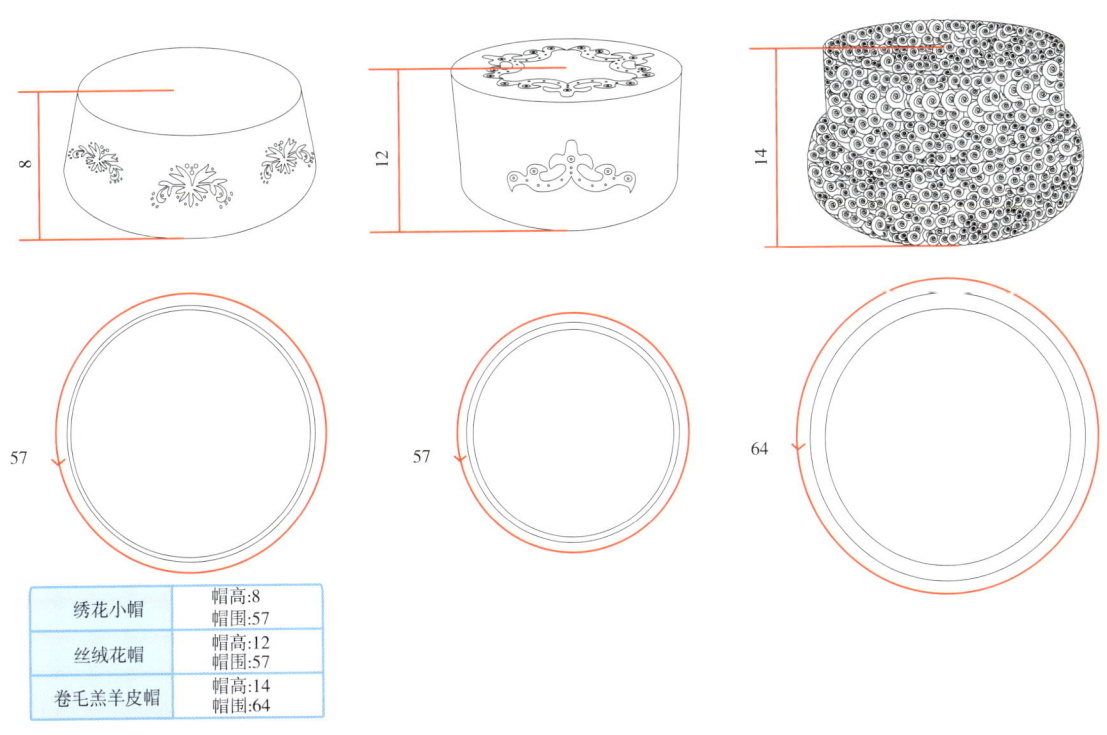

图三　塔塔尔族男式花帽尺寸图（单位：cm）

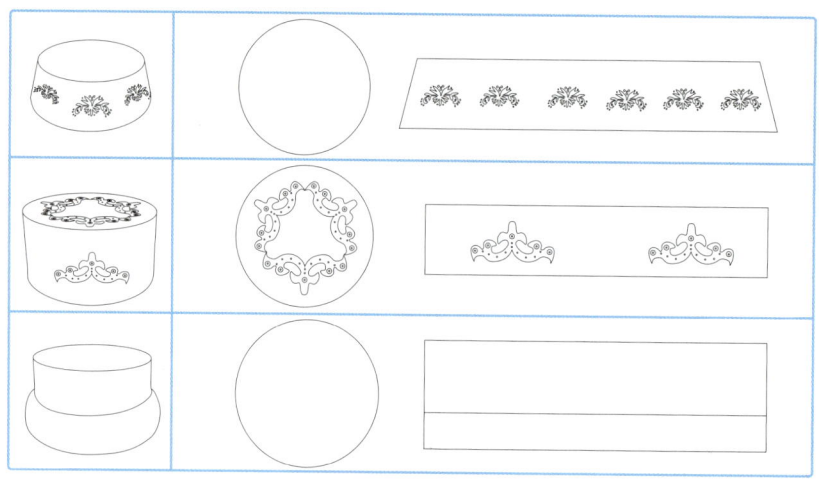

图四 塔塔尔族男式花帽开片图

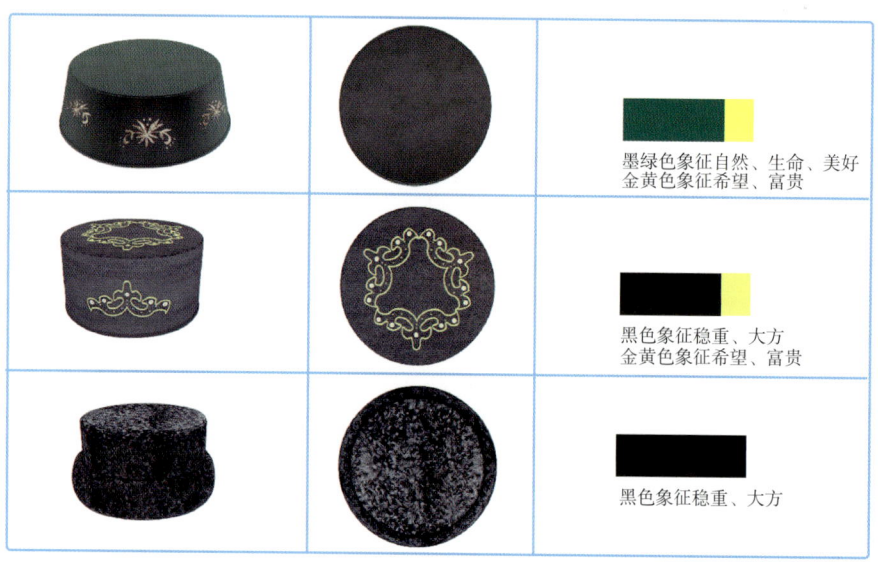

图五 塔塔尔族男式花帽色彩分析图

图六 塔塔尔族男式花帽纹样分析图

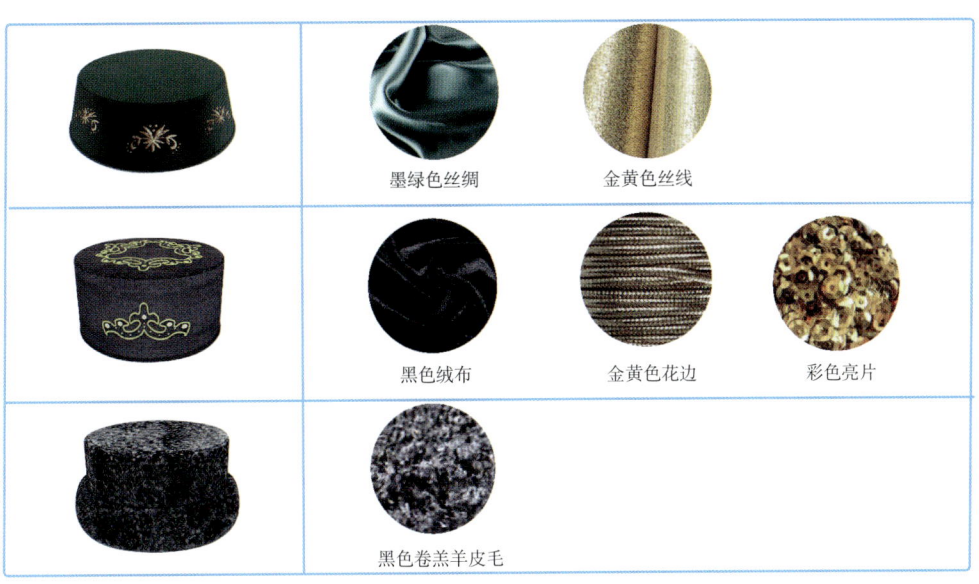

图七 塔塔尔族男式花帽材质分析图

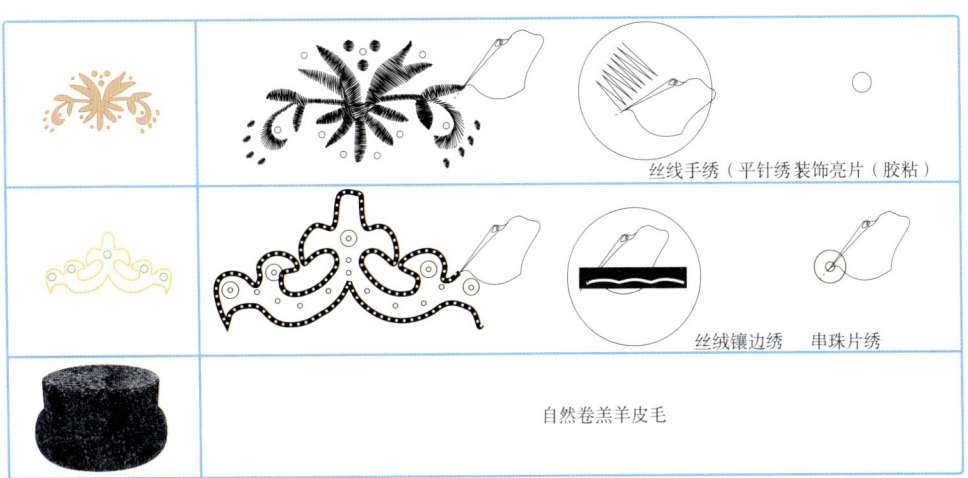

图八 塔塔尔族男式花帽制作工艺分析图

绣花小帽穿戴图　　　　　丝绒小帽穿戴图　　　　　卷毛羔羊皮帽穿戴图

图九 塔塔尔族男式花帽穿戴图

第二章 塔塔尔族传统服饰

塔塔尔族女士头巾

图一　塔塔尔族女士头巾主图

受伊斯兰宗教传统的影响,塔塔尔族女子自古以来披戴头巾,这原本是一种尊重妇女的表现,用这种方式来保护本族女性不受侵犯。塔塔尔女子也不例外,无论年龄大小、何种职业,她们一年四季都披戴头巾,但不同年龄身份或地区的女子会根据传统有着不同的选色和披戴方式。塔塔尔女子头巾尺寸并无规定,戴法较灵活,通常呈边长为60～130厘米不等的正方形。头巾除颜色各异外,还附有各种装饰,有平角边,也常见有四周带穗装饰。

塔塔尔族头巾多选用天然纺织材料制成,如棉、麻、羊绒等。通过纱线染色可以把颜色不一的纱线纺织成头巾布料,然后进行裁剪,加上刺绣、钉珠装饰做成头巾。许多头巾款式四周有穗子,它们并非后来缝制上的,而是头巾本身的纱线编织成的。印花技术如今在塔塔尔族地区也很流行,这使头巾花型更加丰富。塔塔尔女子披戴头巾不像回族等伊斯兰民族那样戴法严格,其戴法较为灵活多变,还可以搭配各式女帽。尺寸较小边长低于100厘米的头巾可以对角折成三角形系扎在下颚处,美观又防风,系在脑后则方便劳作;尺寸较大的头巾可以披在头上使其自然下垂在颈部缠绕,起到保暖和遮盖的作用。年轻女孩通常会戴颜色鲜艳的透明丝巾;结了婚的女子则喜欢把头巾披在帽子外面。农牧区的妇女为了方便劳作,通常都把头巾披在头顶然后在脑后打结固定。

头巾是塔塔尔族女子服饰中不可或缺内容,主要与其尊奉伊斯兰教义相关,代表了穆斯林女子忠诚、贤淑和自尊。而在日常生活中头巾也有防风、遮盖等实用功能。不仅如此,头巾的各种佩戴方法,刺绣、流苏、印花染色等多样装饰,更是成为塔塔尔女子表达自身魅力和手艺的重要载体。传统塔塔尔族妇女擅长手工制作头巾，常常根据自己喜好进行染色、编织和装饰。手工制成的头巾色彩鲜亮、装饰精美，有着很高的艺术审美价值。现在随着生产方式的改变，虽然还有一些塔塔尔女子头巾仍采用手工制作，但是使用各种现成布料进行小型的机器生产更是常见的现象，塔塔尔女子的头巾种类和款式也更加丰富。

图片来源

图一　闫雪　制图
图二至图四　王文慧、闫雪、徐靓　制图
图五　王文慧、徐靓　制图
图六　闫雪、周瑜嫄　制图
图七　闫雪、徐靓　制图
图八　周瑜嫄　制图
图九　薛楚颖、徐靓　制图
图十　薛楚颖　制图

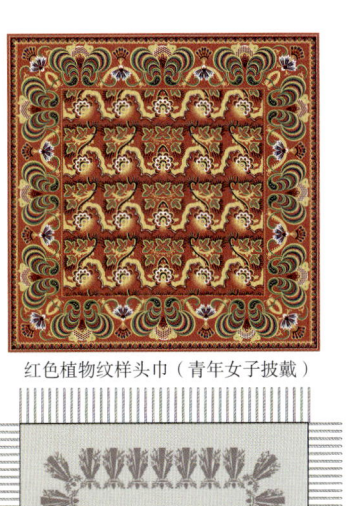
红色植物纹样头巾（青年女子披戴）

深色植物纹样头巾（中年女子披戴）

带穗绣花头巾（中青年女子披戴）

与花帽搭配披戴的纱巾

图二　塔塔尔族女士头巾种类图

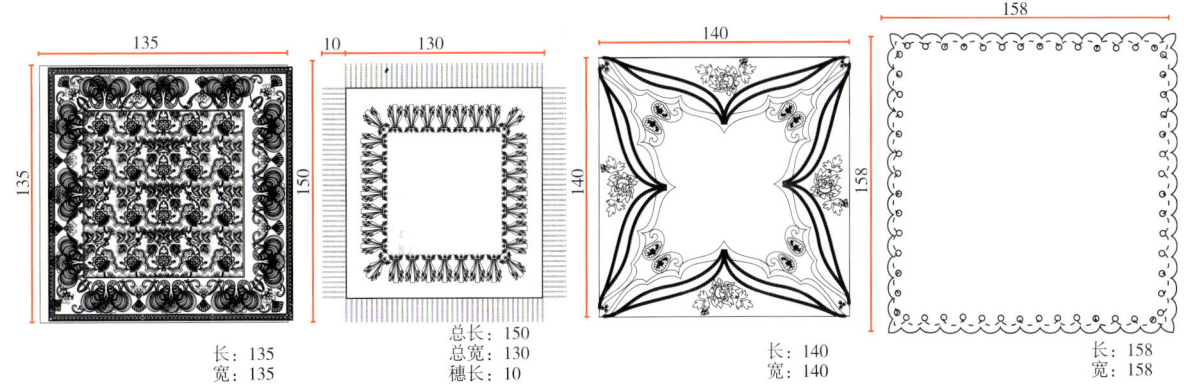

长：135
宽：135

总长：150
总宽：130
穗长：10

长：140
宽：140

长：158
宽：158

图三　塔塔尔族女士头巾尺寸图（单位：cm）

第二章　塔塔尔族传统服饰

图四 塔塔尔族女士头巾色彩分析图

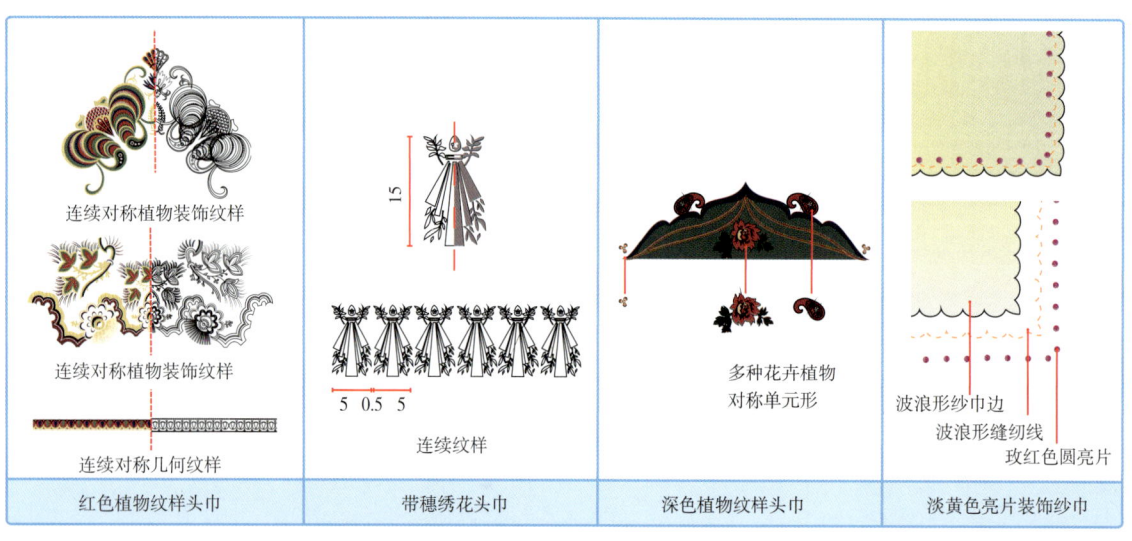

图五 塔塔尔族女士头巾纹样分析图（单位：cm）

织布机手工编织　　　　　　　　手工印染花纹布

图六　塔塔尔族女士头巾工艺种类图

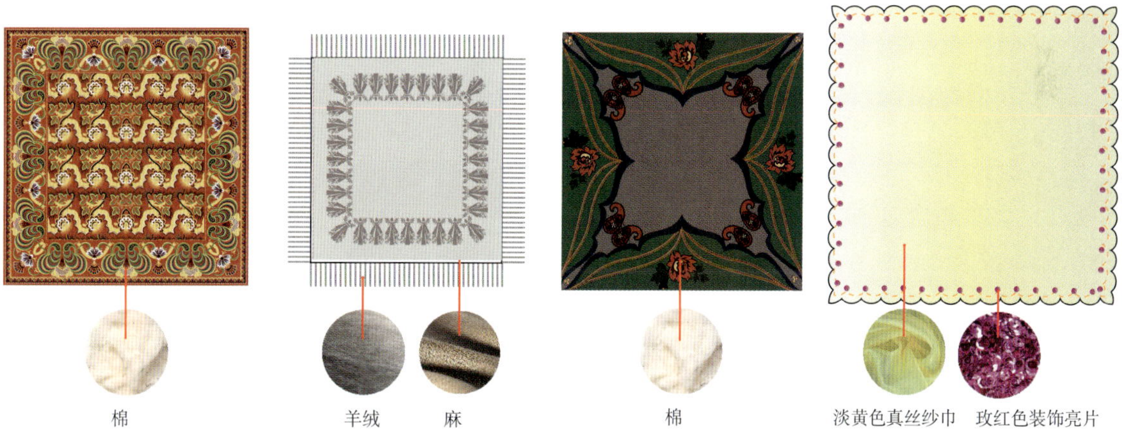

| 棉 | 羊绒　麻 | 棉 | 淡黄色真丝纱巾　玫红色装饰亮片 |

图七　塔塔尔族女士头巾材质分析图

100～130

60～100

图八　塔塔尔族女士头巾穿戴方法示意图（单位：cm）

第二章　塔塔尔族传统服饰

087

别针固定纱巾于小花帽上

图九　塔塔尔族女士头巾纱巾穿戴示意图

图十　塔塔尔族女士头巾穿戴示意图

塔塔尔族女式辫饰

图一　塔塔尔族女式辫饰主图

辫饰曾是塔塔尔年轻女子的传统佩饰，俄语音译为秀巴，主要流行于20世纪初。它是一种绑在马尾辫子尖端上的饰片装饰物，多为塔塔尔专门的手艺人制作。一般长20厘米左右，宽12厘米左右，随着辫子晃动时不时发出阵阵铃声，也被人们认为是意通神明，驱除邪灵的护身符。现在的塔塔尔女性除了舞台表演的时候已经很少会佩戴这种辫饰，许多精美的辫饰已经作为文化见证保存在博物馆里展出。

辫饰有铜质和银质两种，主要以圆形、菱形等各种饰片组合而成。铜质的辫饰因其材质密度大、较硬，所以采用压印工艺形成各式各样的花纹，有些还会在上面使用宝石进行镶嵌，有錾花和包镶两种银饰工艺。錾花工艺是在银面的表面上以阴刻或阳刻的手法錾出几何形、花草等装饰纹样；包镶是以金属底座包围宝石，露出宝石冠部，金属围边容易让宝石看起来更大。除此之外还用到了银的拉丝和焊接的工艺。此案例的辫饰以錾花银片、银链、银币组成。四个花边菱形的银片分为两层，上面錾刻连珠纹和花草纹样，中间镶嵌大块红玛瑙，饰片之间以环链相连，并缀有多块银币，银币由小到大依次上下排列，匠人会在银币上錾刻花草纹饰，也有直接使用当地当时通用的人头或双头鹰等沙俄银币。银辫饰带用银质挂钩挂在辫子尾部，一般多为年轻的未婚女性佩戴，不仅是女性未婚身份的象征和美的追求，同时也是护身驱恶的象征之物。

塔塔尔族辫饰上常见直接用俄国的银币装饰，从这种装饰传统可窥见其与俄罗斯经济文化之间密切关系。塔塔尔人也有着精湛的金工手艺，在饰片制作上十分细致，每个银片上凹凸錾痕和连珠纹包镶的宝石都使人爱不释手。辫饰不仅是视觉和触觉方面的艺术，也是一种听觉的艺术。辫饰银片银币在佩戴时自然下垂，随着发辫晃动发出叮当作响的悦耳声响，衬托出塔塔尔女子别样的活泼与动人。可惜如今这种辫饰较少被女孩们佩戴，已经很难让我们再直接感受到这种传统的魅力。

图片来源

图一　饶瑶　制图
图二至图十　徐靓　制图

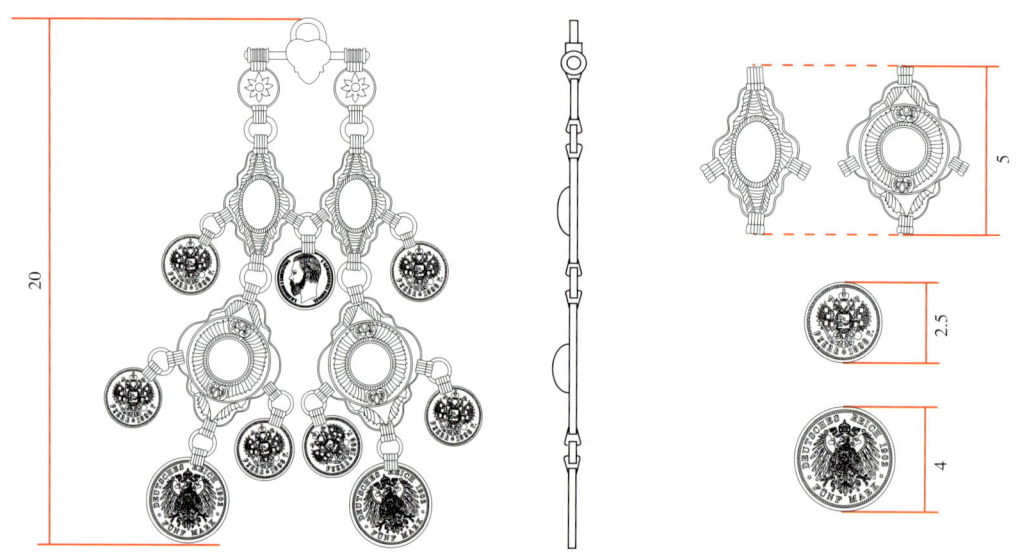

图二　塔塔尔族女式辫饰尺寸图（单位：cm）

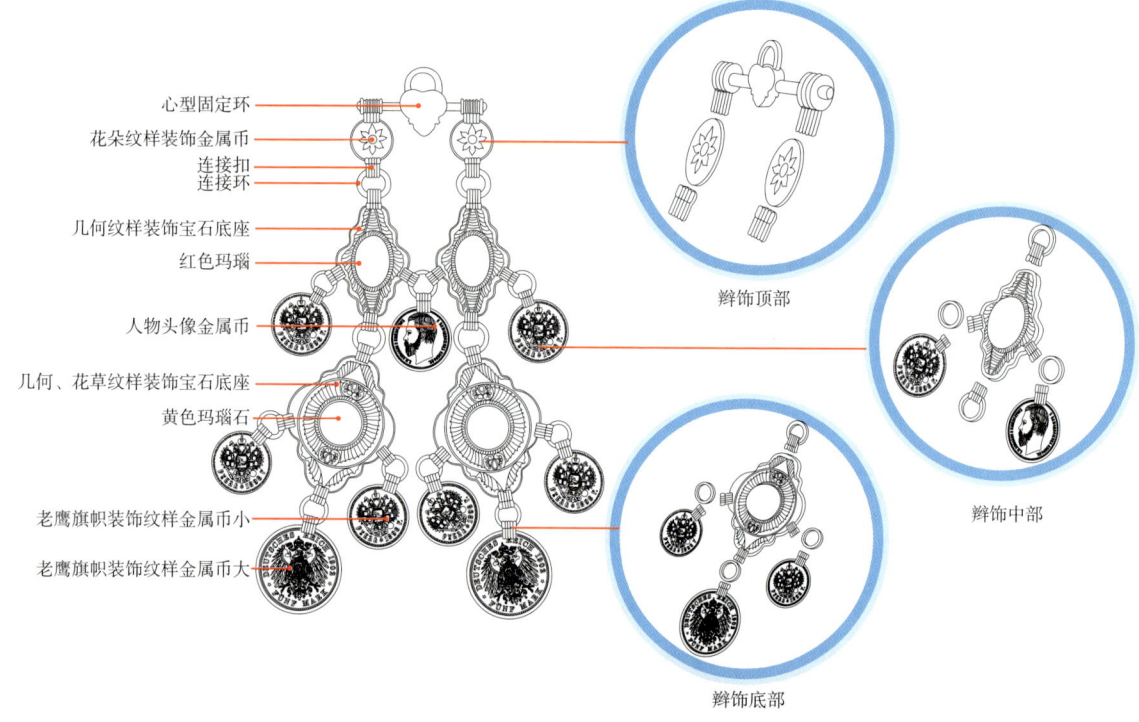

图三　塔塔尔族女式辫饰结构图

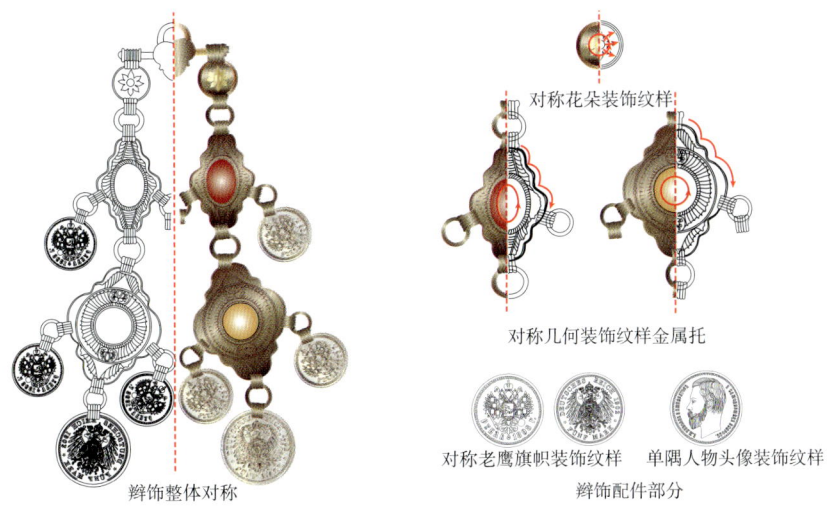

图四　塔塔尔族女式辫饰分析图

图五　塔塔尔族女式辫饰色彩复原分析图

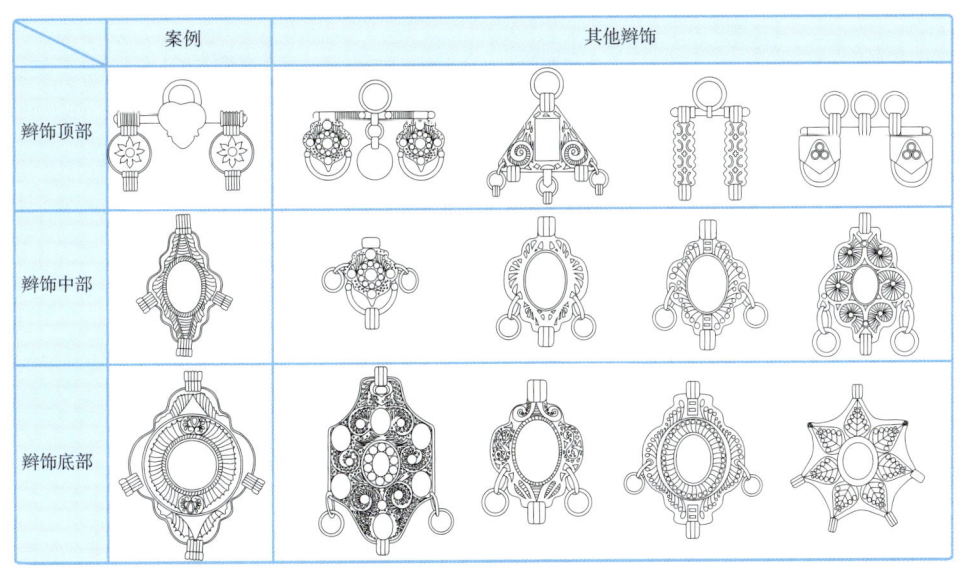

图六　塔塔尔族女式辫饰挂件造型分类图

091

图七 塔塔尔族女式辫饰挂币造型分类图

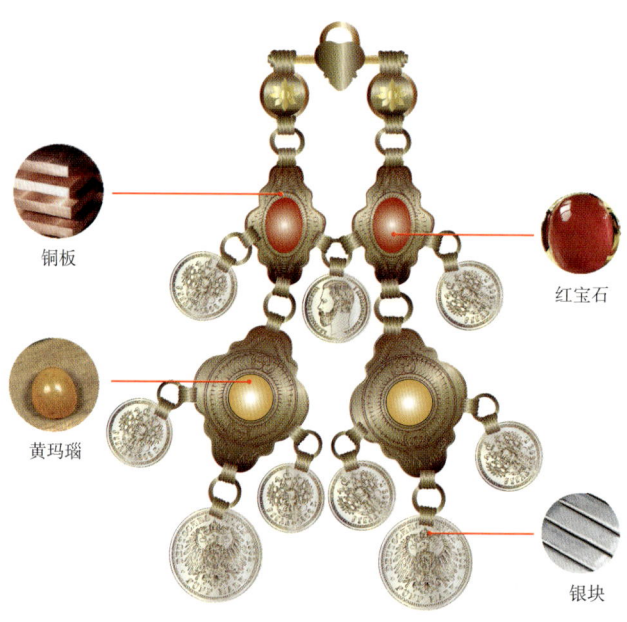

图八 塔塔尔族女式辫饰材质分析图

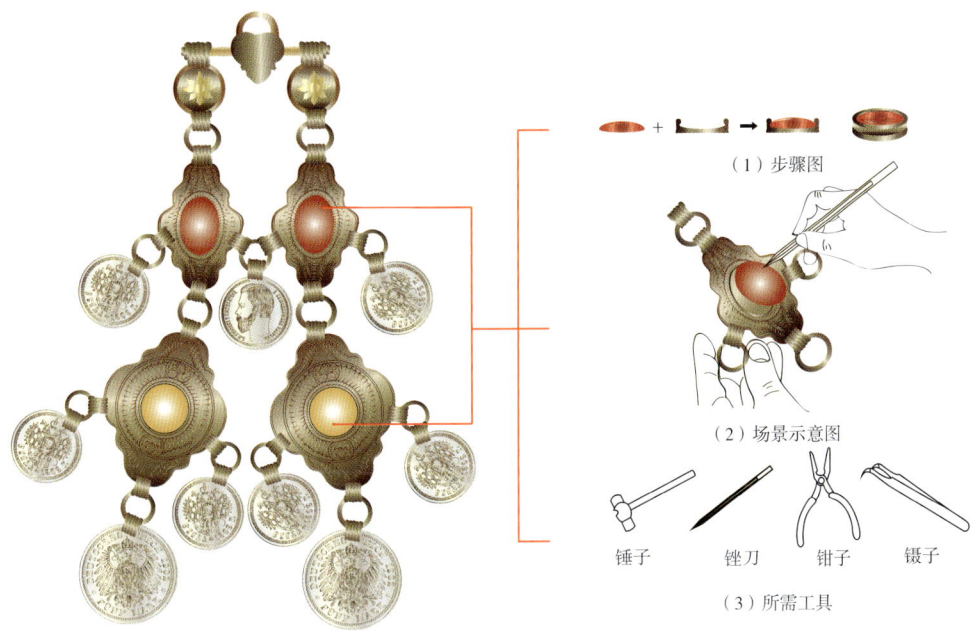

图九 塔塔尔族女式辫饰镶嵌工艺示意图

图十 塔塔尔族女式辫饰佩戴示意图

第二章 塔塔尔族传统服饰

093

塔塔尔族女士腰带

图一 塔塔尔族女士腰带主图

腰带是塔塔尔族女子重要的服饰件，喜欢穿紧腿裤和宽大连衫褶边裙的塔塔尔女子，一般都会在腰间系上有精美金属腰扣的布腰带。腰带一般宽约5厘米，长度在70～80厘米不等。金属腰扣有方形、圆形以及各种花样图形，上面布满各种錾刻与镶嵌工艺，由塔塔尔族手工艺人精心制作，显得富丽又别致。腰带既有整衣束腰的功能，更衬托出塔塔尔女性玲珑挺拔的身材体态。

腰带的围带与腰扣是分开制作的，最后将金属腰扣缝在布围带上。女士腰带的围带部位大多是由绒、棉或麻等织物材料制成，既耐用又舒适轻便，上面还用刺绣或针织工艺制成优雅的单色纹样。腰扣为左右对称的两片，主要用嵌入和钩扣两种方式将腰扣两片联结，在腰扣头部有搭扣的机巧结构。本文案例中的一种扣搭结构较为别致，左片头上是镂空三道圈的筒状，右片头上是三个环圈，两片相嵌合后中间插入一根金属闩棍固定，腰扣中间的栓联结构也成为装饰构件。腰扣多见金银材质，比围带略宽，更为突显，一般会在腰扣沿边缘处錾刻或镶嵌一圈连珠纹样，然后用金银包边镶嵌玛瑙石、绿松石等作为装饰，镶嵌宝石周围也常见一层或多层连珠纹包围。腰扣的宝石镶嵌工艺多种多样，有爪镶、包边镶、包角镶、群镶、飞边镶、轨道镶、打孔镶等，其中运用最多的为爪镶、包镶和群镶。爪镶就是用金属爪将宝石扣牢在托架上的方法。包镶分为包边镶和包角镶两种，它是用金属边将宝石四周都圈住，多用于镶嵌较大的宝石。群镶是指在一个造型面上多次运用爪镶的技艺将许多小粒宝石嵌于一个平面或曲面上，形成一个宝石群体"面"状的镶嵌。除此之外，用银质或镍质货币钉在布上作为装饰品，也是他们民族一种独特装饰方式。腰扣镶嵌的色彩搭配也十分考究，多为白、黄、紫、红等颜色，华丽又不失素雅。

精美的镶嵌腰带主要是塔塔尔女子在礼俗节庆等正式场合或表演歌舞时佩戴，紧束腰身的宽腰带搭配下摆宽大的荷叶褶边裙盛装，不仅显得身段优美典雅大方，而且有着一种别样的欧洲风情。腰带上的纹样装饰也反映了塔塔尔人审美取向明显受到伊斯兰艺术的影响，通过几何化方圆的复杂组合变化，追求一种华丽繁复又对称统一的韵律美感，而大量连珠纹样的使用则能看到中亚、西亚民族的古老传统。随着工业化程度的提高，塔塔尔族的镶嵌工艺也开始逐步摆脱传统工匠的纯手工艺制作，形成了一定规模的加工作坊和小型的产业化，其产品也被越来越多的游客和其他民族的人们所喜爱。

图片来源
图一至图十一　刘筠璨　制图

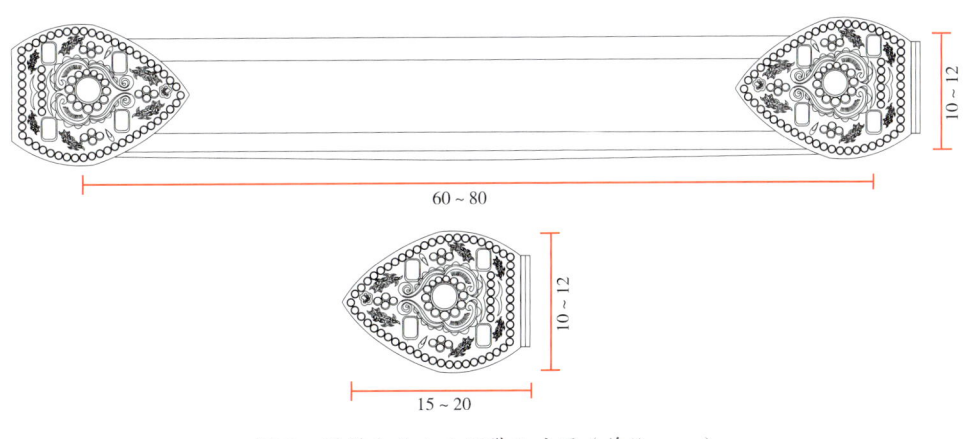

图二　塔塔尔族女士腰带尺寸图（单位：cm）

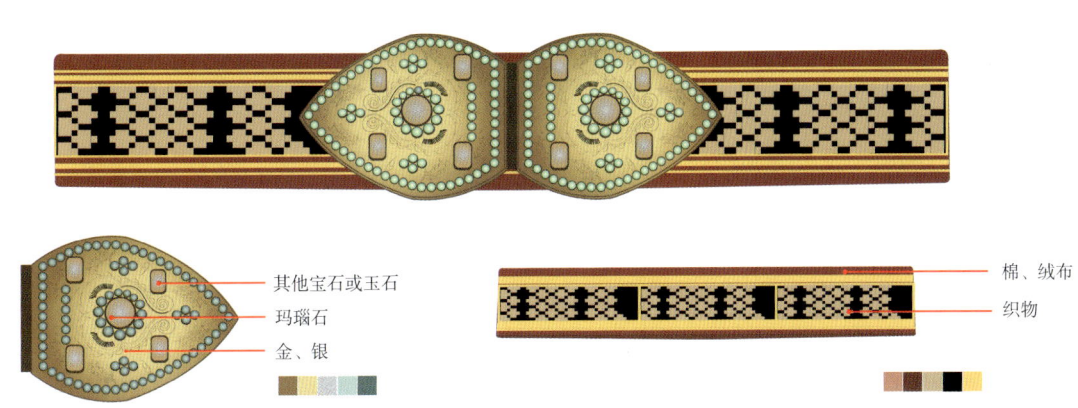

图三　塔塔尔族女士腰带彩色复原图及材质、色彩分析图

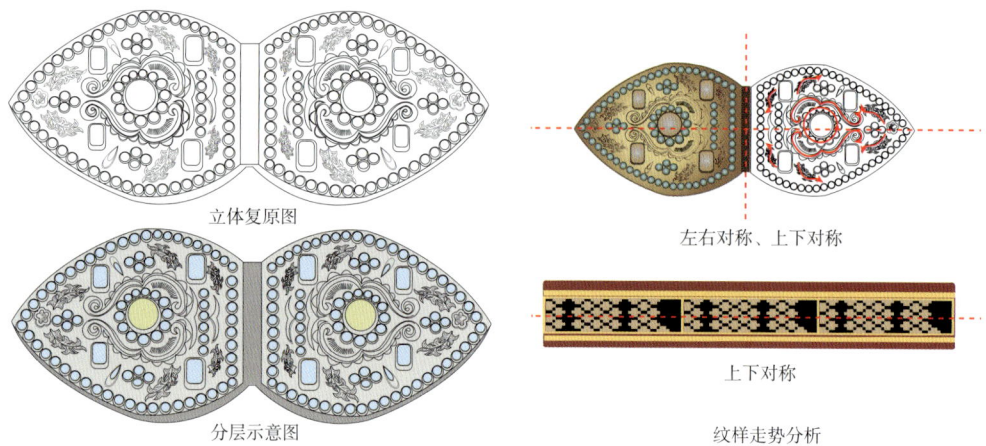

图四 塔塔尔族女士腰带立体复原图及纹样走势分析图

图五 塔塔尔族女士腰带不同形状腰扣比较分析图

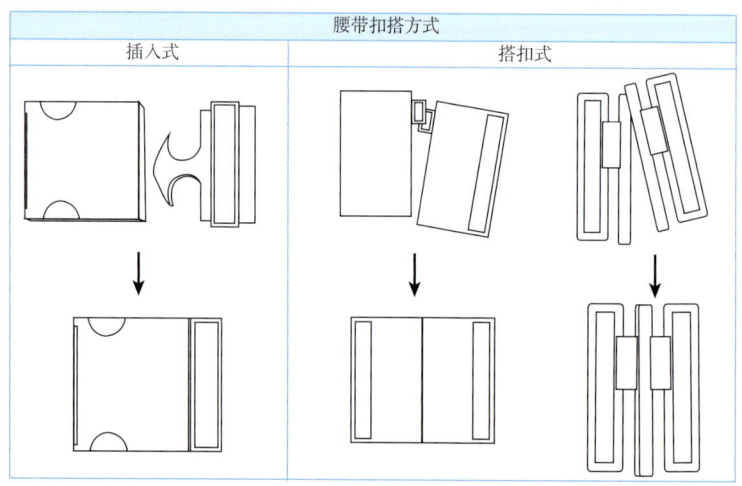

图六 塔塔尔族女士腰带扣搭方式图

镶嵌工艺流程:

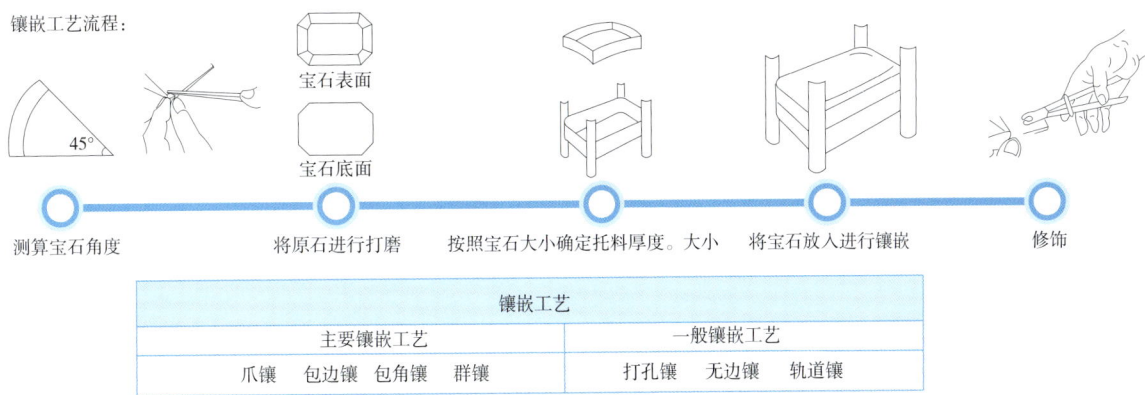

镶嵌工艺	
主要镶嵌工艺	一般镶嵌工艺
爪镶　包边镶　包角镶　群镶	打孔镶　无边镶　轨道镶

图七　塔塔尔族女士腰带腰扣加工工艺——镶嵌工艺图

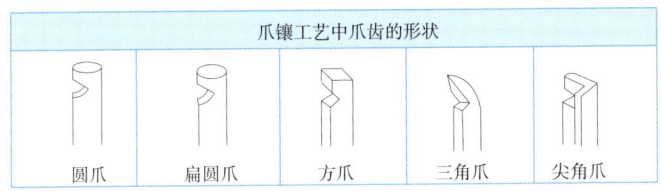

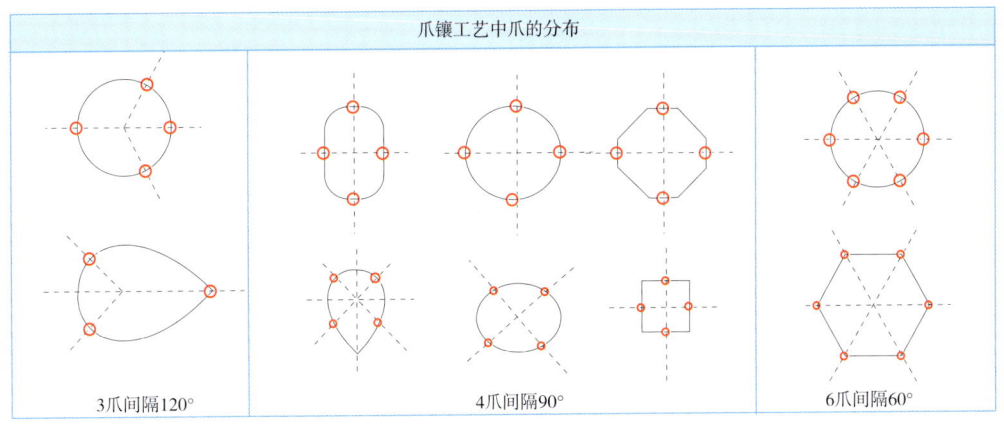

图八　塔塔尔族女士腰带镶嵌工艺——爪镶图

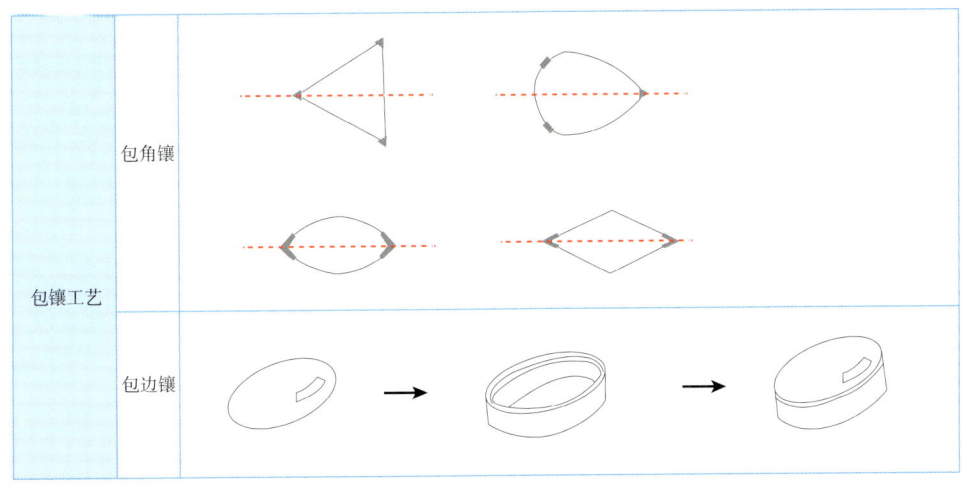

图九　塔塔尔族女士腰带宝石镶嵌工艺——包镶嵌图

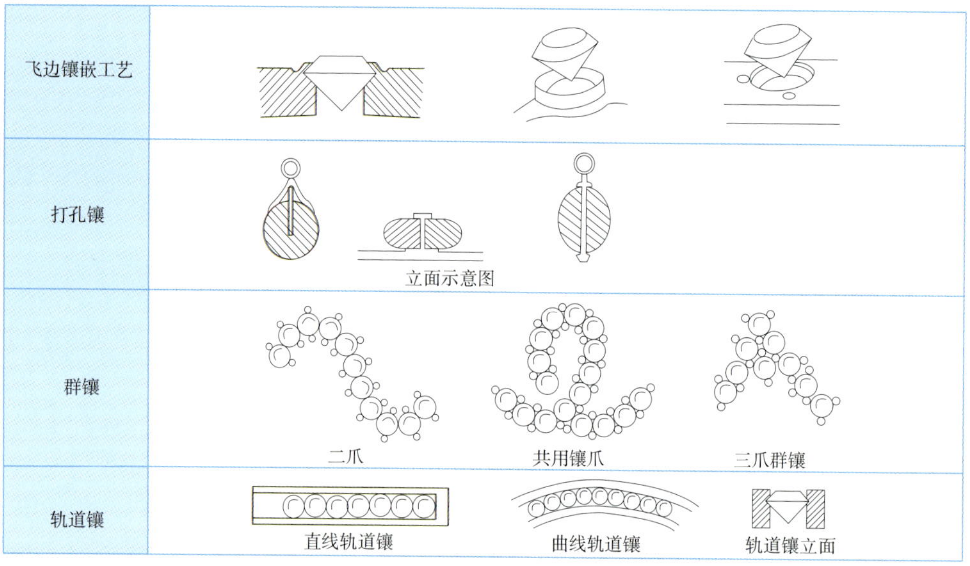

飞边镶嵌工艺			
打孔镶		立面示意图	
群镶	二爪	共用镶爪	三爪群镶
轨道镶	直线轨道镶	曲线轨道镶	轨道镶立面

图十　塔塔尔族女士腰带其他宝石镶嵌工艺图

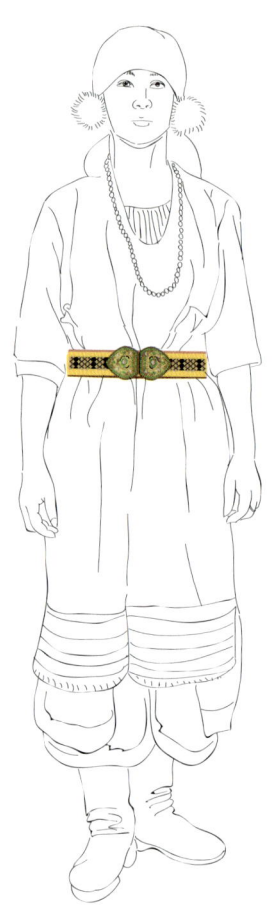

图十一　塔塔尔族女士腰带穿戴示意图

塔塔尔族毡筒女靴

图一　塔塔尔族毡筒女靴主图

　　毡筒靴是塔塔尔族人日常穿着的一种由毡片制成的靴子，靴型与一般的皮质筒靴接近，筒高30厘米左右，靴头平直，不上翘，女靴的特点是采用各种毡片进行装饰。塔塔尔族先民主要在蒙古高原和中亚草原游牧聚居，当地气候比较寒冷、多变，毡筒靴原先是在冬季及积雪时普遍穿着的靴子，有着良好的保暖作用，之后成为塔塔尔人日常穿着的靴子，因而在毡筒靴上进行装饰。特别是塔塔尔女子为了美观，将各种毡片缝制成靴子的表面纹样图案，使得靴子表面更具凹凸层次感和丰富装饰效果，成为一种具有塔塔尔民族特点的工艺品。

　　毡筒女靴除鞋底外，筒与靴面都是由纯羊毛加工制成的毛毡料制成。毡主要是用羊毛材质，经湿、热、挤压等物理作用制成片状物，常见的是白色、黑色和灰色的羊毛毡。毛毡制作需要多道工序，耗费大量人工。工人们要先将粗羊毛打成捆，然后再经过反复敲打、熏蒸和干燥等程序才能得到优质毡料。毡料可染色，将其浸入矿物染料的色液中，经一定时间后取出洗净晒干，毛毡表面就呈现出饱满的色彩。毡靴的鞋底为皮质，方便人们在冰天雪地里行走和劳作。将多片毛毡裁剪拼缝制成靴筒与靴面后，将其与靴底用5厘米宽的棕色鞣革包边缝接，靴筒的前后有1厘米宽的棕色鞣革线作为花边。毡筒女靴颜色相对男靴丰富得多，普遍会在靴筒和鞋头部分用各色毡片剪裁成对称的涡形植物纹样，拼合缝制进行装饰。也有的高筒女靴耗费大量工艺进行靴面的整体装饰，显得十分繁复华丽。

　　高筒毡靴由于其保暖性好，穿着舒适柔软又耐磨实用，成为塔塔尔人必不可少的鞋款。

毡筒女靴的特别之处在于利用毡片来作为鞋面装饰。毡片有一定的厚度，且便于裁剪成形、配置色彩，使得鞋面花纹丰富饱满且有立体感。女子穿上花纹毡靴后既有一种飒爽气度，又衬出女性独有的活泼悦目。塔塔尔女子心思灵巧，手工精细，将这种装饰工艺不断成熟完善，也成为适用于多种物品的装饰手法。

图片来源

图一至图六　陈潇潇　制图
图七　刘颖　制图
图八　周瑜嫄　制图

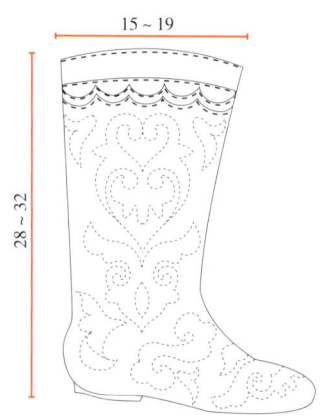

图二　塔塔尔族毡筒女靴尺寸图（单位：cm）

图三　塔塔尔族毡筒女靴彩色复原图

图四　塔塔尔族毡筒女靴纹样分析图（单位：cm）

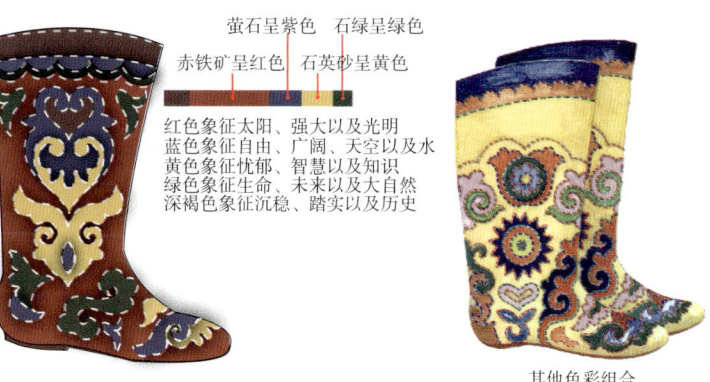

萤石呈紫色　石绿呈绿色
赤铁矿呈红色　石英砂呈黄色

红色象征太阳、强大以及光明
蓝色象征自由、广阔、天空以及水
黄色象征忧郁、智慧以及知识
绿色象征生命、未来以及大自然
深褐色象征沉稳、踏实以及历史

其他色彩组合

图五　塔塔尔族毡筒女靴色彩分析图

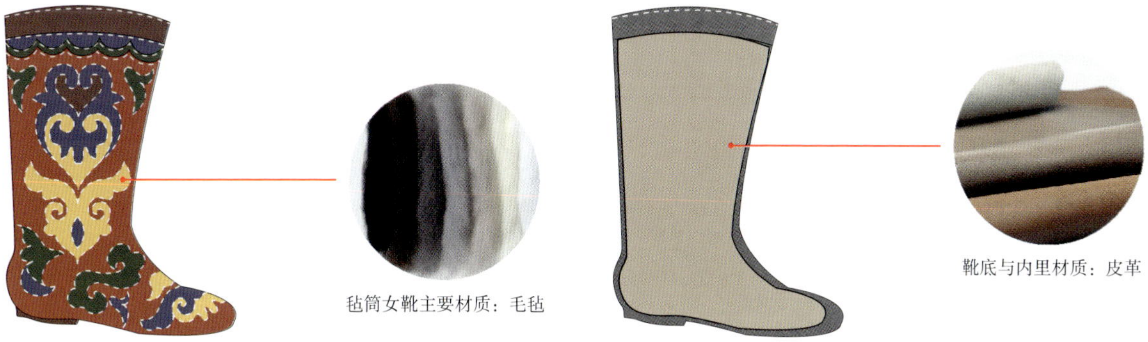

毡筒女靴主要材质：毛毡

靴底与内里材质：皮革

图六　塔塔尔族毡筒女靴材质分析图

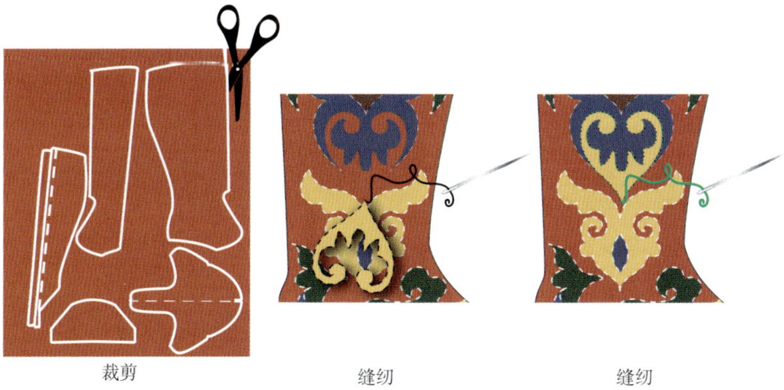

裁剪　　　缝纫　　　缝纫

图七　塔塔尔族毡筒女靴工艺分析图

图八　塔塔尔族毡筒女靴穿着图

第二章　塔塔尔族传统服饰

塔塔尔族男士长筒皮靴

图一　塔塔尔族男士长筒皮靴主图

　　长筒皮靴是塔塔尔族男士平日最常穿着的鞋款，舒适、御寒、耐磨，便于日常劳作、行走骑乘，也适于不同季节。皮靴由靴头、长及膝盖的靴筒和较高靴跟组成，鞋面常绣有传统花纹，大方美观。塔塔尔族是个能歌善舞的民族，精心装饰的长筒靴还作为演出服饰，在礼俗节庆的歌舞表演中穿着。

　　塔塔尔人对皮靴制作十分讲究，从选择皮料到鞣皮以及皮靴的式样，要经过周密的考虑，本文案例是一款常见的男子长筒靴。长筒靴的鞋底采用木头制成，靴头和靴筒均由各种牛皮制成。塔塔尔人原为漠北的游牧部族，其鞣皮工艺自然十分成熟。制作过程包括剥皮、洗皮、浸皮、拉皮等以及利用植物使皮革柔软的鞣革技术。将上好的皮革料裁剪后置于鞋模楦头上，硬鞋底革经楦头用木钉把鞋头向内串起，然后皮革在桦木楦上造型固定，鞋跟是用铁钉来固定，皮靴的靴筒和靴跟都用筋线折缝而成。塔塔尔长筒靴鞋跟有一定高度，这主要是便于塔塔尔人骑马活动，也可称其为马靴。靴子成形后塔塔尔人喜欢用明线在靴子表面绣制传统植物纹样，针法密集整齐，做工精湛。有的皮靴上还会缀有宝石或金属纽扣，使靴子看上去更为精美。

　　塔塔尔男子穿着长筒皮靴行走气度轩昂，挺拔有力，鞋面边缘若隐若现的绣花，更凸显其高贵与庄重的气质。长筒靴不仅在塔塔尔族流行，很多西北少数民族也都穿着并擅长制作长筒的硬底皮靴。塔塔尔的制靴技术相较于其他民族的毫不逊色，且装饰工艺更有特色。传统塔塔尔族大都自己制靴，也有专门制作鞋靴的民间工匠，虽然如今也有批量生产的皮靴，但塔塔尔人手工制作的筒靴无论是皮料加工、成型工艺，还是表面装饰都远远在机制产品之上，塔塔尔人也更喜欢传统手工长筒皮靴。

图片来源

图一至图十　刘杨桦　制图

图二　塔塔尔族男士长筒皮靴尺寸图（单位：cm）　　图三　塔塔尔族男士长筒皮靴彩色复原图

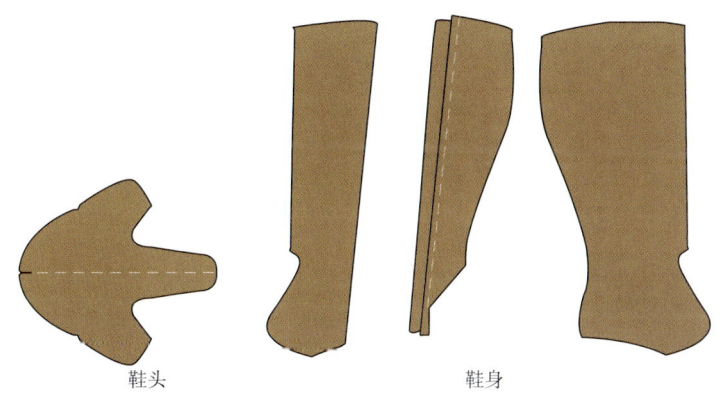

图四　塔塔尔族男士长筒皮靴开片图

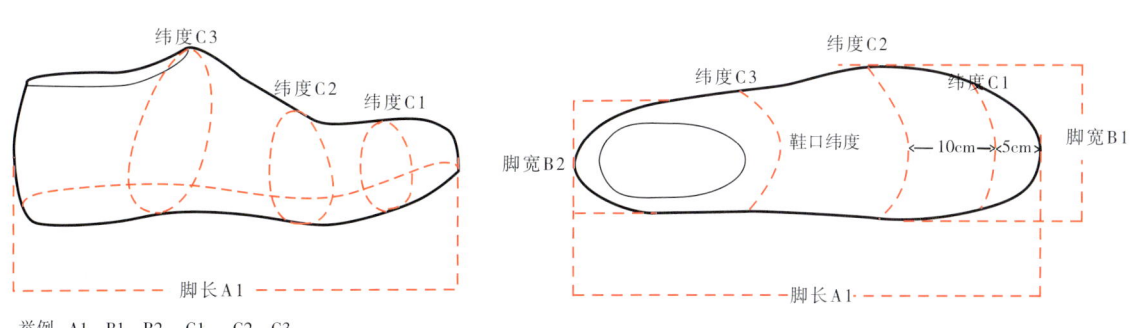

图五　塔塔尔族男士长筒皮靴制鞋标准图

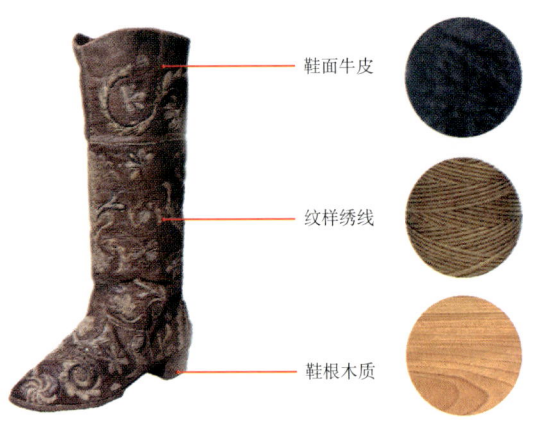

图六 塔塔尔族男士长筒皮靴材质图

图七 塔塔尔族男士长筒皮靴色彩分析图

图八 塔塔尔族男士长筒皮靴纹样分析图（单位：cm）

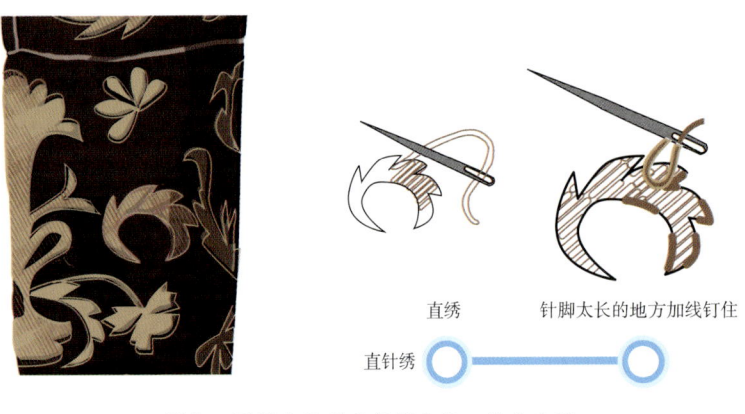

图九 塔塔尔族男士长筒皮靴工艺方法图

图十 塔塔尔族男士长筒皮靴穿着效果图

塔塔尔族男士家用便鞋

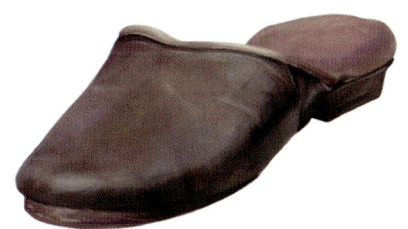

图一　塔塔尔族男士家用便鞋主图

塔塔尔族日常室内生活中有穿着居家便鞋的习惯。这种便鞋后跟全空，只有前面有鞋头，男女老少皆可穿用，区别在于其装饰花纹和鞋跟的高度。男款样式简洁、颜色深沉，鞋跟较矮；女款则在鞋面有绣花纹样且颜色鲜艳、鞋跟颇高。穿着时前脚掌被鞋面包围，脚跟外露，尺寸相对于一般的室外鞋较宽松，不适合长距离跋涉，一般只在室内穿着。

本案例展示的是一款常见男士便鞋，采用颜色较深的整块皮料制成，鞋面的皮质光滑平整，鞋里面也较柔软，鞋底为平跟，穿着十分舒适。制作方法是将牛羊皮的反面朝外缝制，将皮的毛边很好地藏于鞋里，保证了鞋外观的整洁美观。鞋底采用木头制成，坚固结实，经久耐穿，并且在鞋底外围用皮料包边，强化鞋面与鞋底缝合的牢固度，也增加了舒适度。这种便鞋对于尺寸的要求并不严格，一般取大中小几个常用鞋码供塔塔尔族人选择。男士便鞋的鞋面一般不做花纹装饰，简洁处理，制作方便，大方得体。

塔塔尔人虽然先民是驰骋漠北的游牧民族，但很早就开始定居生活，而且民族习性一直以整洁干净典雅而著称。塔塔尔民居的室内布置也十分精心细致，一般铺设地毯，配有雅致古朴的欧式家具，因此，爱好洁净的塔塔尔人回家后就将外穿鞋换成室内便鞋，保持毡房和宅所内的卫生清洁。塔塔尔人一直居住在气候寒冷地区，因而便鞋材质采用较为厚实的毛边皮料，既方便活动又舒适保暖。

图片来源
图一、图二、图八　薛楚颖　制图
图三　薛楚颖、刘杨桦　制图
图四至图六　席蓉芳、刘颖　制图
图七　刘颖　制图

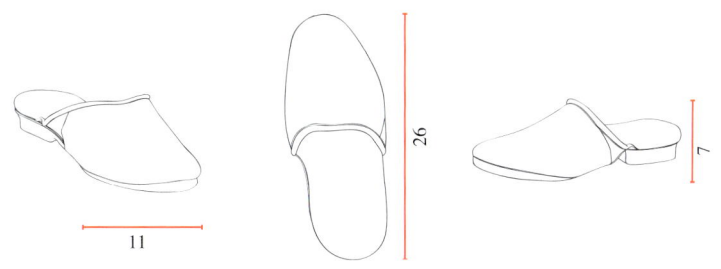

图二　塔塔尔族男士家用便鞋尺寸图（单位：cm）

图三 塔塔尔族男士家用便鞋彩色复原图

图四 塔塔尔族男士家用便鞋结构分析图

鞋面
鞋底
中间皮夹层
棉花外包皮层
木外包皮层

鞋面 采用牛皮

鞋底 采用牛皮包裹木头和橡胶材料

图五 塔塔尔族男士家用便鞋材质分析图

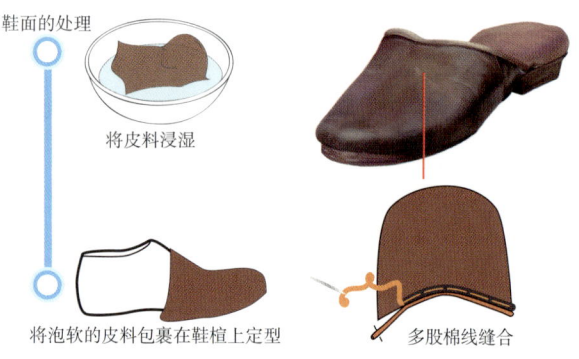

鞋面的处理
将皮料浸湿
将泡软的皮料包裹在鞋楦上定型
多股棉线缝合

图六 塔塔尔族男士家用便鞋工艺分析图

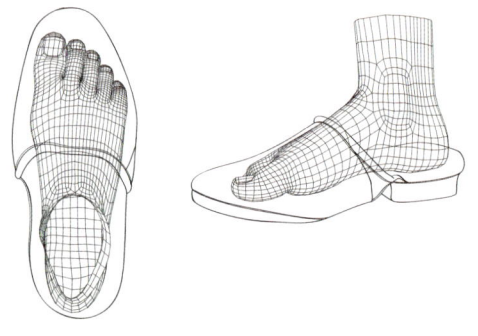

图七 塔塔尔族男士家用便鞋穿着示意图

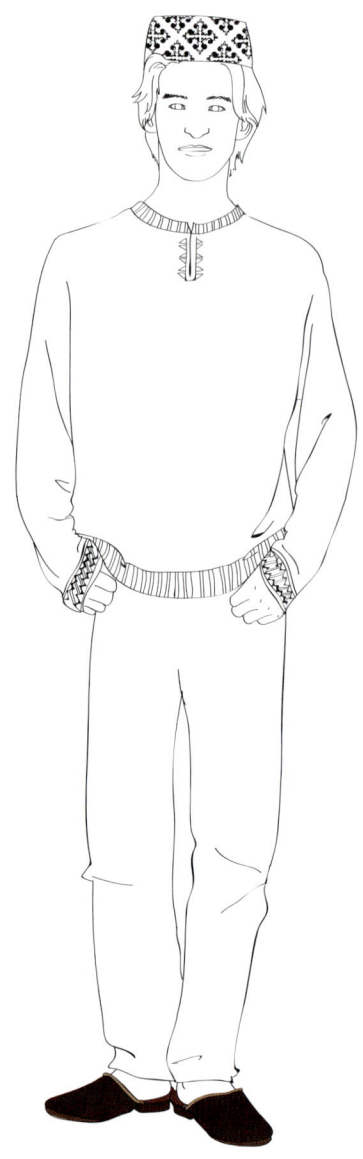

图八 塔塔尔族男士家用便鞋穿着效果图

第三章 塔塔尔族传统餐饮

塔塔尔族奶油酥鸡

图一　塔塔尔族奶油酥鸡主图

奶油酥鸡，塔塔尔语称为"吐特尔干套吾克"，意为美味的鸡，是新疆伊宁塔塔尔族一道传统风味美食，是将酥油、鸡蛋和牛奶灌入鸡膛内慢火炖熟而成，口感浓郁别有风味。每当节日聚会、家庭宴会，或是远方来客造访时，热情开放的塔塔尔人便会为来客奉上这道菜来接风、送行。在塔塔尔族别具一格的婚礼中，同样也少不了这道菜，香浓鲜美的奶油酥鸡寓意着新婚生活鲜香绵长。

奶油酥鸡做法很别致，文火慢炖、腹藏辅料是它的特色。首先需备置8个鸡蛋、50克酥油、200克牛奶以及盐、胡椒等配料。然后选用饱满肥嫩的上等健康雏鸡，宰杀后将鸡毛拔干净，不要弄破鸡皮，剖腹掏出内脏弃去，用放入温开水来去除血污。接下来把酥油、鸡蛋和牛奶灌入鸡膛之内，把刀口用针线缝紧。之后需从前面鸡喉咙处着手，将鸡皮与鸡肉分离。鸡皮很容易从鸡身上剥离，但动作要小心，不要把鸡皮撕破。接着用细线将腹膜缝合，把鸡脖塞入胸腔，使馅料不易流出体内。之后从喉咙处向剥离的鸡皮和鸡肉间吹气。如果鸡皮能被吹鼓，说明可以准备填充馅料了，如果有地方跑气的话，就要找到漏气的地方并把它缝起来。填充的馅料选用新鲜鸡蛋，将鸡蛋敲入碗中，加入盐、胡椒搅拌均匀，之后加入牛奶再次搅拌。如果鸡不是很肥的话，还可以再加入少许酥油。然后用勺子将搅拌好的蛋奶液从鸡的颈部淋入鸡皮和鸡肉间，直到鸡身鼓起至大于原来的两三倍，再用白线将填好料的鸡在颈部紧紧系住。为了不把鸡皮撑破并保持形状，可用纱布将鸡肉卷起，慢慢放入微微烧开的盐水中，接下来慢火炖1小时。当鸡在热汤中鼓起时，可用细针在鸡皮上戳几下，放掉空气。最后将煮好的鸡捞出，将填充了蛋饼的鸡切成四份盛盘。奶油酥鸡味道香醇浓郁，皮色光亮奶白，肉质鲜嫩滑软，肥而不腻。鸡腹包藏辅料，鸡鲜味交融蛋奶味，搭配煮土豆或米饭一起享用，是色香味极佳的一道美味。

奶油酥鸡是新疆伊宁塔塔尔族的餐桌上不可或缺的佳肴。这种将奶油加入肉食的烹制方式在东欧、俄罗斯等西式盛宴晚餐中都能见到，可以看出塔塔尔族和西方民族在文化和历史上有着种种联系。然而塔塔尔奶油酥鸡在鸡皮和鸡腹中裹住层层奶油，这种制作方式又更为独特，体现了塔塔尔人在食物烹制上的那份精心与妙思。

图片来源

图一至图四、图六、图七　席蓉芳　制图
图五　闫雪　制图

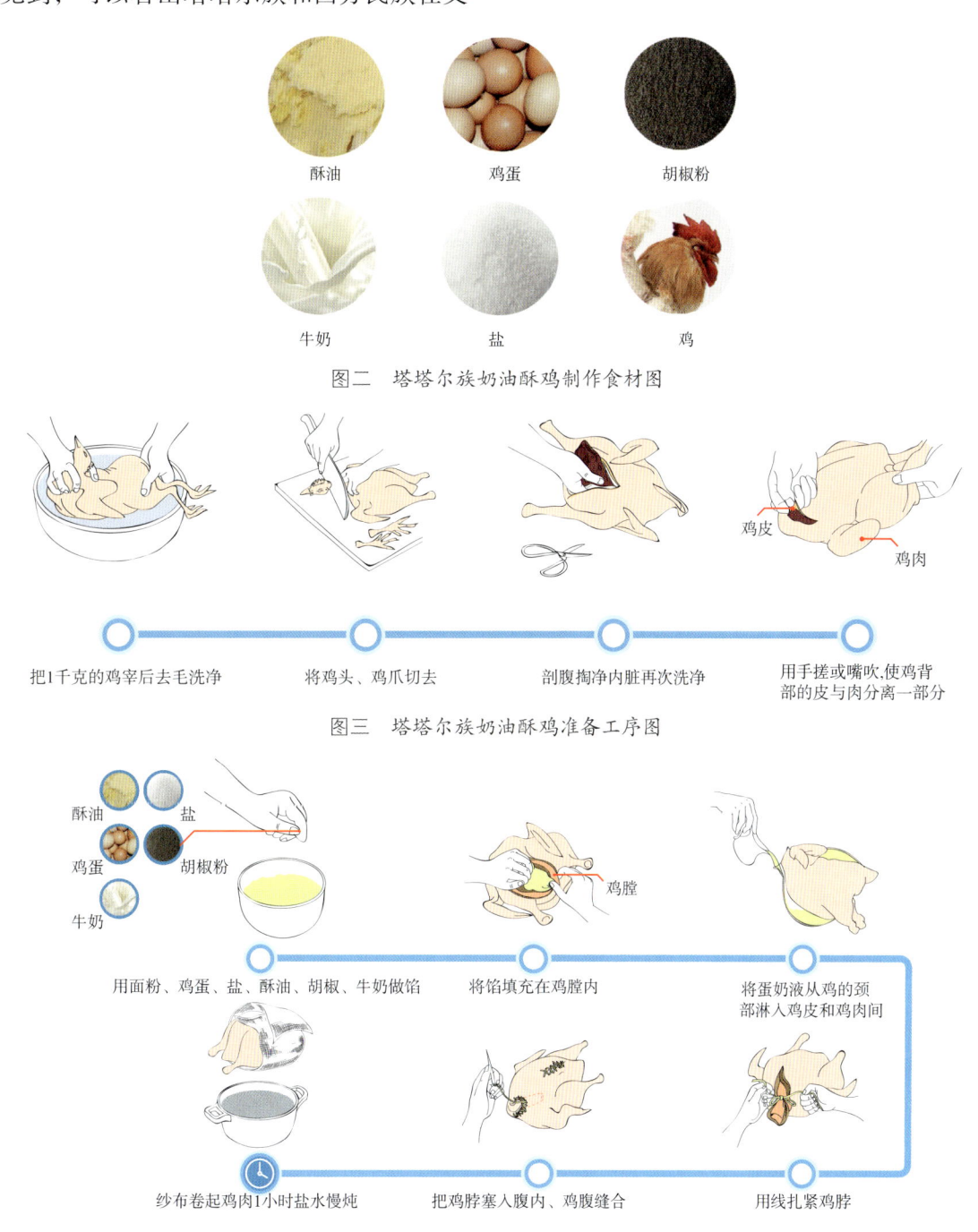

图二　塔塔尔族奶油酥鸡制作食材图

图三　塔塔尔族奶油酥鸡准备工序图

图四　塔塔尔族奶油酥鸡制作工序图

图五　塔塔尔族奶油酥鸡剖面图　　　　图六　塔塔尔族奶油酥鸡配餐图

图七　塔塔尔族奶油酥鸡食用氛围图

塔塔尔族馕

图一　塔塔尔族馕主图

馕是塔塔尔族的主食，也是西北草原民族的常见主食，古代称之为"胡饼""炉饼"，有两千多年历史。常见的塔塔尔族馕呈圆形，边沿厚约2厘米，中间薄约0.5厘米，品种很多，有大有小，最小的10厘米左右，大的直径有50厘米。馕用发酵面制作，不放碱，但是放少许盐。面发好后，放在馕坑里十分钟左右烤熟。做馕的技术在塔塔尔族人中十分普及，无论男女都会做馕。馕不仅是他们的主食，也常用来招待远道而来的客人。

馕的制作方法类似于汉族的烧饼，它的主要原料是面粉（小麦粉或玉米面粉）、芝麻、洋葱、鸡蛋、清油、酥油、牛奶、糖、盐。制作过程是先将面粉搓成一个个大小一致的面团，然后用拳头把面团压成饼形，用竹签或专门压制的器具在面饼上印出一个个漂亮的团花状花纹，在有花纹的表面上蘸上蒜蓉、芝麻、牛奶混合好的调味料，然后用一个状似枕头的工具将馕饼摔到炉内。当馕饼稍微熟，中间薄两边厚的时候，用钩子将馕饼勾出，涂上一层羊油，再放进去烤干即可。做馕饼最关键的是火候的控制，一般要先在炉底烧上炭火，待黑烟散去，炉底变成了雪白的颜色后，洒上盐水，直到冒出一阵阵白烟的时候才可烤馕饼。馕的种类有很多，按大小分有"艾曼克"馕、"托喀西"馕和"格吉德"馕。其中"艾曼克"馕被称为馕中之王，它中间很薄，边沿略厚，中间戳有许多美丽花纹，直径足有40～50厘米，制作这种馕大约要1～2公斤面粉；"托喀西"馕厚约1厘米多，是做工最精细的一种小馕，和一般的茶杯口那么大。而"格吉德"馕为所有馕中最厚的一种，直径约10厘米，厚约5～6厘米。馕按照用料分有芝麻馕、油馕、奶子馕、葛尔丹馕、皮牙子馕、

第三章　塔塔尔族传统餐饮

玉米馕和荞麦馕。芝麻馕是表面铺有芝麻或是称为斯亚丹的黑种草子；油馕与芝麻馕类似，差别在馕烤熟后表面抹上酥油；奶子馕比较厚，面里和着牛奶，烤的时间久，外壳较厚，入口奶香四溢；葛尔丹馕也叫窝窝馕，很厚，中间一个窝，表皮酥黄发亮，一般撒有芝麻；皮牙子馕的皮牙子就是洋葱，把皮牙子和到面里，做出来的馕带着皮牙子的香味，最经典的是皮牙子奶子馕，两种味道配合很受人们喜爱；玉米馕和荞麦馕形状相似，玉米馕的原材料主要为玉米面和小麦面，荞麦馕中则加入了荞麦。塔塔尔族人在吃馕时有很多讲究：比如不允许单独一个人拿着馕吃，而是要掰开吃，或者用小刀切成小块再吃；见到馕掉在地上，不能用脚踩，要捡起来放在不易被人踩着的地方；掉在地上的馕渣子要顺手捡起来放到高处，让鸟儿去食。

塔塔尔族聚居在我国西北地区，当地气候干燥炎热、少雨干旱，因此多食用烤制食品。烤制而成的馕具有抗干燥，耐储藏，易保存等特点，满足塔塔尔族人的日常食用需求。馕也是人们在庆祝节日和举行仪式时必不可少的美食，同时还表达着特殊意义：结婚时，新郎和新娘要吃蘸着盐水的馕，象征着有福同享、白头偕老；举行摇床礼时，每个前来参加贺礼的孩子都要拿着涂满木拉巴(一种塔塔尔果酱)或纳勒瓦(一种味美香甜的面糊糊)的"托喀西"馕，和自己的妈妈一起来到新生儿的床边表示祝贺。在现代城市生活中，塔塔尔馕的烤制方法也发生一些变化，更多使用了现代化烤制设备，提高了效率，被塔塔尔居民所接受和欢迎，却也少了传统烤制那份原汁原味的乐趣。

图片来源
图一、图十四　闫雪　制图
图二、图四至图十三　刘筠璨　制图
图三　马小雯、刘筠璨　制图

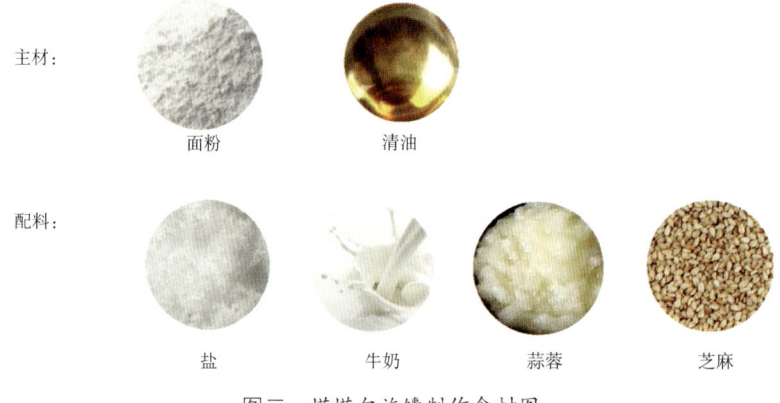

图二　塔塔尔族馕制作食材图

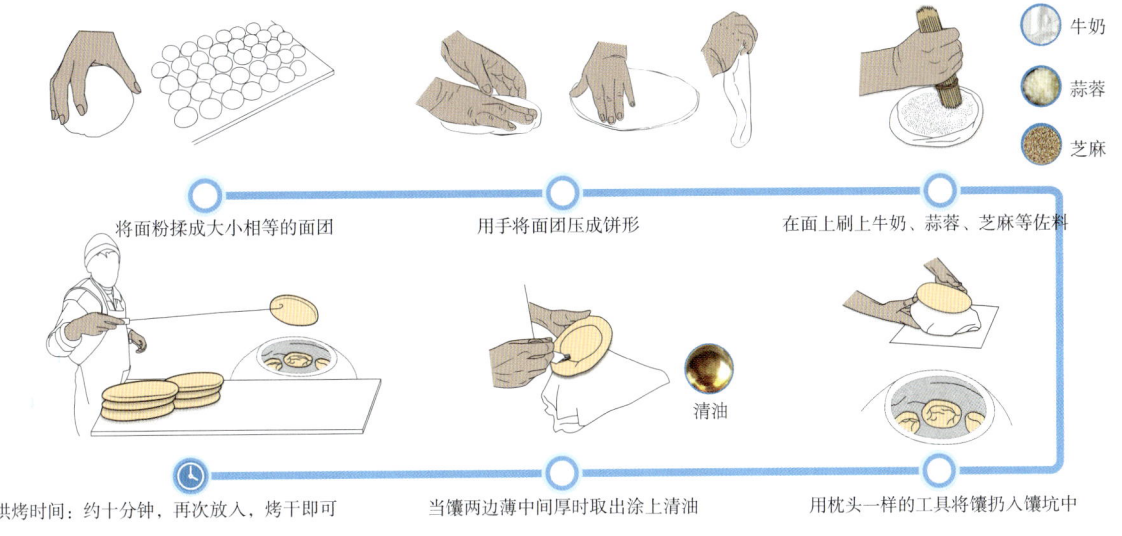

图三 塔塔尔族馕制作工序图

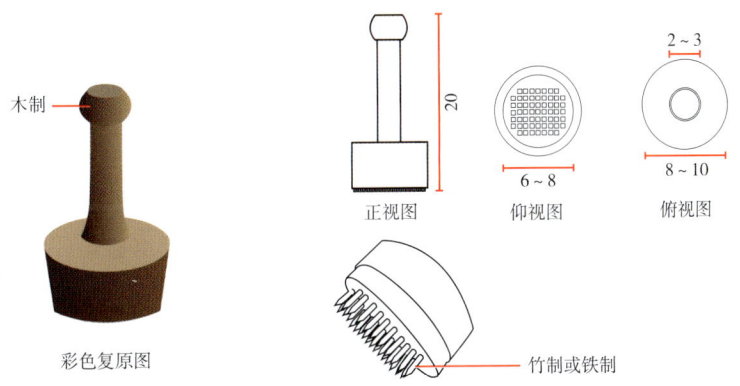

图四 塔塔尔族制馕工具分析图——馕锤子（1）（单位：cm）

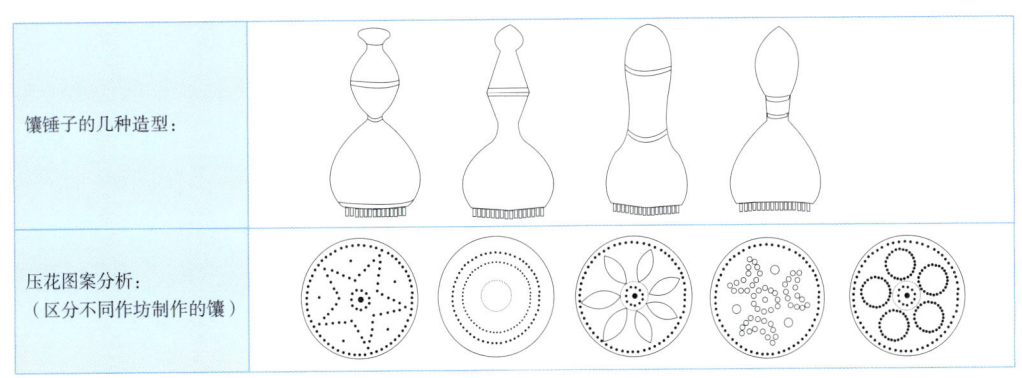

图五 塔塔尔族制馕工具分析图——馕锤子（2）

第三章 塔塔尔族传统餐饮

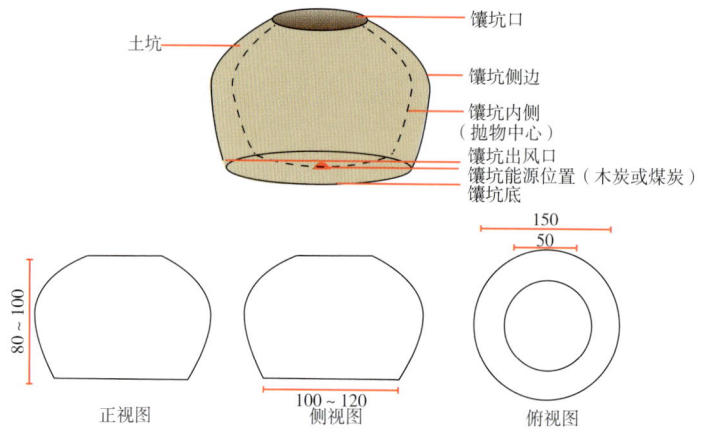

图六 塔塔尔族制馕工具分析图——馕坑（1）（单位：cm）

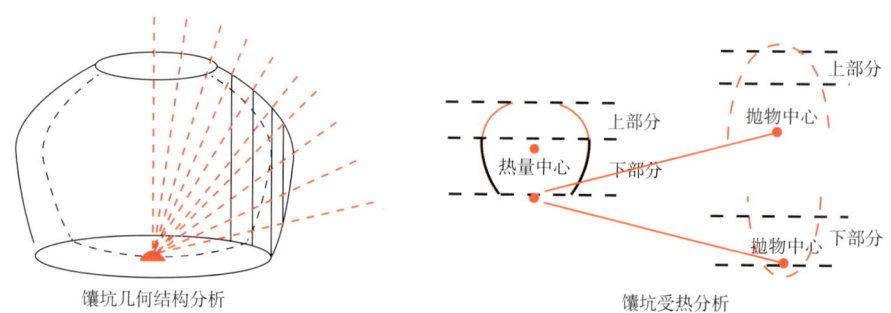

图七 塔塔尔族制馕工具分析图——馕坑（2）

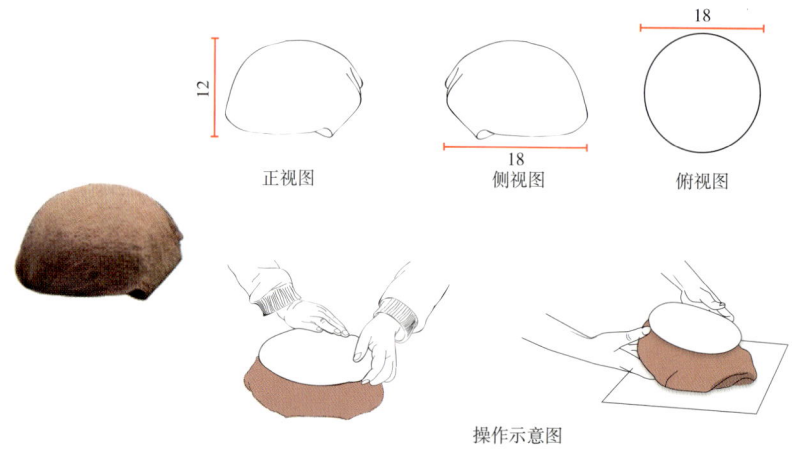

图八 塔塔尔族制馕工具分析图——馕托（单位：cm）

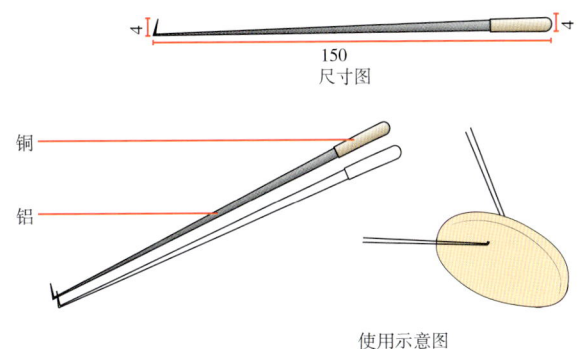

图九 塔塔尔族制馕工具分析——取馕工具图（单位：cm）

图十 塔塔尔族制馕示意图

塔塔尔馕的营养成分

馕，每100克含					
热量（千卡）	295	B1硫胺素（毫克）	0	钙（毫克）	0
蛋白质（克）	9.94	B2核黄素（毫克）	.01	镁（毫克）	0
脂肪（克）	4.72	B5烟酸（毫克）	0	铁（毫克）	.4
碳水化合物（克）	55.47	维生素C（毫克）	0	锰（毫克）	0
膳食纤维（克）	0	维生素E（毫克）	0	锌（毫克）	.12
维生素A（微克）	0	胆固醇（毫克）	0	铜（毫克）	.18
胡萝卜素（微克）	.5	钾（毫克）	0	磷（毫克）	0
视黄醇当量（微克）	0	钠（毫克）	0	硒（毫克）	.7

图十一 塔塔尔族馕的营养价值分析图

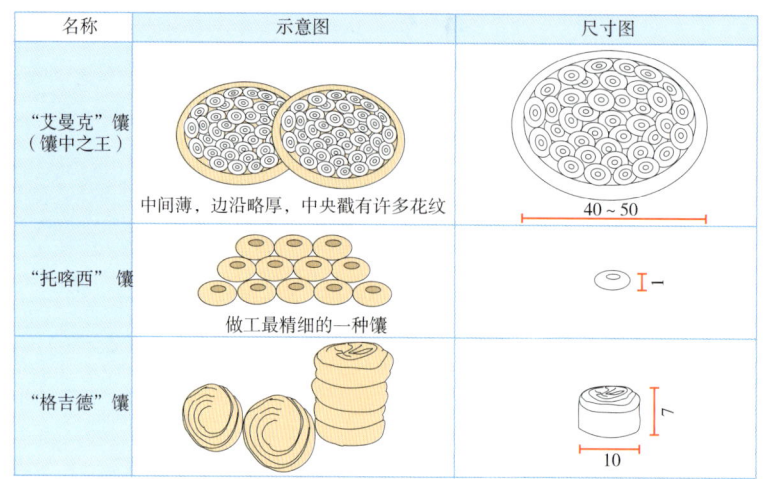

图十二　塔塔尔族馕的分类图——尺寸分（单位：cm）

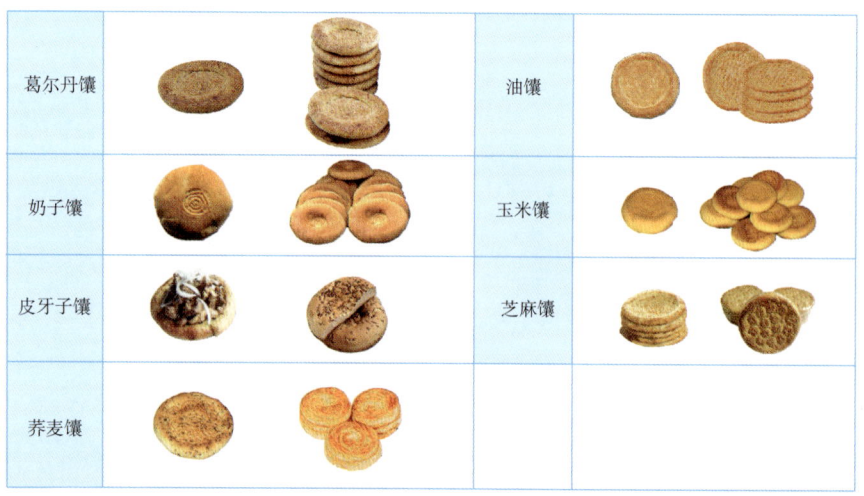

图十三　塔塔尔族馕的分类图——种类分

图十四　塔塔尔族馕成品图

塔塔尔族卡特力特

图一 塔塔尔族卡特力特主图

卡特力特是塔塔尔族的一种特色主食，是由牛肉、土豆、大米、鸡蛋、盐、胡椒粉作原料，经油煎、蒸制而成的土豆牛肉饼。金黄色的土豆片配上香味四溢的牛肉饼，韧性十足、色香俱全，主要供塔塔尔人在中午正餐食用。

其制作过程主要为五个步骤。步骤1：先将肉用刀剁碎，土豆切成3厘米厚的薄片，将切好的土豆泡在水里，将青辣椒、蒜、葱切成小块。步骤2：在剁好的肉酱里放入适量鸡蛋、淀粉水、盐、味精、姜粉进行搅拌。步骤3：在锅内倒入一些清油，放入的油要五成热，将肉酱揉成扁肉饼，放入锅中油炸，等肉饼发红后取出，摆入盘中。步骤4：将土豆片放入油中烹炸好后，在每一个肉饼上放置一个土豆片，然后连盘子一起放在蒸笼里蒸15分钟。步骤5：取锅放入适量的油，待油热了以后，放入蒜、葱、青辣椒、西红柿酱进行翻炒，菜香四溢的时候加入些开水，放入味精、盐，再加入一些淀粉水。将配料充分搅拌后倒入盛肉饼的盘中，让每一个肉饼和土豆都能沾上，这样金黄的土豆肉饼配置红色酱汁和绿色葱椒的卡特力特，色香味俱全，十分诱人。塔塔人进餐十分讲究，全家人围坐一圈，餐桌中间上放餐布，再摆上相应刀叉餐具，上茶、上菜、上饭都要先送给长者，然后再按年龄大小先后递送。吃卡特力特时，可用刀叉进食，也可直接用手，每个人面前都放一块小手巾，可用以擦拭嘴、手，也可防止食物溅在衣服上。饭毕后还要做"巴塔"的祈祷礼，才算就餐结束。

据记载，塔塔尔的先民古代鞑靼人有生吃牛肉的习俗，鞑靼人将牛肉反复拍打挤压将肉质变得松软嫩口，直到如今都是其极具代表性的菜肴，且流布广泛。随着鞑靼人的迁移，生吃牛肉的习俗逐渐演变为吃熟食，而卡特力特就是其著名牛肉菜肴中的一个代表。

图片来源

图一、图七　闫雪　制图
图二至图六　张璐　制图

图二　塔塔尔族卡特力特制作食材图

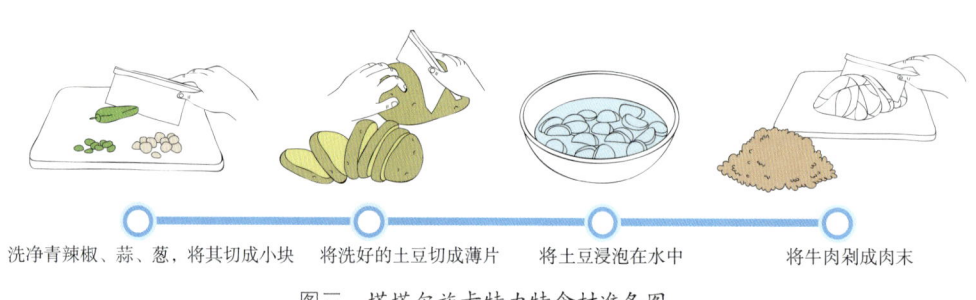

图三　塔塔尔族卡特力特食材准备图

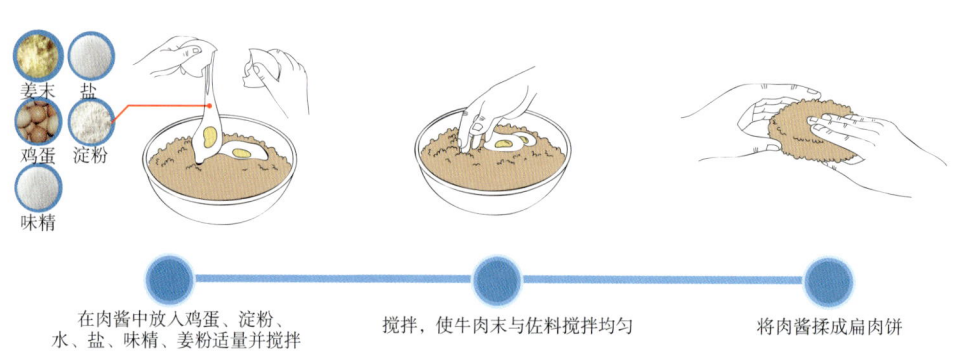

图四　塔塔尔族卡特力特肉饼制作图

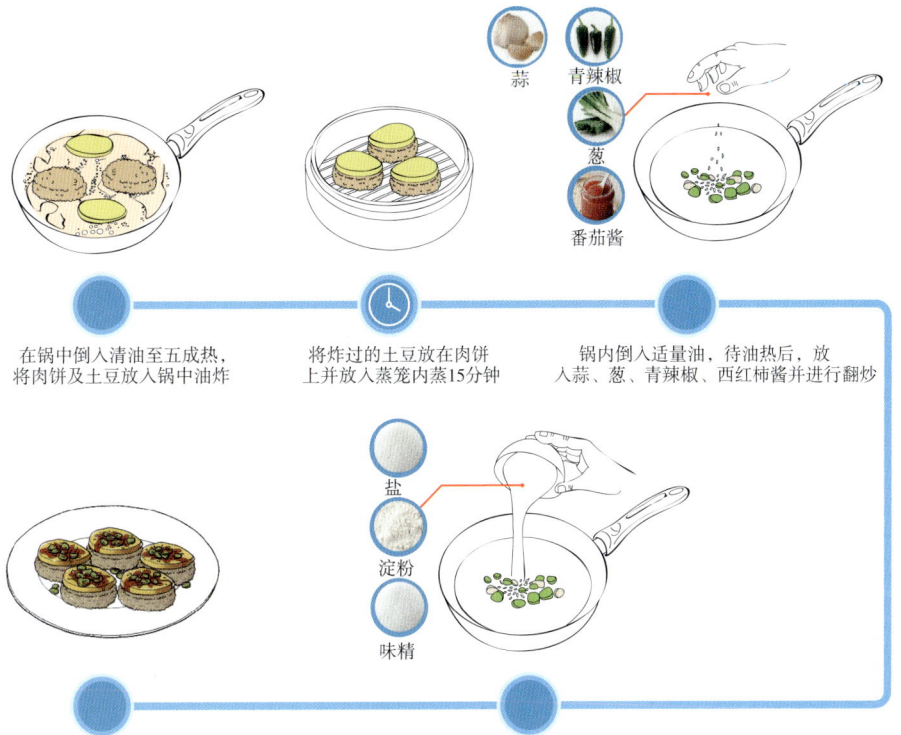

图五 塔塔尔族卡特力特烹饪过程图

图六 塔塔尔族卡特力特成分分析图

图七 塔塔尔族卡特力特食用氛围图

第三章 塔塔尔族传统餐饮

119

塔塔尔族古拜底埃

图一 塔塔尔族古拜底埃主图

古拜底埃在塔塔尔语中是大馅饼的意思，是塔塔尔最具民族风味的糕点。塔塔尔人对带馅的糕点情有独钟，古拜底埃是其中的代表。馅饼直径在30~35厘米左右，厚约10厘米，馅料除了大米和肉馅，还有蔬菜、鸡蛋和水果等食材，由火炉烤制而成，色泽红亮，酸甜香酥，入口即化。婚礼、节日或重要客人到访的特殊场合，在塔塔尔人的餐桌上，绝对少不了古拜底埃。

塔塔尔人喜欢用圆形金属烤盘烤制古拜底埃。首先要将以精粉面坯为主料的表皮放置圆形金属烤盘内，然后层层叠叠铺5至7层馅料。其中奇数层铺的都是半熟的大米，偶数层可以铺上洋葱肉馅、杏干或酸梅干、鸡蛋或蔬菜。最顶层的大米馅上需撒一层片好的"科尔特"。"科尔特"是一种可以单独食用的塔塔尔特有的食物，类似奶酪。最后用面坯将整个馅料包起来，抹上鸡蛋或"科尔特"，放入烤炉内烘烤。烤好的古拜底埃要整个端到餐桌上，随吃随切，同时可搭配果酱和奶茶一起食用，味道香美，营养丰富。有首民歌唱道："古拜底埃（大馅饼）嗡嗡叫，卡巴克拜里西（南瓜馅饼）哈哈笑。烤炉里的斋比白里西（小鸡馅饼）说：'快点快点把我吃掉！'"生动地描述了塔塔尔人围坐一起食用古拜底埃等各种馅饼的欢乐场景。

塔塔尔族妇女素以烹调技艺高超著称，也善于制作各地糕点，而古拜底埃这种层叠馅料填充糕点的配料方式和烤盘烤制方式则是塔塔尔民族所特有的，类似于西方常见的馅饼。这与中式面饼不同，与当地维吾尔、哈萨克等西北民族的面饼也存在一定差异。从饮食中也能充分体现塔塔尔民族与西方文化有着密切的内在联系。

图片来源
图一至图十 闫雪 制图

图二 塔塔尔族古拜底埃制作原材图

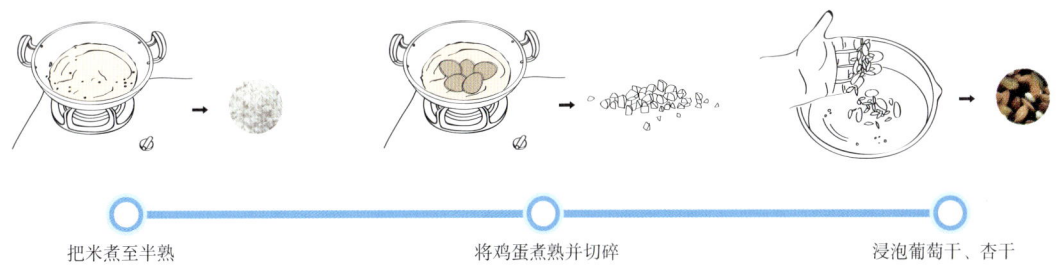

把米煮至半熟　　　　　　　　　　将鸡蛋煮熟并切碎　　　　　　　　　浸泡葡萄干、杏干

图三 塔塔尔族古拜底埃准备工序图

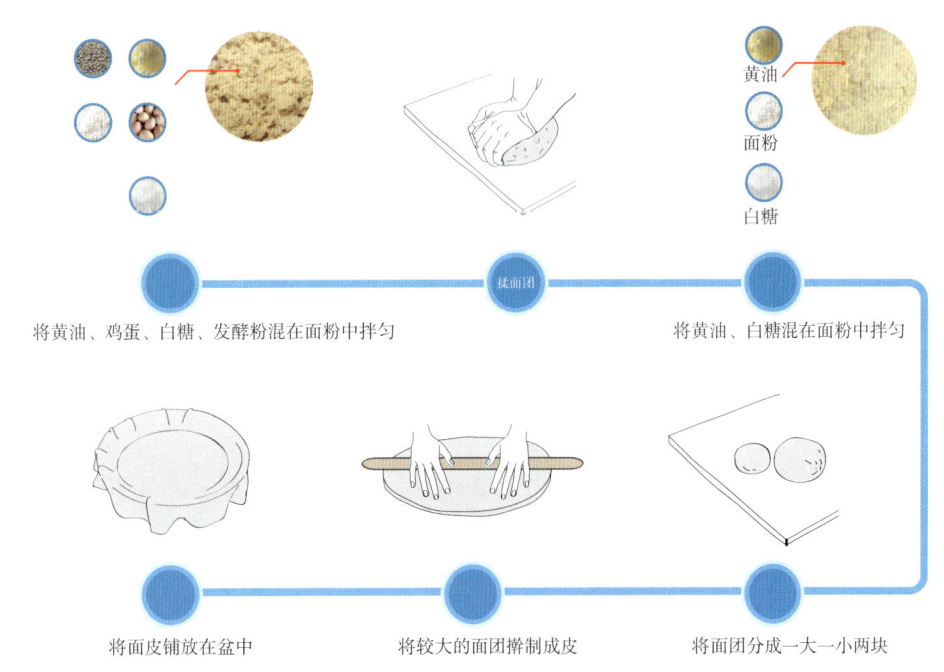

将黄油、鸡蛋、白糖、发酵粉混在面粉中拌匀　　　　　　　　　　　　　将黄油、白糖混在面粉中拌匀

将面皮铺放在盆中　　　　　将较大的面团擀制成皮　　　　将面团分成一大一小两块

图四 塔塔尔族古拜底埃面皮制作工序图

第三章　塔塔尔族传统餐饮

121

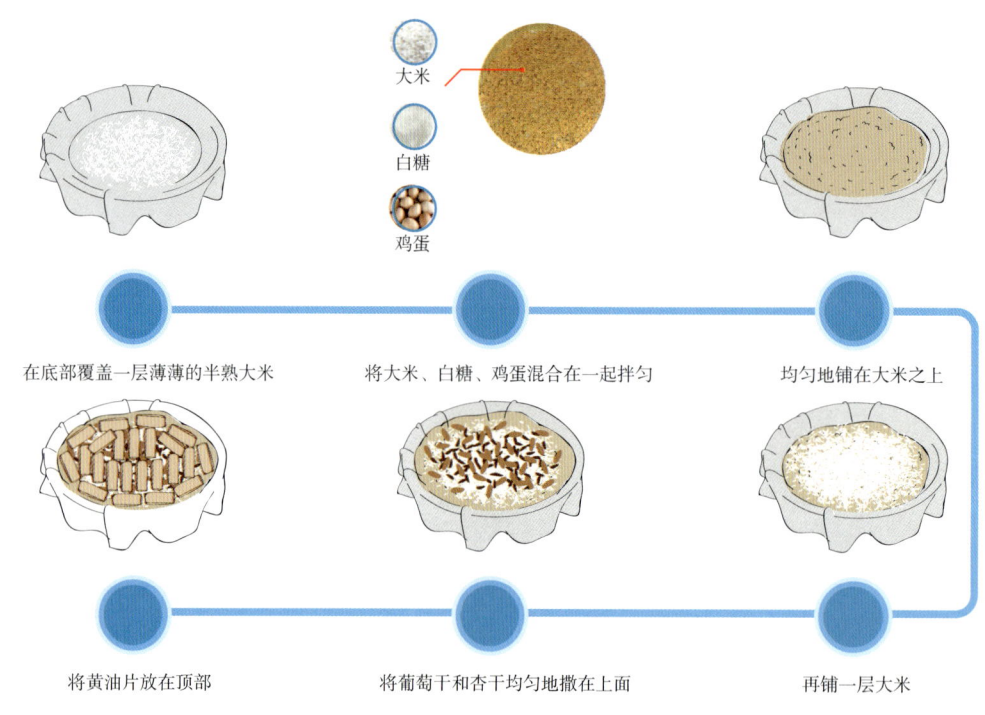

图五　塔塔尔族古拜底埃填充馅料工序图

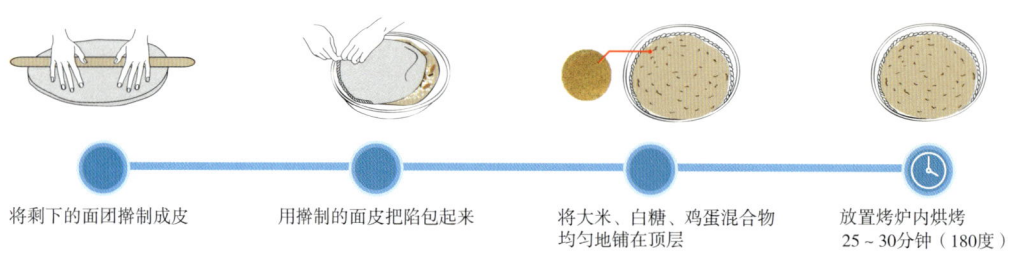

图六　塔塔尔族古拜底埃完成工序图

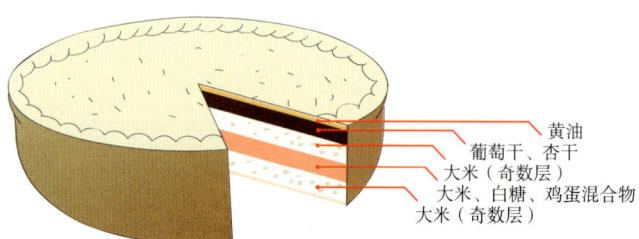

图七　塔塔尔族古拜底埃结构分析图

图八 塔塔尔族古拜底埃制作工具尺寸图（单位：cm）

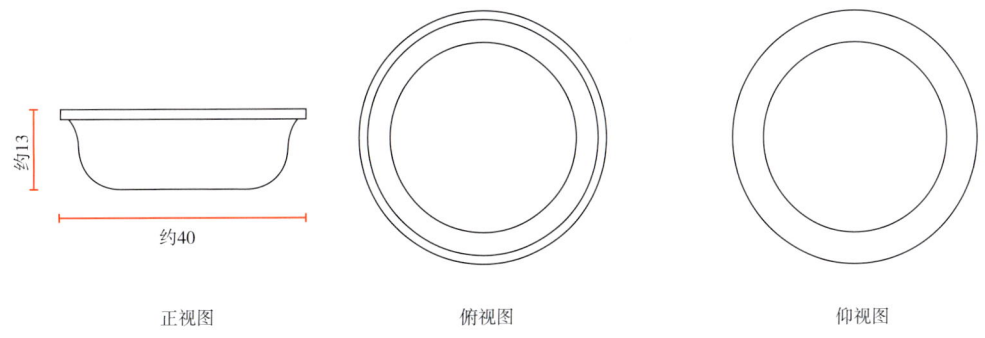

正视图　　　　　俯视图　　　　　仰视图

图九 塔塔尔族古拜底埃制作工具三视图（单位：cm）

图十 塔塔尔族古拜底埃食用气氛图

塔塔尔族开西米日

图一　塔塔尔族开西米日主图

开西米日是塔塔尔族极富特色的一道肉类美食，以牛、羊、马肉和土豆、胡萝卜为主要食材，取材方便，配合其密制酱汁，以传统的清真烹煮技艺而成，一年四季都适宜制作。其汁醇味浓，色彩油亮，口感鲜美，营养丰富，也常用来招待客人。

制作开西米日的过程比较简单。首先将牛肉、羊肉、马肉和土豆切成两厘米见方，然后将切好的肉类和土豆冷水下锅煮，煮开后，撇去上面的浮沫。接下来制作由黄油调成的酱汁，黄油的制作过程很繁复，把羊奶、马奶或骆驼奶放入锅中小火加热，煮沸后冷却至表面结成一层脂肪蜡，用筷子挑起，放到架子上经过一个夏天的晾晒变成奶皮子。制作黄油需要很多奶皮子，把晾晒好的奶皮子放入大锅中，不停地上下搅拌，直至出现上下分层，上面一层黄的就是黄油，下面一层白的就是酸油。将黄油掺注一定糖水，就制成糊状酱汁。接着将胡萝卜和洋葱切片，将煮肉和土豆的汤盛出来，放入锅中，再将切好的洋葱片和胡萝卜片放入肉汤内，煮开后放入黄油和盐，最后将煮好的土豆和肉放入调好的酱汁内，盛出即可。

塔塔尔族人原先生活在漠北一带，地理环境决定了其游牧养畜的经济类型，由此形成与之相联系的饮食模式：以肉和乳制品为其主要食材来源，土豆等淀粉类的植物食材则是作为游牧民饮食体系中的补充部分，弥补在肉和乳制食品中所缺少的基本碳水化合物。开西米日中合理的食材搭配正体现了这一点。

图片来源
图一至图七　曲聪　制图
图八　闫雪　制图

图二 塔塔尔族开西米日食材图

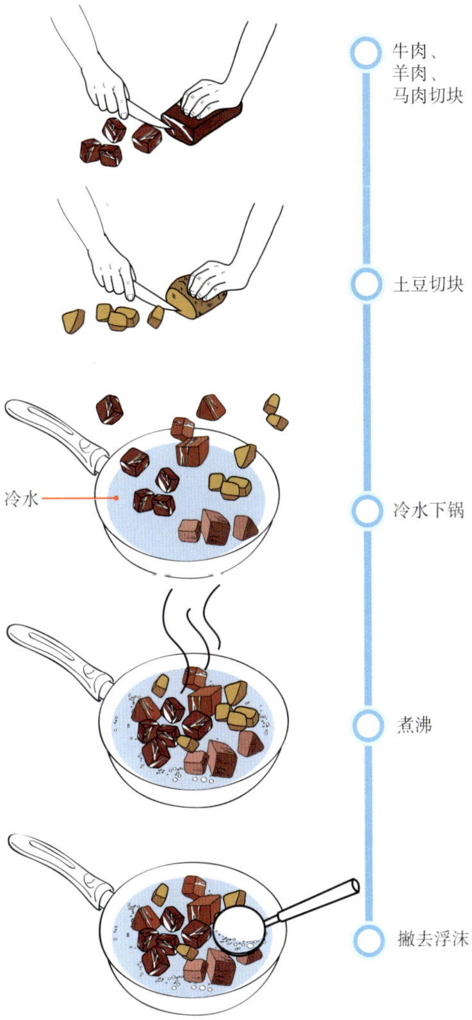

图三 塔塔尔族开西米日制作过程示意图

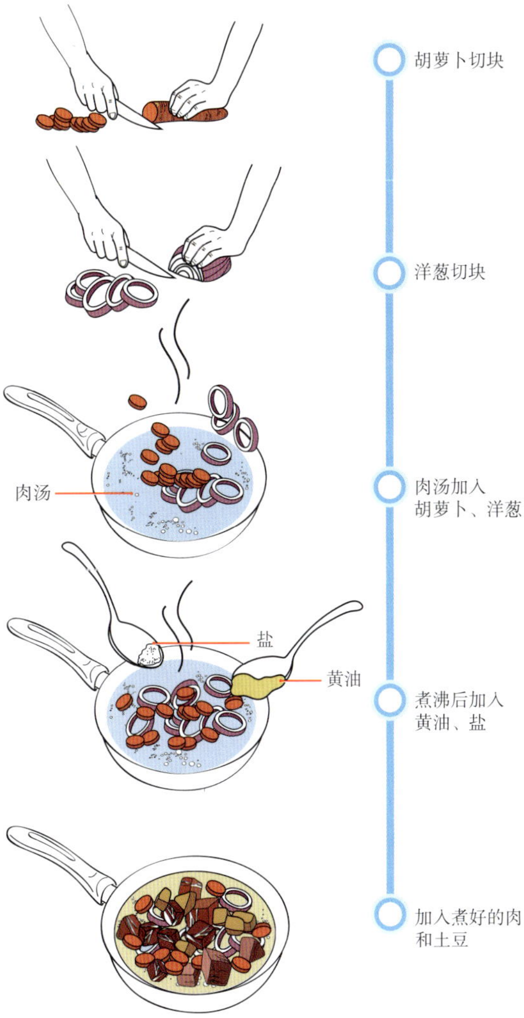

图四 塔塔尔族开西米日酱汁制作示意图

第三章 塔塔尔族传统餐饮

125

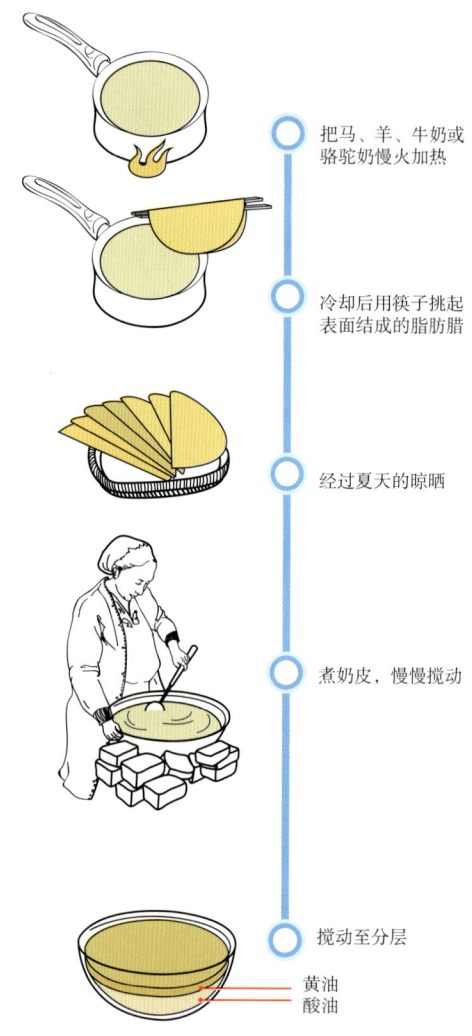

图五　塔塔尔族开西米日黄油制作过程示意图

配料/100 g	热量/kcal	脂肪/g	蛋白质/g	碳水化合物/g	纤维素/g
马肉	122	4.6	20.1	0.1	
牛肉	107	0.9	22.2	2.4	
羊肉	118	3.9	20.5	0.2	
土豆	76	0.2	2.0	17.2	0.7
胡萝卜	37	0.2	1.0	8.8	1.1
洋葱	39	0.2	1.1	9.0	0.9
黄油	888	98	1.4		

图六　塔塔尔族开西米日营养成分表图

图七　塔塔尔族开西米日食用氛围图

图八　塔塔尔族开西米日食用气氛图

塔塔尔族克儿西麻、克赛勒

图一　塔塔尔族克儿西麻、克赛勒主图

克儿西麻、克塞勒（kisel），都是汉译塔塔尔语发音，是塔塔尔族人独具特色的两种饮料。塔塔尔人有着热情好客的饮酒风俗。当家里有客人临门，热情的主人会端上自制的饮料和食物盛情款待宾客。这两种饮料香甜醇厚，风味别具，老少咸宜，故称"风味酒"。

克儿西麻又叫克里斯曼，是用蜂蜜和啤酒花发酵后酿制成的一种饮料，酿制原理虽与啤酒接近，但具体制作方式却有不同。制作过程是把大麦面在锅里炒熟，再加入适当比例的水、蜂蜜、砂糖以及啤酒花制成的酵母等一起烧煮，盛入陶缸或搪瓷器皿，放在较热的地方，让其发酵而成。克儿西麻味酸甜，十分可口。克儿西麻饮料中含有糖水化合物，有助于消化，是塔塔尔族人夏季常饮用的消暑饮料。克赛勒是用一种叫"卡拉卡茨"的野葡萄为原料，将其放入锅内加水熬，待汤呈紫黑色时，将野果实滤出，并把淀粉用水调成糊状加砂糖放入其中，煮成稀粥状，凉后即可饮用。其一般是饭后辅助食品，甜酸适度，非常好喝。过去盛于皮囊，或盛于木桶、陶器中，饮用时用碗舀出，酸甜可口，略带酒味，在炎炎夏日，冰镇后口感更佳。此外还有一种巧克力"克塞勒"，是将巧克力碾碎加少许淀粉、奶、糖等和酿造的葡萄汁搅拌均匀，在火上烧煮片刻成形后，即可食用。

塔塔尔族虽然曾经是漠北草原的游牧民族，但近代以来就开始普遍发展定居农业。再加上西迁到伏尔加河流域之时，塔塔尔族人与经济农作物，特别是与野生或人工培植的果树有不解之缘。由于新疆地区特殊的气候条件，塔塔尔族的水果特别香甜，尤其是葡萄成为具有代表性的水果。而用葡萄原料发酵酿酒的技术自然十分流行，"克塞勒"这种葡萄酒饮料就是其代表。塔塔尔制酒原料还常用蜂蜜，用蜂蜜发酵制酒的技术在西方民族中有着悠久历史，可以追溯到罗马时代，塔塔尔与西方民族有着密切的族源关系，因而也擅长制作像"克儿西麻"这种蜂蜜酒。虽然这是一种原料造价很高的饮料，但蜂蜜在塔塔尔族中有着甜蜜和幸福的象征意义。而且这种克儿西麻属低酒精饮料，酒蜜香纯正，甜酸适中，因而成为塔塔尔人十分钟爱的饮料。塔塔尔这两种饮料制作工序简单，口感独特，今天已发展为伊犁、塔城等地各族人民喜爱的大众化饮料。

图片来源

图一、图六　陈方圆　制图
图二至图五　李宇浩　制图
图七　陈方圆、周瑜嫄　制图

图二　塔塔尔族克儿西麻食材图

图三　塔塔尔族克赛勒食材图

图四　塔塔尔族克儿西麻制作流程图

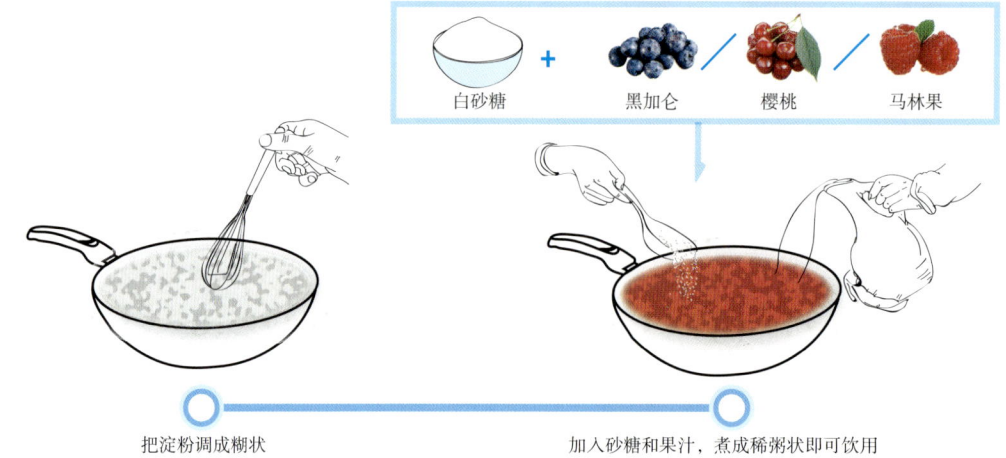

图五　塔塔尔族克赛勒酒制作流程图

图六　塔塔尔族巧克力克赛勒制作工序图

图七　塔塔尔族饮酒氛围图

塔塔尔族斋比白里西

图一　塔塔尔族斋比白里西主图

斋比白里西是塔塔尔族的一道既美味营养，而造型又富有特点的日常传统食物，又称作"齐比拜里西"，俗称"烤包子"。塔塔尔族的"烤包子"十分独特，制作方式上与汉族包子不同，形态上也区别于新疆其他少数民族的"烤包子"。斋比白里西的制作过程颇为讲究，但包子形态大小可多样变化，别有创意。

斋比白里西的取用材料丰富，因地适宜，主要制作原料是面粉、羊油、鸡肉、羊肉、洋葱、大米、面粉和盐。烹制前，要先制作两块揉入羊油和盐的面团，擀制成面皮。接着将大米洗净煮沸，与提前准备好的羊肉块、鸡块、洋葱搅拌到一起作为馅心，然后将馅心放入面皮后再覆盖一层面皮，并在边缘衔接处进行捏合形成花纹，这样斋比白里西就基本成型了。最后，将斋比白里西放入烤炉或烤箱进行烘烤，直至烘烤成为诱人的焦黄色，即可出炉。半月形的斋比白里西只用一张面皮，需将馅料集中放置在一侧并对折面皮捏制褶皱而成。在很多家庭中为了将更多的馅料加入斋比白里西，也可以使用模具将面皮制作出凹槽，方便成型。它的样式各异，有变化，除了传统的圆形、长方形、半月形，热爱生活的塔塔尔妇女也会把它制作成心形等现代图样。制作好的斋比白里西表面金黄，飘香诱人。吃的时候用刀子沿着包边慢慢切去，将表皮掀开，内部是混合着鸡肉、羊肉、洋葱和米饭的馅，就着鸡肉、羊肉一起吃的烤制外皮也格外美味酥脆。

塔塔尔族对于带馅的食物情有独钟，有一首描写饮食的民歌："古拜底埃嗡嗡响（大馅饼），卡巴克白里西哈哈笑（南瓜烤饼），烤炉内的斋比白里西熟后待吃嘣嘣跳（烤包子）。"一首歌就描绘了三种带馅的食物，从中也可见斋比白里西酥脆的口感，也成为区别于其他带馅食物的主要特点。塔塔尔人不仅重视食物的口味，也在食物的形态变化上动足脑筋，从斋比白里西丰富变化的外形上，我们就能感受到塔塔尔人对于自由生活的追求和乐观的民族性格。

图片来源

图一至图四　席闵倩　制图

图五、图六　陈方圆　制图

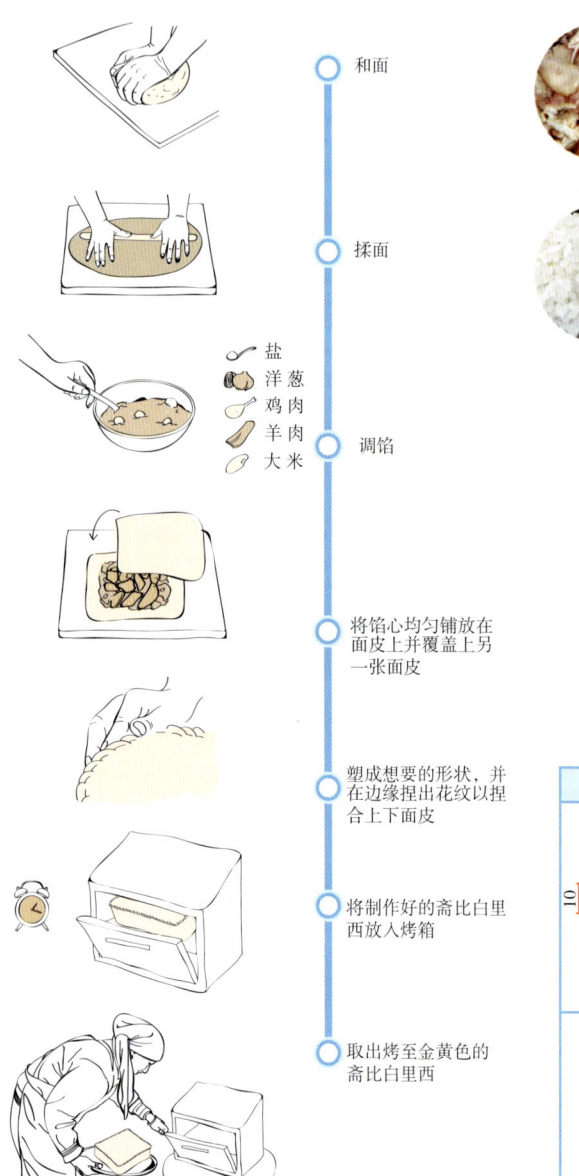

图三　塔塔尔族斋比白里西食材图

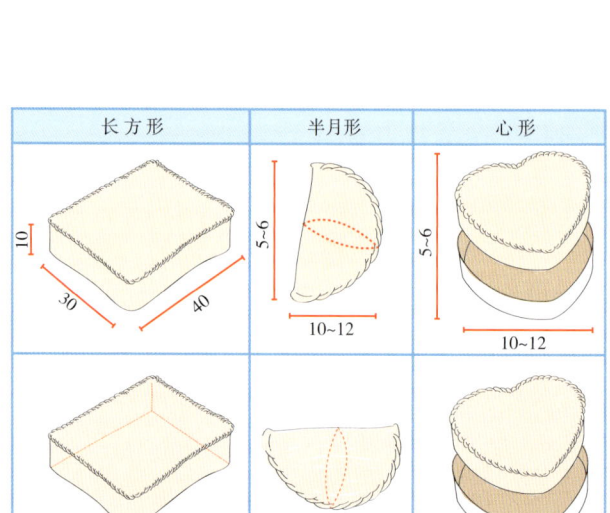

图二　塔塔尔族斋比白里西食材图

图四　塔塔尔族斋比白里西样式及尺寸图（单位：cm）

图五　塔塔尔族斋比白里西食用方式图

图六　塔塔尔族斋比白里西食用氛围图

第四章
塔塔尔族传统生活用具

塔塔尔族多合热提卡

图一　塔塔尔族多合热提卡主图

多合热提卡是古代鞑靼人聚居区流传的一种键钮式传统手风琴乐器，基本结构和现代巴扬手风琴类似，但外在形态和局部结构原理上如按键排布等仍与其有较大差别，表现得更为独特和传统。琴体为方形木质，体积较小，外观装饰极为精美，声音洪亮、清脆，而且携带方便，适宜演奏轻松欢快的乐曲，常用于歌舞伴奏，也可独奏和其他器乐配合组成乐队。虽然塔塔尔人现在普遍使用的是现代巴扬手风琴，但仍有一些人十分热爱演奏和制作这件传统乐器，还把它作为工艺品。

多合热提卡由纯木制作而成，如冷杉木、枫木、红木、核桃木等，长30～40厘米，高43厘米左右，厚度为18厘米左右。风箱多使用羊皮、帆布、纸板等为材料，经久耐用。其基本构造包括：右手是两排分别为12个和13个键钮结构，左手操纵三排25个半音阶贝司键钮部分，中间是风箱、音屉、簧片（自由簧）、外壳等。风箱装在高音键与低音键钮之间，推、拉风箱抽压空气，引起簧片振动而发音。左侧贝司按键保持传统低音，与现代手风琴按法极为不同。演奏时以右手曲调，左手和弦，两手按键配合，左手推拉风箱鼓风，使簧片发音。多合热提卡不装变音器，保持了手风琴本身清亮的音色。其音域宽广，体积小，指法也简便，容易掌握。演奏时把手风琴用皮带挂在两肩上，使琴悬于胸前，右手弹奏高音琴键，左手弹奏低音键钮和操纵风箱。由于键钮紧密排列，所以右手五个手指能够在两个八度范围内轻松演奏。高音琴键通常以演奏旋律为主，但也能奏出各种和声；低音键钮以伴奏为主，也可演奏曲调。多合热提卡的外观也十分美丽独特，在箱体上绘制、镶嵌并在侧面透雕十分精美的花叶几何纹饰，在风箱上也绘制黑白间隔的菱形几何纹样。精美的乐器如同一件手工艺术品，而穿着传统风格服饰演奏多合热提卡则立刻洋溢着浓郁的塔塔尔民族风情。

多合热提卡在俄罗斯称为"巴扬"。巴扬是在键盘式手风琴基础上发展出的键钮式手风琴，多合热提卡是较早出现的右手两排的键钮琴，实际上是现在巴扬手风琴的前身。多合热提卡的设计制作依旧保持了原有的制作工艺。塔塔尔人有非常繁荣的手风琴音乐文化，一定程度上来自与俄罗斯文化的广泛交流和影响。在塔塔尔节庆婚礼场合，都少不了手风琴的身影。代表曲目有《婚礼舞曲》《巴拉米斯肯》等。民间对手风琴的风靡也造就了一批批手风琴表演艺人及团体，20世纪上半叶就出现过多位著名的塔塔尔族手风琴明星，如手风琴演奏家木咳麦提。如今一些塔塔尔族和其他民族的年轻人又开始摆弄起古典又独特的多合热提卡，在深厚的塔塔尔的手风琴文化中发掘出更多的宝藏。

图片来源
图一　于曈　制图
图二、图三、图五　张淑艳　制图
图四、图七、图八　陈方圆　制图
图六　张淑艳、周瑜嫄　制图
图九、图十　周瑜嫄　制图

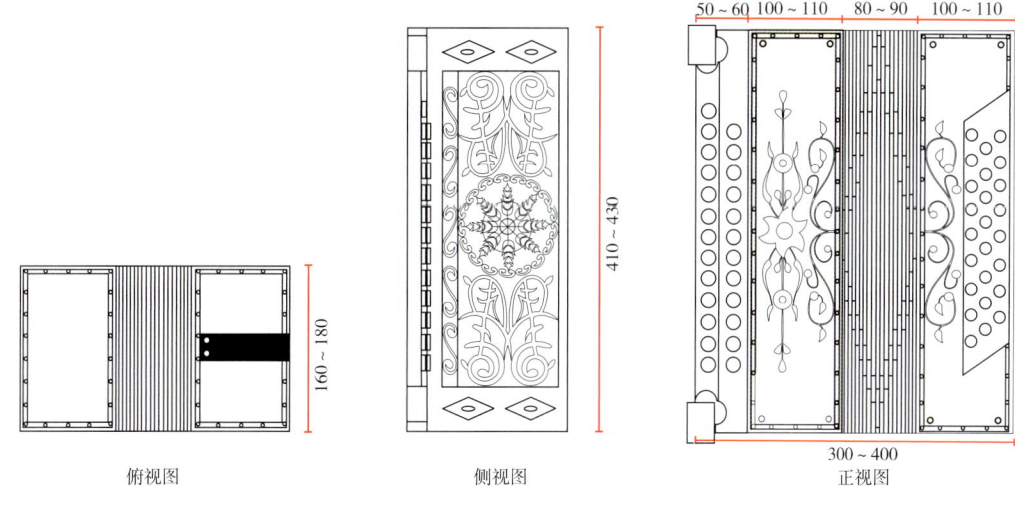

图二　塔塔尔族多合热提卡尺寸图三视图（单位：mm）

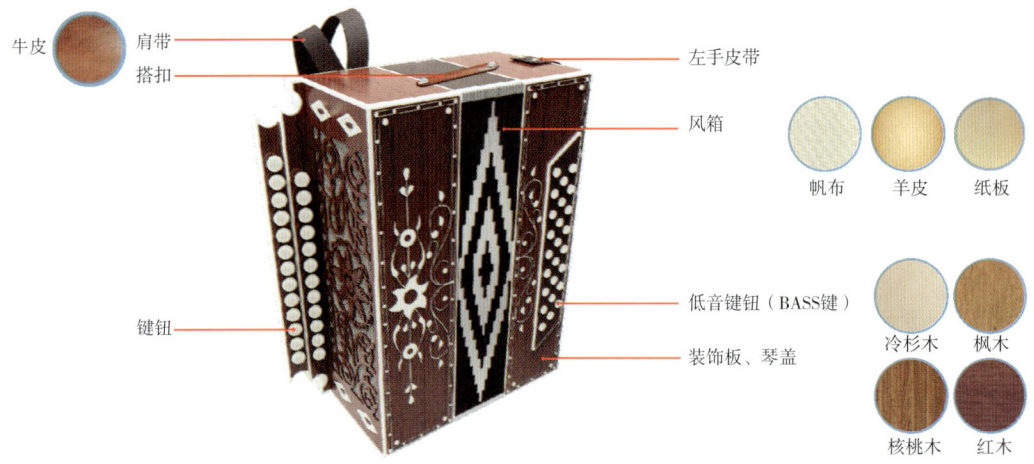

图三　塔塔尔族多合热提卡结构名称图

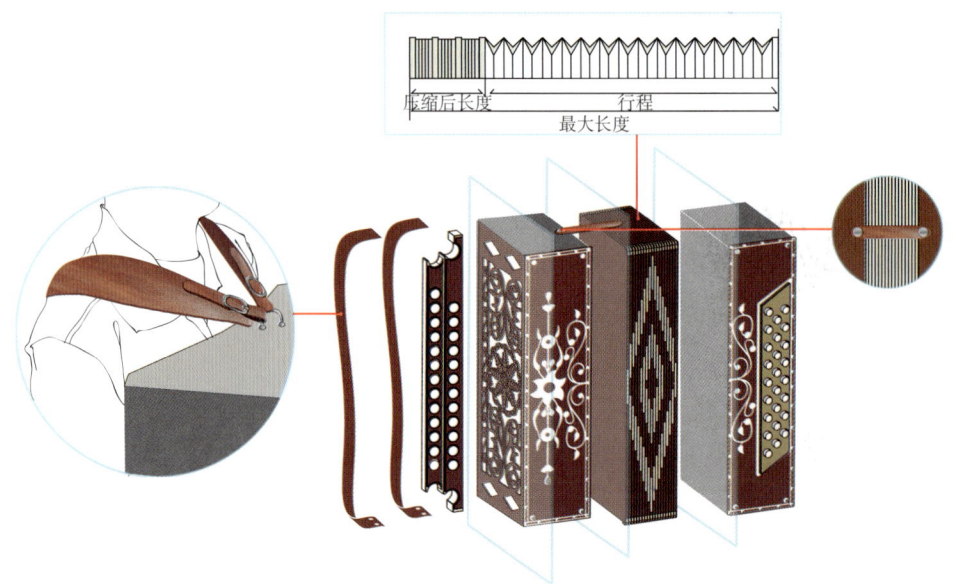

图四　塔塔尔族多合热提卡结构细节图

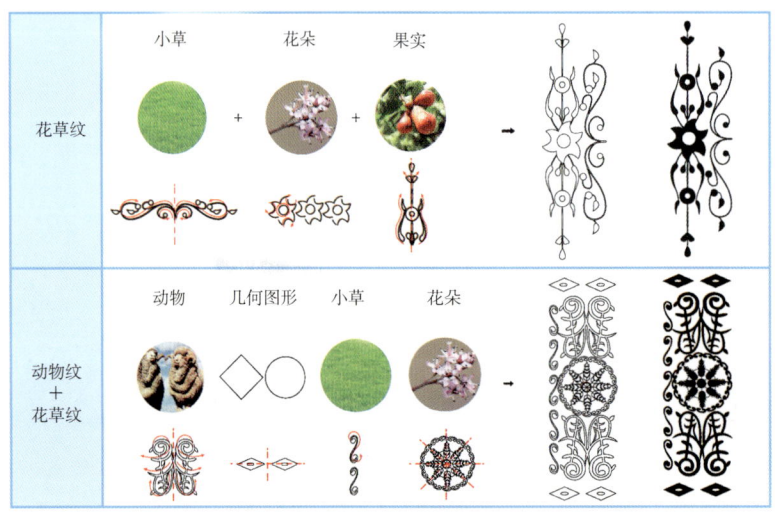

图五　塔塔尔族多合热提卡局部纹样分析图

手风琴	琴身纹样	键钮数量	
		25	25
		21	8
		25	25

手风琴	琴身纹样	键钮数量	
		21	8
		48	81

图六 塔塔尔族多合热提卡其他形制和装饰纹对比图

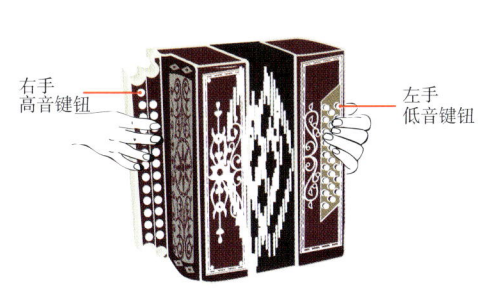
右手弹奏高音键钮，左手弹奏低音键钮

左、右手扇形拉风箱鼓风，使簧片发音

左手推拉风箱鼓风使簧片发音

图七 塔塔尔族多合热提卡使用方式图

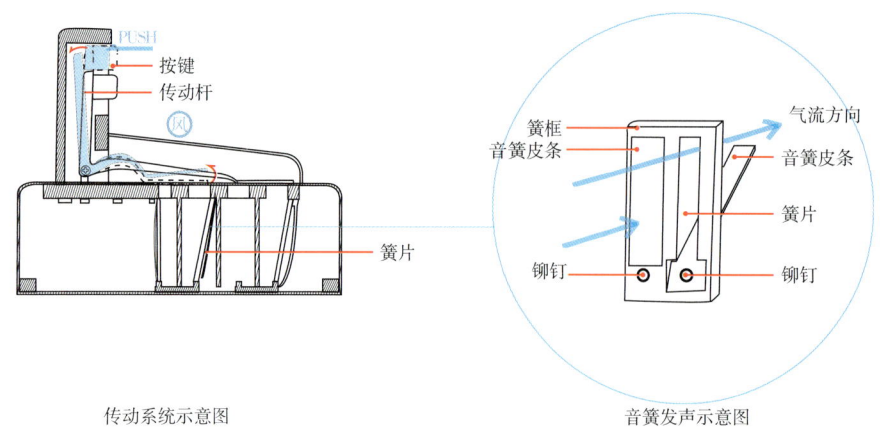

传动系统示意图　　　　　　　音簧发声示意图

图八　塔塔尔族多合热提卡发音原理图

站姿

图九　塔塔尔族多合热提卡使用姿势图

图十　塔塔尔族多合热提卡使用氛围图

塔塔尔族巴拉莱卡

图一　塔塔尔族巴拉莱卡主图

巴拉莱卡琴是塔塔尔族常用的一种琴身主体呈三角形的民间弹拨弦乐器。这种琴发源于俄罗斯地区，中文译作"俄式三角琴"。其有六种型号，琴体的大小决定着它的音域和音高。最小的琴高60厘米左右，可独奏，亦可为歌舞伴奏，一般在节日和家庭聚会时使用，声音短促、活泼、强劲；最大的三角琴高度相当于普通人的身高。大型号三角琴是低音乐器，一般是和冬不拉、曼陀林等合奏。

普通的三角琴音箱面板多用云杉木或者柳桉木制作而成，箱体表面为边长约40厘米的等边三角形，背侧面板多用沙比利。在面板正中偏下有支弦的横码。琴颈细长，大约60厘米。琴品24个，上嵌骨片制作的发音品位。弦柱最少为三个，也就是装有三根弦，也常见四或六弦琴，弦的材质为钢丝弦或尼龙弦，一般四度定音为a、c、e，虽然只有三根弦，却可以奏出很宽的音域。小型三角琴琴声悦耳，充满灵动的跳跃感；大型三角琴则音色沉稳，因而多做和弦或低音贝司，与其他乐器合奏。小型三角琴演奏时，演奏家或坐或站，左手摁弦，右手用指头拨弦，或用指甲盖触弦，也可用拨片拨弦，通过琴弦振动发出美妙的曲调；大型三角琴则需要通过支架弹奏。

俄式三角琴大致起源于18世纪初，起初流行在俄罗斯北部和东部，而后不仅在俄罗斯族中使用，在这一地域的很多民族包括东欧的斯拉夫民族也喜爱这种简便易学的民间弦乐器。"巴拉莱卡"是俄罗斯语的发音，字面意思是"闲聊逗乐"。事实上，"巴拉莱卡"这个词最早是鞑靼语，意为"童言戏语"。由此可见三角琴是一种历史悠久且起源于日常民间，由俄罗斯地域各文化交流形成的乐器。最早的三角琴琴颈比现在的长4倍，琴体比较窄，而且只有两个琴弦。因外形、音色均与吉他相似，但音域较吉他要广，也称"俄罗斯吉他"，后经改良形成沿用至今的巴拉莱卡琴。而后许多聚居在俄罗斯地区的鞑靼人迁至我国新疆，巴拉莱卡也随之到来。巴拉莱卡琴也是塔塔尔人喜爱的乐器，无论节日还是聚会，大家都会弹起三角琴唱歌跳舞，这是他们的生活方式，也是保持其民族特色的途径。如今三角琴作为具有塔塔尔特色乐器与冬不拉、曼陀林、巴扬等走上民族音乐的舞台，给世人带来不一样的异域情调。

图片来源

图一至图七　周瑜嫄、徐林　制图

图八、图九　闫雪　制图

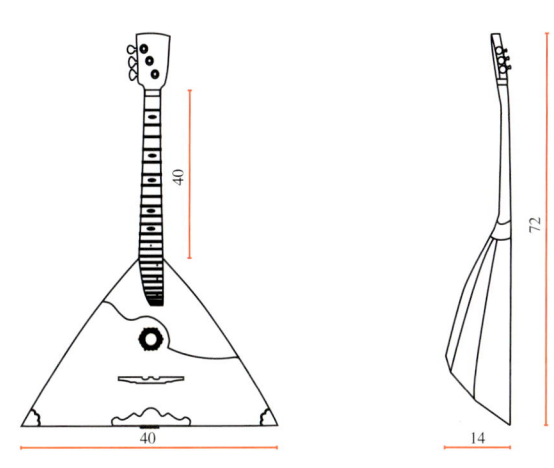

图二　塔塔尔族巴拉莱卡尺寸图（单位：cm）

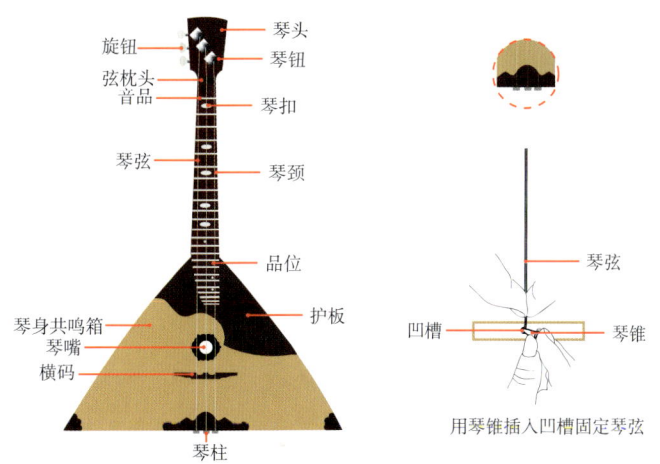

图三　塔塔尔族巴拉莱卡结构图

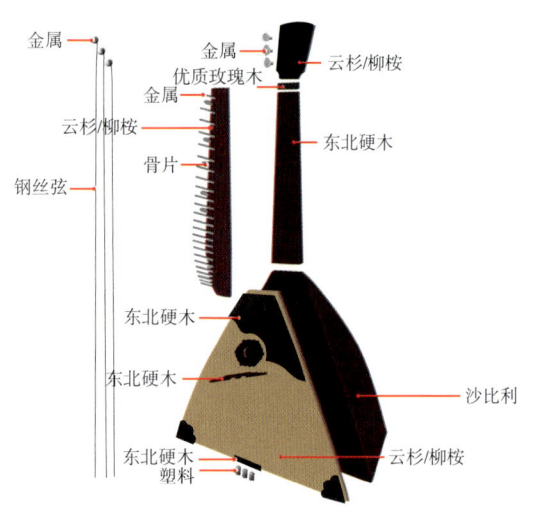

图四　塔塔尔族巴拉莱卡解析图

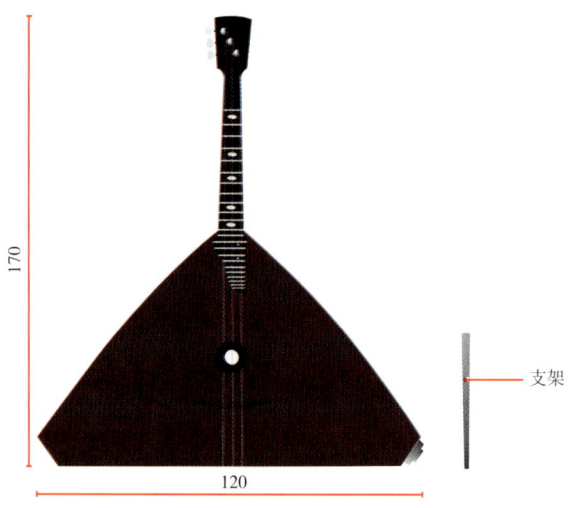

图五　塔塔尔族大巴拉莱卡尺寸图（单位：cm）

类别对比	大型三角琴	小型三角琴
琴高	170～180cm	60～70cm
演奏方式	需在右下用支架支撑	演奏者抱在怀中即可
音色	偏稳重	轻快，活泼，声线细
适用场合	一般是跟冬不拉、曼陀林等合奏，做低音和弦	适合小型家庭聚会或小型演出，可独奏，亦可为歌舞者伴奏

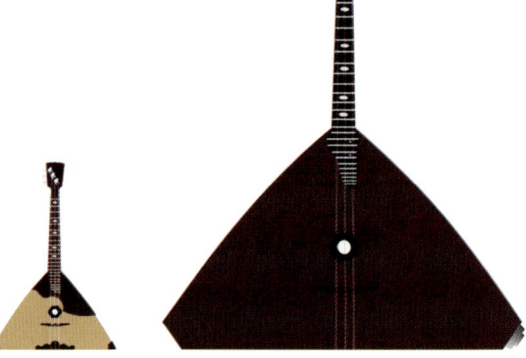

图六　塔塔尔族大、小巴拉莱卡对比图

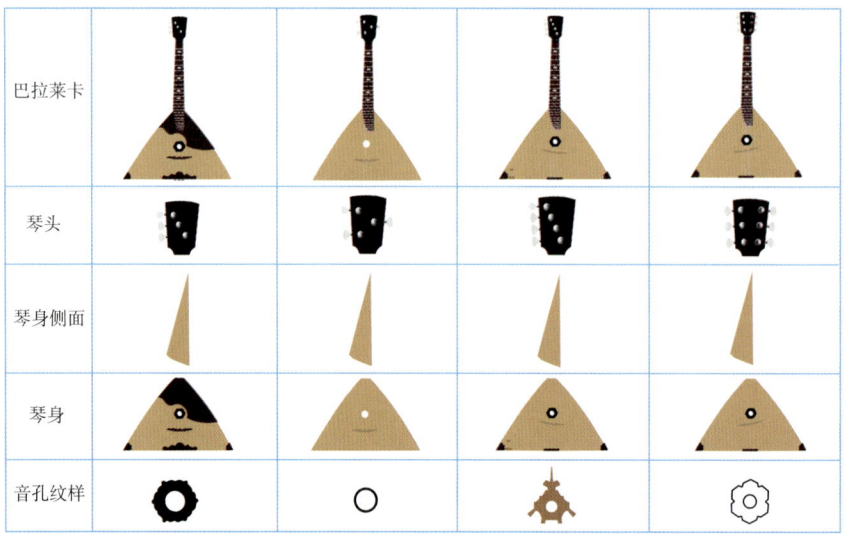

图七　塔塔尔族巴拉莱卡细节对比图

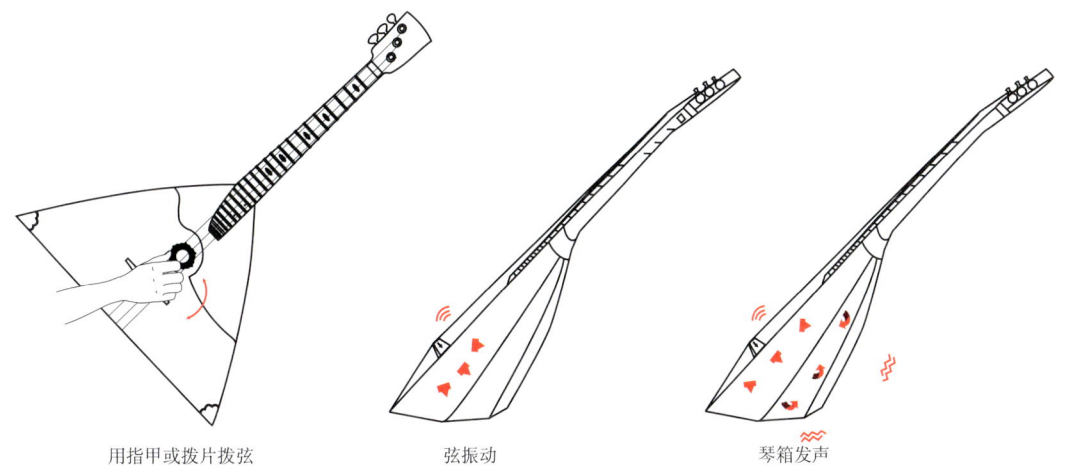

用指甲或拨片拨弦　　　　弦振动　　　　　琴箱发声

图八　塔塔尔族巴拉莱卡发声原理图

图九　塔塔尔族巴拉莱卡使用方式示意图

第四章　塔塔尔族传统生活用具

145

塔塔尔族曼陀林

图一　塔塔尔族曼陀林主图

曼陀林是塔塔尔族很有代表性的一种弹拨乐器，也译作"曼陀铃"，是意大利语发音，原意为"杏仁"，由于琴身形状酷似杏仁而得名。其原是西方乐器，从欧洲经西亚波斯传入，逐渐在亚洲民族中普及开来，也发展出不同的尺寸和样式。塔塔尔的曼陀林与欧洲的基本相似，只是在装饰和尺寸上略有不同。塔塔尔人喜欢在庆典或家族聚会时演奏曼陀林，一般作为独奏乐器出现。乐器声部为高音声部，音色清脆嘹亮，辨识度很高。

曼陀林由琴体、琴颈、琴头三部分组成，一般采用枫木制作。琴体呈半梨形，上蒙白松面板，面板上开有音窗，琴体不大，小号的琴高约65厘米，稍大的琴高80厘米左右。琴颈较短而细长，上置指板，琴头呈铲形，略向后弯。由于琴的用料不同，乌木或玫瑰木制成的指板略有差异。在指板上埋有镀铬细条琴品，约22个品位，以辨认音阶。曼陀林背部置八个金属琴轴，安装八条金属弦。其调音法与小提琴相同，采取五度间隔，一般定弦为G、D、A、E，八弦为四对同音调弦。曼陀林采用拨片演奏，可使琴声更加饱满清亮。而固定琴弦的琴码，承载着将振动和能量传递到面板上的作用，多使用玫瑰木制作。琴面上还常装饰龟甲状的花纹作为护板。曼陀林有一个很深的琴肚，是由条形木分别黏合而成，保证强度和共振的平衡。塔塔尔的曼陀林共鸣箱比欧洲的曼陀林稍大。在弹奏曼陀林时左手自然扶住琴颈，琴体可自然搁置在大腿上，用食指和拇指轻轻夹住，和琴颈成三角形，用指尖触摸琴弦。右手使用拨片外还可用义甲来拨奏，如同扇扇子那般，随手腕摆动。"曼陀林"的声音如同银铃滚动一般，非常的清脆美妙。塔塔尔常见的曼陀林根据背部结构大致可分为圆背型、平背型两种，而圆背型是更为常见的传统样式。

曼陀林原是一种典型的西方乐器，现今最为人们所知的曼陀林产生于那不勒斯。在俄罗斯和东欧地区，曼陀林也很早就十分普及，而塔塔尔族擅长弹奏曼陀林应是源于与俄罗斯相同的文化传统。曼陀林制作、弹奏简易，音色空灵美妙，音域也较广，既能扫拨明快的节奏，也能奏出华丽流畅旋律，能够很好地诠释各种风格乐曲。无论是抒情性小夜曲独奏还是欢快的歌舞伴奏，塔塔尔人最喜欢使用的乐器还是曼陀林。塔塔尔很多民歌也是专门用曼陀林来演奏，如著名的器乐曲《沙漠的驼铃》就是曼陀林的独奏曲目。演奏充分利用双弦技巧模拟驼铃声，表达了商人对被劫骆驼商队的思念之情，无论是音色旋律还是演奏氛围都让人明显感受到一种奇妙异域情调。

图片来源
图一、图三、图四、图六、图七、图十　周瑜嬿　制图
图二　周瑜嬿、徐林　制图
图五、图八　周瑜嬿、闫雪　制图
图九　闫雪　制图

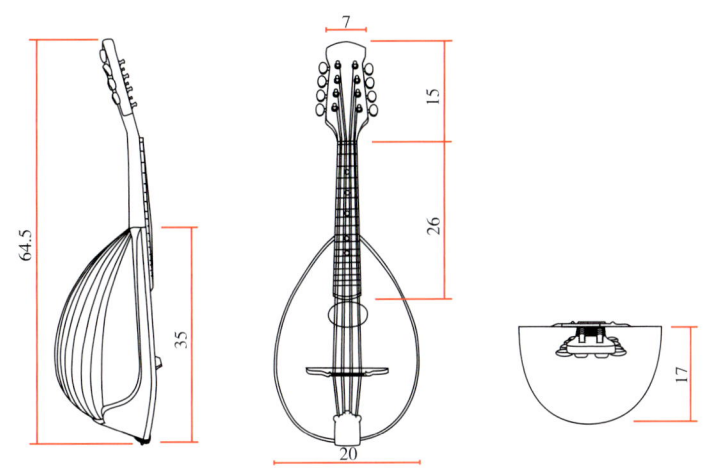

图二　塔塔尔族曼陀林尺寸图（单位：cm）

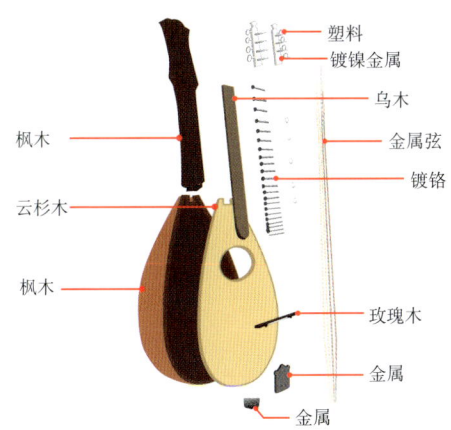

图三　塔塔尔族曼陀林解析图、材质图

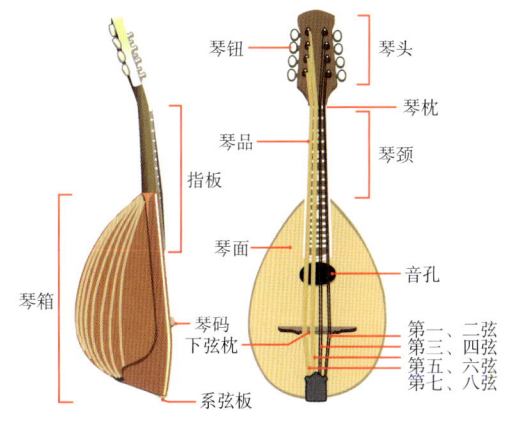

图四　塔塔尔族曼陀林结构名称工艺图

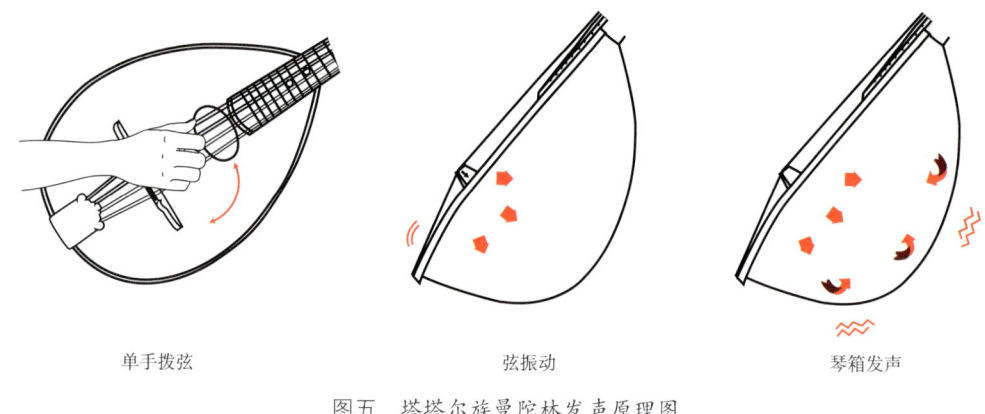

| 单手拨弦 | 弦振动 | 琴箱发声 |

图五　塔塔尔族曼陀林发声原理图

图六　塔塔尔族曼陀林其他形制对比图

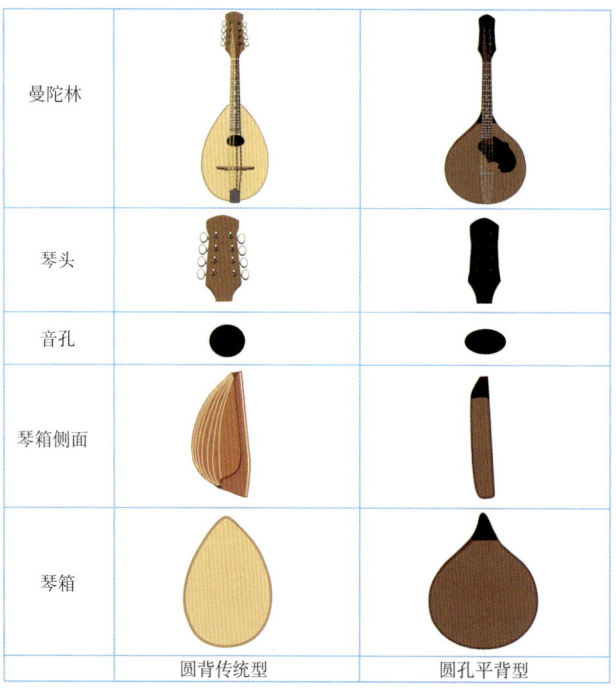

	圆背传统型	圆孔平背型
曼陀林		
琴头		
音孔		
琴箱侧面		
琴箱		

图七　塔塔尔族曼陀林细节对比图

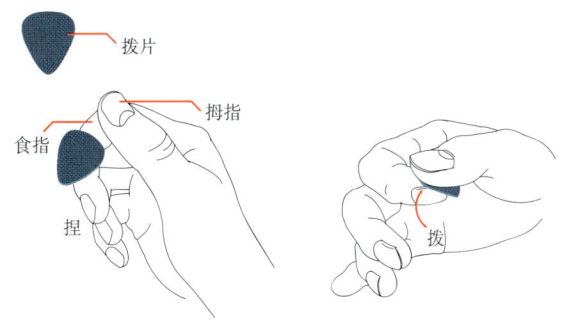

图八　塔塔尔族曼陀林弹奏拨片使用说明图

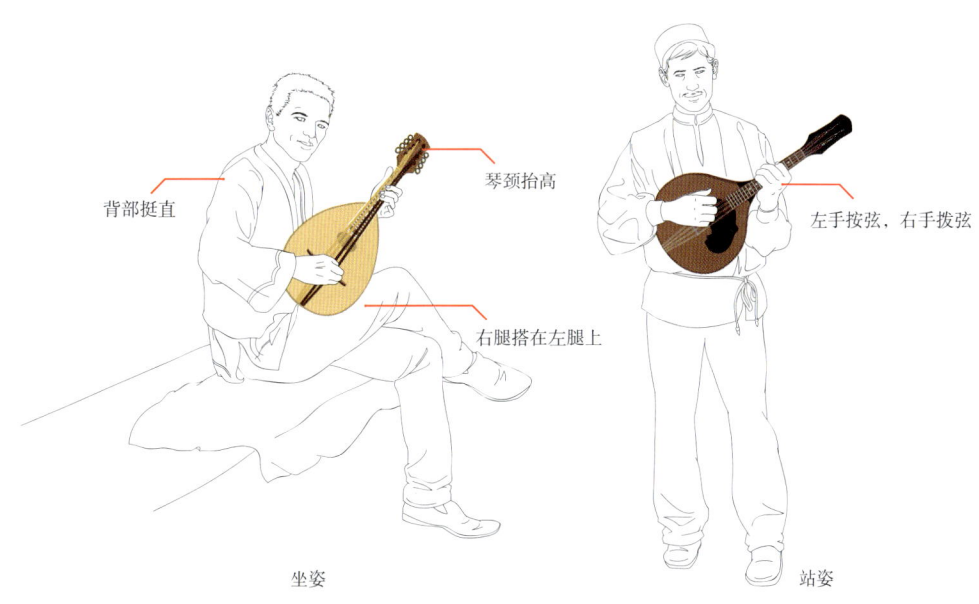

图九　塔塔尔族曼陀林使用姿势图

图十　塔塔尔族曼陀林使用氛围图

塔塔尔族奥伦多克

图一 塔塔尔族奥伦多克主图

奥伦多克是塔塔尔人室内常见的一种椅子，其从造型到工艺都是十分典型的欧式家具，风格既典雅又现代，广泛使用在塔塔尔族的家庭住宅内，用于会客、聚餐等场合。奥伦多克整体高约84厘米，座面高约46厘米，椅子采用榉木、桦木、橡木、水曲柳等实木制成，靠背和腿均用曲木工艺制成，椅面用胶合板或者竹编镶成。这种椅子在20世纪初开始在塔塔尔族家庭中流行，其采用工业化生产方式制作，运用了蒸气和弯木的现代家具技术，不仅增加椅子的产量、降低生产成本，也形成椅子各种独特的造型。它是一款真正意义上的现代技术与风格的产品。

奥伦多克是由弯木制成，由于木材缺乏塑性，因此在木材弯曲之前必须进行软化处理。软化处理可增加木材的塑性，使弯曲加工顺利，并在变形状态下进行干燥处理，恢复木材原有的刚性和强度。实木弯曲成型可以分成三个阶段：软化、弯曲和在模型框架中干燥冷却定型。木材首先需要刨成方材，然后经精确加工裁成弯曲长度。为达到可弯曲的性能，必须先将加工件进行软化。传统的软化方法是蒸煮法，把水分和热量当作木材的软化剂。一般将准备好的木材放在一定条件的蒸汽中进行软化。在弯曲时，将工件放在金属夹板中，弯曲成一定的形状。此外，还要对工件进行降温处理，将其放在低温干燥室中进行干燥后定型。奥伦多克是大规模家具生产方式下的成品，每个人负责制作各自的配件，最后将弯曲成型的工件进行装配成完整的椅子。椅子主要由6个主要部件组成，分别是两条前腿、靠背和两条后腿组成一体、旁侧两短的连接条、靠背一条小弯木、座位以及连接四条腿的圈档。装配时将两条前腿插入座位圆圈前部，里面有两个三角撑，其他部分如圈档与椅腿、靠背小弯木与长条弯木、长的弯木条与座位、座位圈与后腿两处的连接都用螺丝螺帽以及垫片。奥伦多克椅的结构线条是弯曲成的曲线，经过扭转的木构非常优雅流畅，表达出现代家具独特的工艺美。

塔塔尔族的奥伦多克是一种外来的现代产品，起源于19世纪60年代，由德国人米其尔·索奈特所创造。这种弯木家具一经问世就大量生产，盛期时的年产量达到了10万件，并传播各地使用。塔塔尔族群大量聚居东欧平原东部伏尔加河流域，这种椅子也在这一地区的鞑靼人生活中流行起来。在19世纪末至20世纪初，塔塔尔人大规模从俄国移居新疆，这种欧洲著名现代家具也随之在新疆地区使用。新疆的塔塔尔人在20世纪中期。开始从事手工业生产，也有这种家具制作技术流入，到20世纪末他们已经大量自己生产这种椅子。由于与西方文化血缘的相通，塔塔尔人甚至比内地人更早在家具制作上接受和使用现代先进的弯木工艺和工业化生产。这种简洁的现代风格椅子在塔塔尔家庭中广泛流行，很好地装饰了塔塔尔族人的室内生活空间，并与木床、衣柜、高桌等其他家具饰品融为一体。

图片来源

图一　施王辉　制图

图二、图六至图八　陈方圆　制图

图三至图五　施王辉、陈方圆　制图

图二　塔塔尔族奥伦多克三视图（单位：cm）

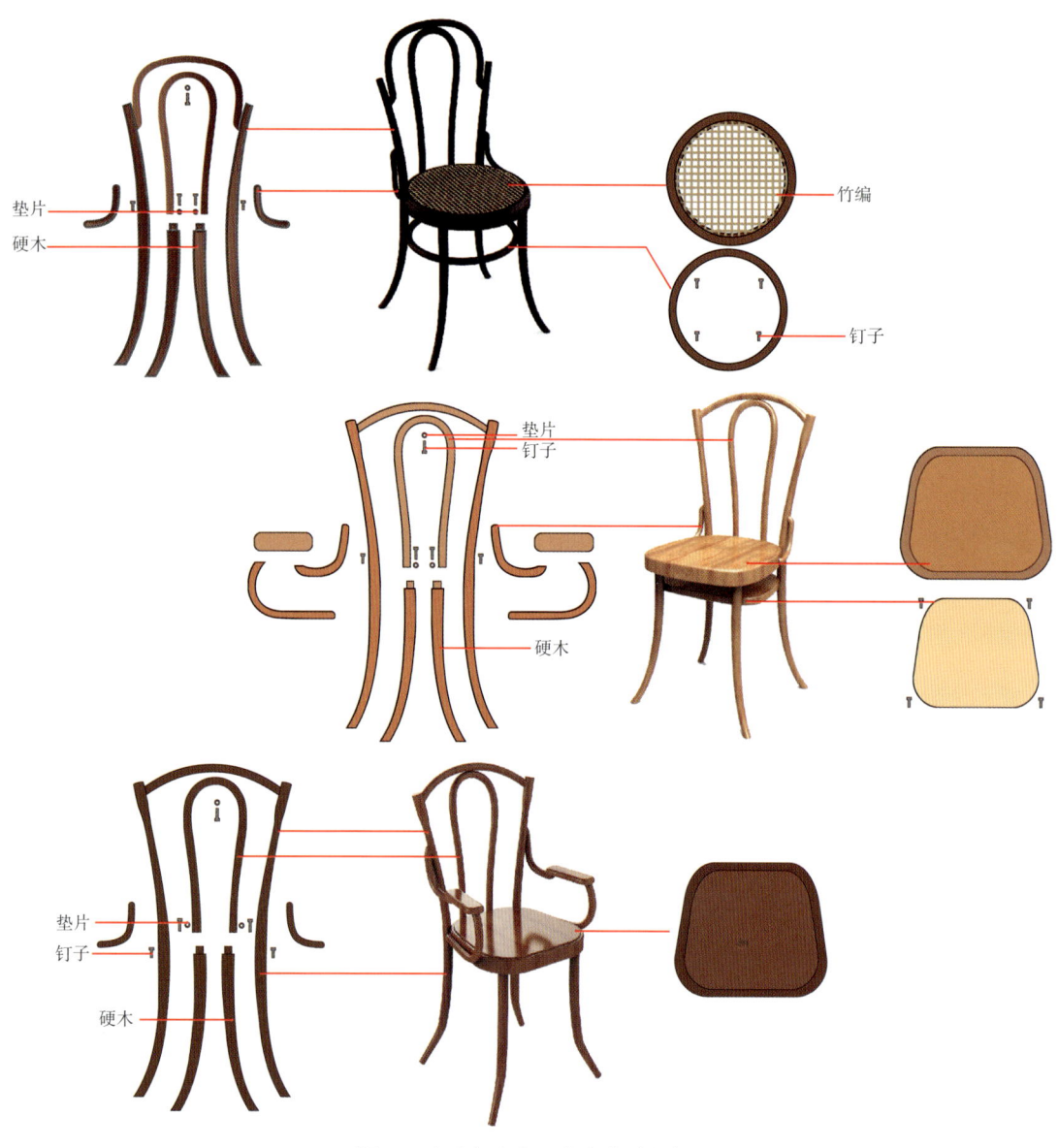

图三 塔塔尔族奥伦多克构造分析图

木条 描述	材料特性	图片
榉木	重、坚固、抗冲击，蒸汽下易于弯曲，易造型，刨钉性能好。	
水曲柳	加工性能良好，能用钉、螺丝及胶水良好固定，可经染色及抛光而取得良好表面。适合干燥气候，且老化极轻微，性能变化小。	
橡木	红橡木坚硬沉重，具有中等抗弯曲强度及刚性，断裂强度高，具有极好的抗蒸汽弯曲性能。	
桦木	桦木木质细腻偏软。易加工，切面光滑，油漆和胶合性能好；树皮柔韧美丽。	

图四 塔塔尔族奥伦多克材料特征分析图

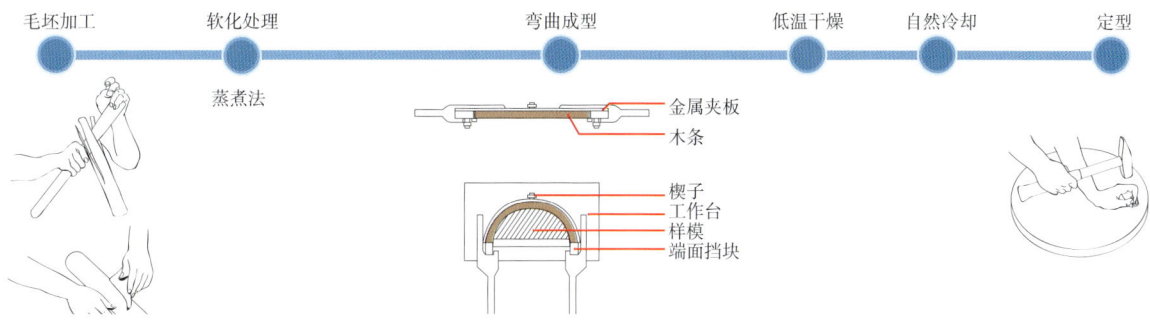

图五 塔塔尔族奥伦多克制作流程图

图七 塔塔尔族奥伦多克场景放置图

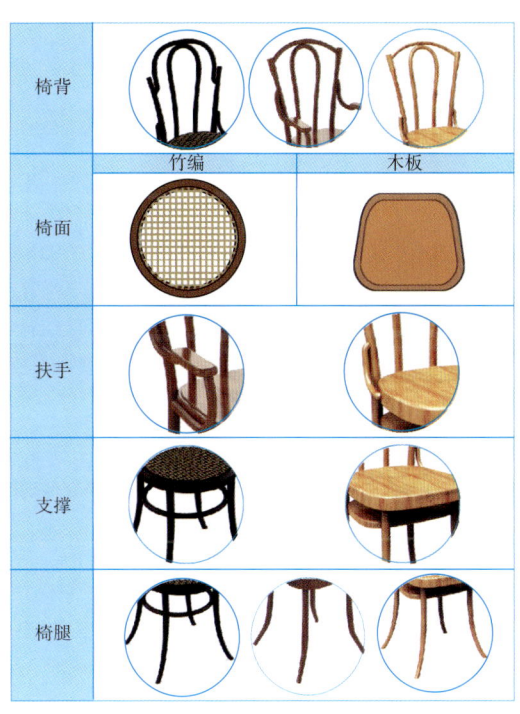

图六 塔塔尔族奥伦多克主要特征分析图

图八 塔塔尔族奥伦多克使用示意图

第四章 塔塔尔族传统生活用具

153

塔塔尔族阔阿尔瓦

图一 塔塔尔族阔阿尔瓦主图

阔阿尔瓦是塔塔尔人使用的一种载货运输的小拉车，呈四四方方的盒子状，由结实的木材拼装而成，经久耐用。阔阿尔瓦常见于伊宁、塔城等塔塔尔人聚居地区，可由一人拉着走，也可两人一前一后推拉车前进。塔塔尔族生活地区地势高，冬季漫长，气候寒冷，当年积雪，次年春季才能融化，物资不是随时都非常充足。所以塔塔尔人经常需要集中购买，而运送货物的交通工具对村民格外重要，姑娘去市集购置物品时就会拉着阔阿尔瓦，车厢里面可装不少货物。尤其是在塔塔尔族撒班节、肉孜节和古尔邦节等传统节日到来前夕，妇女们都会拉着阔阿尔瓦到繁华集市采购节日用品和日用品。

阔阿尔瓦车板长约80厘米，宽约50厘米，后部挡板高出车身约20厘米，有四个直径20厘米左右有轮辐的轮子。阔阿尔瓦常用新疆五针松来制作，五针松只在新疆出产，木材优良，材质轻软，结构细，耐久用，可作建筑、家具等用材。阔阿尔瓦常常供妇女或家庭成员日常采购之用，因而非常适合材质轻巧、结构细腻的五针松来制作。阔阿尔瓦是用多块木条打成形状类似方盒的车厢结构，木板与木板之间采用榫卯接或木钉钉牢连接，后部多加一块木板用于隔挡货物以免掉落，前部有可拴麻绳的拉杆。车厢底下的横轴加四个轮子。轮的边框由月牙状板拼凑而成，圈内箍上铁圈，为的是禁受住外力，不至于断裂。阔阿尔瓦的车内容积较大，能够装载不少货物。塔塔尔人很喜欢阔阿尔瓦这种日常实用的便利小车，他们会在车厢上雕刻各种精致的传统纹饰，体现了他们对生活的热爱和趣味。

在过去每到过节都能看到塔塔尔妇女儿童结伴推着小车,快乐赶往热闹的市集,然后推着满车的货物回到家中。随着经济的发展,塔塔尔人如今也使用现代化的运输工具,而这种人力运货的小车也还能看到被塔塔尔妇女所用,也让我们联想起过去人们推车购物那种充满生活气息的画面。这种车还在日常生活中使用,其最大的设计亮点就在于轻巧方便。其尺寸设计十分合理,刚好能装足够的货物,而且一般妇女都能够拉动,尾部突出的部分能有效防止货物掉落。这些塔塔尔人的设计智慧还适用于人们日常生活和需求,就算现代化工具在一定程度上仍无法完全替代。

图片来源
图一、图二　吴栋　制图
图三　于洁　制图
图四至图十一　刘筠璨　制图
图十二　闫雪　制图

图二　塔塔尔族阔阿尔瓦三视图

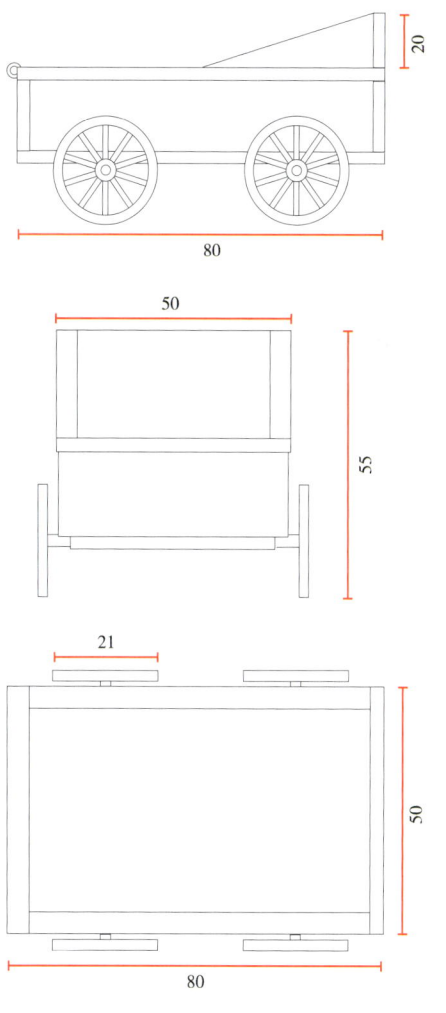

图三　塔塔尔族阔阿尔瓦尺寸图(单位:cm)

第四章　塔塔尔族传统生活用具

155

新疆五针松

图四　塔塔尔族阔阿尔瓦材质分析图

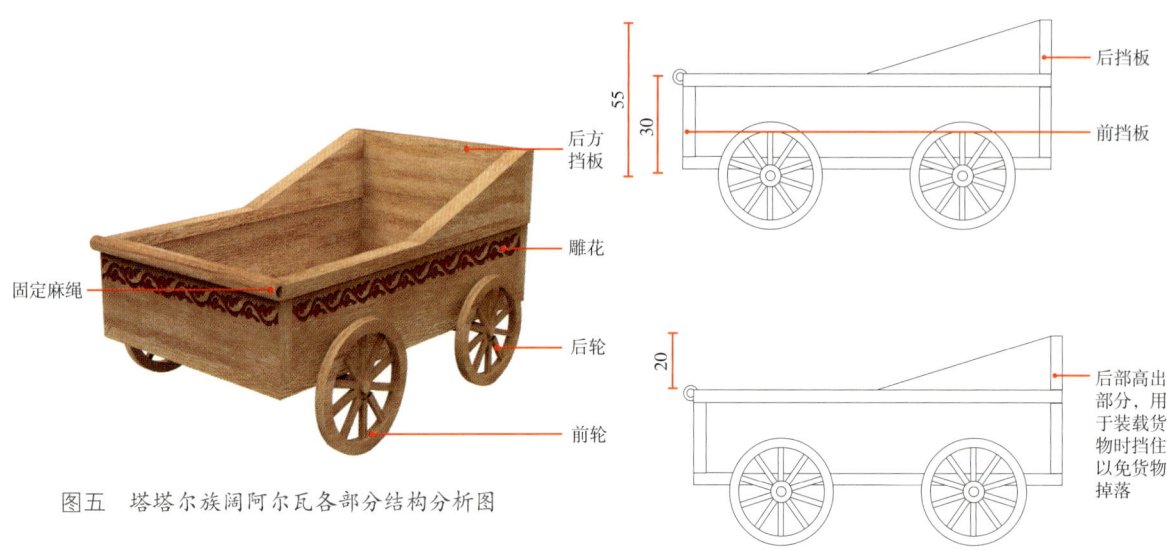

图五　塔塔尔族阔阿尔瓦各部分结构分析图

图六　塔塔尔族阔阿尔瓦结构分析图（单位：厘米）

榫卯结构分析	
榫卯名称	使用范围
暗榫	两块木板平行两端对接
燕尾榫	两块木板垂直对接
勾挂榫	用于嵌入式木制结构

图七　塔塔尔族阔阿尔瓦榫卯结构分析图（1）

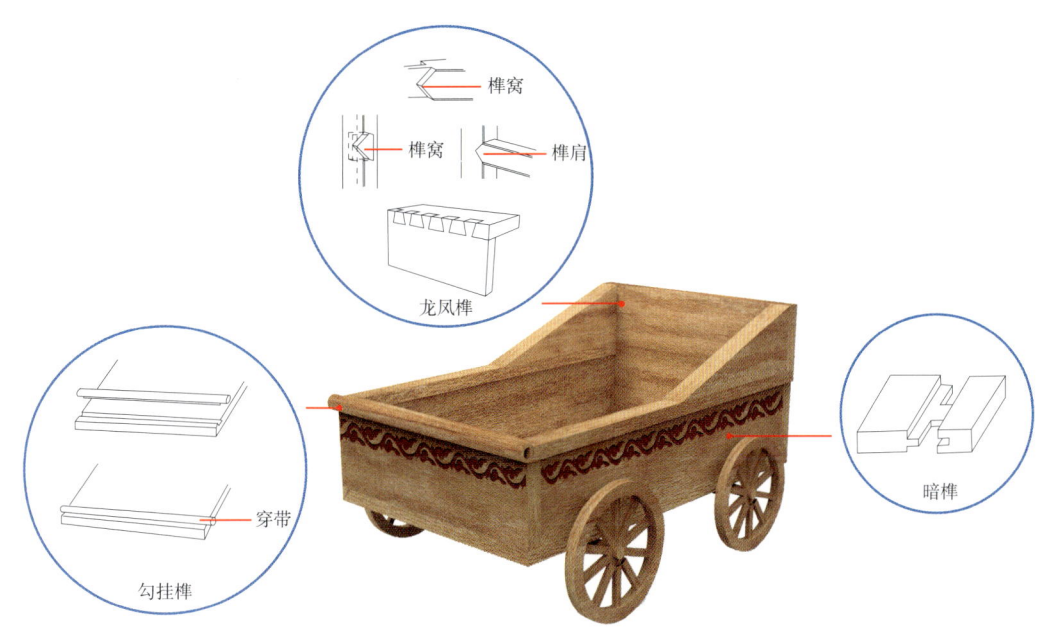

图八　塔塔尔族阔阿尔瓦榫卯结构分析图（2）

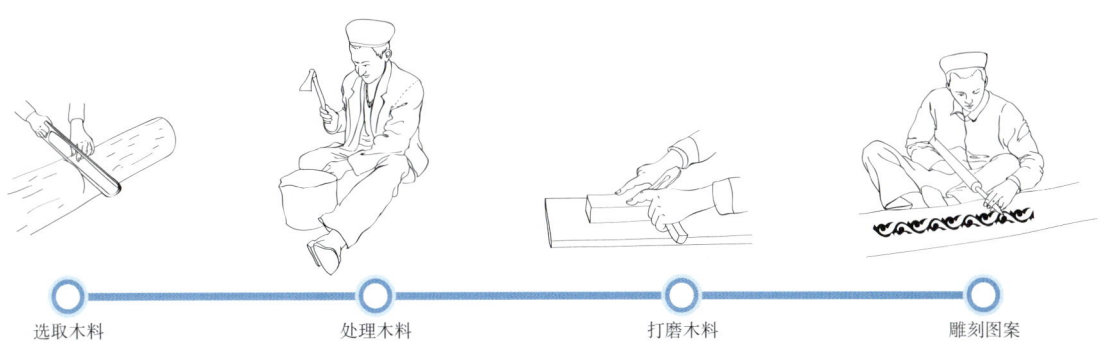

图九　塔塔尔族阔阿尔瓦工艺图

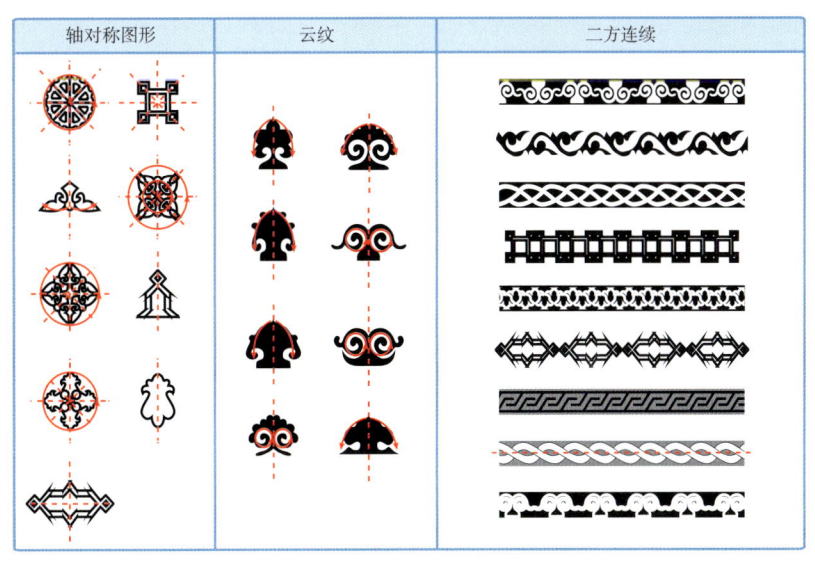

图十　塔塔尔族阔阿尔瓦图案分析图

图十一　塔塔尔族阔阿尔瓦货物分析图

图十二　塔塔尔族阔阿尔瓦使用图

塔塔尔族恰纳

图一　塔塔尔族恰纳主图

恰纳是塔塔尔族一种冬季常见的交通工具，也就是爬犁、雪橇，主要用马拉，人坐在车上，在冰雪上滑行，轻便精巧，不仅见于塔塔尔族，也是新疆高海拔地区牧民常用的交通工具。恰纳底脚平直，底部安装有厚铁片，前端向上弯曲，这种设计能很好地减小摩擦阻力，使行进轻快。

恰纳主要制作材料是白桦木，木材色为黄褐或黄白色。牧区山村都有擅长做爬犁的人，他们用柔韧的白桦木为原料，做U形马拱时，要把桦木放进开水锅里烫，烫软后把一头固定在模子里，另一头缓缓推进模子。放置7天后，马拱成形。爬犁接触地面的部位，被刨得光滑如镜，只要雪下够10厘米，爬犁怎样滑行，都不会有多少磨损。当然，当积雪厚到接近马肚子时，再强壮的马也无法驾驶爬犁了。塔塔尔人生活的地区冬季寒冷而漫长，将近半年，极端气温接近零下40℃，户外山川沟野之间雪特别大，往往填没了"道眼"，只有爬犁可以不分道路，依靠动物牵引，在冰雪世界中无碍穿行。塔塔尔族的恰纳多以马拉，常见的是单马爬犁，也有双马爬犁和双拉杆双马爬犁。普通的爬犁最多可坐4个人或300公斤重的物品。在冰雪中飞驰的马拉爬犁，速度比汽车、摩托车要快，每小时可达六七十公里，而且也很安全。

恰纳是塔塔尔族牧民冬季日常出行的必备工具，也可以作为运送草料、木料、饮用水等物资的运输工具，因地制宜，方便实用。还能根据具体环境和使用功能不断开发和改进，如跑长途的恰纳，爬犁架子设计更大，还常支上"睡棚"。这种睡棚用各种动物的皮子搭好，左右各留个小窗，里面有火盆、脚炉等，赶路人可过夜和抵挡风雪，比较舒适。如今，为了保护林区，树木不能随便砍伐，塔塔尔当地的爬犁匠人要向乡里申请，获得指定的采伐区域后才能伐树，而且挡板不一定用桦木，爬犁制作的成本价格也在不断上升，而随着旅游业的发展，爬犁又更加受到欢迎，国内外游客多喜欢乘坐马拉爬犁前往喀纳斯、禾木等景点观光旅游，马拉爬犁成为新疆地区冬季旅游的一个亮点。这种观光用的爬犁设计也更符合现代人口味。爬犁匠人会在爬犁上做4个座位，座位上铺上毡子，罩上刺绣，让游客们能在舒适和精致中享受"原驰蜡象"的驰骋感觉。

图片来源

图一、图二　吴栋　制图

图三　于洁　制图

图四至图九　刘筠璨　制图

图十　闫雪　制图

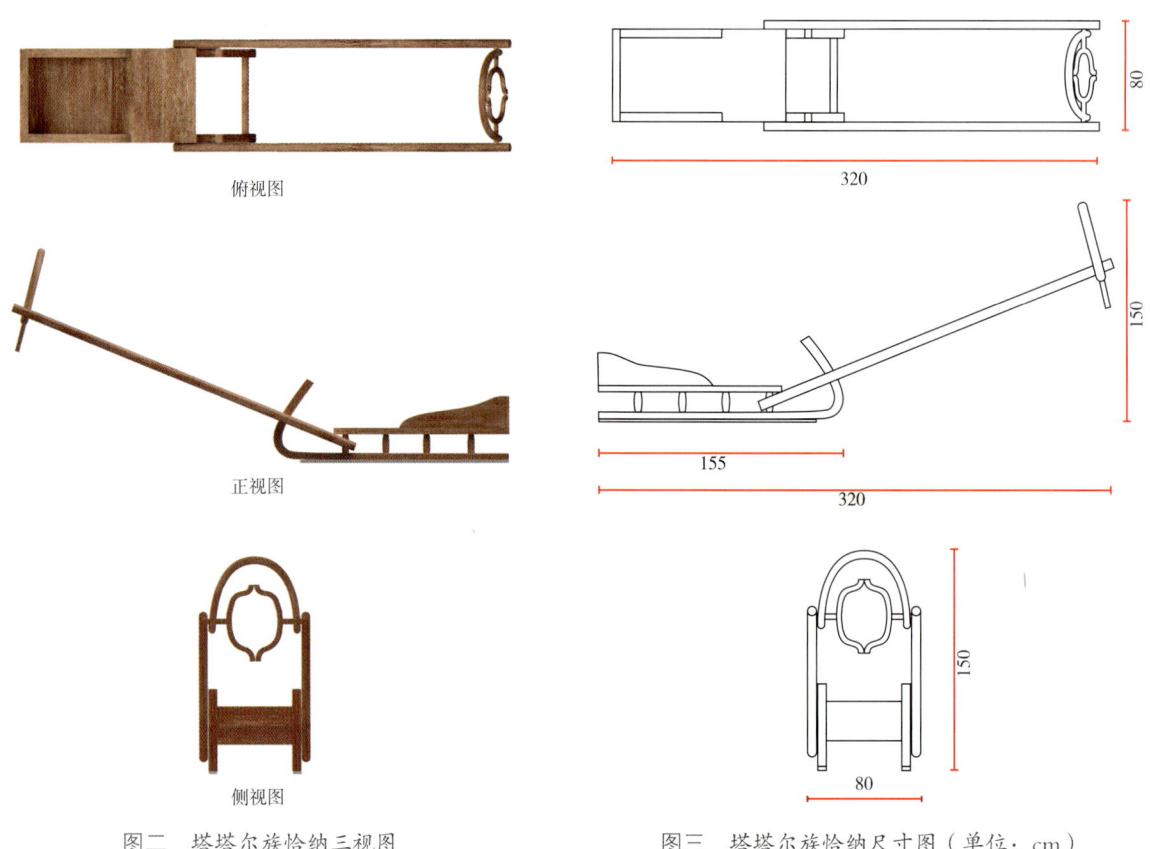

图二　塔塔尔族恰纳三视图

图三　塔塔尔族恰纳尺寸图（单位：cm）

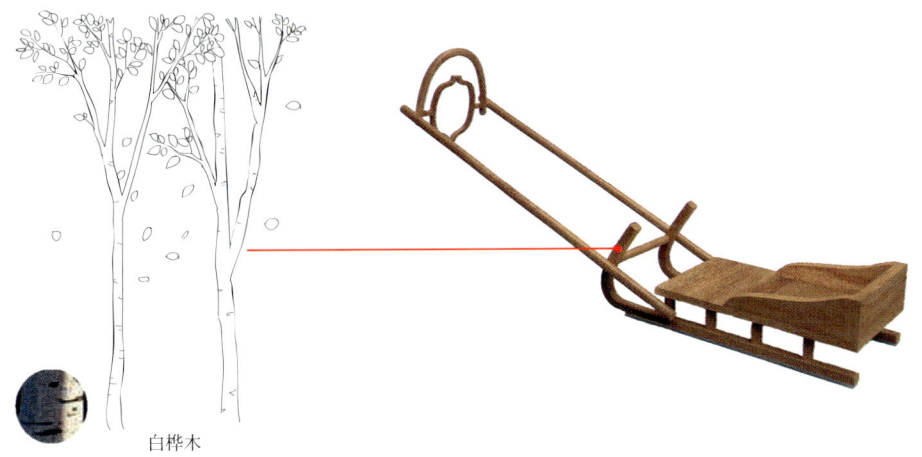

白桦木

图四 塔塔尔族恰纳材质分析图

U形马拱

扶手

靠背

底部装有铁片，减小阻力

图五 塔塔尔族恰纳结构分析图

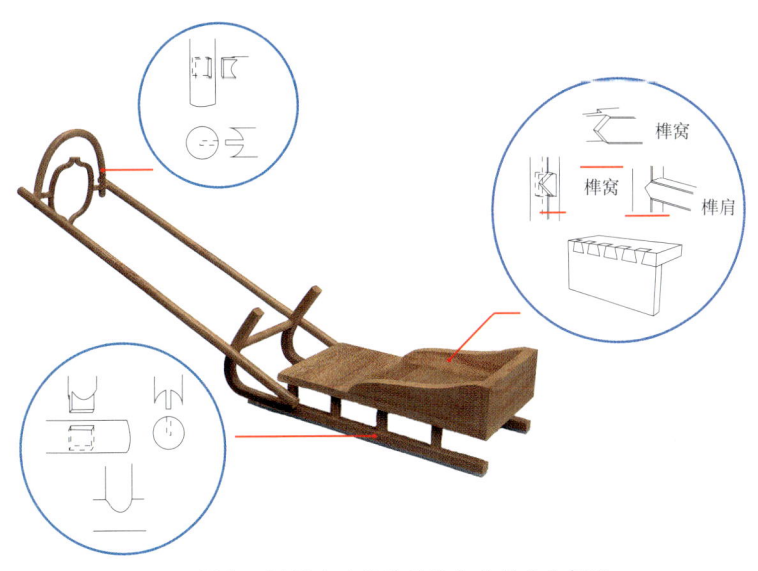

榫窝

榫窝　榫肩

图六 塔塔尔族恰纳关键部位结构分析图

第四章 塔塔尔族传统生活用具

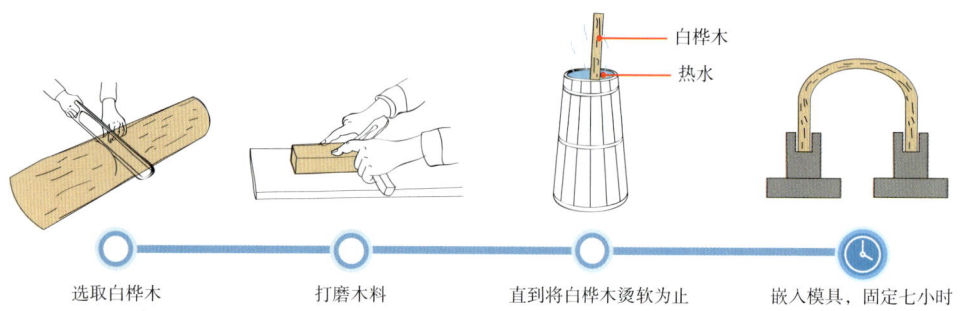

图七　塔塔尔族恰纳马拱加工工艺图

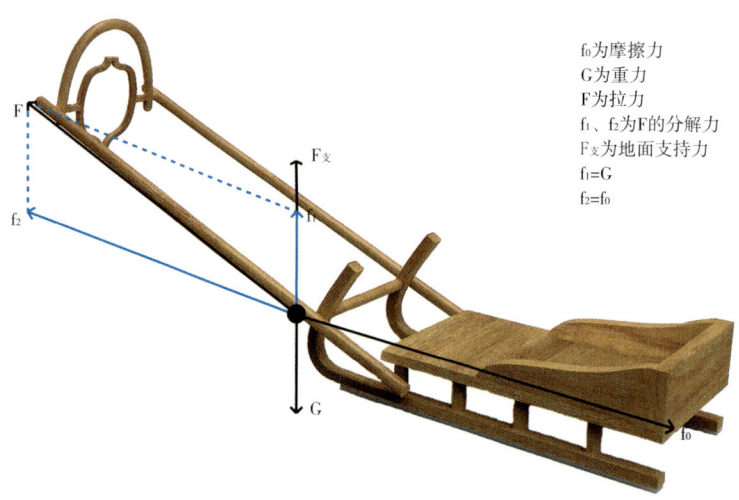

f_0为摩擦力
G为重力
F为拉力
f_1、f_2为F的分解力
$F_{支}$为地面支持力
$f_1=G$
$f_2=f_0$

图八　塔塔尔族恰纳受力分析图

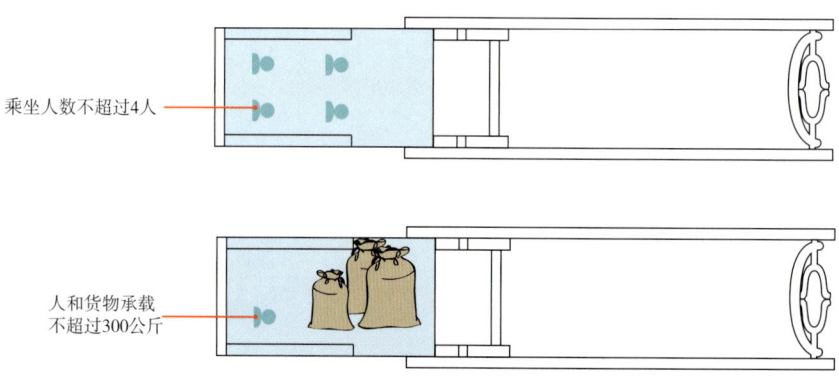

乘坐人数不超过4人

人和货物承载不超过300公斤

图九　塔塔尔族恰纳承载力分析图

图十　塔塔尔族恰纳使用示意图

塔塔尔族特拉西蒙卡

图一　塔塔尔族特拉西蒙卡主图

　　特拉西蒙卡是塔塔尔族一种小型的马拉四轮运输工具，俗称槽子车。两根牵引板上部平直，有4个车轮，通常由一匹马牵引。前轮直径约60厘米，后轮直径约100厘米，为了保持车厢的平衡，前轮轴上垫木较厚，后轮轴上垫木较薄。它的4个轮子由坚硬的木料加工而成，两个前轮和两个后轮分别架着一个梯形的棱木制成的大槽厢。车厢后轮上方装有木质靠背，靠背后面安装有摆放行李、箱笼的架子。特拉西蒙卡主要常见于新疆伊宁、塔城、乌鲁木齐等地区。塔塔尔族的先民是游牧民族，时常迁徙，特拉西蒙卡就是搬迁运载大型货物和人员。它由一匹高头大马拉着，即使在平路上行驶，也会发出"哐啷哐啷"的响声。若是在戈壁石路面上或在搓板路上奔跑，500米外都能听到它那震耳欲聋的声响。

　　特拉西蒙卡的主要制作材料是当地一种名叫夏栎的落叶乔木。它生长力强，在新疆塔城、乌鲁木齐等地大量生长，便于塔塔尔牧民就地取材。夏栎的心材坚固耐用，不仅用于制作特拉西蒙这种小马车，还常用来制作当地的家具及室内用品。用夏栎制成的产品很易被分辨出来，当近看其垂直于纤维上的横截面时，可清楚看到特别阔的黑至浅棕色的年轮。由于长途运输工具在使用中要经受大量颠簸，而这种木料既易获得又耐磨损，是制作特拉西蒙卡的最佳选择。车身有两根顺梁，顺梁的一端接后轴，一端作为运输施力端，梁上装车架，便可载货。车外侧轴上插有销子，不让轮子外脱。车轮的边框由月牙状辋板拼凑而成，外用铁钉箍上铁圈，车身上也箍上铁圈，为的是禁住外力，不至于断裂。

特拉西蒙卡坚固耐用，而且结构简单，其功能优点在于前部可以坐人，后部可以放置货物，十分完备，而且前后轮上方的垫木厚薄也不一样，为的就是能够更好地适应人坐在车上的舒适性。特拉西蒙卡一般用于中、远途货运，每到长途迁徙或商队运输之时，十几辆甚至几十辆特拉西蒙卡不约而同地汇集途中，组成缓缓长队，车身颠簸的巨大声响连绵不断，掀起漫天尘埃，那场面实在壮观。随着社会的发展，这些传统的交通工具也逐渐被其他先进的交通工具所替代。大多数塔塔尔人也早已习惯定居生活，如今能够制作这些传统交通工具的人也越来越少。然而这种木制四轮车却是见证了塔塔尔人那些并不久远的艰辛生存的过去岁月和从中所产生的设计智慧。

图片来源

图一、图二、图四　吴栋　建模渲染

图三、图八　于洁　制图

图五至图七、图九、图十　刘筠璨　制图

图十一　闫雪　制图

图二　塔塔尔族特拉西蒙卡三视图

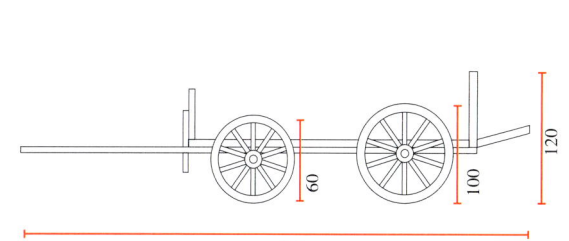

图三　塔塔尔族特拉西蒙卡尺寸图（单位：cm）

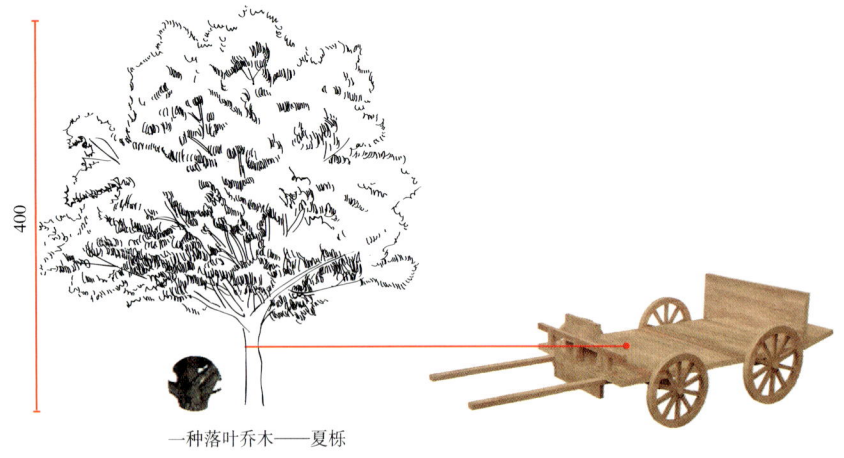

图四 塔塔尔族特拉西蒙卡材质分析图（单位：cm）

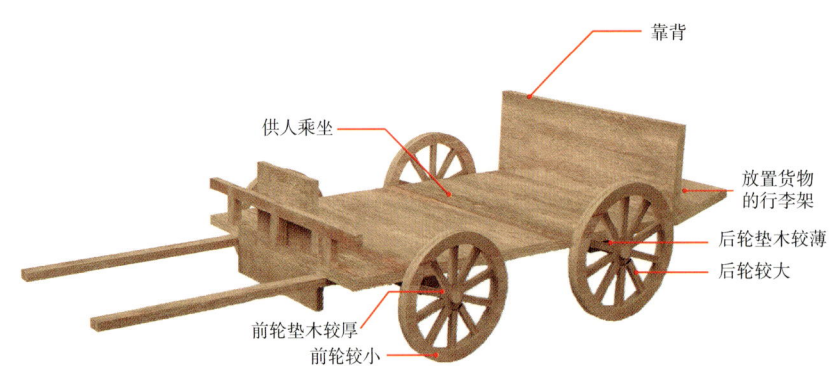

图五 塔塔尔族特拉西蒙卡结构分析图

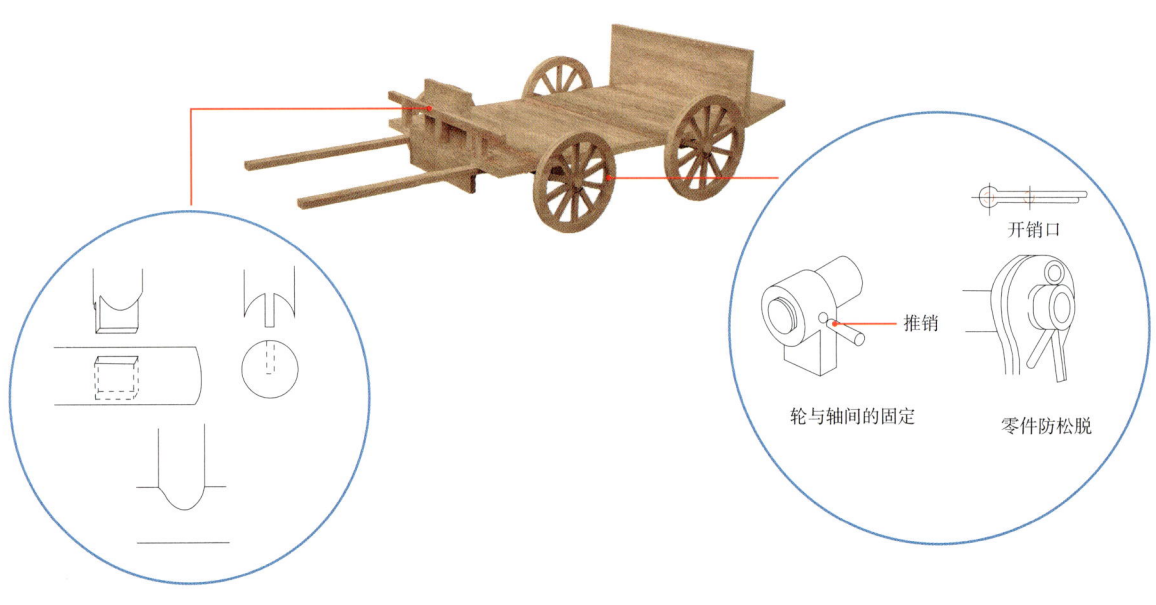

图六 塔塔尔族特拉西蒙卡重要结构分析图

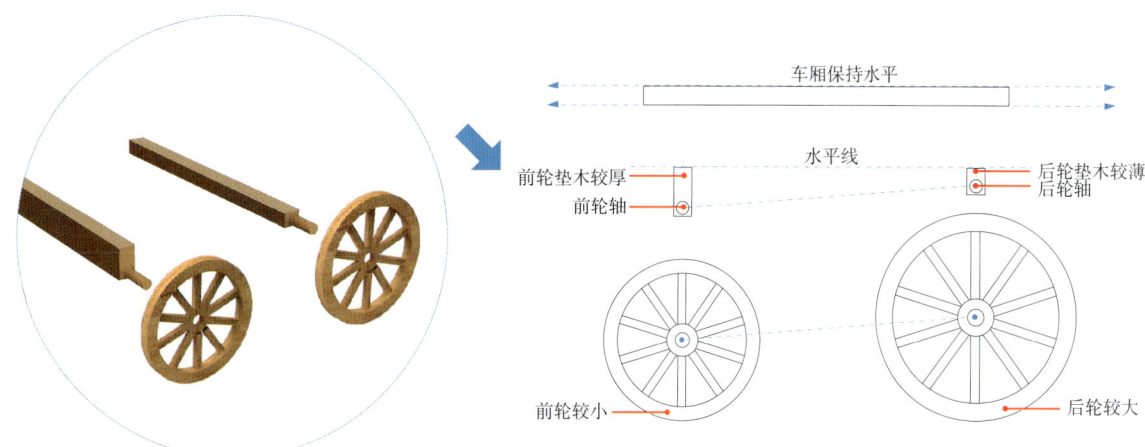

图七　塔塔尔族特拉西蒙卡车轮及轴部分析图

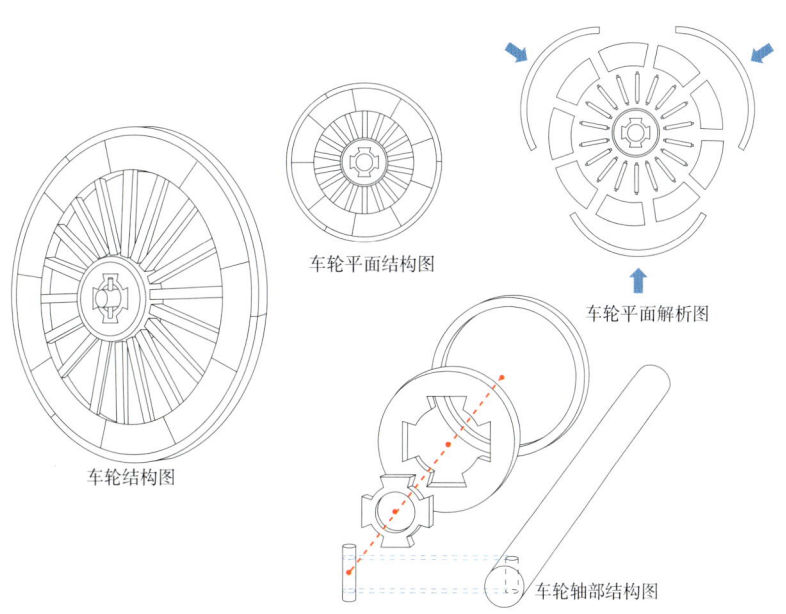

图八　塔塔尔族特拉西蒙卡车轮结构图

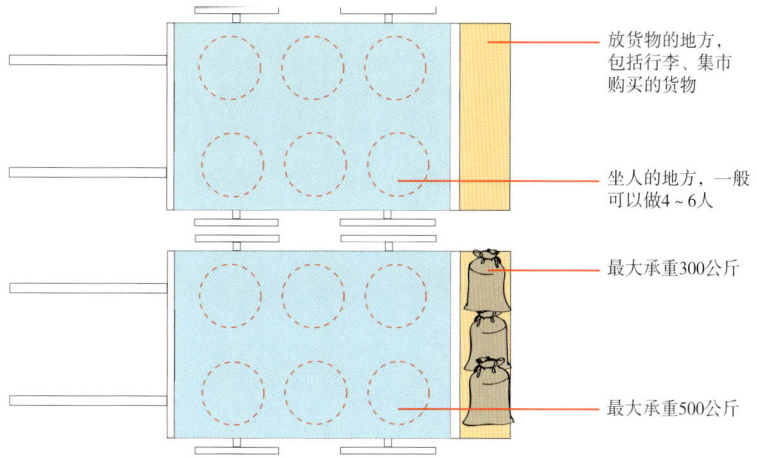

图九　塔塔尔族特拉西蒙卡使用功能分布示意图

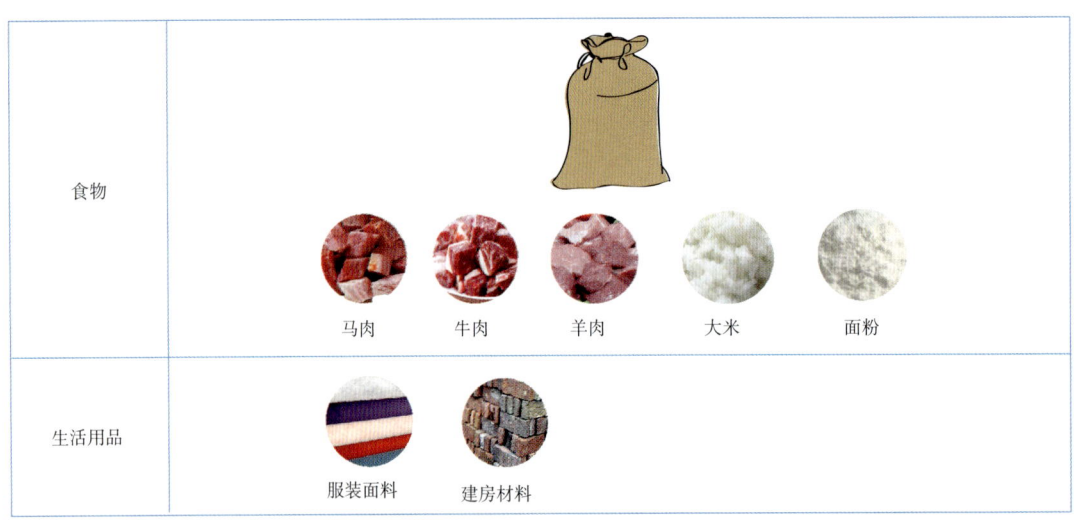

图十　塔塔尔族特拉西蒙卡载货分析图

图十一　塔塔尔族特拉西蒙卡使用示意图

塔塔尔族皮里台

图一　塔塔尔族皮里台主图

"皮里台"是一种结构简易、方便搭建的灶炉,也是塔塔尔语中"土质灶台"的音译,在塔塔尔族人以及新疆北部其他少数民族日常生活中都十分常见。塔塔尔先民既有流动的畜牧经济,也有农业定居的生活,无论生活在帐篷还是传统房屋内,都适用这种设计紧凑、功能多样、方便移动的灶炉,来满足日常需要。皮里台一般都安置在帐篷或客厅中间位置,不仅方便做饭煮水,冬天也可作为火炉取暖。

塔塔尔族的皮里台多为家庭手工搭建,有的皮里台外壳用铁皮制成,常见是用土坯和砖砌成。土坯制的皮里台最为传统,导热性和保温性好,并且安全可靠。皮里台与新疆地区其他种类的炉灶相比体积稍小,炉身呈四方形,最高约80厘米,上部炉口平台呈正方形,边长约60厘米,依照家庭使用习惯,可适当调整高度和炉身大小,方便搭建和使用。一般的皮里台前面大多有3个开口,功能各不相同,最下面的是土制的出灰口,用来掏出燃料的灰烬残渣,中间最大的口用来填放木柴或煤炭等燃料,并在炉口上留有5个圆形的孔洞以方便空气进入。上方较小的炉口盖一般不打开,当需要大火烧水做饭时,将小炉门盖打开,增加进氧量,加快燃料燃烧。上面的两个口的门盖都是用铁皮制成,还有着美丽的花纹和图案。炉台上是铁制灶台盖,烹食烧水可直接放在上面,灶台盖设计巧妙,制成几层环圈结构,可配合不同尺寸的圆底锅使用,也可用这种结构来控制火力和温度,根据不同情况提高室内温度。炉子后面有排烟管通到住宅外面,烟筒是用铁皮砸成的，几节连接起来，伸到屋子外边。制作土制的皮里台需要先脱土坯，挖一坑黄土，把水和土拌匀和成泥。然后把泥盛在模子里，用抹子在上面抹平坦。接着，提出模子，泥就成了湿土坯。湿土坯稍硬一点，立成一个挨一个的"人"字晾干待用。垒炉子是技术活，多由塔塔尔经验丰富的匠人操作，需要一手垒坯，一手拿抹子上泥。垒好的土炉子是长方体，四边要用泥涂抹光滑，晾干以后刷成白色，炉膛内里使用碱土，炉膛下部加几根铁条，做成炉箅子，承煤漏灰，最后再制作铁制的炉盖和炉门盖。

皮里台种类和功能都很多，与塔塔尔族多种生活需求息息相关，可用以烧水做饭，北疆地区冬季较长，人们也习惯使用这种炉子取暖，此外皮里台还在上方加盖木板，可以烘烤被褥。皮里台炉门盖和灶台盖的装饰也十分精美，由此可见其在传统生活中还不只是一件普通器具。过去的塔塔尔人常常围坐在烤炉周围做饭取暖闲聊玩乐，皮里台其实成了塔塔尔人室内生活的中心。现在它已经被批量生产的取暖炉及煤炉所代替，传统皮里台日益少见。然而每当看到炊烟从老灶炉的烟囱里慢慢升起的时候，那飘出的淡淡清香，和着草原泥土的气息，将定格成一幅塔塔尔传统生活的永恒图景。

图片来源

图一至图四、图六至图九　于曈　制图
图五　于曈、徐靓　制图

图二　塔塔尔族皮里台主图还原图

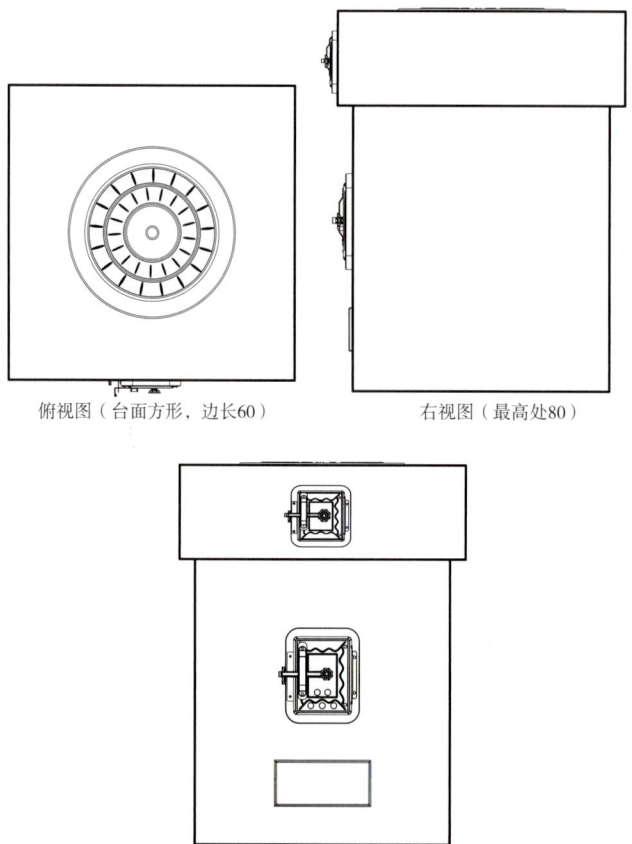

俯视图（台面方形，边长60）　　右视图（最高处80）

正视图（最宽处60）

图三　塔塔尔族皮里台三视图（单位：cm）

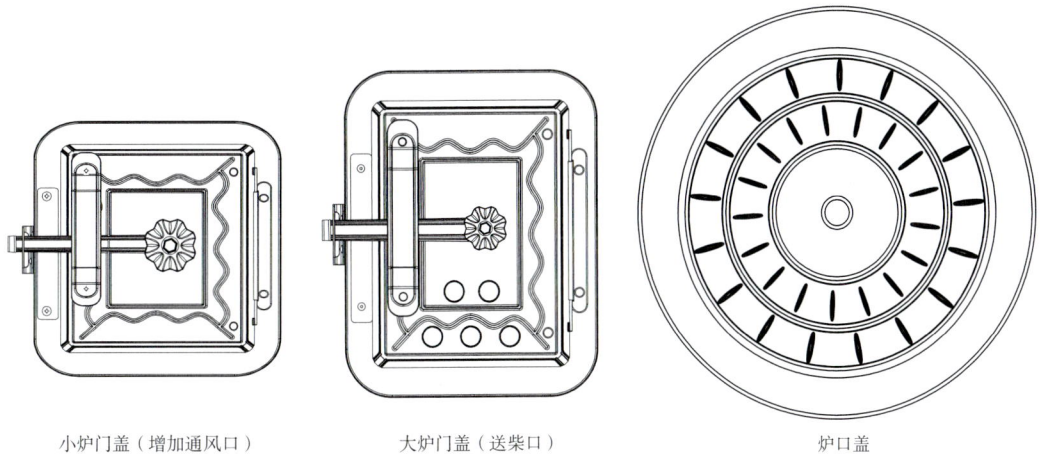

| 小炉门盖（增加通风口） | 大炉门盖（送柴口） | 炉口盖 |

图四　塔塔尔族皮里台小部件细节图

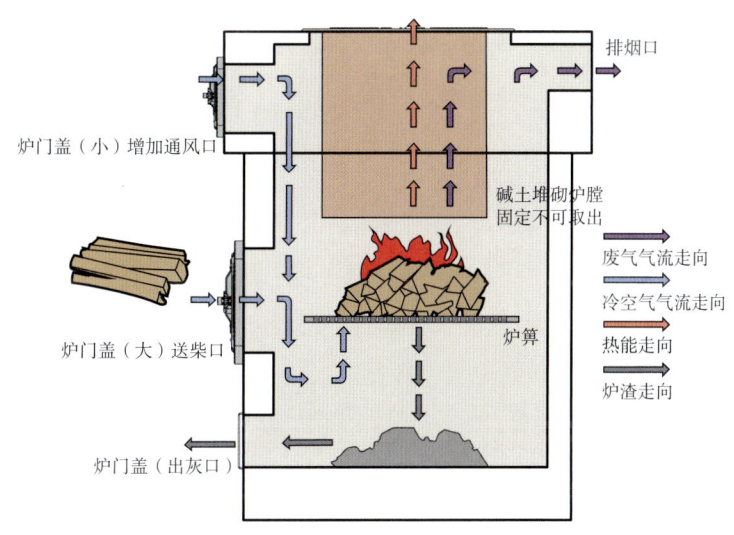

图五　塔塔尔族皮里台工作原理图

| 土坯材质 | 砖材质 | 铁皮材质 |

图六　塔塔尔族皮里台材质分类图

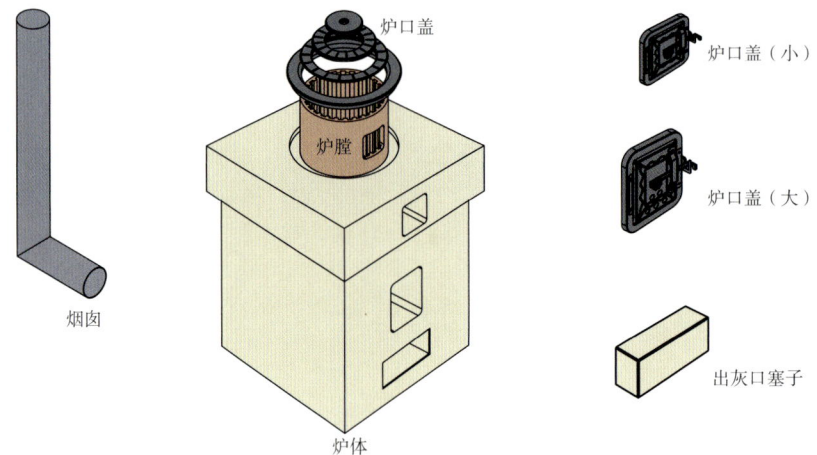

图七　塔塔尔族皮里台解析图

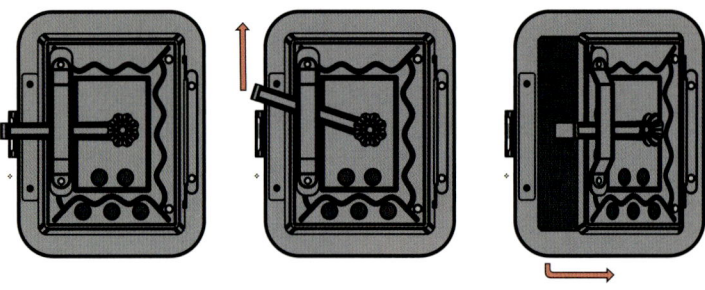

图八　塔塔尔族皮里台炉口盖工作原理图

图九　塔塔尔族皮里台使用情景图

塔塔尔族防风灯、罩子灯

图一　塔塔尔族防风灯、罩子灯主图

防风灯与罩子灯为塔塔尔族居民常用的传统照明用具，是由金属支架和玻璃罩子组成，以煤油作为燃料照明。防风灯亦称马灯、桅灯，是一种手提式、防风雨的煤油灯，无需专门的灯托，能挂能放，便捷性强。骑马夜行时，马灯能挂在马身上，符合塔塔尔族游牧迁徙之需求。罩子灯又称拉姆皮，是一种室内用的台上立灯，在远离电气的茫茫戈壁荒漠，其承担了塔塔尔族家庭夜晚照明的使命，成为塔塔尔族日常生活照明的必需品。

案例一为最为常见的防风灯。灯身全长约25厘米，提手展开全长共约38厘米，灯体以铜或铁质作为两边支架保护点灯的玻璃罩子，保证灯具能更好在野外使用。它以煤油作灯油，配上一根棉质灯芯，较为密闭，只在上端有气孔的玻璃罩子能防止油灯熄灭。灯体下端有一油皿，通过螺丝盖与外界全封闭隔离，做到油不滴漏。上端有两个铁盖，分层有空隙便于出气。两边支架上装有一根铁丝或铜丝作为提手。这种灯不仅适用于锅台灶角，还适用于塔塔尔族居民户外夜行游走时使用。本文案例二为一款较高档的罩子灯，高约38厘米，宽约12厘米，灯主体分为灯盏、灯头、储油灯座和雕花铜支柱，灯立柱下有银质四方形底座，上镶有四方形石条，下有2厘米高4个矮足。储油灯座为彩色玻璃制，外形如细腰大肚的葫芦，内注煤油。立柱头部安装圆形铜质灯头，灯头四周有一圈齿状花边，用来安放灯罩，正中有灯捻，把宽棉带的灯芯在灯头上安好，与灯盏拧紧，用铜质旋柄调节捻子长短。花形灯罩用玻璃制成，上面漏空。灯点亮后，必须把灯罩罩住，灯光才可以发挥出最好的光效。

塔塔尔族灯具的金工制作、立柱形态和细部装饰能明显看出受西方传统灯具的影响，而防风灯则直接是西来物品。在当时塔塔尔家庭中，灯具则是贵重物品，不仅制作精良，也不轻易使用。随着电气时代来临，防风灯、罩子灯等以煤油为燃料的传统照明方式也已经被替代，但是在塔塔尔族牧区，依然还能见到。在过去电气未普及时，罩子灯是灯光最亮的一种，塔塔尔族儿童们会很喜欢利用罩子灯玩一种"手影子"游戏，把自己的双手叠出不同的样子，墙上便有了鸭子、兔子、老鼠等多种动物。

图片来源
图一至图四、图七、图八　张亦驰　制图
图五、图六、图九至图十四　刘筠璨　制图

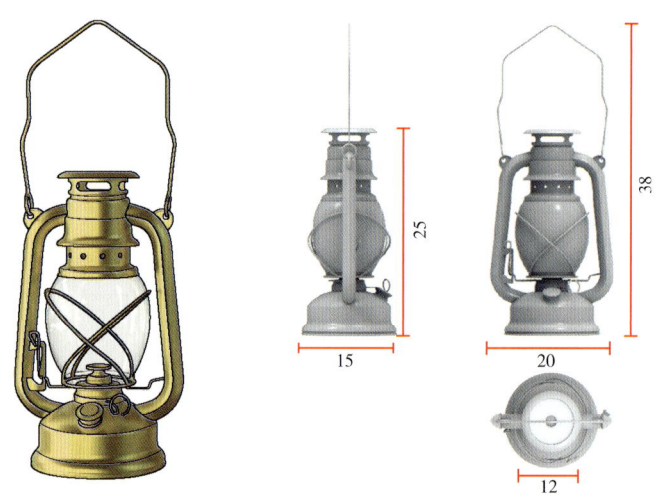

图二　塔塔尔族防风灯尺寸图及三视图（单位：cm）

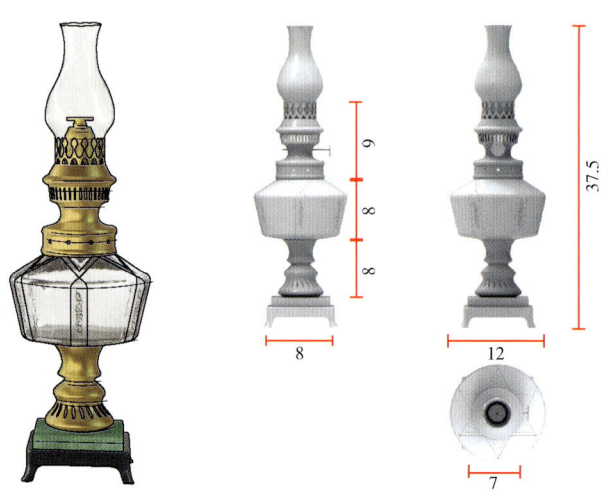

图三　塔塔尔族罩子灯尺寸图及三视图（单位：cm）

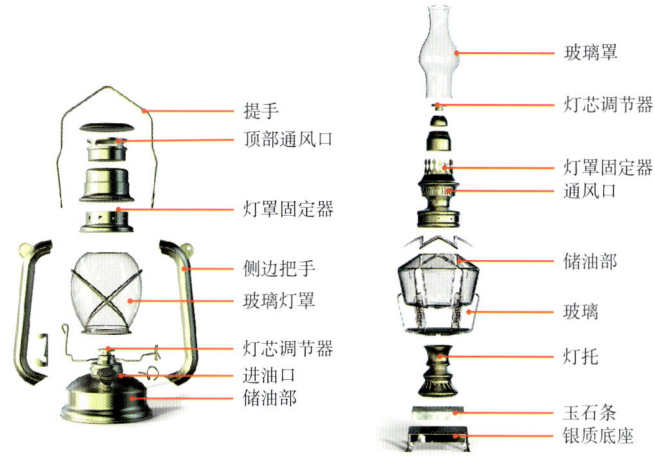

图四 塔塔尔族防风灯、罩子灯结构解析图

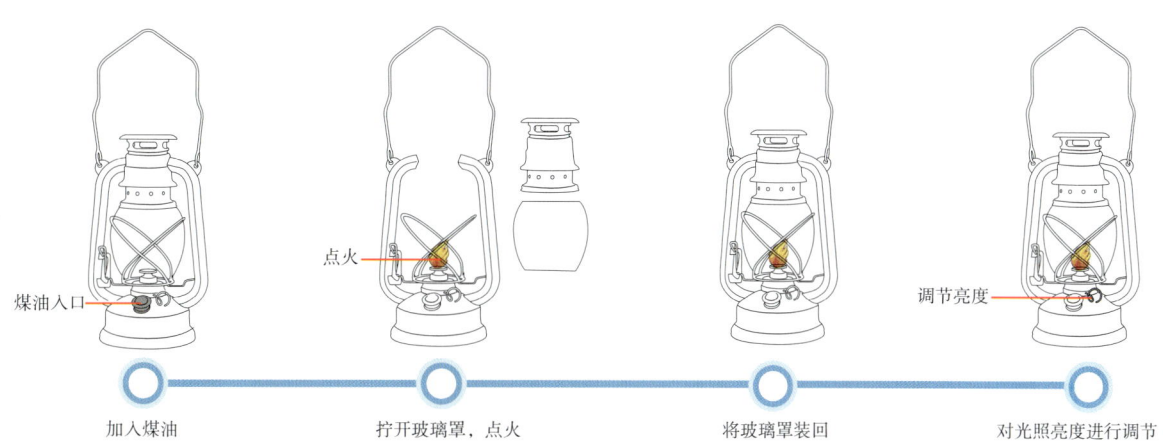

图五 塔塔尔族防风灯的使用方法图

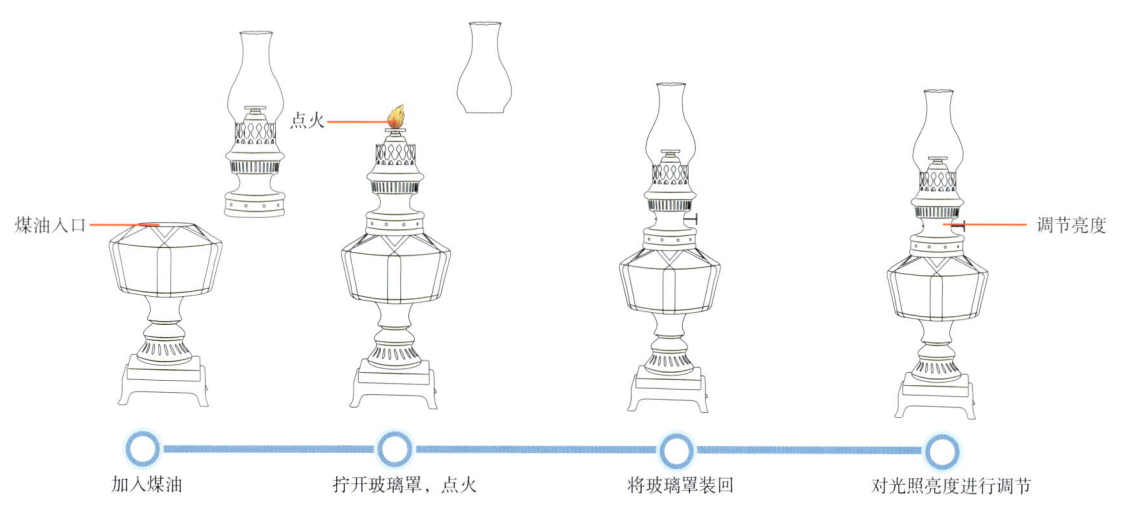

图六 塔塔尔族罩子灯的使用方法图

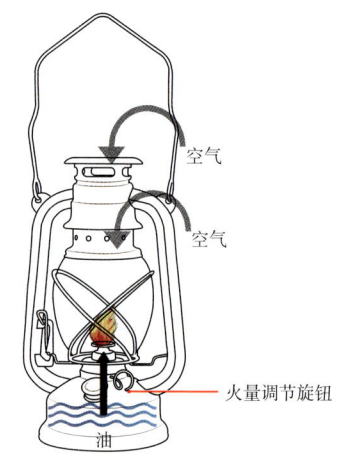
图七　塔塔尔族防风灯工作原理图

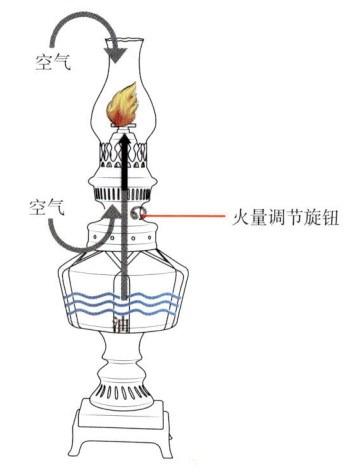
图八　塔塔尔族罩子灯工作原理图

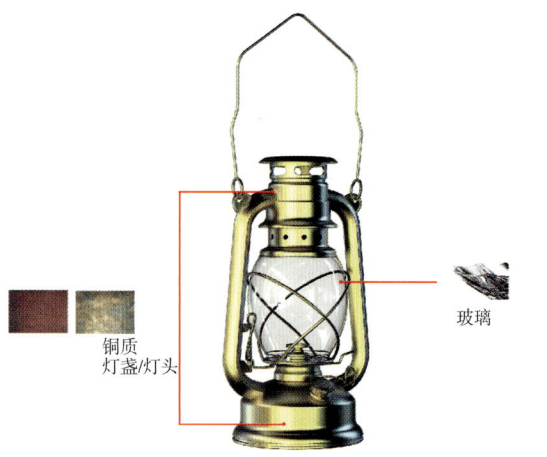
图九　塔塔尔族防风灯材质分析图

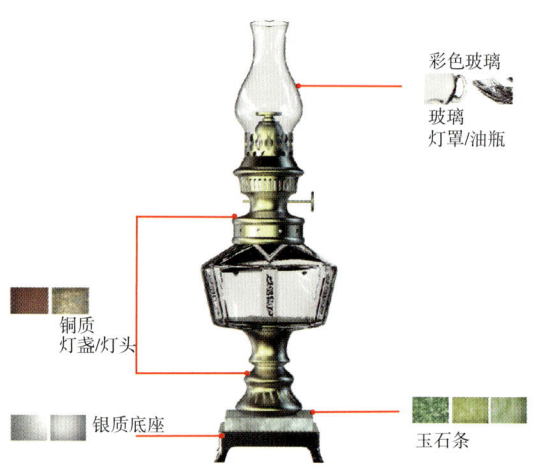
图十　塔塔尔族罩子灯材质分析图

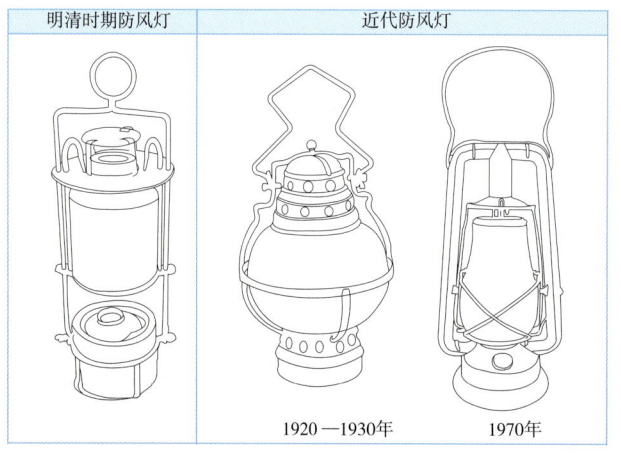
图十一　塔塔尔族防风灯与其他防风灯比较分析图

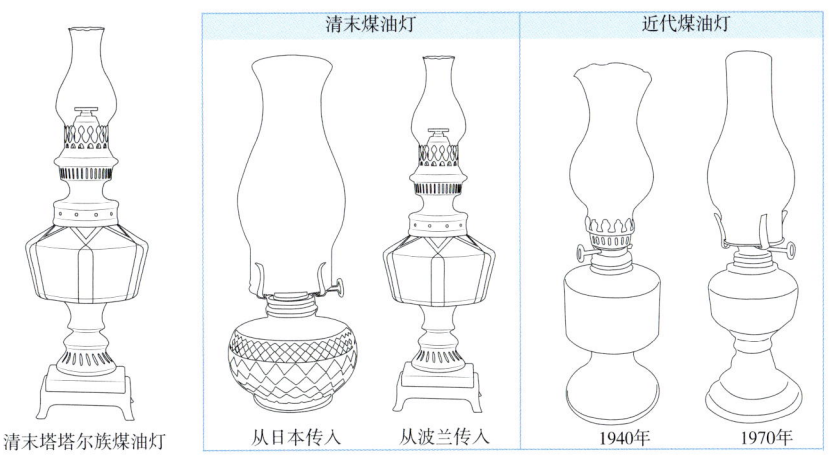

图十二　塔塔尔族罩子灯与其他煤油灯比较分析图

图十三　塔塔尔族防风灯使用示意图

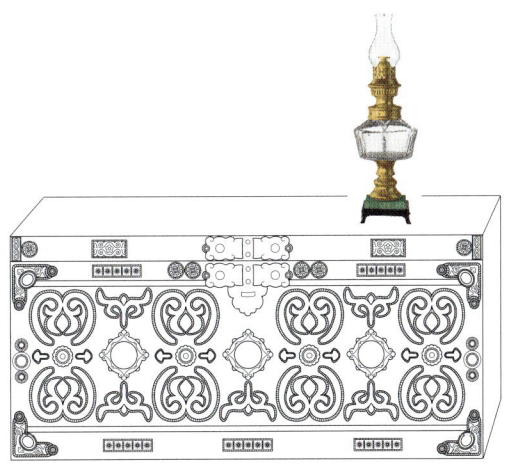

图十四　塔塔尔族罩子灯使用示意图

塔塔尔族派提努斯

图一　塔塔尔族派提努斯主图

派提努斯是塔塔尔族日常生活中常用的一种托盘,主要是盛放器物、给客人送茶和盛食端饭之用。派提努斯有圆形、椭圆形、方形等,会在盆子边缘做成曲线花边形状,盘子中间也有花卉纹样装饰,因而"派提努斯"这一名称也是"花盘"之意。其制作精巧,外观富丽,也常常作为嫁女的陪嫁物。

派提努斯有大小之分,小号派提努斯长30厘米左右,宽20厘米。大一点的派提努斯长45厘米,宽为35厘米左右。常见的派提努斯呈椭圆形,口沿有一定宽度,三四厘米,外缘做出曲线形状,两边有镂空形成端举的把手。派提努斯材质上有铜制、银制、铁制和木制多种,根据所用材质不同其制作工艺也是不同的。铜质派提努斯是由手工匠用锤子敲击捶打而成的,打制成型后,还在器具上通过錾刻、雕、批等工艺在盆子底部做出各种花卉暗纹图案。塔塔尔人还擅长制作铁质工艺品,用敲、砸、压、弯、拉、铆等工艺制成的铁质花盘也同样是造型纹饰十分优美。银制派提努斯较为高档,虽不多用,但也有见。木制的派提努斯更为常见,材质有杨木、胡桃木等,在木胚雕刻成型后用黑漆整体刷色,等待晾干,然后在托盘边沿和中心用植物和矿物颜料绘制出花卉装饰,最后会喷一层保护漆来固色。盘中的纹样以花卉和果实组合为主,繁密适中,装饰主体向四周扩散是其表现特点。花卉果实的纹饰不仅表达了塔塔尔族人民对大自然美好事物敏锐观察,也表达了对美好生活的企盼。

由于塔塔尔族早先是以游牧生活方式为主,因而所用餐具必须在迁徙搬运时方便取用、携带并不易损坏,金属和木制的餐具就最为适合。派提努斯也比内地一般的盘子更大，这也是适合游牧民族盛放大块肉类等食物并用手抓取食等饮食习惯。派提努斯这种花盘不只在塔塔尔族十分常见，也是柯尔克孜等其他民族日常生活中的典型物品，其工艺制作在新疆甚为普及，也在俄罗斯各地流传广泛。该器物的民族来源已难考据，但由此可见，塔塔尔族等西域民族文化之间相互的密切交流和深入影响。

图片来源

图一至图五　赵亭亭　制图
图六　薛楚颖、徐靓　制图
图七、图八　陈方圆　制图
图九　赵亭亭、陈方圆　制图

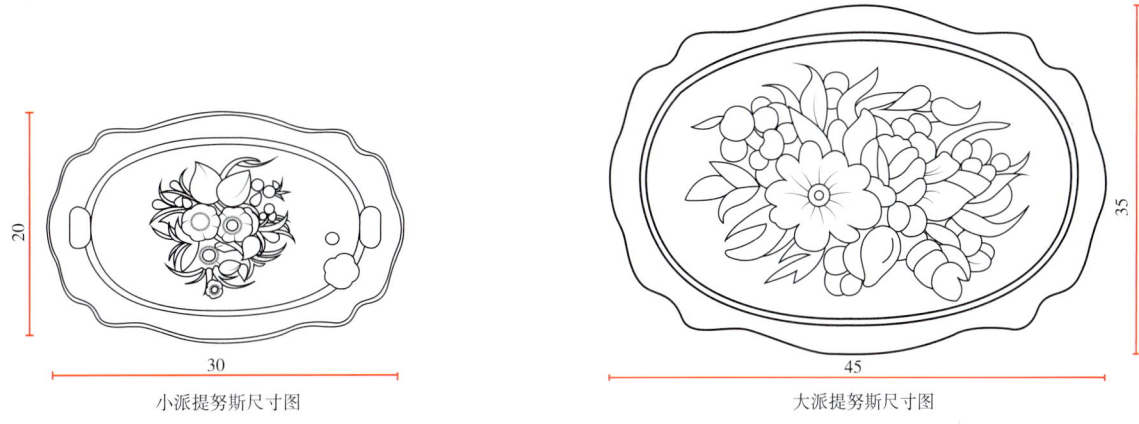

图二　塔塔尔族派提努斯尺寸图（单位：cm）

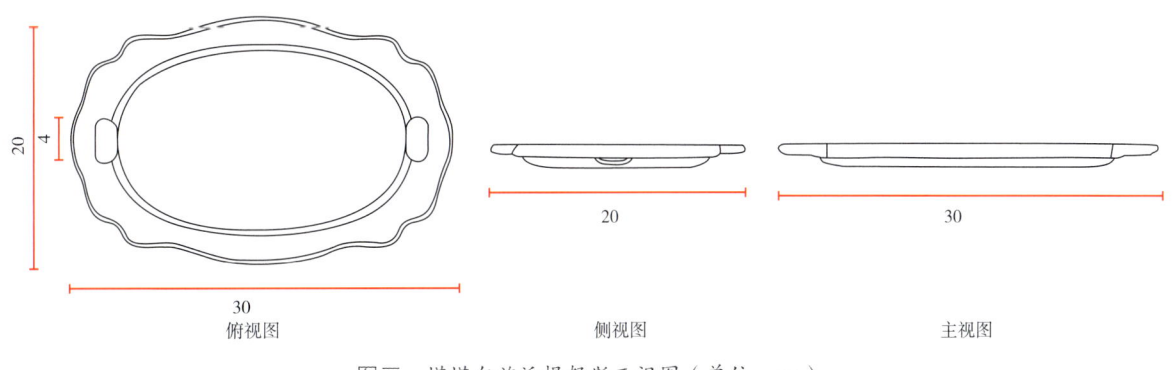

图三　塔塔尔族派提努斯三视图（单位：cm）

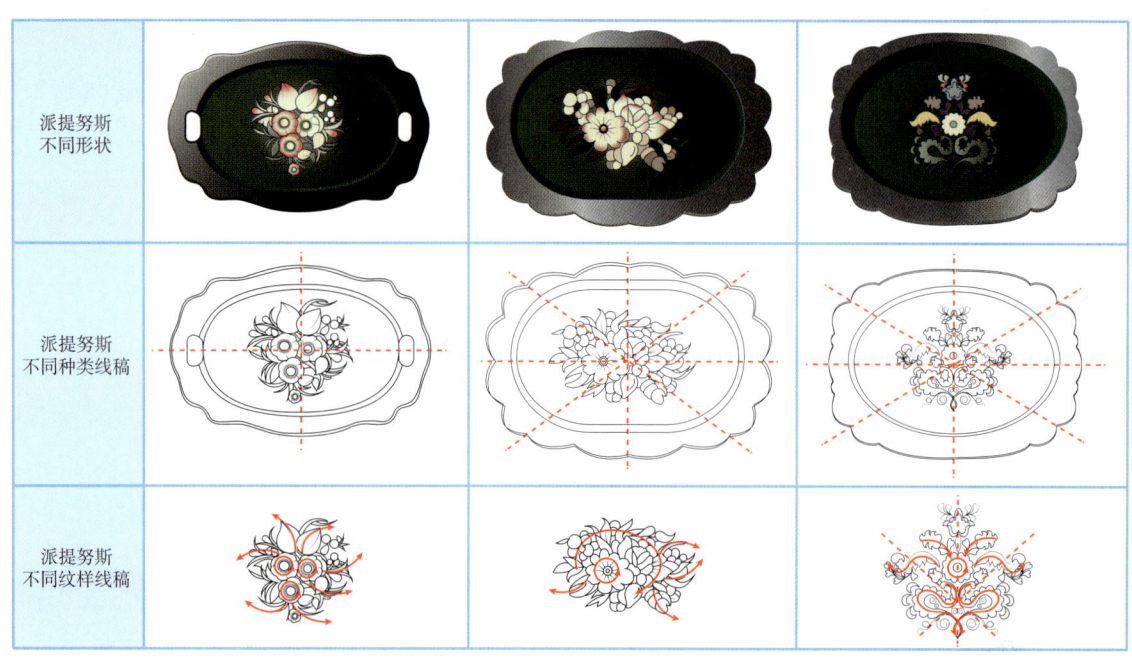

图四 塔塔尔族派提努斯不同形状与纹样示意图

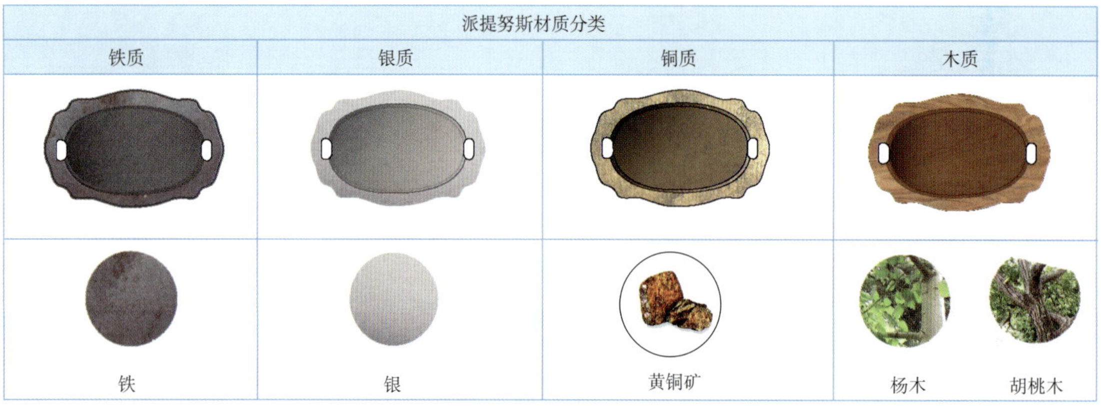

图五 塔塔尔族派提努斯材质分析图

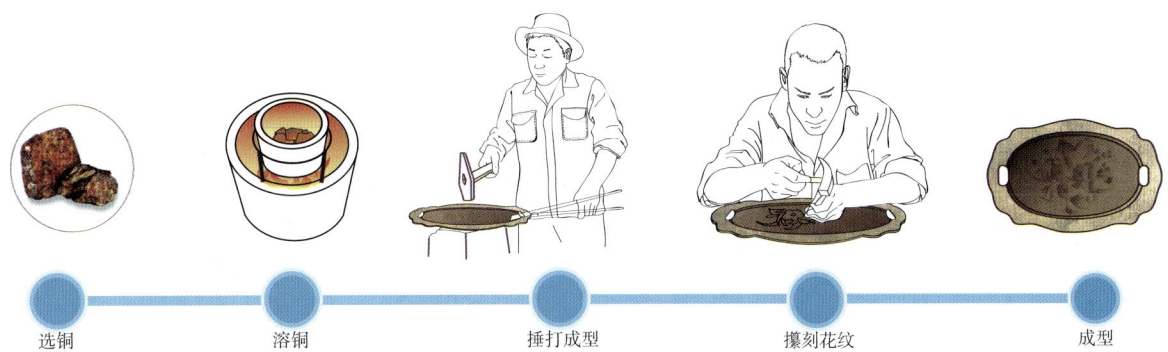

图六　塔塔尔族派提努斯上色工艺分析图

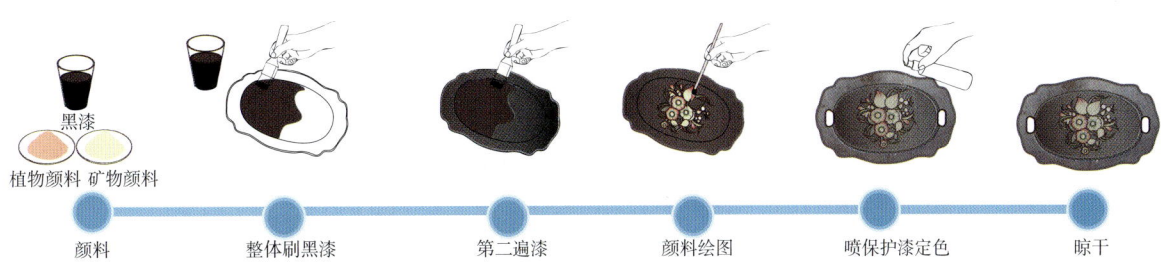

图七　塔塔尔族派提努斯上色工艺分析图

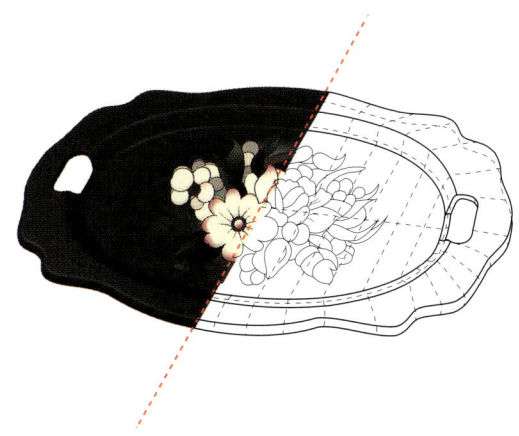

图八　塔塔尔族派提努斯结构分析图

第四章　塔塔尔族传统生活用具

181

图九　塔塔尔族派提努斯使用氛围图

第五章 塔塔尔族传统生产工具

塔塔尔族鞑靼角弓

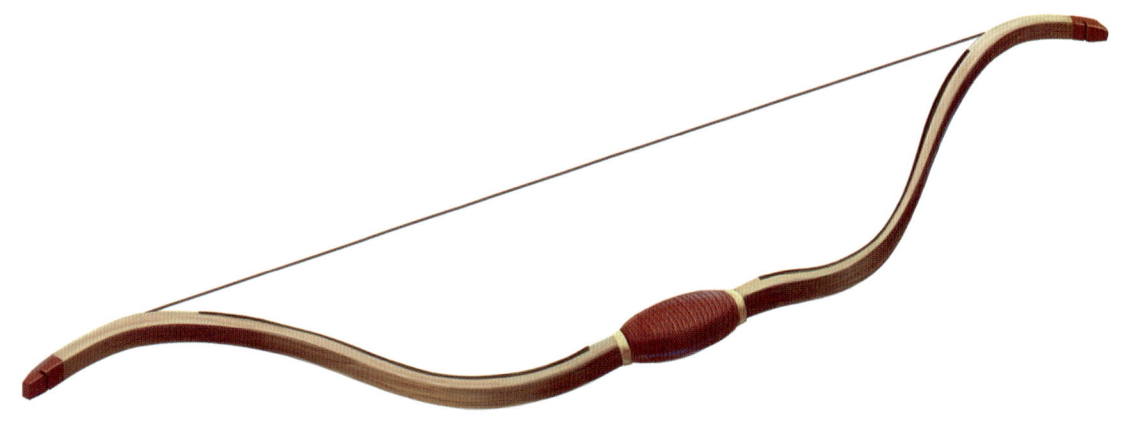

图一　塔塔尔族鞑靼角弓主图

鞑靼角弓是一种使用动物角制作的张力极大的反曲复合弓，总长比一般角弓略长，大概150厘米，弓身有明显拐点，弓梢半圆外翘或有弦垫，弓把侧凹适宜手握，是公认力量大、发射效率较高的一种常见弓，流布广泛。塔塔尔族先民鞑靼人长期在东欧、中亚地区游牧、迁徙和征战，快马利箭的骑兵弓箭手在游牧民族作战方式中成为最主要的战术编排，角弓也成为他们的一种最重要的常备武器。

鞑靼角弓制作通常使用木、牛角、牛筋或羊角等材料，根据不同位置的受力需求分别使用了相应的最佳材料，能增加弓的弹性，使箭射出的速度更快，射程更远，击中目标时更有效。鞑靼角弓的制作步骤大致与今天制弓方式相似。首先是做胎，用一根细的有韧性的木条打磨到合适的尺寸作为弓骨，其次是在弓骨的背面贴上牛角片。每个牛角片大约两到三寸长，用一种特殊的胶一片挨一片地粘在弓背面上。值得注意的是鞑靼角弓用来粘弓用的胶很特别，是用马或其他动物的皮熬制出来的，黏性很高，且不容易开裂。贴上复合骨片的弓还需加热定型，然后在粘好的牛角外面铺多层牛筋增加弹力，牛筋经过软化，拉成很细的丝，每条也只有两三寸长。这样的细丝粘在牛角的外面起固定的作用，牛筋丝接缝的地方还要用牛筋捆扎，捆扎用的牛筋也要用胶粘住，这样整个弓就成了一个整体。弓的两头磨出两个槽口，用来勒弓弦，在两头另外插两个牛角插，上面加上槽口勒弓弦。这种制作方法工艺要求很高，如果牛角插粘得不结实，拉弓时崩裂可能会伤人。最后是上弓弦，又称为上挪子，基本完成后还要训弓，也就是在不同弓档持续拉弓，让弓身适应形变，不断调试弓的弯度和强度。鞑靼角弓的设计十分科学，它在整个弓臂的大反曲的基础上，在前半个弓臂上加入了一个脊，以此来给这一段提供一个稳定的硬度，来代替弓臂前半段的反曲，这样可以降低工艺的难度和增加弓体的稳定性，并没有为弓臂增加重量。这种弓有着极好的工艺与品质，使得鞑靼人在漫长的征战岁月和草原角逐中占领一席之地。

鞑靼角弓是亚洲角弓的一种，是在最早的斯基泰复合反曲角弓基础上的改进。弓身上的拐点在斯基泰弓上也能找到，但它的反曲加脊设计比长梢的匈奴弓和斯基泰弓的反曲都要更稳定，并且十分轻便。鞑靼弓还将简单的斯基泰弓把设计得更为合理。其将弓把处理成卵形，向外侧凸出内侧凹进，这种弓把比与其相似的内侧平直的土耳其弓把更加适宜手握，同时给加大拉距留下了一定的空间。鞑靼弓的拉距可以达到90厘米以上，比土耳其弓拉距也更大。鞑靼角弓的制作利用了不同材料的弹性、韧性、抗疲劳度等物理属性特征，是对不同材料特性应用的一种探索，而且对弓臂、弓脊、弓把等局部设计的合理调整改进，代表着古代少数民族制弓技巧的不断革新，是其生存智慧的集中体现。

图片来源

图一、图八　薛楚颖　制图
图二、图三、图五　车生然　制图
图四　车生然、陈方圆　制图
图六、图七　陈方圆　制图

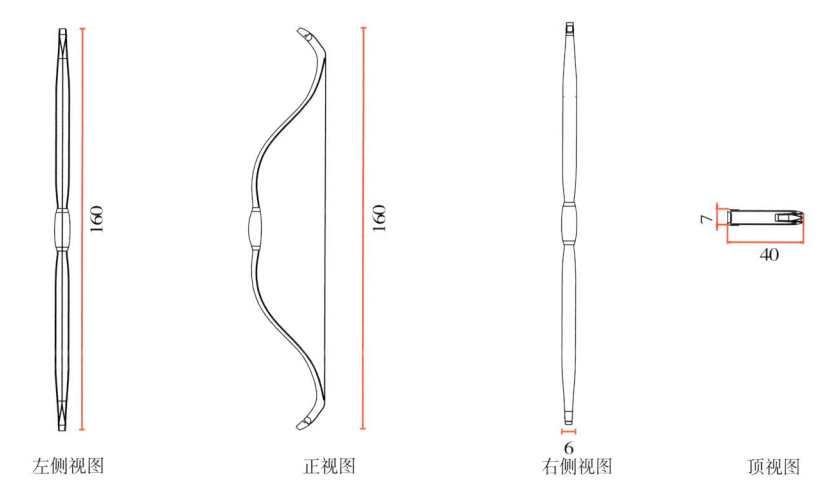

图二　塔塔尔族鞑靼角弓三视图及尺寸图（单位：cm）

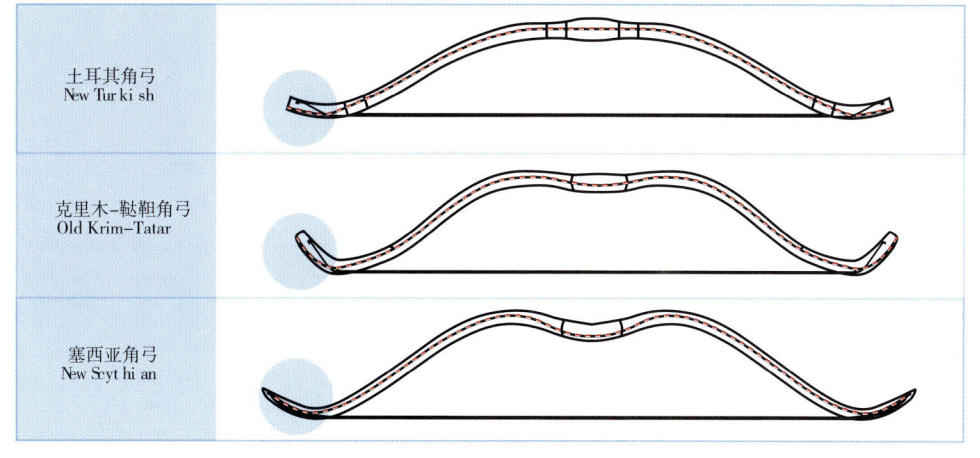

图三　塔塔尔族鞑靼角弓种类图

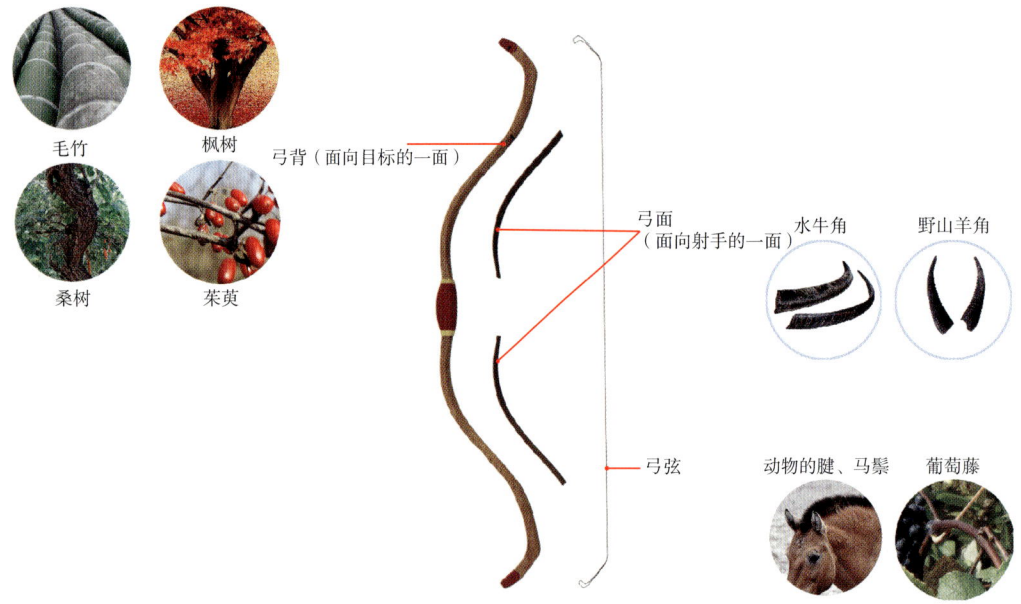

图四　塔塔尔族鞑靼角弓部件及材质图

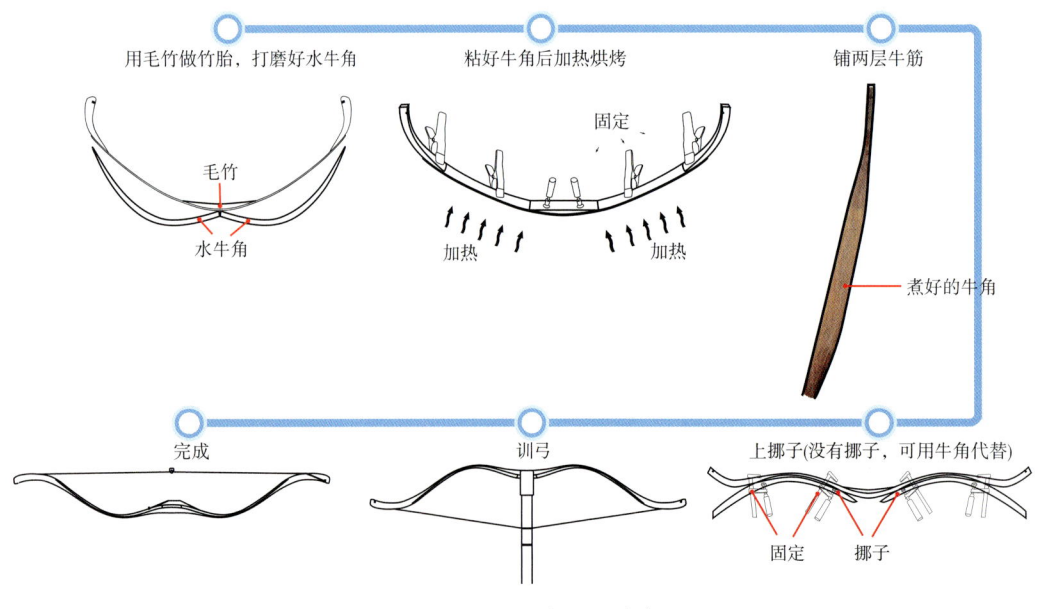

图五　塔塔尔族鞑靼角弓制作步骤图

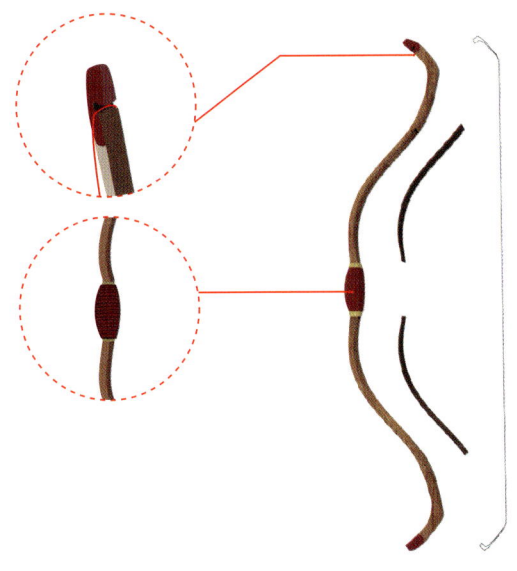

图六　塔塔尔族鞑靼角弓细节图

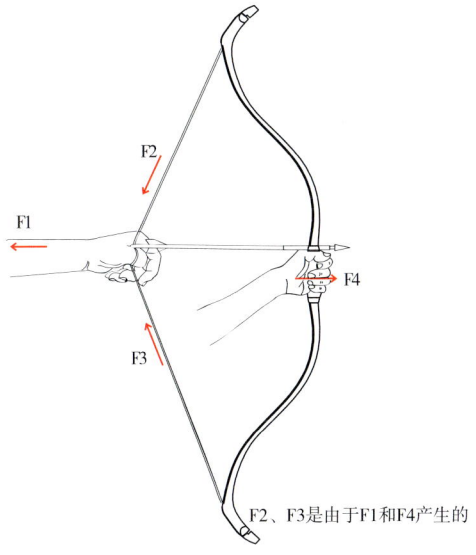

F2、F3是由于F1和F4产生的

图七　塔塔尔族鞑靼角弓受力分析图

图八　塔塔尔族鞑靼角弓使用图

塔塔尔族马鞭

图一 塔塔尔族马鞭主图

马鞭，塔塔尔语称为喀姆奇，是具有游牧传统的鞑靼人使用的骑马辅助用具，它来自古代一种名叫那加卡（nagyka）的重型粗鞭。那加卡马鞭较短，长度大约60～70厘米，但鞭子很粗，截面呈圆形，将鞭子相连的窄长条皮贴于鞭杆的一侧，用细皮捆扎，鞭柄上有套手，鞭子前端一般有鞭拍，手握处有穗状软梢。古代鞑靼人马术精湛，善用马鞭驱使马匹，还能将其作为武器防护和狩猎，这种鞭子历史记载被叫作"屠狼鞭"，源于早期这种鞭子的柄部为长长的金属棍。鞑靼马鞭轻便易携带，可挂手上，插在腰间，制作很精巧，如今这种古老的马鞭演变出各种形态和样式，长短不一，鞭柄部位也有很多差别，常镶嵌宝石或金属或雕刻纹饰，主要流行在俄罗斯及中亚各民族中，包括我国新疆地区的塔塔尔族。

传统马鞭的鞭杆有两种，一种是以荆条作杆，另一种是用三根细金属条为芯，用皮条缠绕包裹，一般金属条为铁质。马鞭杆也有其他材质，见有木质、银质或骨角。高档马鞭在鞭杆金属上需要抛光打磨，然后作一些雕刻。杆部手握处安装系带，方便套在手腕上执拿，以防掉落。最古老的马鞭不加编织而直接使用长皮条，现在精制的鞭子由里外两部分构成，里边是较硬的牛皮芯儿，外边是由柔软的牛皮条编成。牛皮芯儿要坚硬直挺，外面皮条编制得要松紧适度，有弹性，这样的鞭子才好用。为了使裹在里边的牛皮芯儿坚硬挺直，一般会用生牛皮，只需牛皮弄湿后，切成条紧紧地卷好，等干了以后，坚硬无比。而外面的皮条则要选择上好的皮料，认真熟皮，既要使皮脱脂，又要在鞣制的过程中除去毛发而不弄坏皮子。鞣皮的方法是采用酸奶子加食盐或者是散糜子面加食盐的土法，鞣制出来的皮子出材率大，皮柔软，重量轻，即便进行染色，也不发硬发黄。皮料备齐后就可以进行马鞭的编制工作。编制马鞭一般都需要特殊工具，最主要的就是一张硬弓，是用焙干的竹条制作而成，也有用带弹性和质地结实的木质材料制成。弓的两边有钢钩，其功能是将坚硬的牛皮芯儿紧紧地绷在弓上，然后再在外边编织熟牛皮条。编织马鞭一般采用管状编织法，用过肩结、勒编、平编打结等技法，将柔软的皮条均匀地绕编在坚硬的牛皮芯上。编织马鞭时的松紧度全凭手感和多年的经验灵活把握，要求工匠手上的力量要使用均匀，一气呵成，直到完全编织完成，方可取下。编制完成后，人们将与鞭子相连的长条贴在鞭杆侧面，然后再用细细的皮条一层层缠绕捆扎好，最后留出皮条作为套手系带。现在的俄式马鞭也有用金属环扣或直接连接鞭和鞭杆，但会在鞭杆上做出穗状装饰或在鞭杆上缠绕皮条模拟原来样式。如果是高档的金属鞭杆则会有雕刻花纹，银质的还有镶嵌宝石，如果是木制鞭杆则会在上面环嵌金属条。

塔塔尔的这种短粗马鞭有着非常悠久的历史，最早可追溯到15到17世纪。这种鞭子是适应游牧民族生活而形成的，主要是驾驭马匹的功能，另外还能作为武器使用，可以用金属鞭杆打击野兽，尾部的三根铁条还能像流星锤一样地投掷出去捕猎。这种马鞭后来广泛在东欧草原的哥萨克部族中传播，也做了一些改动，成为俄式马鞭的代表，至今还在使用。根据哥萨克人的传统，这是给男孩的第一件武器。而传统马鞭在塔塔尔人那里仍有传承，但已不多见，如今专门制作传统马鞭的塔塔尔民间艺人也很少。然而，不常见的马鞭制作得更为精美，变为一种文化符号的工艺品，成为很多收藏家的爱物。

图片来源
图一　席蓉芳　制图
图二至图七、图九　徐靓　制图
图八　徐靓、徐林　制图
图十　徐靓、薛楚颖　制图

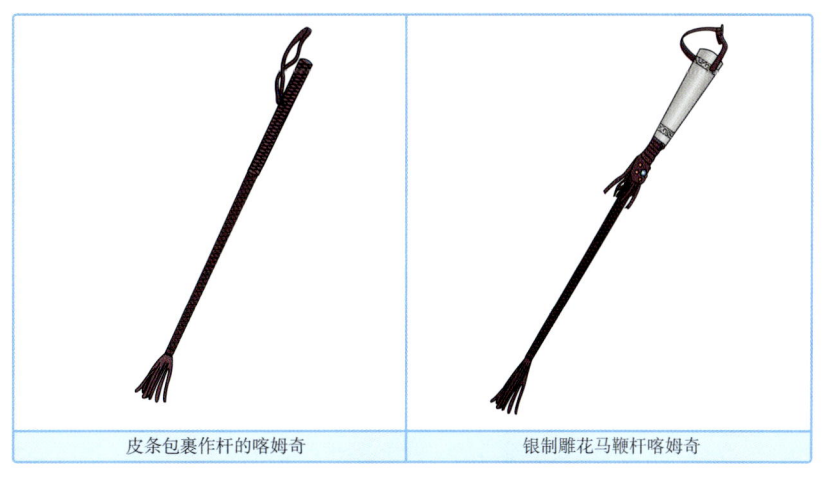

| 皮条包裹作杆的喀姆奇 | 银制雕花马鞭杆喀姆奇 |

图二　塔塔尔族马鞭类别图

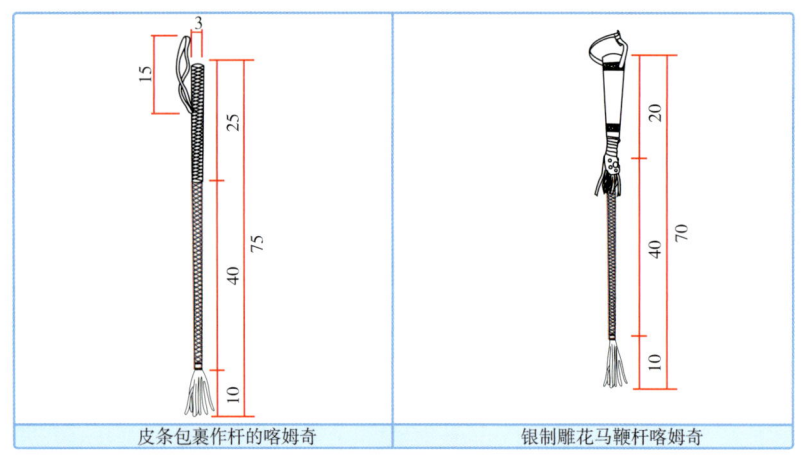

图三　塔塔尔族马鞭尺寸图（单位：cm）

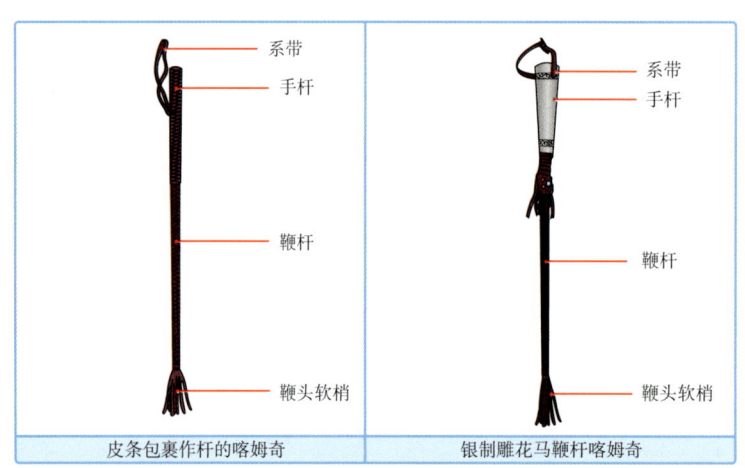

图四　塔塔尔族马鞭结构图

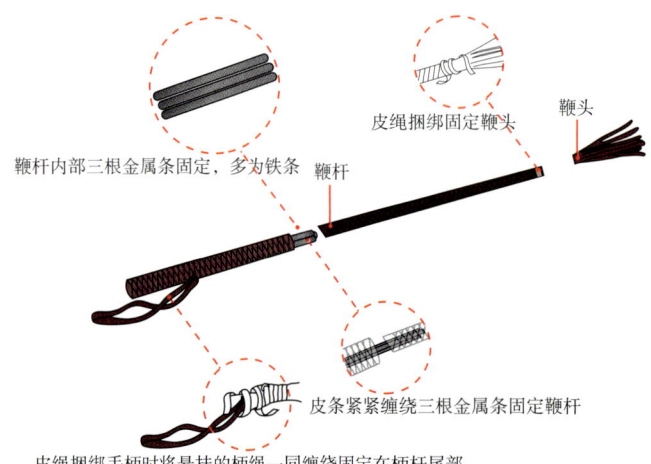

图五　塔塔尔族马鞭皮条包裹鞭杆解构图

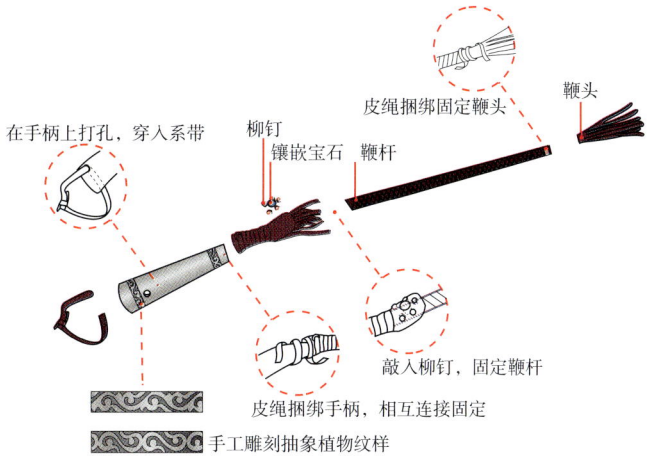

图六　塔塔尔族马鞭银质马鞭杆结构图

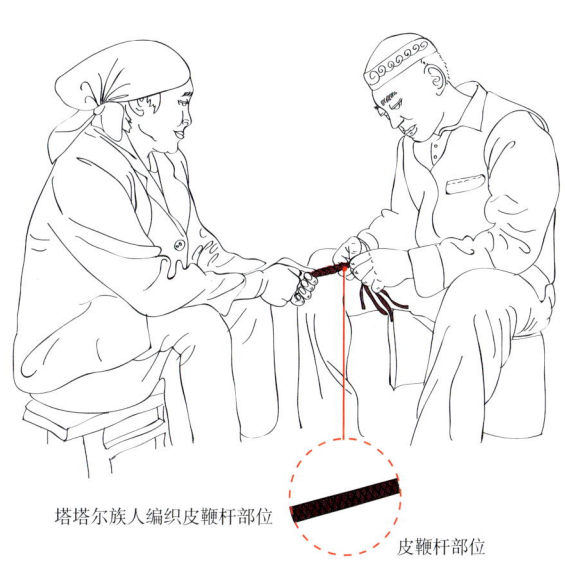

图七　塔塔尔族马鞭皮条包裹鞭杆制作示意图

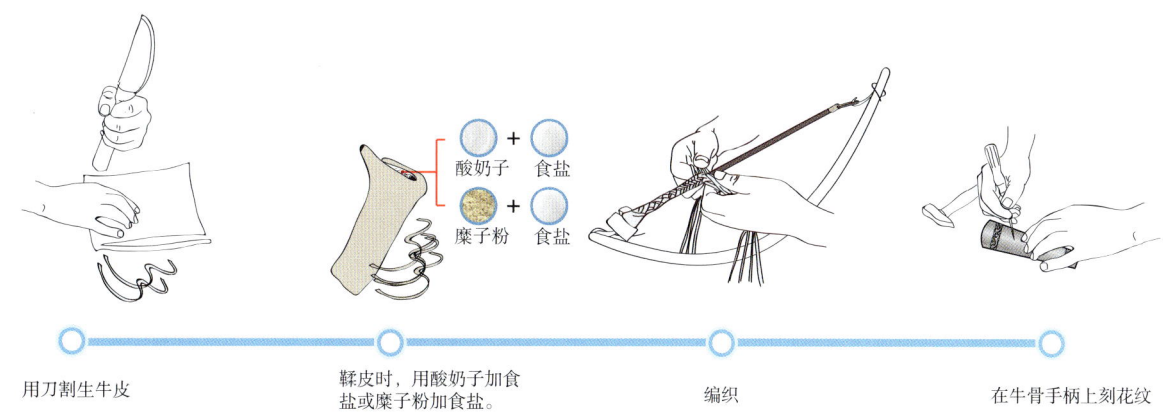

图八　塔塔尔族马鞭局部重点工艺分析图

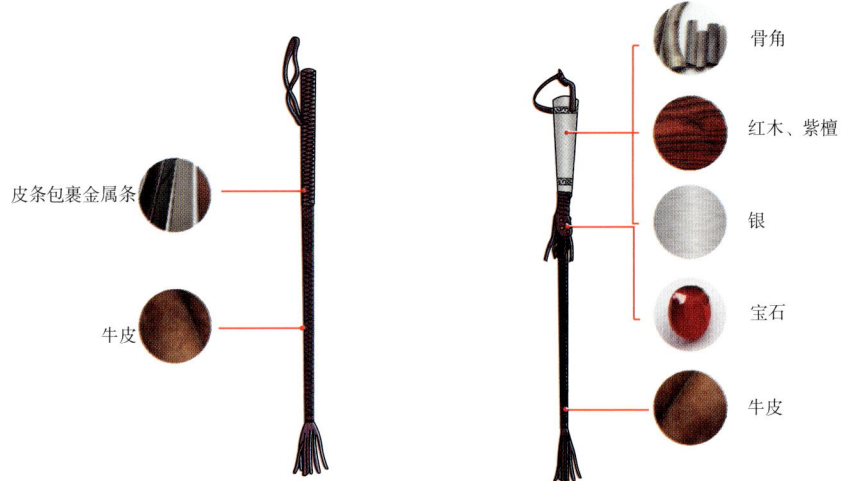

图九　塔塔尔族马鞭材质分析图

图十　塔塔尔族马鞭使用氛围图

塔塔尔族木耙

图一　塔塔尔族木耙主图

木耙是塔塔尔族的一种日常劳作工具，手柄多为木制，而耙齿有铁齿和木齿两种，也承担着两种不同的功能。木柄铁齿耙主要是农业播种时用来开沟挖渠、翻土耕地、除草，而木柄木齿耙则主要用于收拢散乱的柴草。冬季牧区十分寒冷，牧民们需要收集大量的柴草确保冬季供暖，而且平时也需要柴草生火做饭，因此对柴草的收集整理变得十分重要，所以木耙多出现在柴房或柴堆旁。

木耙齿是由坚硬的栗木经木工削制而成，取材因地制宜，制作便宜简便。铁耙齿是由铁匠锻打而成，坚硬耐用。制作耙子时，选择一根直径为8厘米、长为40厘米的四棱形木条做基木，下面凿4个或6个孔，耙齿插于眼内。基木的另一侧凿一方孔，装入耙柄。根据耙柄长度不同分为长柄耙和短柄耙。木耙制作简单，纯粹为了满足使用功能，几乎没有花纹装饰。结构形态都很朴实。

塔塔尔族先民虽然是游牧民族，至今还保留着牧区放牧，但也很早就开始了定居生活，除了进行商贸活动外，还有农业经营。木耙的两种主要功能既体现了塔塔尔人的劳动经验和实践智慧，更反映出塔塔尔族农牧并存的生活生产方式。

图片来源
图一、图三　汲南、薛楚颖　制图
图二、图四　汲南、徐林　制图
图五、图八、图九　徐靓　制图
图六　汲南、徐靓　制图
图七　闫雪　制图
图十　徐靓、薛楚颖　制图

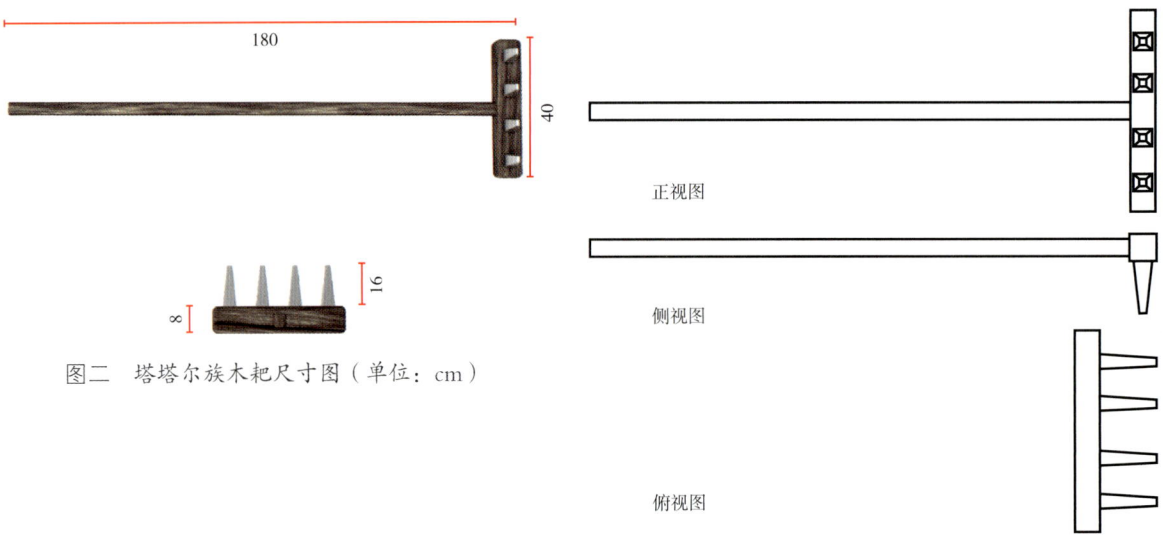

图二　塔塔尔族木耙尺寸图（单位：cm）

图三　塔塔尔族木耙三视图

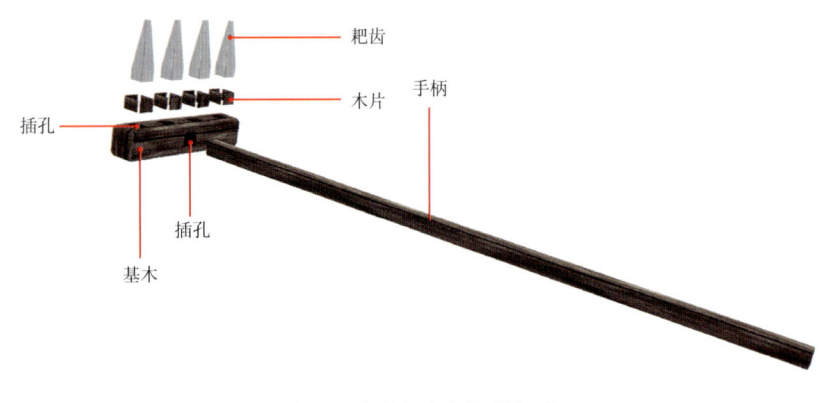

图四　塔塔尔族木耙解析图

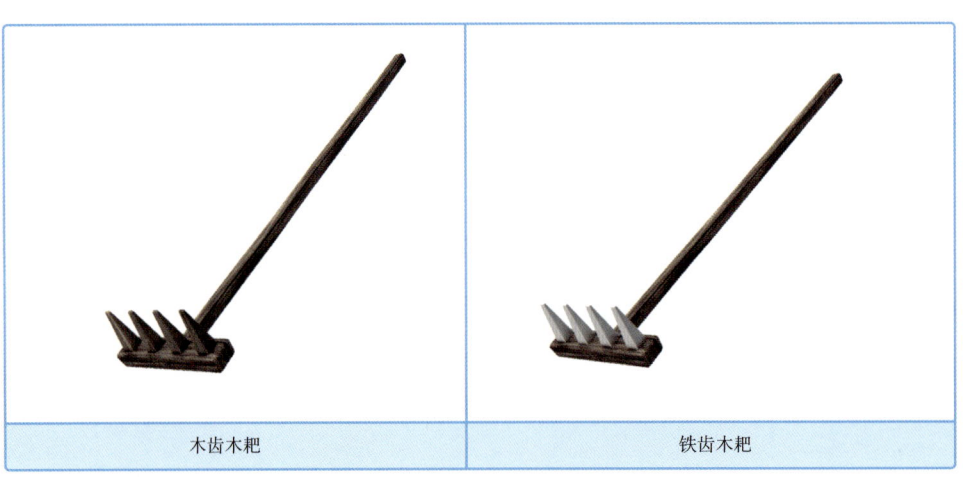

| 木齿木耙 | 铁齿木耙 |

图五　塔塔尔族木耙种类图

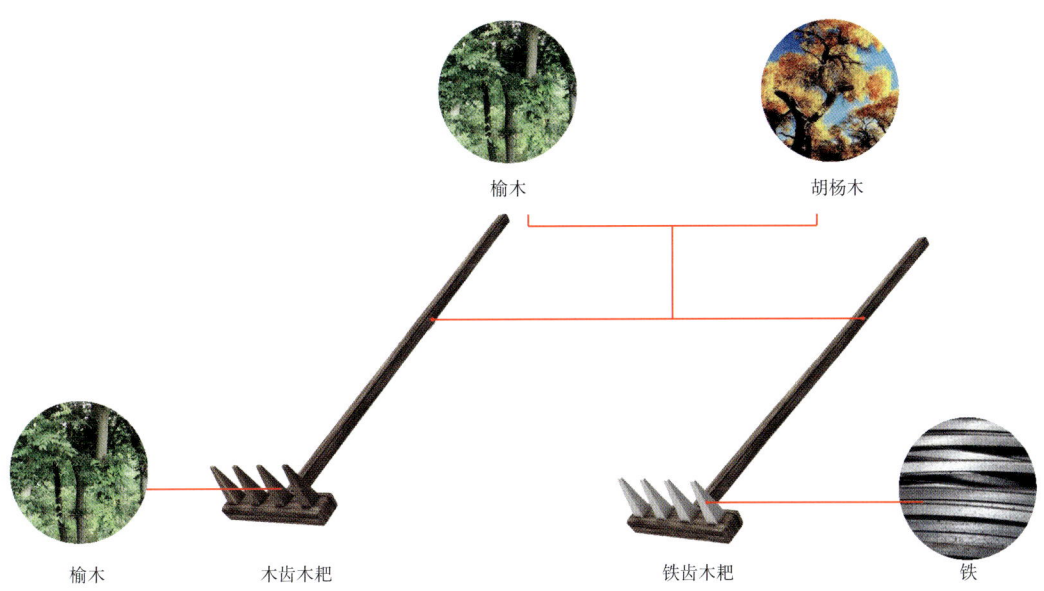

图六　塔塔尔族木耙材质分析图

图七　塔塔尔族木耙使用角度示意图

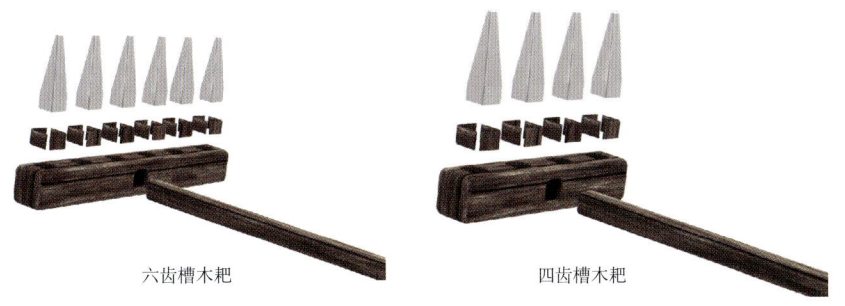

图八　塔塔尔族木耙插槽类别图

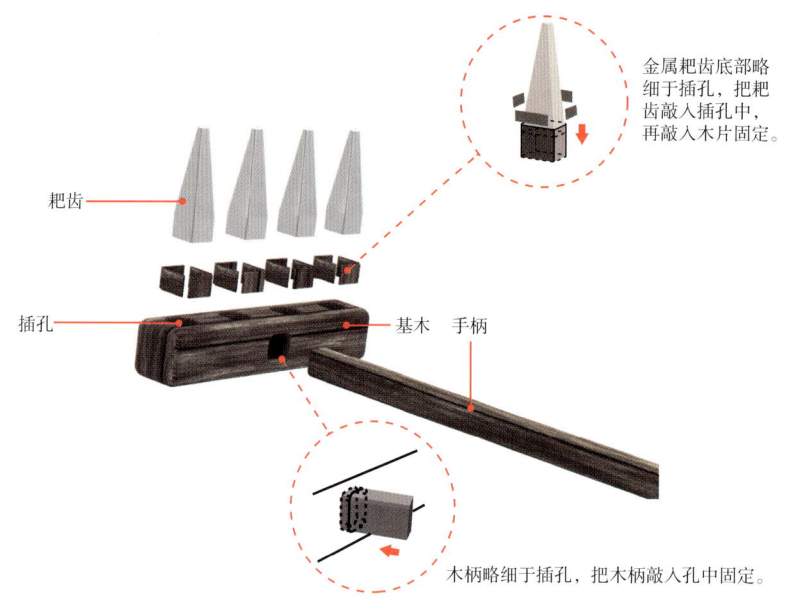

图九　塔塔尔族木耙拼接细节图

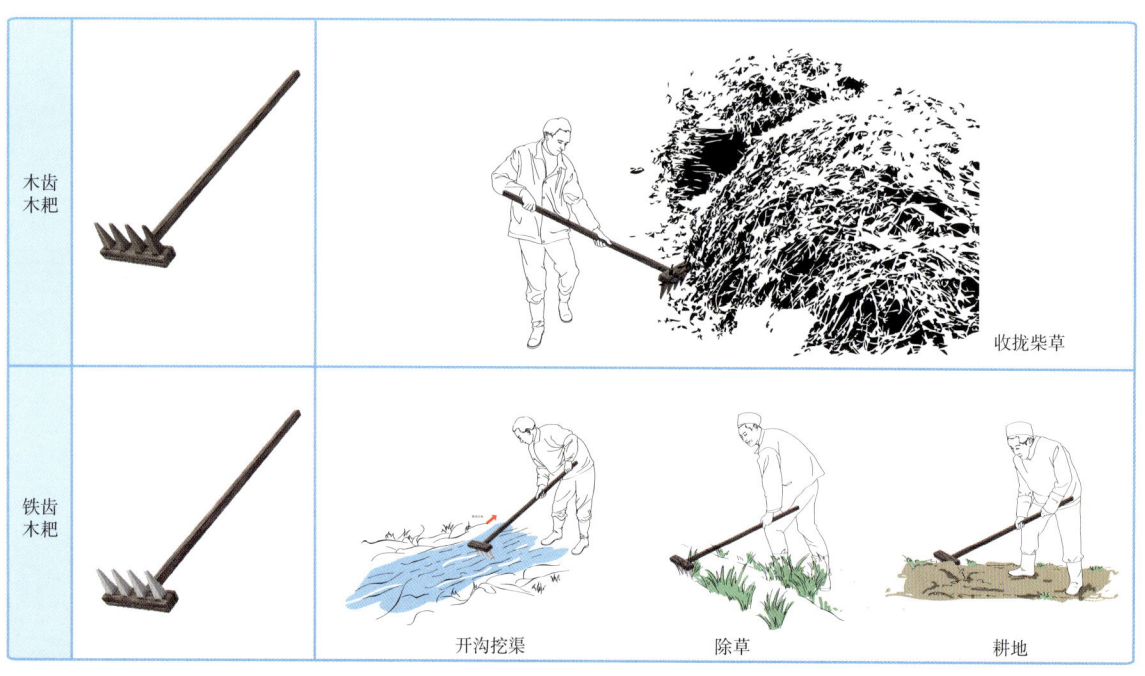

图十　塔塔尔族木耙不同种类功能示意图

塔塔尔族铁叉

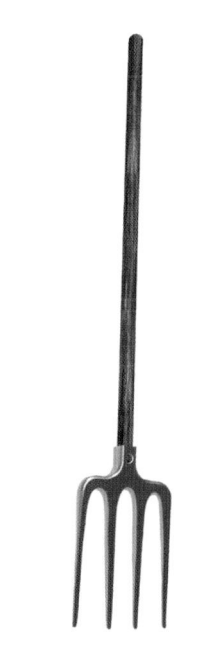

图一　塔塔尔族铁叉主图

铁叉是塔塔尔族的一种常见的劳作工具，有多种用途，叉头为铁制，装上木柄后使用。收拢牧草是塔塔尔牧民十分普遍的工作，铁叉在牧场是用来向马车上装草、收拢散草、搬动草捆。塔塔尔人也有农作生产，因而铁叉也多在打麦场上使用，用来翻抖石磙压过的带穗麦秸。有种小号的铁叉也是拾粪和肥料的工具。铁叉头用锻造熟铁制成，保证了结实耐用和多种用途。

铁叉的木柄多用桦木制作。叉齿分三齿、四齿、六齿不等，齿长约45厘米，柄长多在1.5～1.8米之间。铁匠铺打造叉头时，先把选好的铁块或铁条放入炉火中烘烧，待其烧至红如火炭时，便取出反复锻打，稍冷后复置炉中熔烧，待烧红与火炭相似，再取出锻打。如此往返数次，将其打成两根铁条，约2厘米，围弯成两个U形。其中一个U形弯儿稍宽，一个U形弯儿稍窄。再煅打一个约10厘米长铁棍儿，较粗于U形铁条，然后全部烧红，把两个U形铁条内外重合摆好，小U形铁在里，大U形铁在外，成距离相等四齿状，一字铁立穿中间，然后迅速锻打，使之紧紧固定粘合在一起。再把四齿尖儿拍成尖状，把中间的那根锻打拍薄，围成筒状，紧紧连接，用来安插木把儿。最后，再把齿部锻打成稍稍翘起少许弧形，这样造型的叉子更便于着力和使用。铁质叉头和木柄直接插接，也可打入木钉固定。

鞑靼先民在古代铁器曾一度十分匮乏，需要与当时中原的明王朝互通贸易获取各种铁器用品。而后随着鞑靼人的广泛定居和农业生产，他们开始普遍掌握炼铁技术用于日常生活，铁农具大多也是他们自己制作，并出现专门的铁匠铺和匠人，铁器农具日益普及。从铁叉这种十分简单耐用的日常工具中，我们不仅了解到塔塔尔人较早就掌握了冶铁技术，更见证了他们从游牧到农业定居生产方式的种种演变。

图片来源
图一　汲南、薛楚颖　制图
图二至图六　汲南、徐林　制图
图七　薛楚颖　制图
图八　周瑜嫄、徐靓　制图
图九　薛楚颖、徐靓　制图

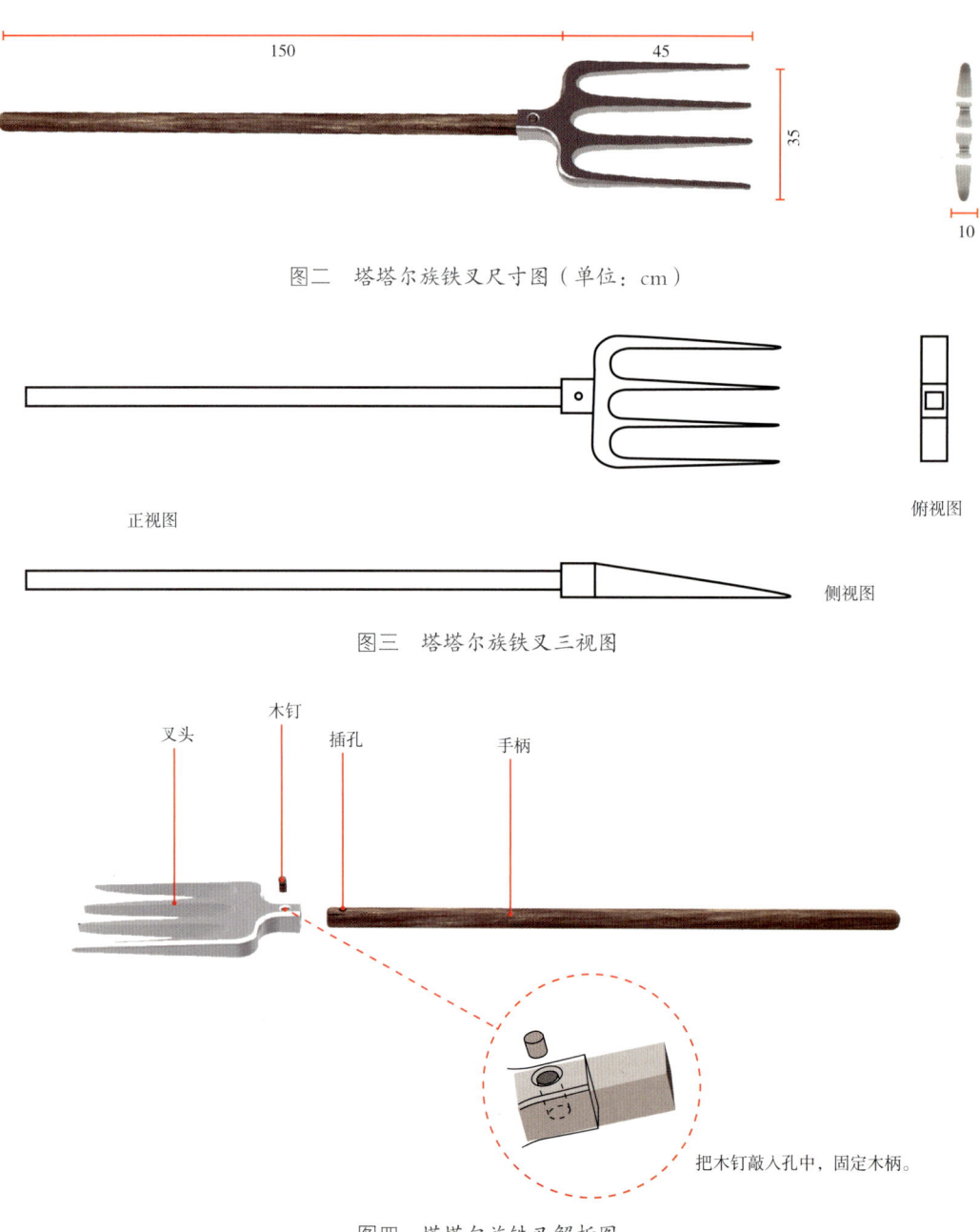

图二　塔塔尔族铁叉尺寸图（单位：cm）

图三　塔塔尔族铁叉三视图

图四　塔塔尔族铁叉解析图

图五　塔塔尔族铁叉材质图

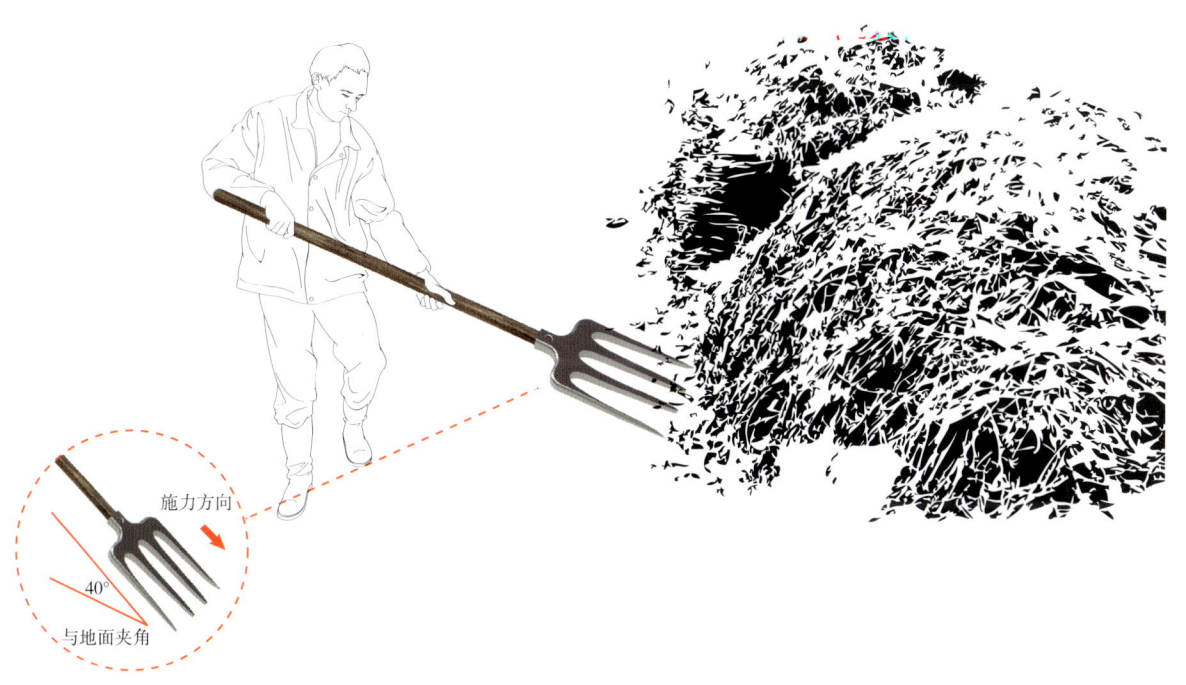

图六　塔塔尔族铁叉使用示意图

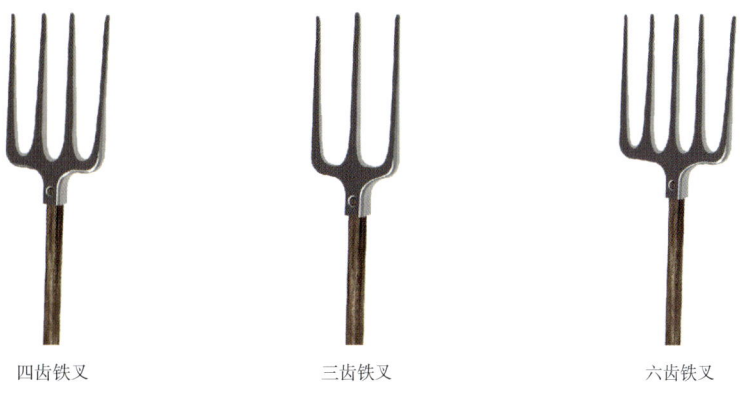

四齿铁叉　　　　　三齿铁叉　　　　　六齿铁叉

图七　塔塔尔族铁叉叉齿分类图

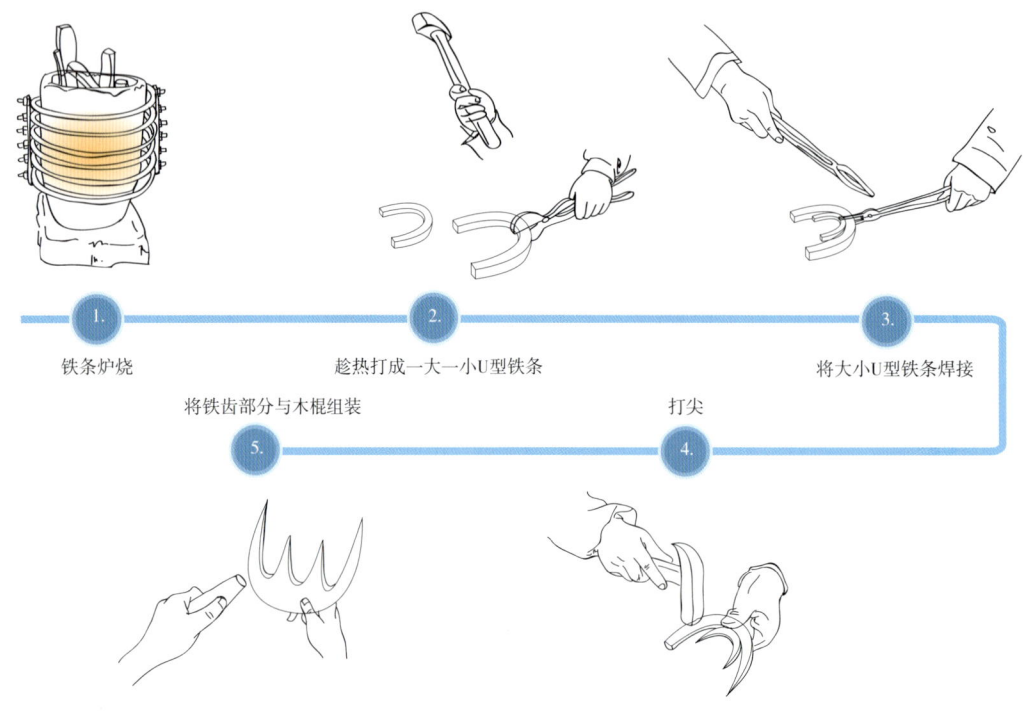

图八 塔塔尔族铁叉制作工艺图

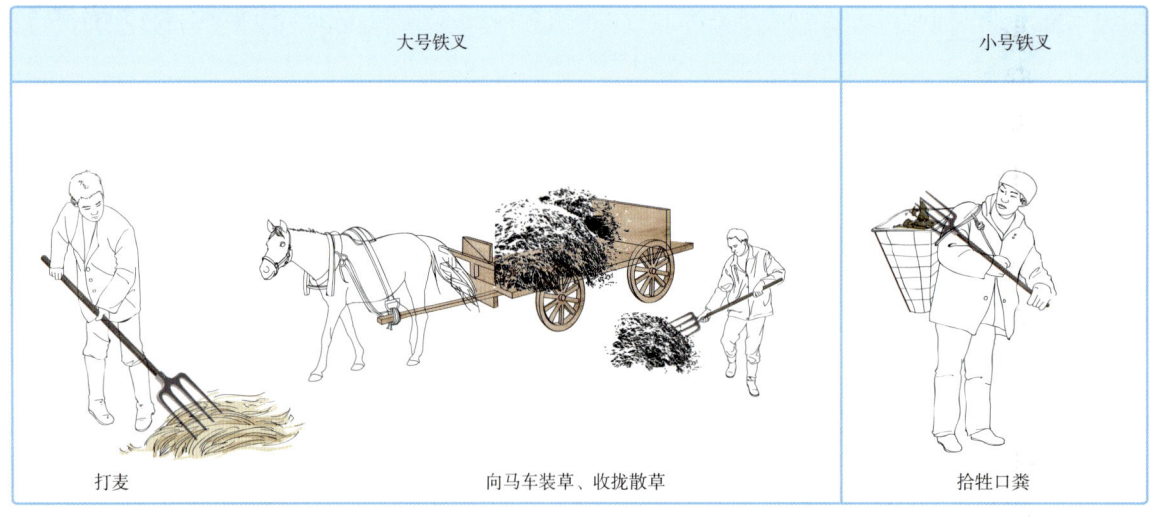

图九 塔塔尔族铁叉功能示意图

塔塔尔族马刀

图一 塔塔尔族马刀主图

马刀是鞑靼骑兵近战时常用的一种弯形刀。鞑靼马刀在18世纪已经形成自己的特点，刀身修长、刀刃呈弧形，线条流畅，刀柄嵌有木制十字护手，柄下端一般都略向刀刃方向弯曲成护手钩，这样带弧度的刀柄更利于骑手掌控，不易脱手。塔塔尔先民古称鞑靼，曾是游弋在蒙古草原的游牧民族，依靠骑兵四处攻伐征战是草原民族生存之必需，鞑靼骑兵主要是利用马的速度带动轻薄利刃的马刀完成劈砍等战术动作，因而马刀是鞑靼骑兵最典型的常备武器。马刀弯月形的刀身不仅能减少阻力增大切割面积，而且承受应力的效果很好，经得起激烈碰撞。

鞑靼马刀刀体呈细长形，一面是轻薄的弯刃，另一面为较厚的刀脊，有尖锐的刀尖，中间有长条血槽，刀柄多用木片相夹，有护手便于持握，外面会装饰富有本民族气息的花草纹样。鞑靼马刀为钢刀，近代较为讲究的刀身多用中碳钢制成，经过不断的加热、折叠、锻打、去掉氧化物杂质、渗碳，最终得到刀条。在将刀身淬火时常选用牲畜的尿和脂肪。由于牲畜尿中含有盐分，钢冷却较快，淬火后的钢质坚硬；用牲畜脂肪淬火时冷却较慢，钢质较柔韧。经过这两种淬火处理后的刀，刀刃锋利程度和韧性都得以提高。再加之精细的研磨工序，让刀在保持锋利的同时更据有了独特的美感。鞑靼马刀的优势在于马上使用，骑兵冲击的时候，将弯刀平托，刀刃向前，借助马的速度推劈向敌人身体。由于弯刀有很好的曲度，接触敌人身体瞬间沿刀刃的曲面滑动，可以连续接触敌人身体，切割力也就相应增加，在劈到坚硬的铠甲时也不易被震飞脱手。马刀的刀鞘大多采用木质内鞘，外包牛皮、羊皮或金属皮。在包皮外部再加装金属制成的鞘口、鞘尾吊环以及鞘箍。抽刀时需将身体略微倾斜，将刀从前上方抽出，这可以避开马眼，以防马受惊。由于佩刀时刀刃朝上，在刀离开刀鞘后也自然呈劈砍的起手式，适合立刻战斗的需要。一把精工打造的鞑靼马刀呈现的是力与美的完美结合。

塔塔尔人在中亚和蒙古草原上逐水草而居，又跟随蒙古和突厥部落征战南北，因而其使用的鞑靼马刀有着各种文化的成分：既有传承自古典突厥时代和蒙古钦察汗国时代的弯刀传统，也更多受到从印度和伊朗回流的大马士革弯刀的直接影响，如柄部反弯的设计，还可见高加索著名的俄罗斯恰西克弯刀的造型样式、钢料和刀鞘设计。马刀最迟在波斯帝国时期已经出现，中国在汉代后期亦有见长弯刀，马刀的出现与当时兵种编配和战术技巧的发展有关。大规模使用骑兵的战术要点主要就是利用战马的速度和刀马配合短时间冲垮对方再逐一消灭。鞑靼骑兵在冲击前会先使用弓箭打乱敌方阵型，在敌人混乱招架时，鞑靼骑兵抽出马刀快速冲入敌阵，轻薄弯刃的鞑靼马刀能很好地将马上的速度转化为切割砍劈的力度，发挥极强大的攻击力。精湛骑术和弯刀利刃的完美结合，成就了游牧民族马背军团的骁勇善战，让他们草原称雄。

图片来源

图一　席蓉芳　制图

图二、图三、图五　赵天骥、徐林　制图

图四、图七　徐林、闫雪　制图

图六、图八　闫雪　制图

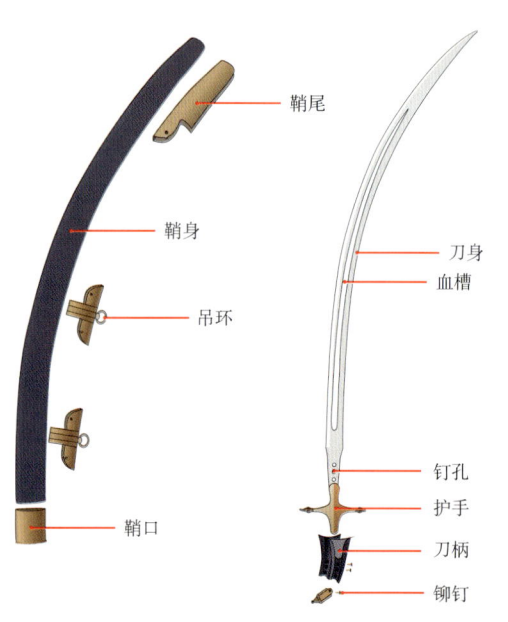

图二　塔塔尔族马刀解析图

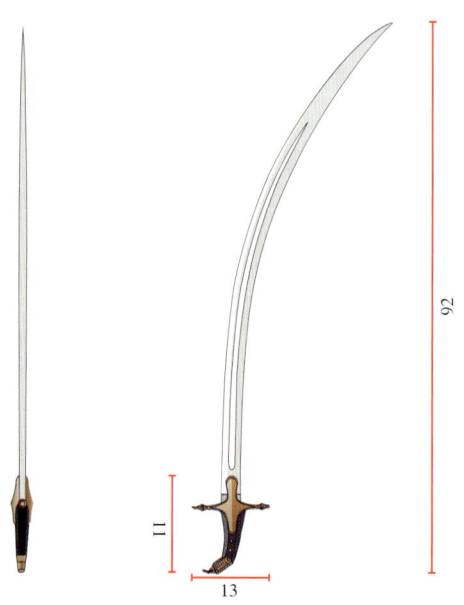

图三　塔塔尔族马刀尺寸图（单位：cm）

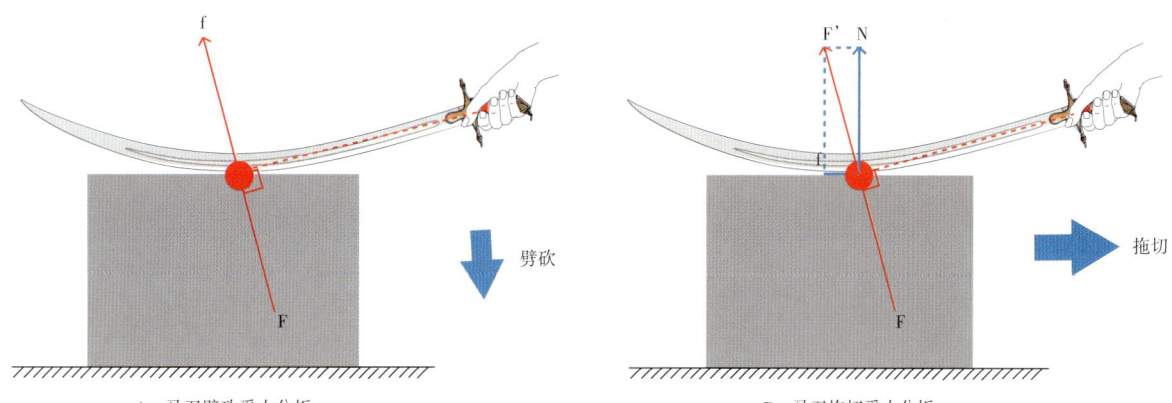

A、马刀劈砍受力分析　　　　　　　　　　　B、马刀拖切受力分析

图四　塔塔尔族马刀受力分析图

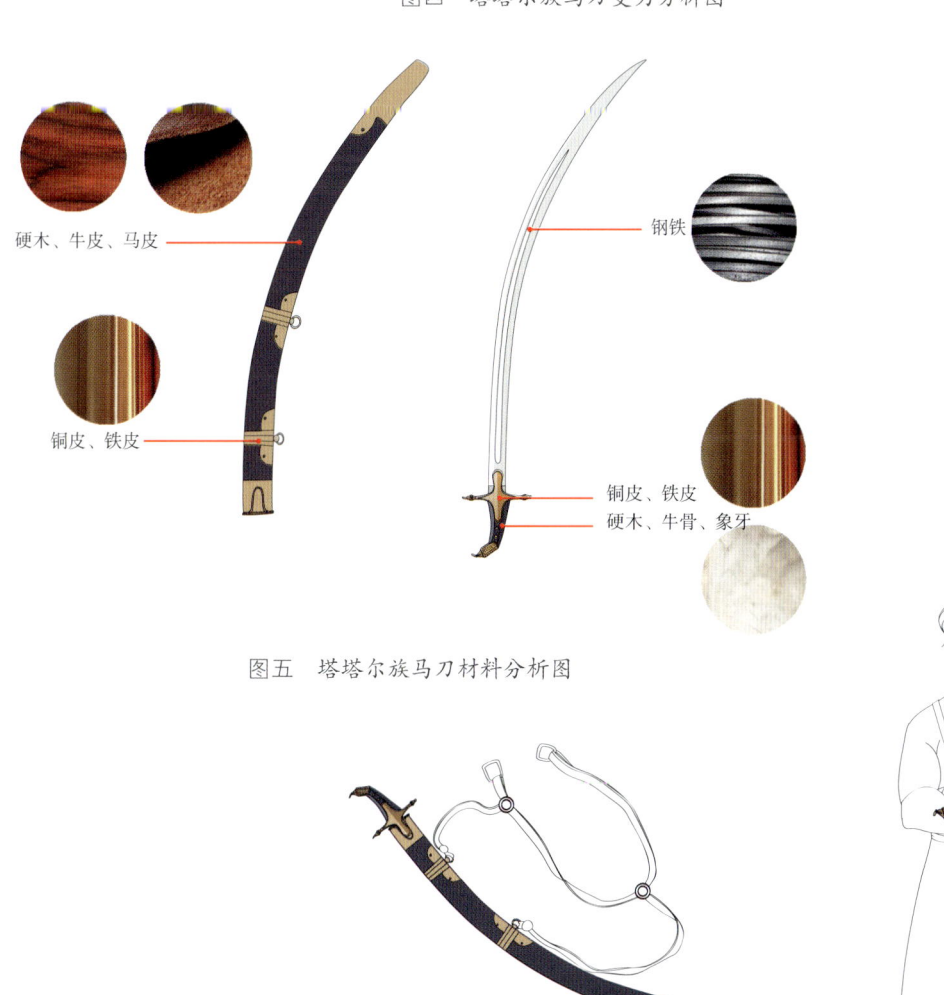

图五　塔塔尔族马刀材料分析图

图六　塔塔尔族马刀佩戴图

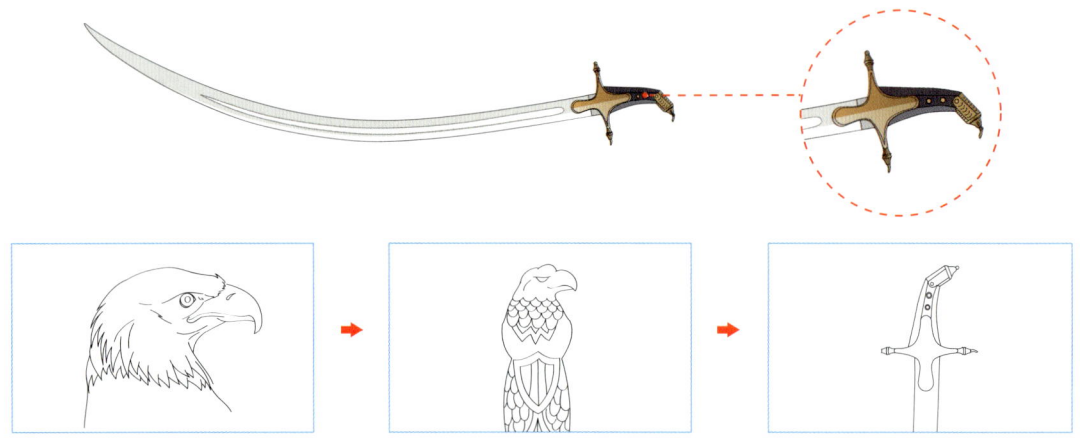

图七 塔塔尔族马刀手柄形态分析图

图八 塔塔尔族马刀使用图

第六章 塔塔尔族传统手工艺

塔塔尔族刺绣工艺

图一 塔塔尔族刺绣工艺主图

刺绣是塔塔尔族妇女代代相传最为擅长的技艺之一。她们灵巧的双手将刺绣广泛装饰在各种手工织物上，也成就为一种令人赞叹的手工艺术。塔塔尔妇女会在帽子、头巾、枕巾、手帕、枕头、被单、床围、墙围、桌布、窗帘等日用物品上绣出多姿多彩的大面积图案，还能在各种服饰的袖口、领口、衣襟上绣出精细纤巧的纹样。姑娘出嫁的婚礼服，更是她们显露自己智慧与巧手的天地，她们通过刺绣表达了自己对新生活的美好希望与追求。塔塔尔刺绣图案不仅结构大方、形象逼真，而且色泽明快、清秀典雅，有着自己独特的风格。

塔塔尔族刺绣通常采用羊毛、棉、真丝、金丝和银丝等多种材料，还有着丰富的技艺手法，主要有丝线手绣、丝线结绣、'十'字花绣、'米'字花绣、钩花刺绣、挑花刺绣、串珠片绣等。塔塔尔族人信奉伊斯兰教，塔塔尔人在进行刺绣装饰时也多以花卉、卷草、果实等自然形象为素材，几何图形也颇受欢迎。塔塔尔人有着较高的文化修养，从其刺绣中也能看出其不俗的艺术品位。塔塔尔族妇女将丰富多彩的自然界花卉造型在写实的基础上进行准确的艺术提炼、概括，通常会用大色块的主体花卉图形和细致丰富的线条作为辅助图形形成对比，既效果强烈，又疏密相应，清新自然。其刺绣的配色也明快秀丽。刺绣针法细密，技巧丰富灵活又无堆砌繁复之感，整体呈现和谐典雅的审美水准，这在普遍追求热烈奔放风格的少数民族装饰工艺中是不多见的。塔塔尔族妇女的精湛刺绣工艺集中反映出她们的智慧和审美，通常塔塔尔族小伙子们也都以姑娘刺绣技艺的水平来作为择偶标准。

很多刺绣依然保留传承鞑靼人的传统花纹，但是如今也吸收从内地传播过去的一些纹饰。塔塔尔刺绣如今已经受到各界人士的青睐，塔塔尔妇女不仅用刺绣来装饰自己的生活，而且可以将它变为工艺商品，出售刺绣工艺品已经成为不少塔塔尔家庭的主要经济来源，这也成为塔塔尔族刺绣积极传承的一种动力。但随着现代化生产方式的扩张，塔塔尔族人中手工刺绣的人群仍不可避免地减少，一些刺绣工艺开始被机器刺绣所替代，年轻姑娘的刺绣技艺也不如老一代的塔塔尔妇女。针对上述现状，塔塔尔族刺绣已被确定为塔塔尔族非物质文化遗产名录中的重点项目，政府和相关部门大力倡导各乡镇、街办的妇女开展刺绣等相关传统手工艺活动，使得塔塔尔族精湛的传统民间刺绣手艺能够在新时代更好地传承并发扬光大。

图片来源

图一　《鞑靼传统服饰精粹集》（俄），天津人民美术出版社，2005。
图二　卢杰　制图
图三、图四　陈方圆、卢杰　制图
图五　陈方圆、卢杰、徐靓　制图
图六　赵亭亭、陈方圆　制图
图七　陈方圆、徐靓　制图
图八　陈方圆、周瑜嫄　制图

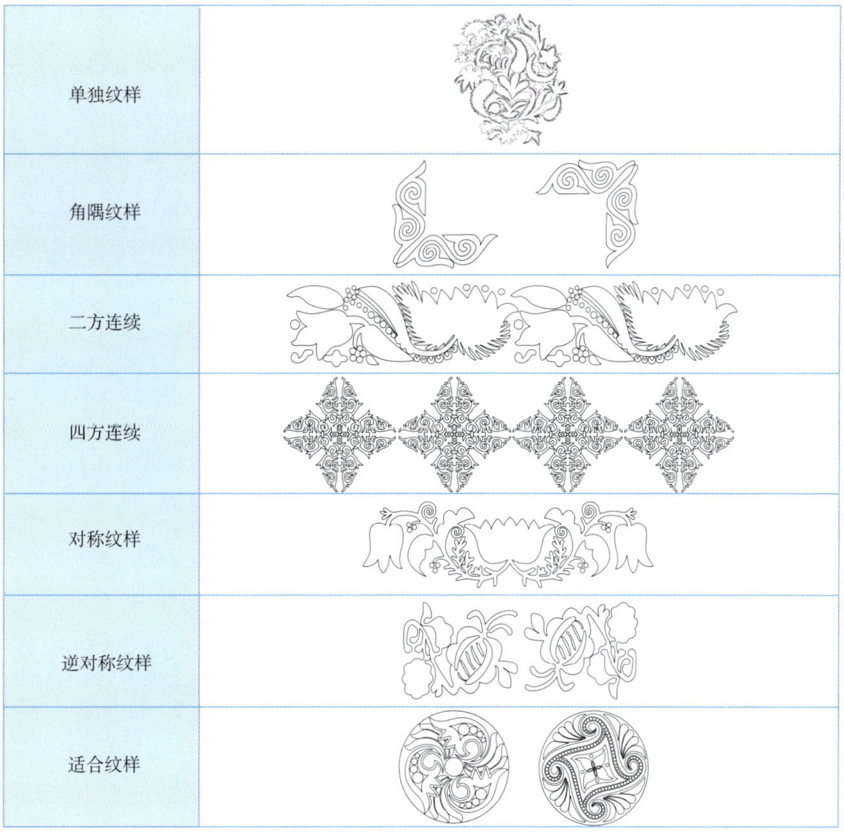

图二　塔塔尔族刺绣纹样造型分析图

图三　塔塔尔族刺绣图案构成分析图

图四　塔塔尔族刺绣纹样色彩分析图

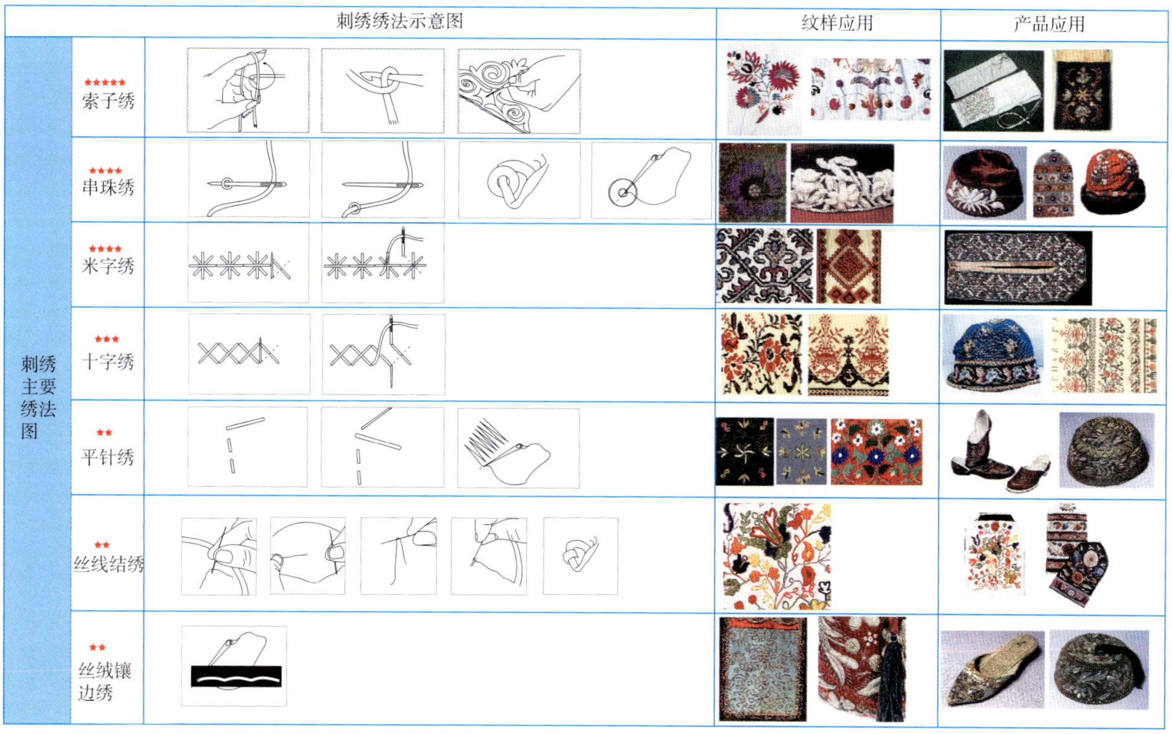

	刺绣绣法示意图				纹样应用	产品应用
刺绣主要绣法图	★★★★★ 索子绣					
	★★★★ 串珠绣					
	★★★★ 米字绣					
	★★★ 十字绣					
	★★ 平针绣					
	★★ 丝线结绣					
	★★ 丝绒镶边绣					

★注：星号的数量表示绣法的使用频率高低，星数越多则运用得越多，反之则运用得越少。

图五　塔塔尔族刺绣工艺分析图——主要绣法

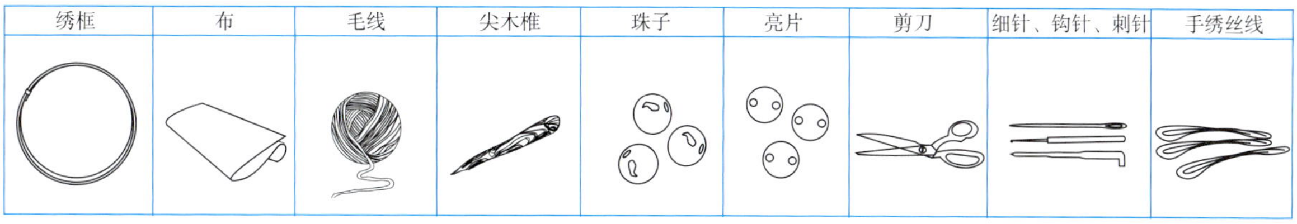

绣框	布	毛线	尖木椎	珠子	亮片	剪刀	细针、钩针、刺针	手绣丝线

图六　塔塔尔族刺绣生产工具示意图

第六章　塔塔尔族传统手工艺

209

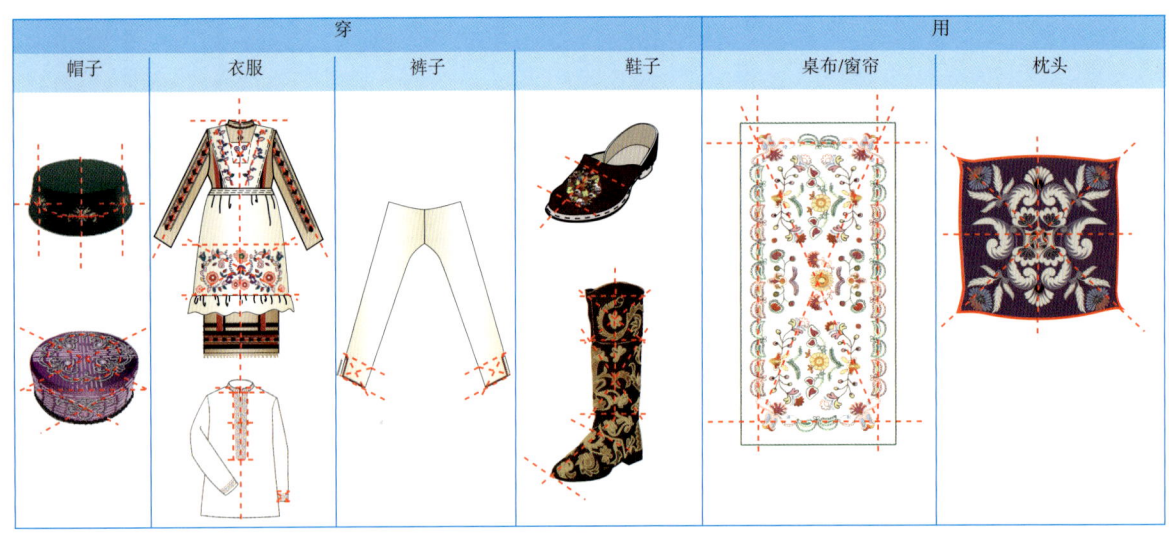

图七 塔塔尔族刺绣使用物品及纹样装饰图

图八 塔塔尔族刺绣现场气氛图

塔塔尔族织品图案

图一　塔塔尔族织品图案主图

织品图案指的是塔塔尔族各种织物用品上的图案纹饰。织物涵盖极具民族特点的花帽、花裙、花鞋、毯类、毡类、床上用品、墙上挂品等各种物品。塔塔尔族妇女是手工织品的能工巧匠，织品图案的制作手法多种多样，有绣、纺、织、染等，其中以刺绣工艺最受塔塔尔妇女喜爱。塔塔尔的织品纹样多以植物和几何纹样为主，形态饱满，表现丰富并有一定结构规律，不仅尺寸灵活适应主体装饰对象的造型，而且表现风格独树一帜，在审美价值和使用价值上达到了最大限度的统一。

几何图形或植物象征装饰成为主要的装饰发展路径，塔塔尔妇女将生活环境中美丽的枝叶、花果等作为题材来源，经过艺术处理和变形并配合几何图案运用，使纹样更富有变化。几何形纹主要有"△"纹、直线纹、点刺纹、"⌒"形纹、"○"形纹、回形纹、"⊥"形纹、"人"形纹、漩涡纹等。织品图案为不断叠层的二方连续图形重复出现，形象层叠交错，线条穿插回旋往复，有着复杂多变的表现效果，体现出一种节奏和韵律之美，装饰美感十分强烈，从中能看出有浓厚阿拉伯花纹的趣味和欧洲古典的装饰风格的混合。在图案的色彩搭配上，塔塔尔人的图案用色略显淡雅，但十分善于运用纯色冷暖对比和明暗对比，例如常见的蓝紫冷色作底和黄暖色图案的搭配最具特色。塔塔尔图案常使用亮色钩边，使主体图案更富立体感，如红图案钩白边或黄边，蓝图案钩黄边。在白底红黄色系图案上钩浅绿的边最常见，显得图案十分醒目明亮。

塔塔尔族织品图案的工艺、花纹、色彩凝聚了独特的审美文化来源和品位。其纹饰风格是热烈而又典雅的,冷暖明暗的色彩对比有着强烈反差,繁复的装饰又凸显其华丽明快,但素雅的选色,结构有序和疏密相间的图案布局,细致密巧"少而精"的图案处理,表现出整洁庄重、温柔典雅之美。塔塔尔人在图案处理上的精心修饰、整洁处理和细腻风格,显示出其有着普遍较高的文化素养和审美水准。

图片来源
图一　TATAPCKHH,233.
图二至图九　李郭　制图

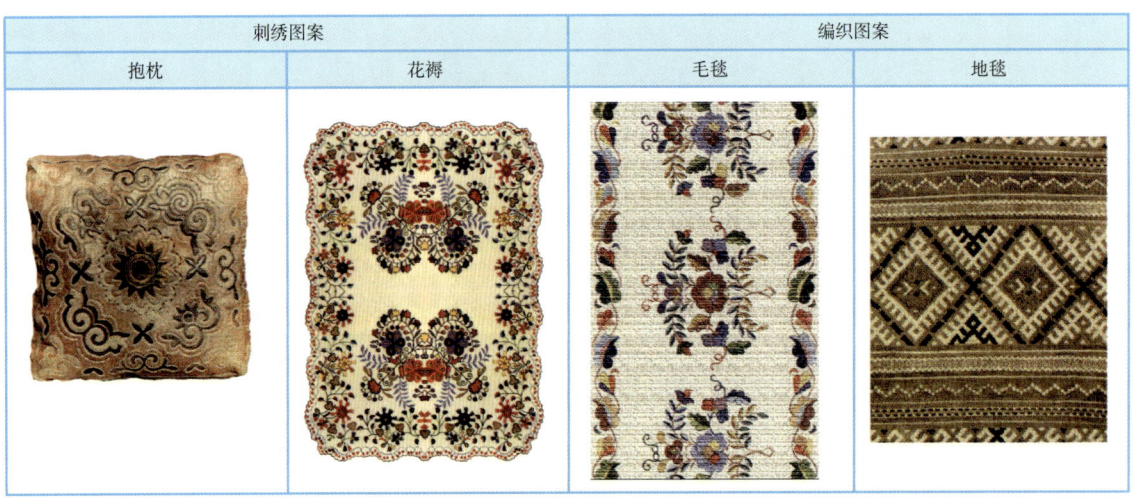

图二　塔塔尔族织品图案分类图

图三　塔塔尔族织品图案材质分析图

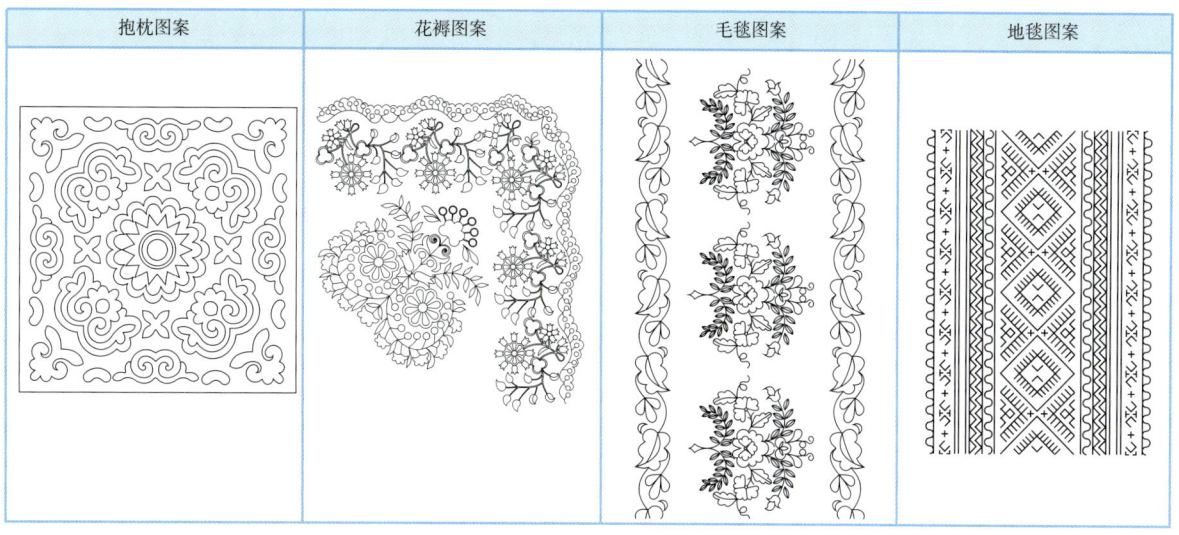

图四　塔塔尔族织品图案纹样分析图

图五　塔塔尔族织品图案色彩分析图

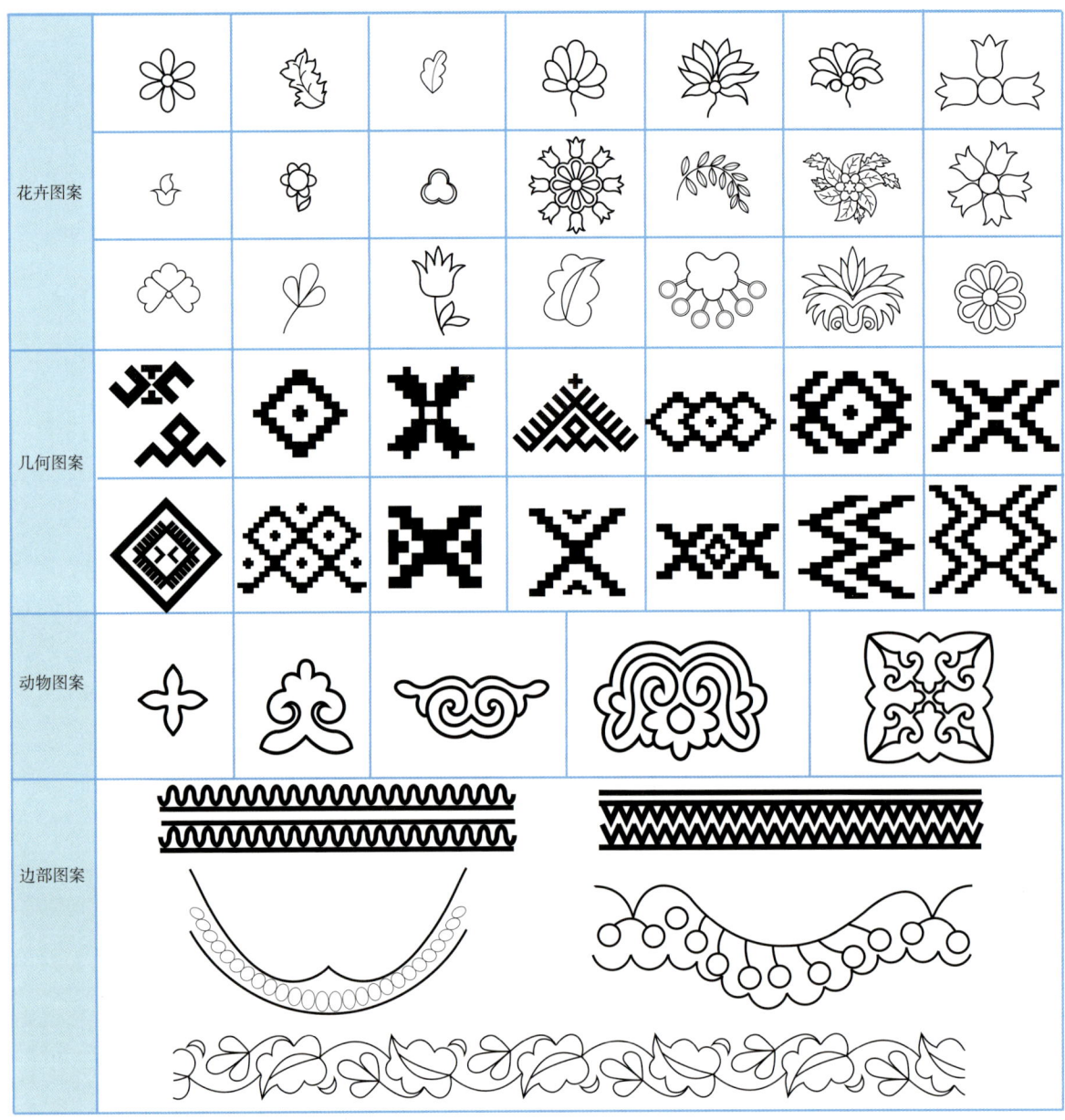

图六　塔塔尔族织品图案纹样分类图

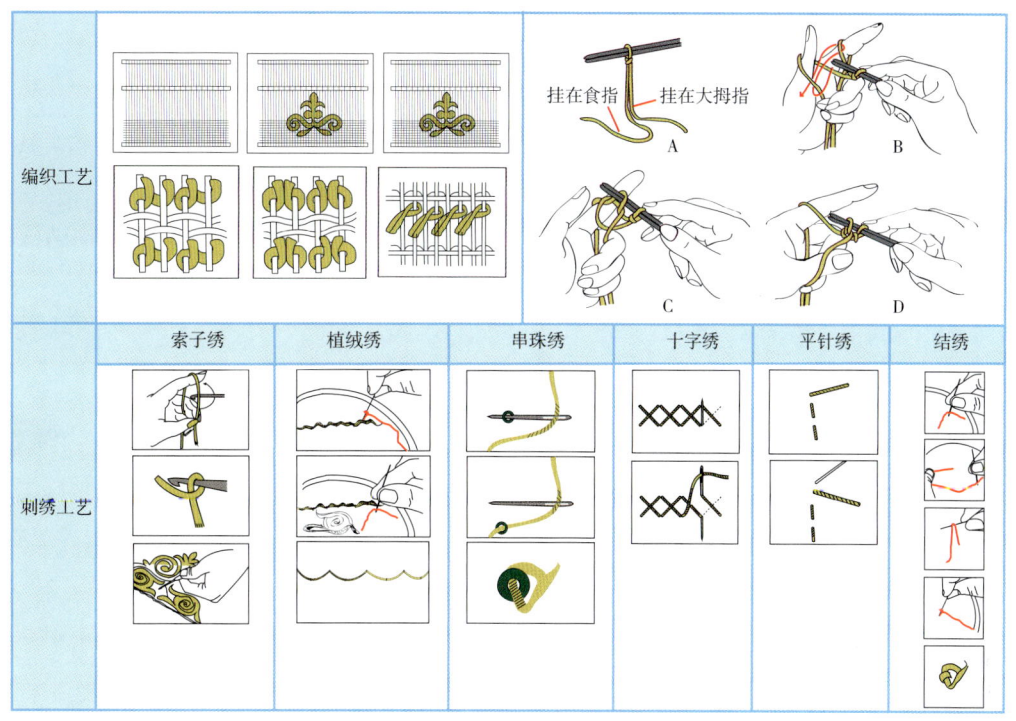

图七 塔塔尔族织品图案工艺分析图

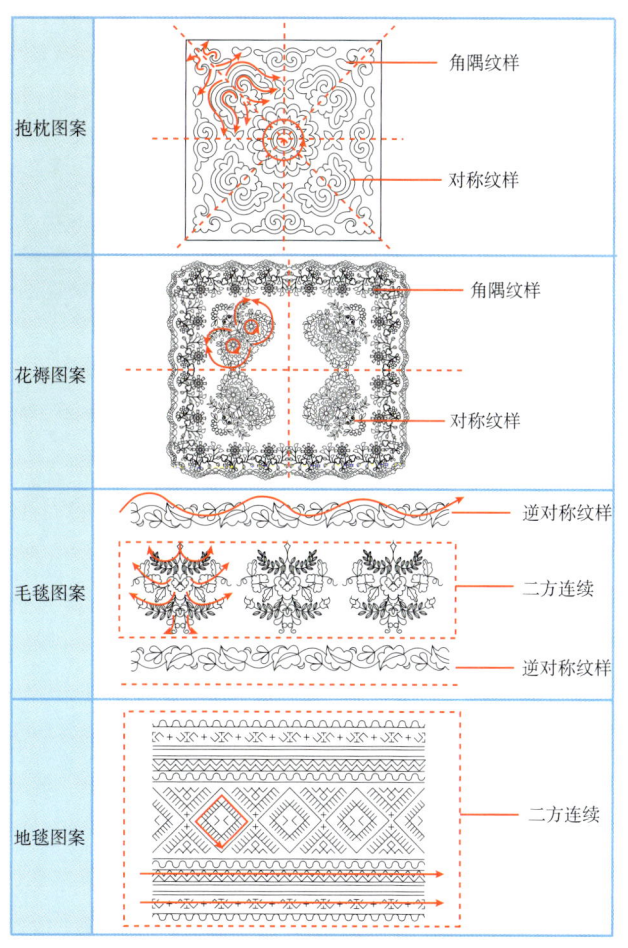

图八 塔塔尔族织品图案纹样构图分析图

图九 塔塔尔族织品图案纹样分析图

塔塔尔族染印工艺

图一　塔塔尔族印染工艺主图

在纺织品上用染料进行手工印花染色是塔塔尔族十分擅长的一种传统工艺。塔塔尔族的织物印花图案有自己的风格特色。塔塔尔人的传统印染原料相当丰富,以各种天然植物原料居多,传统印染工艺最多的是手工染缬法和刻模印花法,现代也开始广泛使用活性染料和机器印染。传统手工染缬法多用于头巾、围裙、围兜等小件纺织品的印花;刻模压印法对大件小件织物都能应用,常见于衣物、床单等,但如今已很少见。

染料的提炼备制对印染工艺最为重要。塔塔尔族会从植物的根、茎、叶、花及果实皮等部位提取染料,有从红柳枝或枸杞根中制成的红色染料,有从桑树瘤、槐花或麦草中熬煮制成黄色染料,还有从茜草、黑蜀葵花、奥斯曼草中提炼绿色和蓝色,从凤仙花和核桃皮中制出橘色和棕色等等。根据染色需要,一般会加入一些植物胶,增加其黏稠度和牢固度。塔塔尔族的传统染色来源丰富,人们还会从生铁渣、锅底灰中提取出黑色的矿物染料,还有用动物血液、杨梅汁等直接填色。塔塔尔族人很擅长描绘图案,直接手工染缬是其常见的传统技艺。这种技艺首先将织物处理干净,放入水中练漂,取出晾干后在布上简单勾勒出图案样式,然后就可直接手工染绘。传统会使用蜡作为阻染剂,避免在上色时颜色晕开到图案外,现在多用隔离胶将需要上色的图案画出隔离线,等隔离胶干后,用笔蘸上相应的调开的染料直接在布上绘制,绘制完后还可以通过蒸化将颜料更好地固色于布上。手工染缬法多用于表现单独纹样的小尺寸织物上,颜色相对刻模压印法来说更加艳丽细致,对织物的选择面也更大。刻模印染法主要使用的布料为土布，容易吸收颜色。先将要使用的印染原料磨成粉状，加水调稀备用，然后将白布放入水中煮一会，取出晾干用木棒在石板上捶平。将之前用木头刻好的模子刷上颜色，一种颜色一块模板，然后就可以开始在布上印制了，印制完成后需要反复漂洗和晾晒。刻模压印法主要表现连续相同或连续对称的图案纹样，印出来的花纹非常连贯，整齐美观。

塔塔尔族传统印染是以家庭为中心的手工副业，主要由妇女承担，工艺技术靠口传心授代代相传，有着悠久的制作和使用历史，其独特的装饰纹样和色彩赋予印花织物强烈鲜明的本土艺术特色。如今，随着社会和科技的发展，现代化学染料和机器印染工艺已经在塔塔尔族印染生产中更为普遍，效率低下的传统工艺已渐渐淡出人们视野，但塔塔尔人仍依照传统设计印花图样和进行色彩配置，使得塔塔尔印花织物并未失去传统风格，且表现更为丰富多彩。

图片来源

图一 《鞑靼传统服饰精粹集》（俄），天津人民美术出版社，2005。
图二、图三、图五 陈方圆 制图
图四、图八 赵亭亭、陈方圆 制图
图六 陈方圆、周瑜嫄 制图
图七 陈方圆、徐靓 制图
图九、图十一 徐靓、周瑜嫄 制图
图十 徐靓 制图

图二 塔塔尔族印染工艺图案及色彩分析图

图三 塔塔尔族印染工艺画面布局分析图

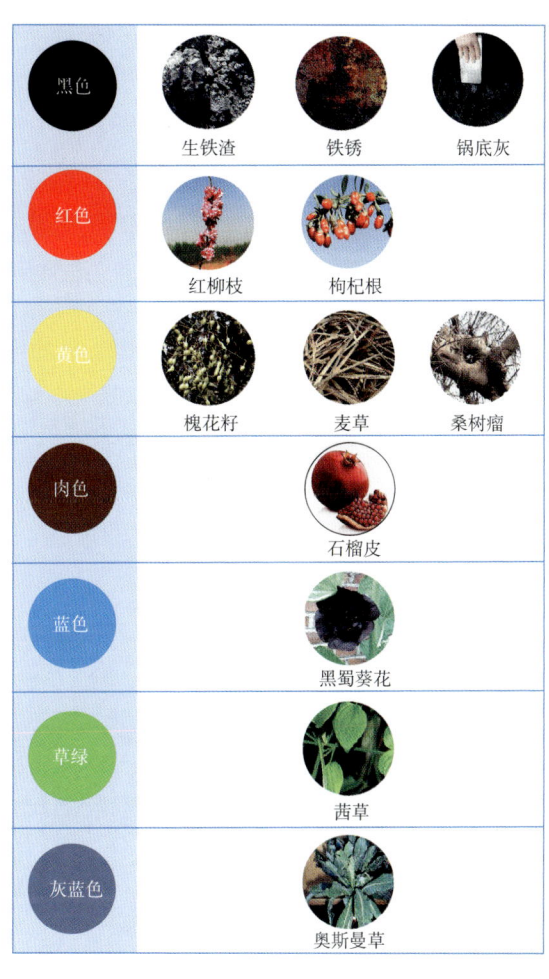

图四　塔塔尔族印染染料来源图　　　　图五　塔塔尔族印染工艺纹样示意图

直接印染法　　　　　　　　　　　刻模压印法

图六　塔塔尔族印染工艺常用印染法种类图

第六章　塔塔尔族传统手工艺

219

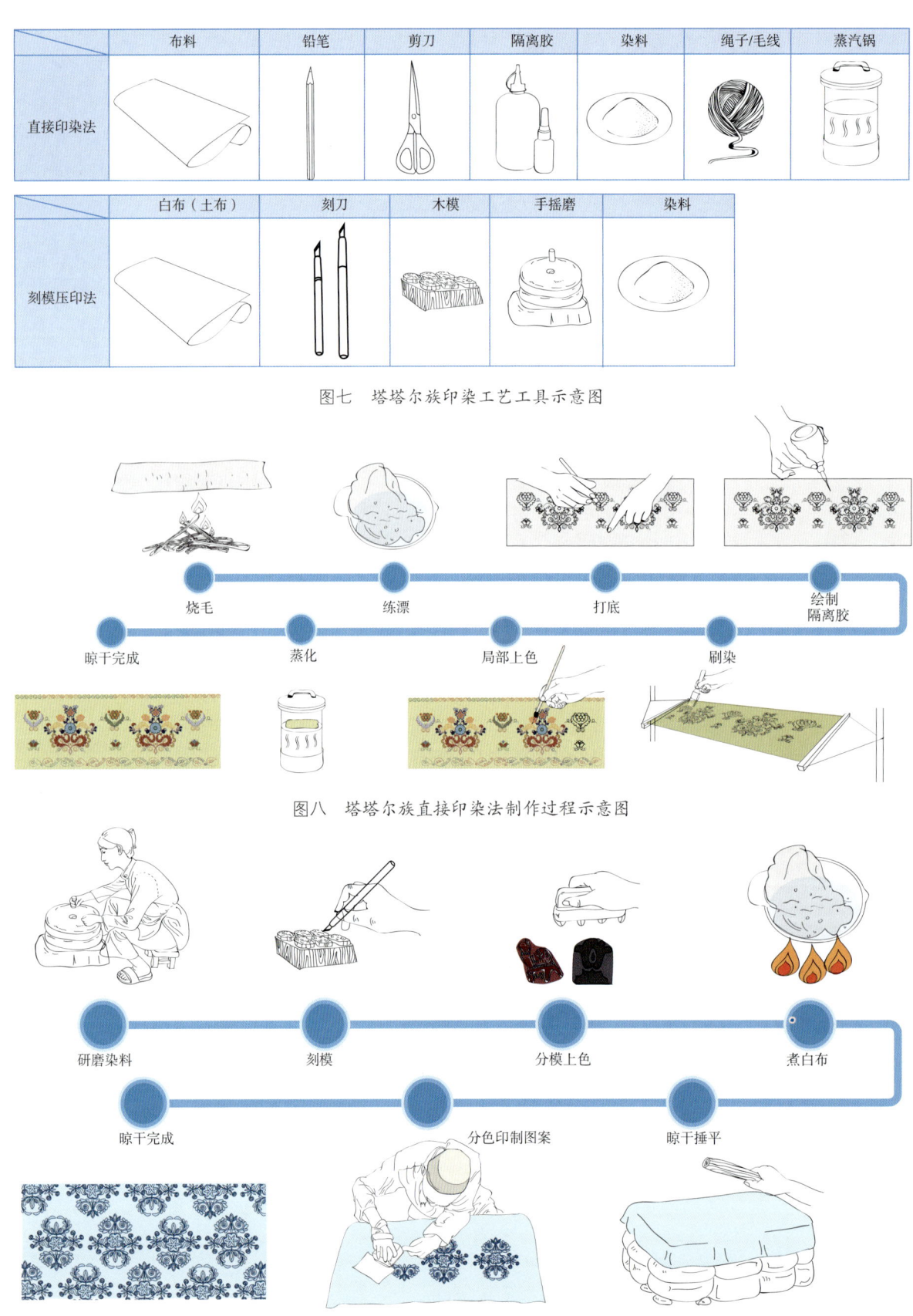

图七　塔塔尔族印染工艺工具示意图

图八　塔塔尔族直接印染法制作过程示意图

图九　塔塔尔族刻模压印法制作过程示意图

图十 塔塔尔族印染纹样展示图

印染花纹头巾　　　　　印染花纹围裙　　　　　印染花纹上衣

图十一 塔塔尔族印染产品举例示意图

第六章 塔塔尔族传统手工艺

221

塔塔尔族戒指、手镯

图一　塔塔尔族戒指、手镯主图

手镯和戒指是塔塔尔人的常见饰物，也体现了塔塔尔人精巧的金工手艺。塔塔尔族的手镯专属于女性佩戴，多以金银为主，作为装饰和体现身份。以金为材质的手镯通常会镶嵌炫目的宝石，而银质手镯通常只有纹样。塔塔尔族手镯一般佩戴在女子左手上，也常见左右手佩戴成对的手镯。塔塔尔族女性和男性都可佩戴戒指，材质以金银、宝石居多，常见指盖素面的叫"巴里大克"，镶有宝石的叫"玉祖克"。戒指不仅作为装饰，也是婚姻信物和吉祥辟邪之物。

本文案例为一款银制环扣手镯，宽大厚重，两端之间留有空隙。银材质地柔软，有延展性，戴时先撑开，戴后即可复原。此类手镯形态丰富，多为椭圆形、圆形和长方形，多在表面用錾刻工艺进行装饰，其装饰多以连续的植物纹和几何纹按照对称格局排列。案例中的曲线圈点太阳花纹样以及连珠纹，布局疏繁有致，线条细密流畅，是典型塔塔尔装饰风格。塔塔尔族戒指常见细指环，也有配以宽大指盖。指环戒指比较简洁，会在指环上刻上花纹作为装饰，可单独佩戴，也见同其他戒指组合搭配。有指盖的戒指会和珍珠、宝石结合起来设计，也可只在上面錾刻装饰纹样，指盖的形状有圆形、方形、多边形等多种。塔塔尔族首饰的制作工艺以錾花为主，錾花工艺应用于纹样的雕刻，以突出主体、疏阔简略为主，制成首饰轻巧简洁，颇具秀美之姿。

塔塔尔族的手镯与戒指体现了塔塔尔族人卓越的金工技艺，虽然首饰中并没有过多繁复装饰，显得典雅单纯，却也展示了其特色鲜明的装饰艺术。在草原、宗教以及其他各种文化的交融影响下，塔塔尔手镯与戒指的装饰纹样为来源丰富的各种几何纹和植物纹。案例中的这款戒指錾刻纹样十分精细，是一种源于西亚的古老纹饰，从中可见塔塔尔族复杂的西方文化渊源。如今随着社会的不断发展，民族融合不断加深，塔塔尔族的首饰也越来越深受游客以及其他各族人民的喜爱。

图片来源

图一　席容芳　制图

图二、图三　洪安娜　制图

图四至图十　刘筠璨　制图

图十一　刘筠璨、周瑜嫄　制图

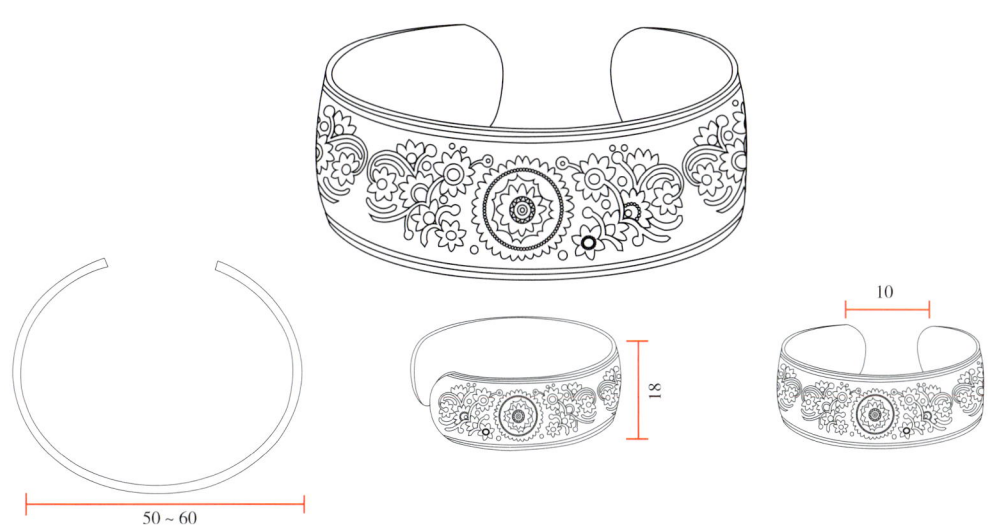

图二　塔塔尔族手镯尺寸图（单位：mm）

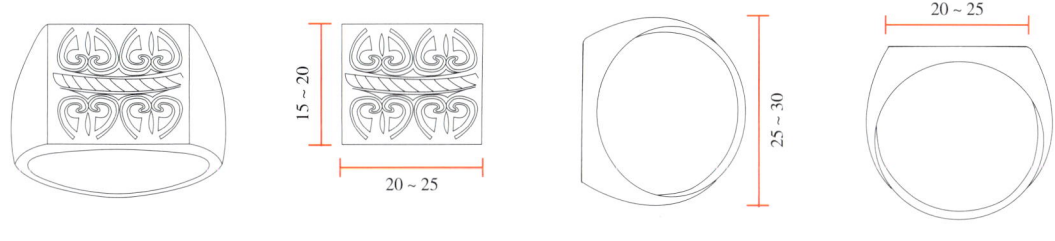

图三　塔塔尔族戒指尺寸图（单位：mm）

图四　塔塔尔族戒指、手镯彩色复原图及材质工艺示意图

立体线框图　　　　　　　　　　　　纹样走势分析

纹样分层示意图

图五　塔塔尔族手镯立体线框图及纹样走势分析图

手镯造型比较分析				
扁椭圆	椭圆	宽圆柱	粗圆柱	细圆柱
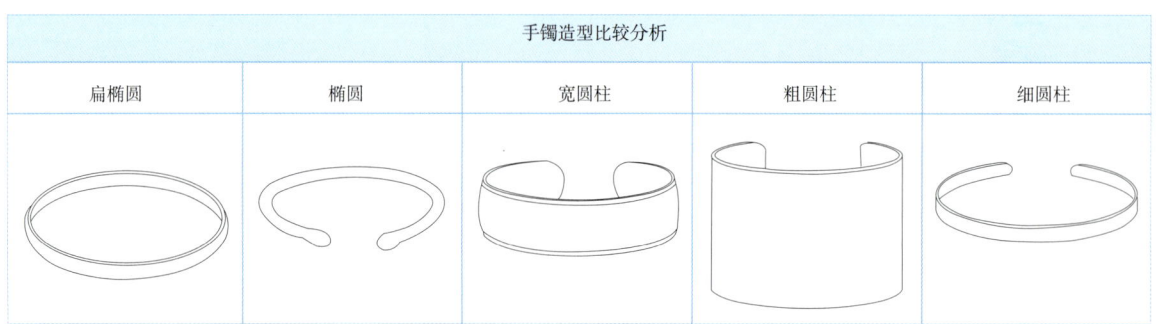				

图六　塔塔尔族手镯造型比较分析图

	细		圆形逐渐向两边变细		
指环					
	圆形	方形	六边形	扁椭圆	
指盖					

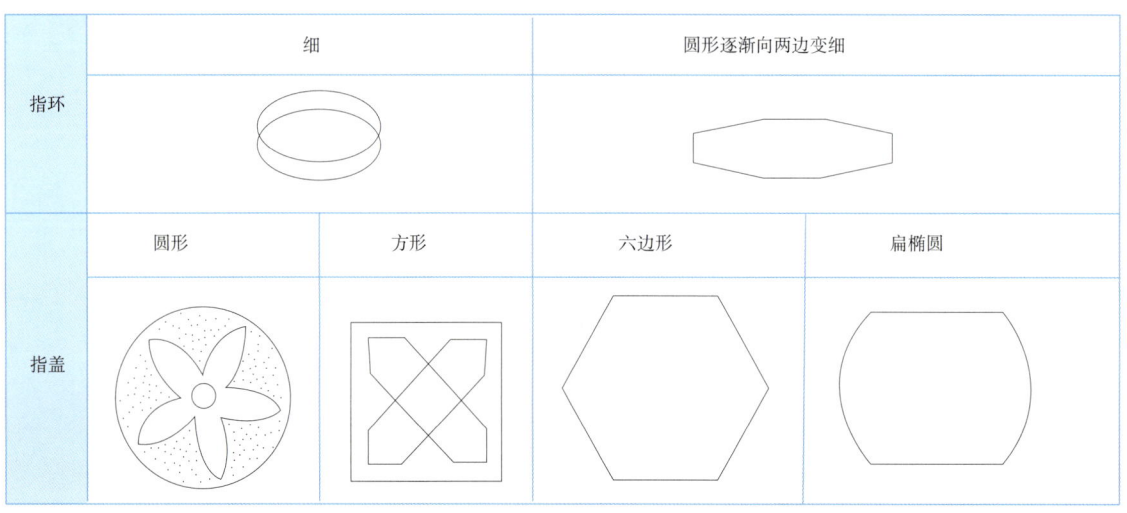

图七　塔塔尔族戒指造型比较分析图

图八　塔塔尔族手镯纹样比较分析图

图九　塔塔尔族戒指纹样比较分析图

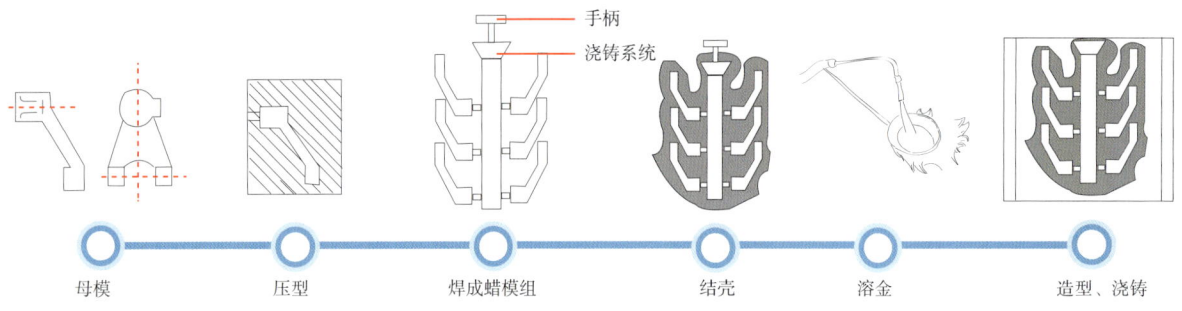

图十　塔塔尔族手镯加工工艺——失蜡铸造图

图十一　塔塔尔族戒指、手镯佩戴示意图

第七章 塔塔尔族民俗与宗教

塔塔尔族婚俗

图一　塔塔尔族婚俗主图

塔塔尔族实行一夫一妻制，男女可自由恋爱，但必须经过父母同意方可结婚。塔塔尔族有着独特的婚姻习俗，不是新娘嫁到新郎家，而是新郎"嫁到"新娘家，即婚礼在女方家举行。新郎要在女方家住几个月甚至一年后，才把新娘接回自己父母家，婚后生活也相对和睦。塔塔尔族婚恋文化较为传统，不仅婚礼十分讲究，而且也视离婚为最大的耻辱。

塔塔尔族的婚俗程序大体上分为说亲、定亲、举行开箱礼、举行婚礼四个步骤。首先，男方要派自家德高望重的亲戚去女方家说亲，说亲的人卷起右腿的裤脚，女方则一眼就能知道是来求亲的人。第一次说亲时，女方不可立刻表示同意或拒绝，应表示慎重考虑。如此，经过媒人多次求亲，女方满意方可同意。接下来，男方便可下聘礼，送订婚所需物品。一般为精美糕点、衣料、饰物。女方必须将其中的订婚戒指戴于左手无名指上，表示自己已有归属。在婚前一个月需要举行开箱礼，男方要送女方一只箱子，箱子内装有新娘婚礼服、窗帘布料、床单及给女方父母亲友做衣物的布料，称为"克以特"。箱子坐上几名男女童以示对女方的欢迎。接到木箱后，女方赠与男女童礼物并宴请亲友邻居，开箱分礼。亲友拿走窗帘布料、床帐，帮女方赶制。确定结婚日期后，女方提出婚宴所需物品，由男方送于女方家。其中一定要一头或几头牛羊马等活畜，并在活畜颈部系上红布。最后发请柬通知亲友如期参加婚礼。婚礼在女方家举行。这天新郎新娘穿戴婚礼服，佩戴大红花，亲友们也穿戴盛装聚餐弹唱。新郎在亲友陪伴下，一路欢唱"吉尔拉"，吹口哨，拉起手风琴来到女方家。在男方来的路上，女方会设置重重障碍，得到男方的礼物后方可通行。来到女方家门口，新郎要绕房子一圈，央求女方开门。新娘的家人铺上几米长的白布单，端出糖果托盘，洒向新郎，以示对新郎的欢迎，宾客捡到这些糖果是非常吉利的。举行婚礼前，经双方代理人来核对仪式程序并主持，按照宗教习惯，把盛着糖水的小碗用红布托起，让新娘新郎共饮糖水，寓意婚后生活甜蜜白头偕老。女家用丰盛的食物招待男宾的客人，到晚上举行"尼卡"仪式，由阿訇诵经，询问新婚夫妇是否同意结合，回答同意后，新人吃沾了盐水的馕，表示愿意婚后同甘共苦，婚礼结束后，新郎定居在新娘家。第二天新婚夫妇要宴请女宾，新郎母亲和女性亲戚都来参加婚礼，要向女方的亲戚敬蜂蜜和酥油。婚后几月或一年以后，经由媒人提出选择良辰吉日，男方才将新娘娶回家。"接亲日"这天男女双方宴请宾客，以示"迎亲"和"送亲"。新娘母亲及亲友陪伴新娘坐马车到新郎家，并带上陪送的碗具、被褥、地毯等嫁妆，这种习俗在塔塔尔族中称为"克亦吾莱提吾"。没有儿子的人家，女婿也可留下与岳父母共同生活，并享有继承岳父母财产的权利。

塔塔尔族信仰伊斯兰教，婚俗上也符合伊斯兰教婚礼的基本流程，由阿訇主持婚礼举行尼卡仪式。但塔塔尔族又不同于其他伊斯兰民族，有着自己独特的婚俗，即婚礼在女方家举行，新郎要在女方家住一段时间后才把新娘接回自己父母家。这种婚俗表现出塔塔尔族男女平等的观念，这与其婚前的自由、充分交流的恋爱文化有紧密联系。塔塔尔族由于人口少，族群认同感与凝聚力强，婚俗也保存较为完整，而男女平等、自由恋爱以及宗教传统使得塔塔尔族人婚姻基础好，十分重视家庭，离婚率也相当低。

图片来源
图一至图十二　陈方圆　制图
图十三　陈方圆、周瑜嫄　制图

图二 塔塔尔族婚礼流程图

图三 塔塔尔族婚俗：说亲图

图四 塔塔尔族婚俗：定亲（男方送来的聘礼）图

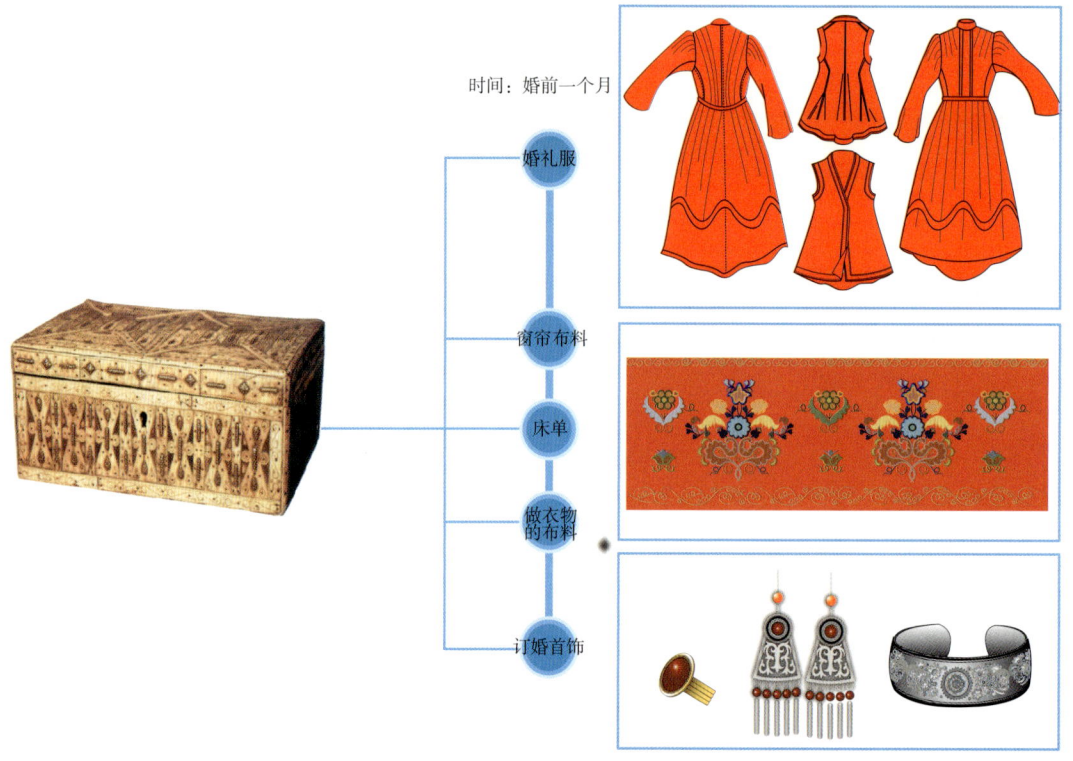

图五 塔塔尔族婚俗：开箱礼（箱中的物件）图

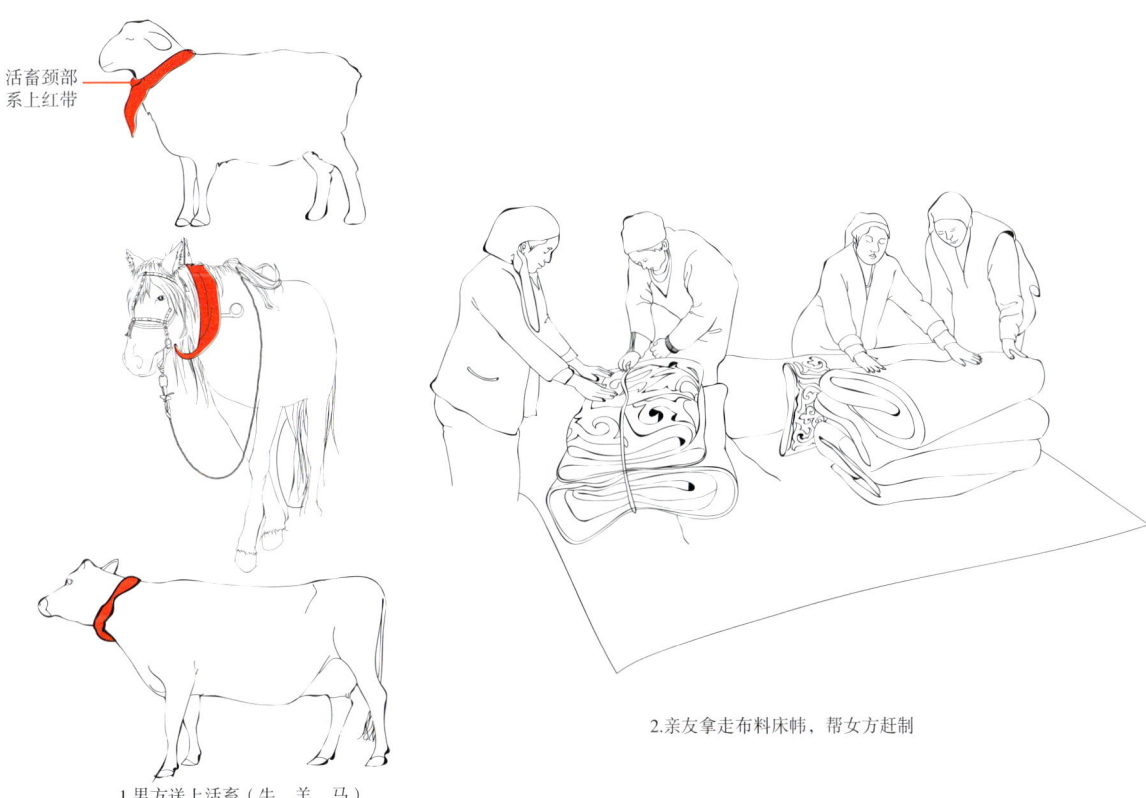

1. 男方送上活畜（牛、羊、马）
2. 亲友拿走布料床帏，帮女方赶制

图六 塔塔尔族婚俗：婚前准备图

图七 塔塔尔族婚俗：新娘新郎婚帽婚服图

第七章 塔塔尔族传统民俗与宗教

231

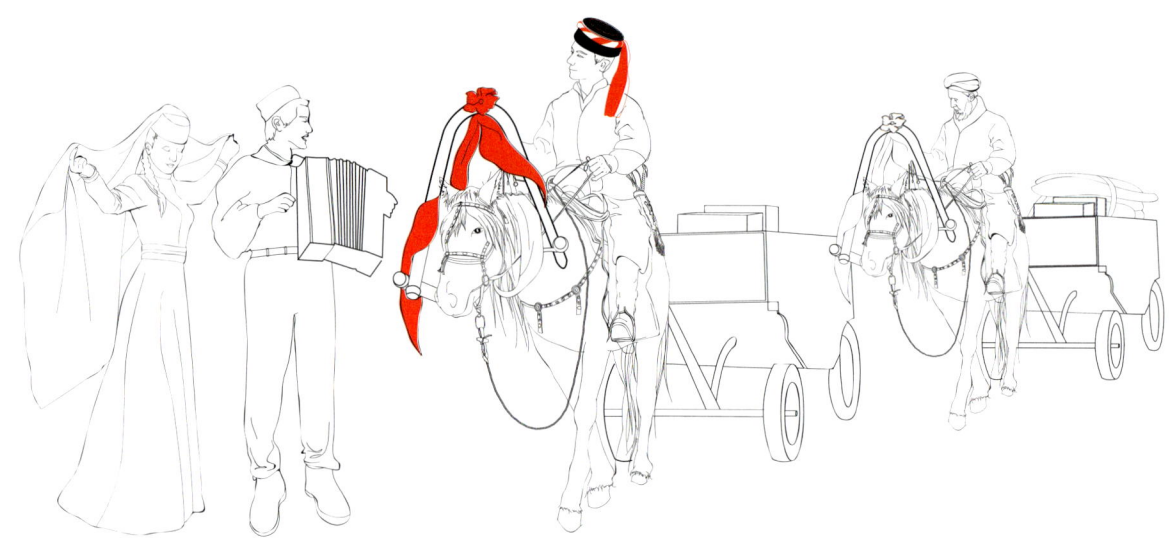

图八　塔塔尔族婚俗：结婚当日新郎骑马拉车去新娘家图

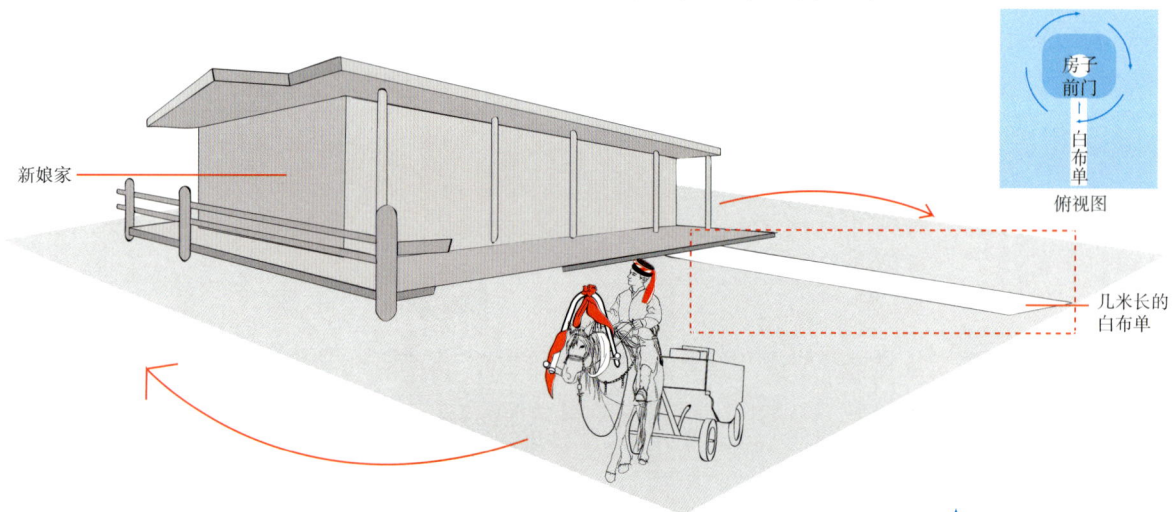

图九　塔塔尔族婚俗：到新娘家门口绕行一圈图

图十　塔塔尔族婚俗：新人共饮糖水图

图十一　塔塔尔族婚俗：举行尼卡仪式图

图十二　塔塔尔族婚俗：新人共食沾盐水的馕图

图十三　塔塔尔族婚俗：宾客载歌载舞图

塔塔尔族撒班节

图一　塔塔尔族撒班节主图

撒班节是塔塔尔族特有的传统节日，有着悠久的历史，"撒班"在塔塔尔语中是"犁头"的意思，所以撒班节又称"犁头节"。节日最初是为了感谢农具"犁"所带来的增收，发展到现在则是表达塔塔尔族人民对美好生活的追求。撒班节没有固定的日期，一般选在每年6月21日至25日举行，此时正处于春耕结束夏收即将开始之间的农忙间歇期，有祈望秋季丰收的意思。这时也正值山间景色优美之时，庆祝活动多选在田头或野外，有威望长者主持，大家以家庭为单位，带着自己制作的点心饮料，穿着民族特色服装，载歌载舞参加各种娱乐活动，欢度节日。目前，塔塔尔的撒班节已入选第三批国家级非物质文化遗产的民俗项目类别。

临近节日前夕，由长者和年轻人组成的筹备组决定撒班节的具体日期和地点，然后开始做准备工作，其中比较重要的是"收集毛巾仪式"。筹备组的年轻人拉着手风琴挨家挨户收集毛巾，这些毛巾由每家到了结婚年纪的姑娘制作，统一用作撒班节运动竞赛的奖品。在撒班节当日清晨，塔塔尔人民相约到一片风景秀丽的草地，每家铺好毯子，摆上古拜底埃、克儿西麻等塔塔尔族传统小吃，大家边品尝食物边聊天。当表演的演员拉着巴扬手风琴、唱着歌、跳着舞登上舞台，举行完"歌舞进场仪式"后，撒班节才正式开始。首先几个年轻小伙和妇女会骑着高大的骏马来到场内,马后拖着一个锄地的犁头,这个过程被称为"骏马拉犁仪式",用以纪念节日的起源,也表达塔塔尔族对农具"犁头"出现所带来的农作物增收的喜悦和崇拜,紧接着"骏马拉犁仪式"之后是长者进行讲话。仪式结束后大家伴着音乐跳舞唱歌,塔塔尔舞步式样繁多,多以踢踏、跳跃舞步为主;歌曲主要由塔塔尔民歌演变而来,有劳动歌曲、礼俗歌曲和爱情歌曲,歌词讲究押韵、朗朗上口。下午是传统的体育竞技,有摔跤、打沙袋、布袋跑、赛跳跑、爬杆等一系列活动。萨班节全面地展现了塔塔尔人的饮食、服饰、娱乐、工艺、婚恋礼仪等各种文化。

塔塔尔族的撒班节应该产生于12世纪至13世纪初,当时塔塔尔先民作为蒙古游牧部落开始出现了农业。而当犁头这一先进的农具带来粮食的增收,先民们自然开始崇拜犁,寄托人们对农业丰收的渴望,崇拜活动代代沿袭就形成萨班节的起源。萨班节象征着塔塔尔人开始了农业定居的生产方式,而萨班节中人们郊野欢庆、熬百家粥、吃同一锅饭等具体内容又体现了塔塔尔族农牧文化并存的习俗特征。撒班节是塔塔尔人民在生产生活中创造的节日,与劳动密不可分,塔塔尔人也通过萨班节告诫族人辛勤地劳动是幸福生活的基础,人们应该谨记自己动手丰衣足食的重要性。塔塔尔人也认为庆祝萨班节是凝聚他们族群认同感的最好方式,节日期间他们就吃最有民族特色的食品、穿戴最有民族特色的服饰,这样的食品及服饰是他们在平时、在其他任何节日都不曾用的。在近几年的塔塔尔文化研讨会上,与会的塔塔尔族人民发表了关于塔塔尔族神话、故事、信仰、传统伦理道德、饮食等方面的演讲。他们希望通过举办撒班节这个传统节日以及传承传统文化来进一步强化自己的民族属性,达到民族认同的目的。塔塔尔族的文化精英们还积极组织塔塔尔族文化协会、申请撒班节为世界非物质文化遗产,更为深入传承保护塔塔尔族的优秀传统文化。

图片来源
图一、图五、图六　薛楚颖　制图
图二、图七、图八　马小雯　制图
图三、图四、图九　薛楚颖、马小雯　制图
图十　马小雯、周瑜嫄　制图

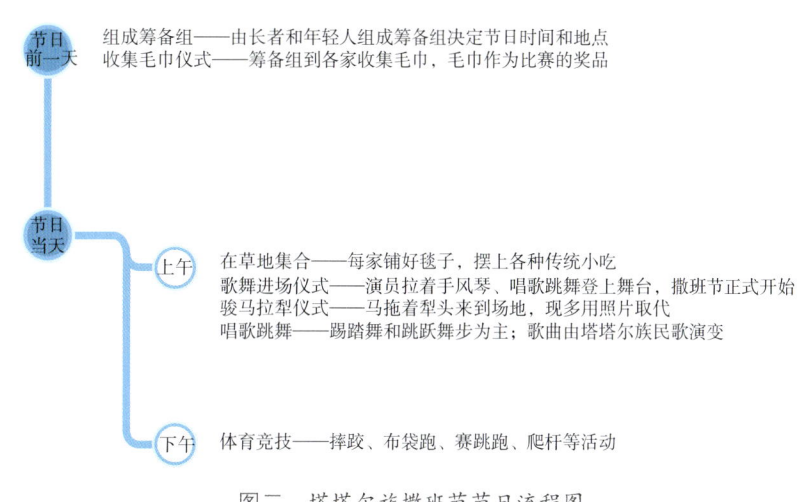

图二　塔塔尔族撒班节节日流程图

图三　塔塔尔族撒班节收集毛巾图　　　　图四　塔塔尔族撒班节歌舞进场仪式图

图五　塔塔尔族撒班节骏马拉犁仪式图

图六　塔塔尔族撒班节体育活动之布袋跑图

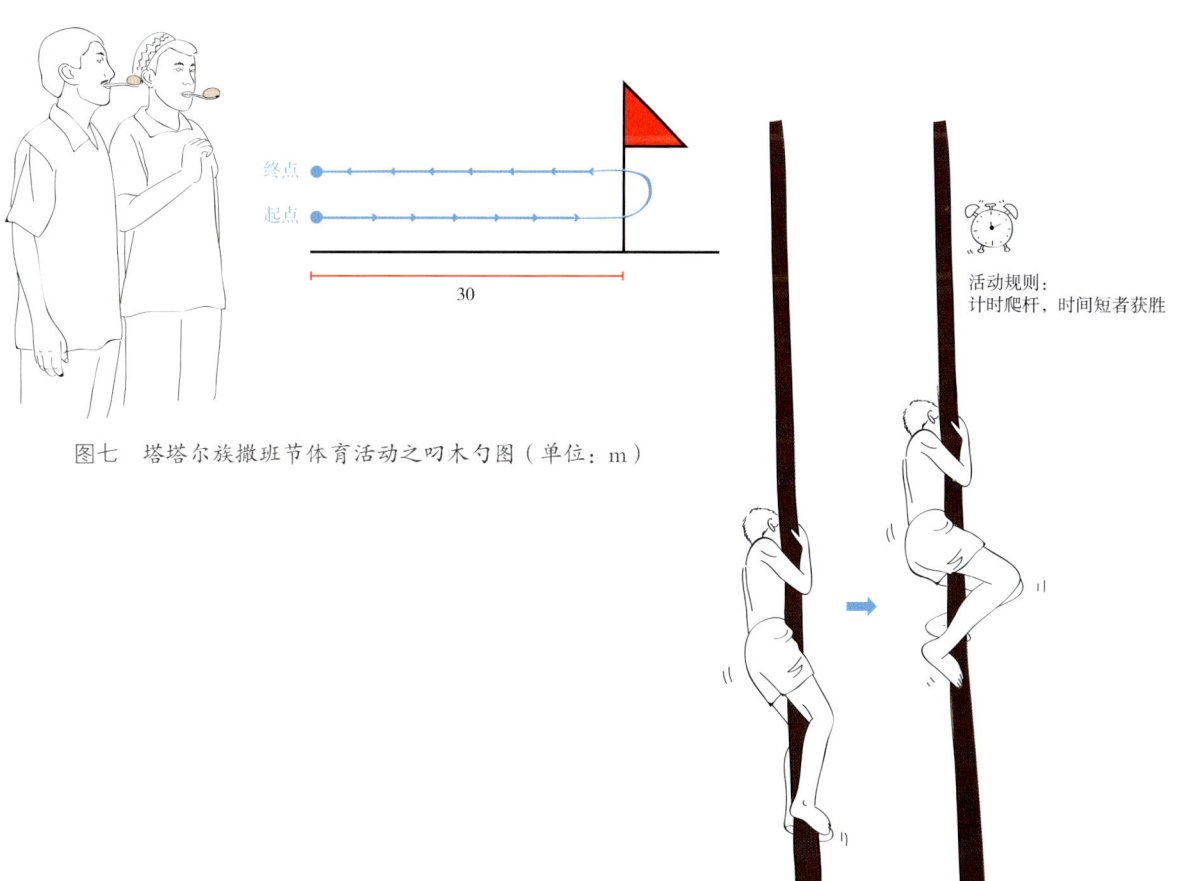

图七　塔塔尔族撒班节体育活动之叼木勺图（单位：m）

图八　塔塔尔族撒班节体育活动之爬杆图

活动规则：
计时爬杆，时间短者获胜

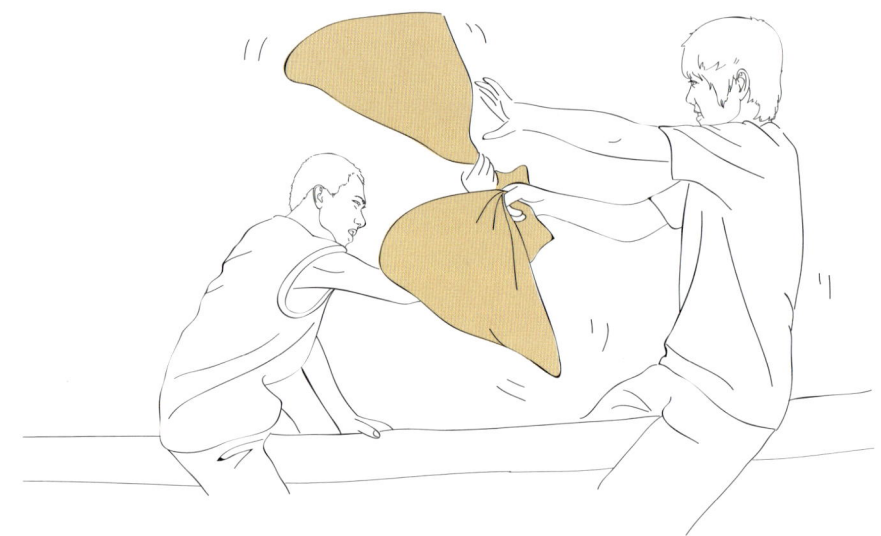

活动规则：双方互相击打沙袋，将对方从杆子上击落者获胜

图九　塔塔尔族撒班节体育活动之打沙袋图

图十　塔塔尔族撒班节民族服饰图

塔塔尔族塔布匣子

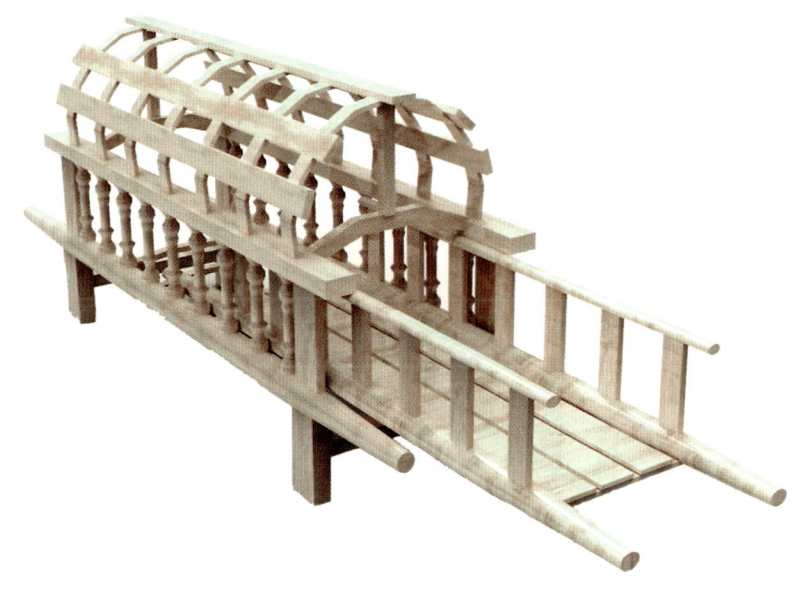

图一　塔塔尔族塔布匣子主图

"塔布匣子"既是塔塔尔族的丧葬用具，也是一种穆斯林殡葬用具，被称作"塔木匣"、"塔补堤"、"讨白匣子"、"塔布"或"塔卜"，它是一种装殓抬送亡人的木匣子，塔塔尔族死者都是用"塔布匣子"送至墓地入葬。"塔布匣子"整体为一个框架结构的抬床，有些上面加有框架拱顶，内有抽拉的夹层，送葬时将遗体放置于匣内抽拉层中。出殡时，"塔布匣子"由亲近的人轮流抬往坟地，到达后由亲人轻轻将亡人从"塔布匣子"中抬出送下墓坑。

匣子可根据条件选择各种木材，有松木、杨木、杉木、榆木、柏木、核桃木等。"塔布匣子"长约250厘米，宽约80厘米，高约120厘米，由整体框架和抽拉层组成。匣子整体框架分上下部分，上面呈拱形结构，主要起装饰和加固作用，下面是四周有围栏的床架，栏柱多有装饰，两头各有两根抬杆，抽拉层是一个小抬床。使用时，当亡者穿上可凡裹尸布后，人们将小抬床抽出架于承重椽上，然后将亡人放入小抬床后将其推入匣子里。放入亡人的"塔布匣子"，按头北脚南，面向西，放在安静的室内或庭院洁净处或清真寺内，而不可放在礼拜大殿内，接着，由阿訇为亡人举行殡葬仪式，为亡人祈祷赦罪。出殡时，人们会在匣子两端的四个抬杆分别绑上绳子，绳子又穿在四根担杠上，每个担杠由两人一前一后抬起，一共8人抬起塔布匣子前往墓地。在送葬过程中，通常至少需要配备16名抬匣者，分两组轮流替换。到达墓地后，由亲人轻轻将亡人从"塔布匣子"中抬出，送下墓坑。无论死者生前富贫贵贱，从丧葬礼节到丧葬用具一律相同，因而"塔布匣子"并不会因为死者身份的不同进行区分。

塔塔尔族的丧葬实行土葬和速葬。遗体一般在三天之内土葬。坟地都是公用的，不用棺材。塔布匣子平时是存放于清真寺的公用物品，所有亡人都用公共"塔布匣子"出殡下葬，塔塔尔族"塔布匣子"的造型受伊斯兰文化审美影响，匣子上装饰成花式柱的围栏，起支撑作用的墩柱型足，也能够在伊斯兰建筑装饰中找到类似的形状。

图片来源

图一至图三、图五至图九　王静　制图
图四、图十　闫雪　制图

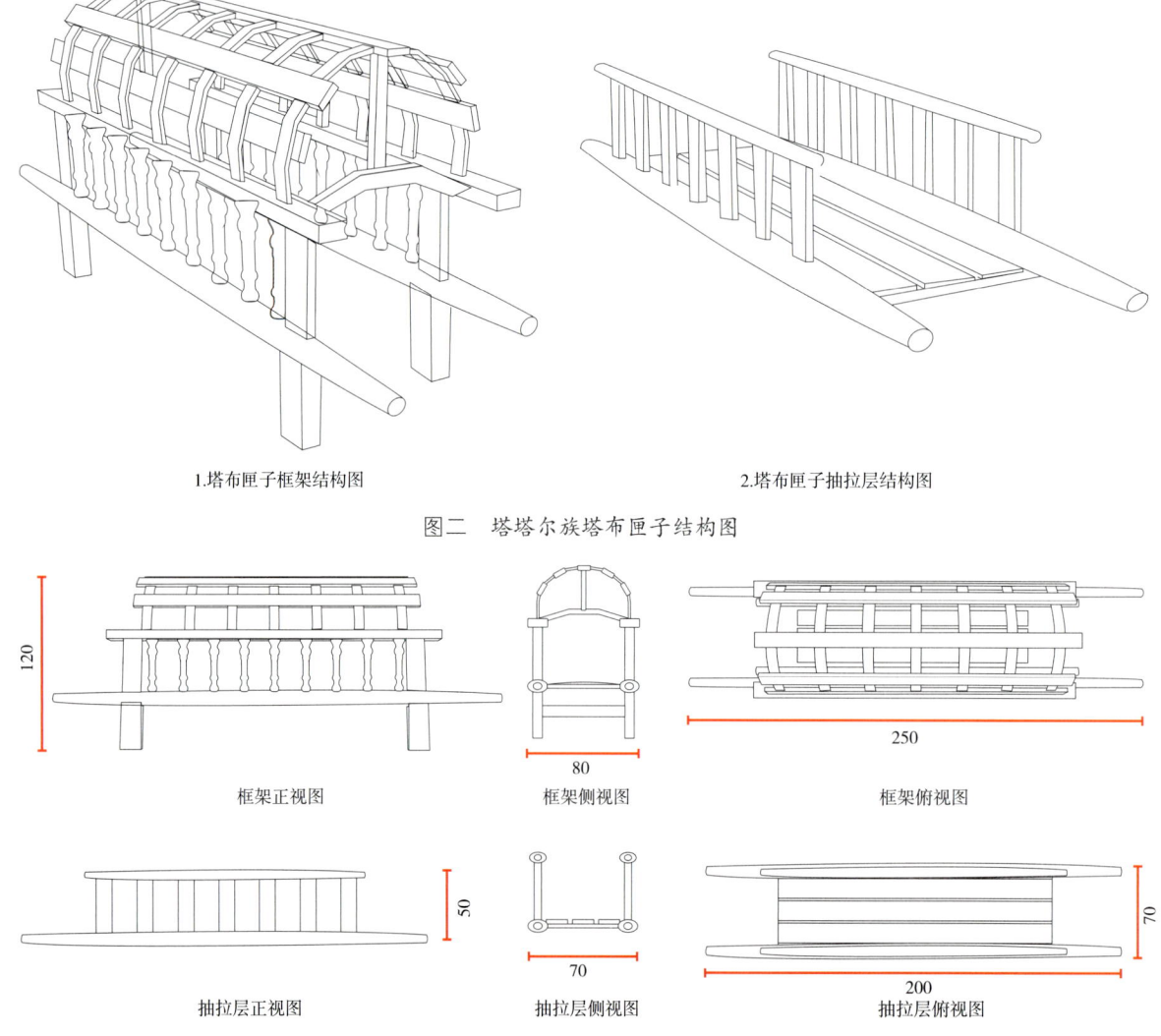

1.塔布匣子框架结构图　　2.塔布匣子抽拉层结构图

图二　塔塔尔族塔布匣子结构图

框架正视图　　框架侧视图　　框架俯视图

抽拉层正视图　　抽拉层侧视图　　抽拉层俯视图

图三　塔塔尔族塔布匣子三视图（单位：cm）

木材材质	机理	特点
松木		具有松香味、色淡黄、疖疤多、对大气温度反应快、容易胀大、极难自然风干
杉木		乔木,高达30米,胸径可达2.5~3米;幼树树冠尖塔形,大树树冠圆锥形,树皮灰褐色,裂成长条片脱落,内皮淡红色
柏木		柏木为有脂材,材质优良,纹直,结构细,耐腐,是建筑、车船、桥梁、家具和器具等用材。
杨木		杨木纤维结构疏松、材质相对较差,其应用范围受到较大限制
榆木		榆木木性坚韧,纹理通达清晰,硬度与强度适中,一般透雕浮雕均能适应,刨面光滑,弦面花纹美丽,有"鸡翅木"的花纹
核桃木		核桃木是密度中等的结实的硬木,核桃木纹理直,结构细而匀,重量、硬度、干缩及强度中,冲击韧性高,弯曲性能良好

图四 塔塔尔族塔布匣子材质分析图

塔布匣子抽离示意图

框架

抽拉层

塔布匣子抽拉图

图五 塔塔尔族塔布匣子抽拉结构分析图

第七章 塔塔尔族传统民俗与宗教

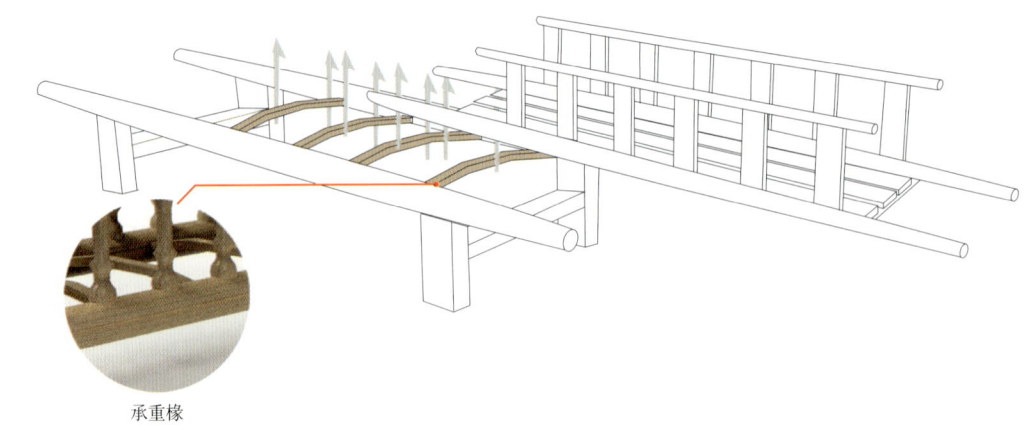

承重橡

图六 塔塔尔族塔布匣子承重分析图

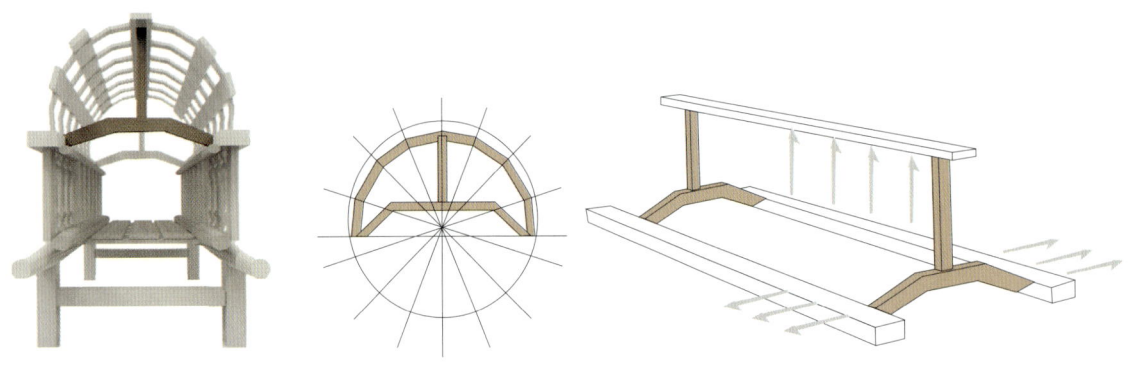

"T"形稳固结构　　"T"型稳固轴将力向上以及左右分散,起稳固作用　　"T"型稳固轴将力向上以及左右分散,起稳固作用

图七 塔塔尔族塔布匣子稳固轴受力分析图

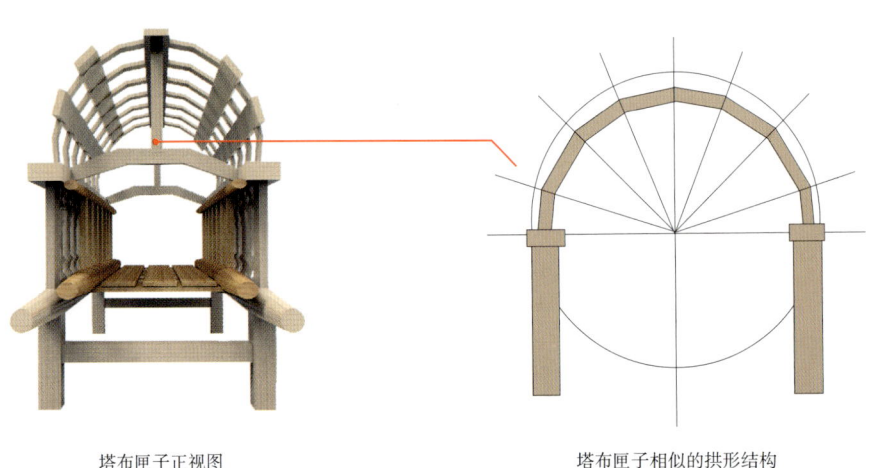

塔布匣子正视图　　塔布匣子相似的拱形结构

图八 塔塔尔族塔布匣子拱形结构分析图

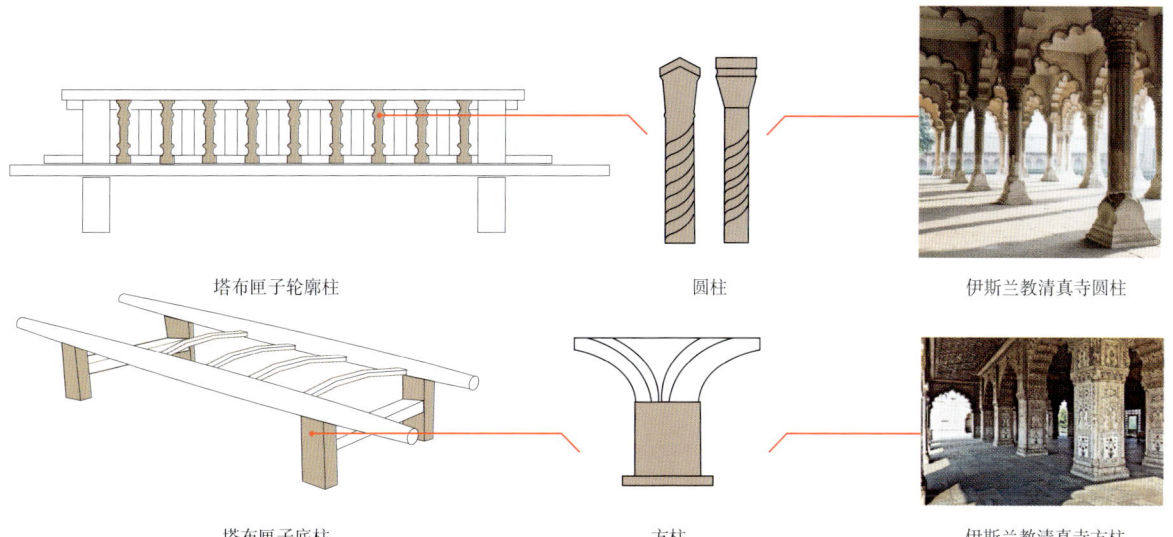

| 塔布匣子轮廓柱 | 圆柱 | 伊斯兰教清真寺圆柱 |

| 塔布匣子底柱 | 方柱 | 伊斯兰教清真寺方柱 |

伊斯兰教清真寺建筑惯用"柱形结构"并以此为美。塔布匣子造型的视觉特点受其宗教的审美取向影响，大量的"柱形结构"被运用在"塔布匣子"上，既作装饰用，也起固定承重作用，具备宗教美学特征。

图九　塔塔尔族塔布匣子柱形结构分析图

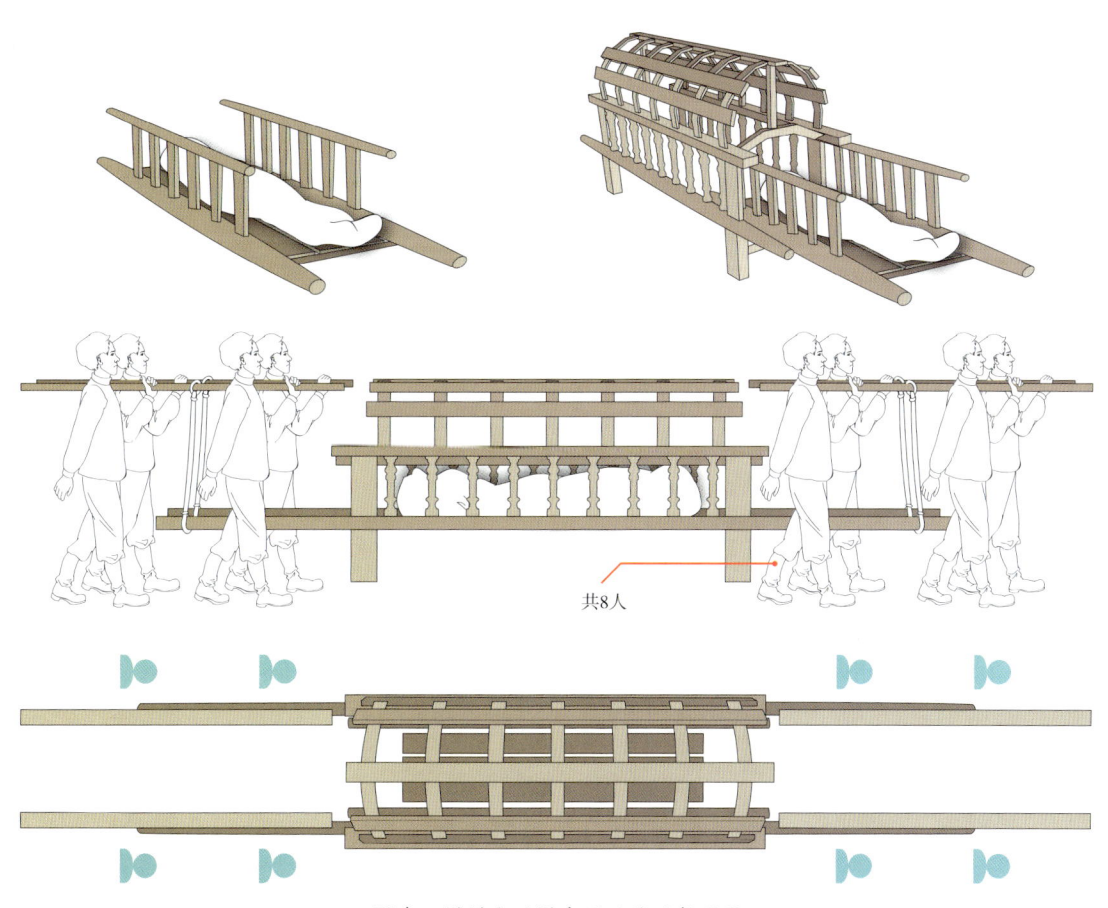

共8人

图十　塔塔尔族塔布匣子使用氛围图

第七章　塔塔尔族传统民俗与宗教

243

塔塔尔族可凡

图一　塔塔尔族可凡主图

可凡又被称为克番或者可帆，翻译成中文为敛衣、裹尸布，随逝者一起埋入土中。塔塔尔族的可凡为纯白色的几块布，不同于世俗衣服，忌用针线缝制。男需"可凡"三件，即大克凡、小克凡、格米素；女需"可凡"五件，除上述三件外，再加"裹胸"和头巾"统布子"各一件。

可凡都是白色素布，不分富贫贵贱一律用白棉布、白市布、白漂布等简单易得的布料，不用有色的布料，不用绫罗绸缎和其他高级面料，也无装饰花纹。可凡需亡人亲属自行买布料裁剪，其制作极简单，但有固定的样式和规格。男亡人用的可凡殓服有三件：一是大殓，又叫"大卧单"，长短要略长于身，上下各余出六七寸。二是小殓，又称"小卧单"，也叫"二单"，长短要如身，但上下两头不留余地，宽约四尺五寸。三是衬衣，叫"格米素"或"匹拉罕"，长自肩至踝骨，宽约一尺二寸左右。女亡人的殓服，比男的多两件。除了同用男子的三件以外，另加裹胸和头巾各一件。女性可凡里的裹胸布，俗称"缠腰"，需与女亡人的胸部相适宜。女性头巾，起包裹头发的作用，宽约一尺，长二尺。给亡人裹"可凡"的流程是：第一件为格米素，将一块约2米长的单幅布对折，在折缝中剪上一道口子，套入亡人脖项，披在身上，长至膝盖。第二件是小可凡，其长度上至头顶下至脚腕，宽可包裹遗体二周。第三件是大可凡,把遗体从头到脚全部包住,两头留出相等余量。女的除此而外,还需先穿上裹胸,戴上头巾。头巾前长后短,盖住面部。这样一层一层地裹好后,用白布带从脚底、腰部、头顶系住。穿"可凡"时,也可撒些冰片末、樟脑粉等香料,用以驱虫,但禁用含酒精的物品。穿好"可凡"后,将亡人抬放在"塔布匣子",头北脚南,面向西,放在安静的室内,由阿訇面向西站立,为亡人举行丧葬仪式。出殡后,"可凡"与亡人尸身一同埋入泥土。由于塔塔尔族认为亡人是不能见光的,入土的整个过程中用遮阳布"窕曼"遮住日光,将亡人头北脚南面向西摆放。也有将系可凡的白布带解开,男子露出面部,但用"刺亥儿板"护住亡人遗体,然后铲土填穴,将墓穴的穴口挡严,并立上墓碑。整个葬礼既肃穆又俭朴。

塔塔尔族实行土葬和速葬,倡导薄葬,反对铺张浪费,不用任何陪葬物和祭品,不用棺椁,仅用3丈2尺白布素衣裹身,三日必葬,入土为安。

图片来源
图一、图五至图七　闫雪　制图
图二至图四　段芳　制图

白棉布

白漂布

白市布

图二　塔塔尔族可凡制作原料图

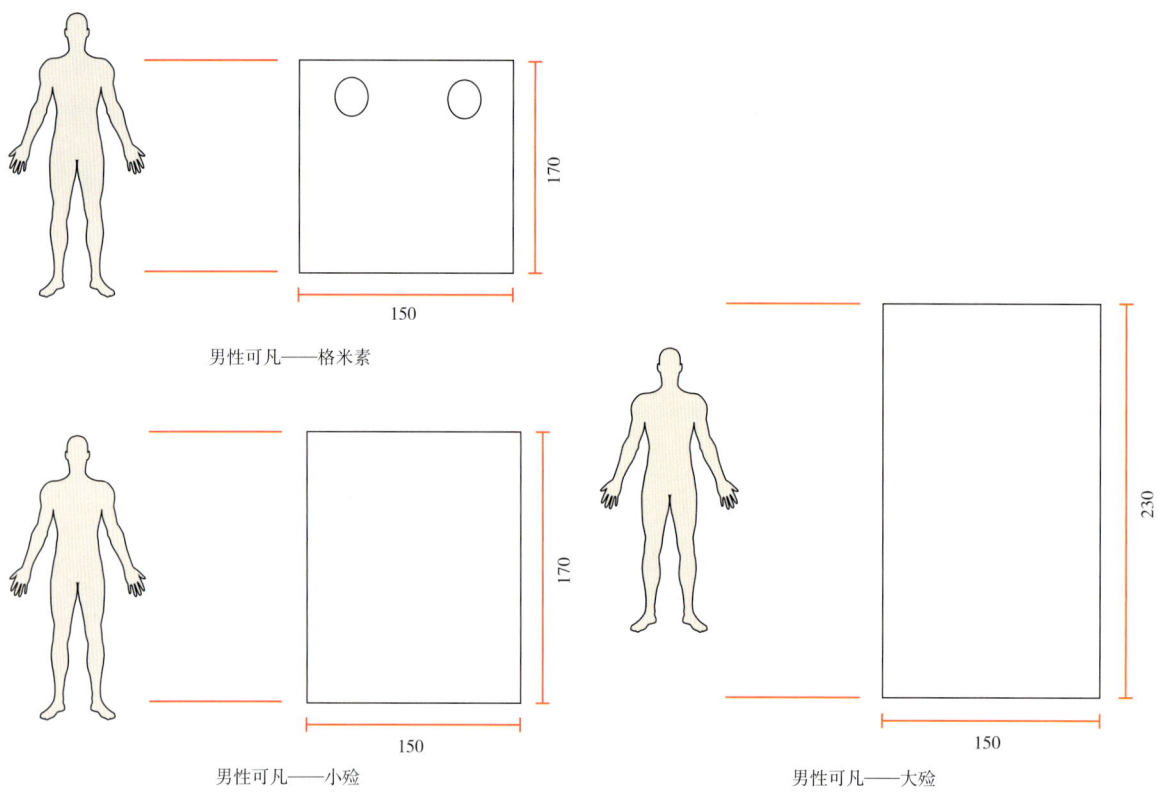

图三 塔塔尔族男性可凡图（单位：cm）

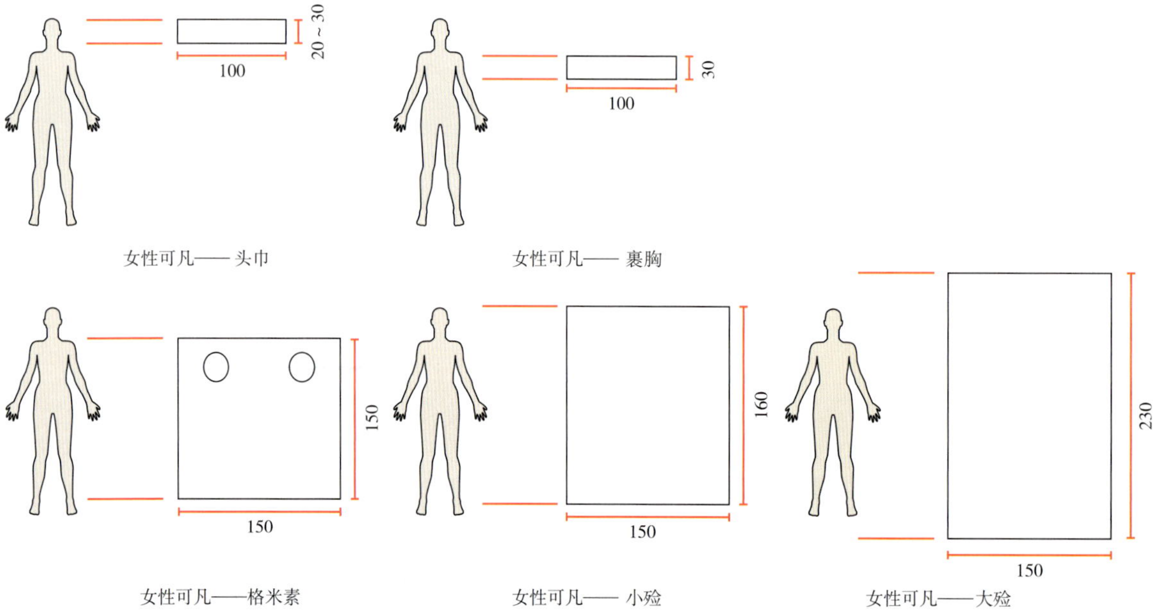

图四 塔塔尔族女性可凡图（单位：cm）

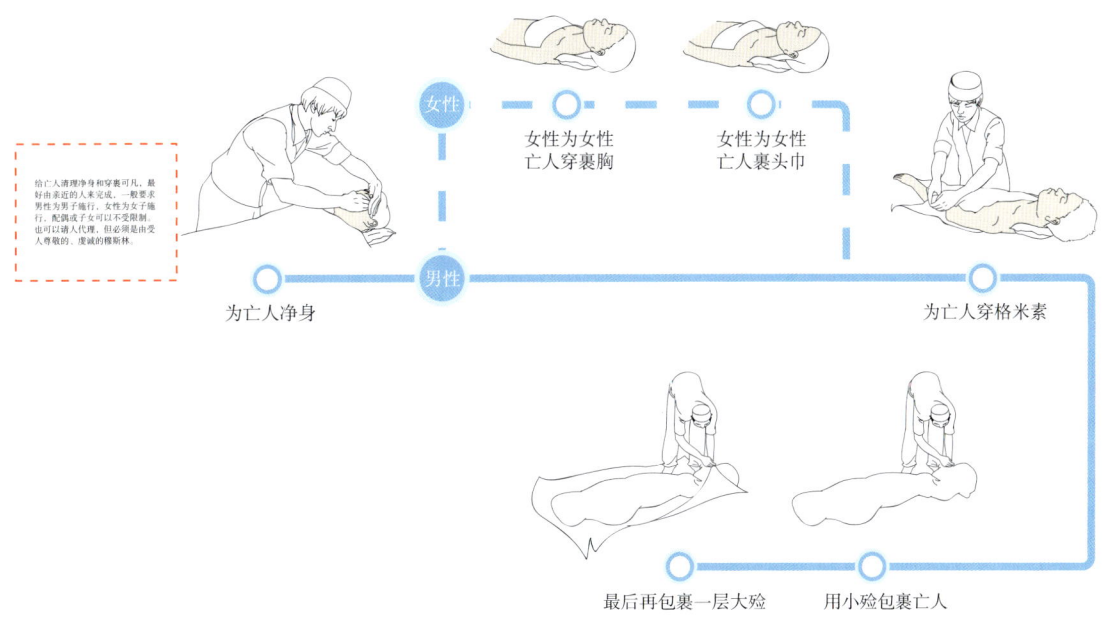

图五　塔塔尔族可凡穿着示意图

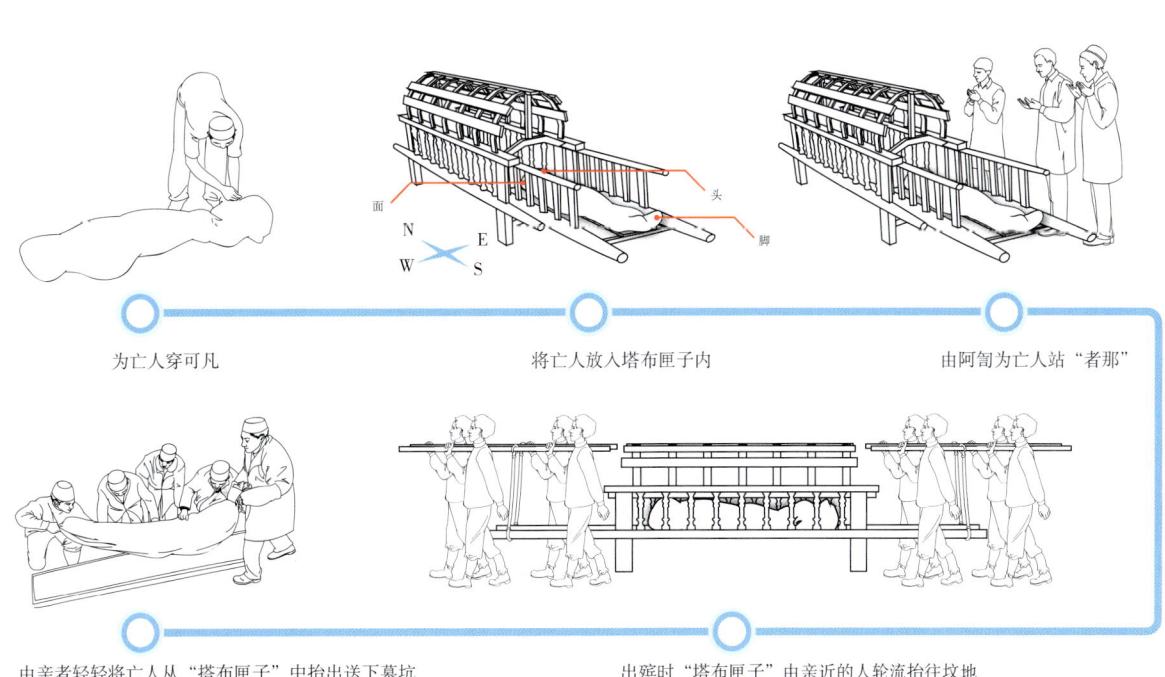

图六　塔塔尔族出殡流程示意图

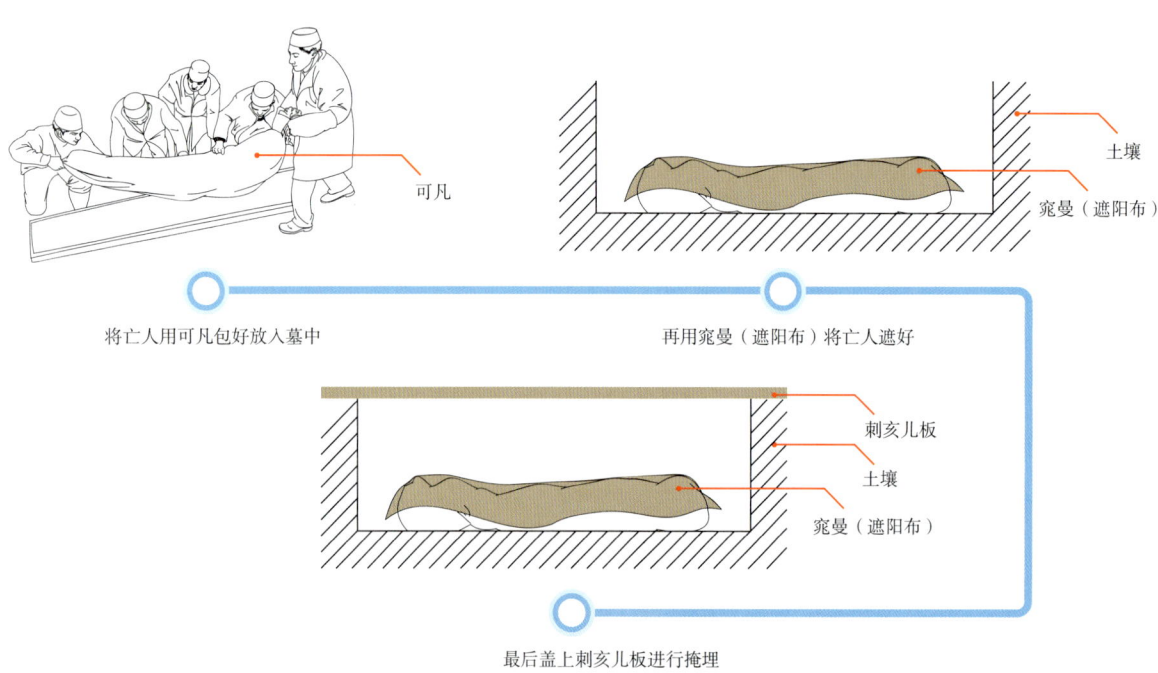

图七　塔塔尔族下葬流程示意图

塔塔尔族体育活动

图一　塔塔尔族体育活动主图

塔塔尔族有着丰富多彩的文化娱乐生活，其传统体育活动多在民族节日的欢乐日子里举行。尤其是每年春天在迎接春耕的"撒班节"盛会上，各种体育活动竞相开展，场面热闹非常。除了其他草原民族也常见的摔跤和赛马外，还有塔塔尔极具代表性的传统项目：赛跑跳和爬杆。

赛跑跳是塔塔尔族长年流行于民间的一项娱乐活动，不受场地器材等条件限制，轻松活泼，男女老少都热衷参与。赛跑跳比赛以性别分组，比赛前，每个参赛者在腿上绑上一个小沙袋，口中衔着一把小勺子，勺子内放置一枚生鸡蛋，口令一下，参赛者迅速向目的地跑去，裁判最终以最先抵达终点线并且鸡蛋不落地者判为优胜。赛跑跳还有其他形式，比如让男女各提两桶水，或各端两碗水，以不洒出水，最先到达目的地者为优胜。爬杆是塔塔尔族民间一项追求技巧和勇气兼顾的体育活动，主要在传统"登宵节"开展，参赛者一般为男性。爬杆比赛时，首先要在比赛场地竖立数根一样高的木杆，每个木杆上都要涂上稀释后的肥皂水，使其润滑，杆顶挂有鲜花或纸扎彩花。待裁判一声口令后，参赛者争先恐后地以最快的速度爬到杆顶摘走鲜花就算获胜。塔塔尔族的赛马比赛比较独特的一点是选择10岁左右的少年男子参加，通过赛马培养他们的勇气和竞争欲望。赛马场地一般选择较平坦的草地，赛程一般为10～20千米，最多不超过30千米，终点设在指挥台前。开始前，各参赛领队要带领头戴花帽的小骑手绕场两圈，同观众见面。开始后，塔塔尔少年一个个低伏马背，纵马扬鞭，观众们欢呼跳跃为小骑手加油助威。对于很多塔塔尔少年来说，参加赛马比赛是他们获得肯定和鼓励的一份成年礼。塔塔尔成人的赛马比赛则更注重趣味和技巧，如十分流行的"马上拾物"比赛，骑手们在马飞快奔跑的过程中，拾起银元、手绢、花卉、金币等道具，以骑术高、反应敏捷、拾起物品多为胜。塔塔尔族同许多草原民族一样都喜爱摔跤这项兼顾技巧和力量对抗竞技运动。塔塔尔族以自由摔跤为常见，以率先摔倒对方为胜，比赛过程姿态怪异，妙趣横生。

塔塔尔族的传统体育项目种类多样，注重生活趣味，因而有着很深厚的群众基础，很好地达到了全民运动的目的。尤其是赛跑跳，它是集灵巧、耐力于一体的体育比赛项目，不仅简单易行，男女老少皆可参加，同时也带有娱乐色彩，整个活动趣味盎然，不仅益于人们的身心健康，也增进了民族之间的交流融洽和凝聚力。塔塔尔的比赛项目也增强了人们的进取精神和竞争意志。按照塔塔尔族的习惯，比赛获胜者会享有很高荣誉，比如赛马胜者可以获取大小不等的牲畜，获奖马匹披戴大红花；摔跤与爬杆比赛获胜者也会得到塔塔尔族姑娘的倾慕。

图片来源
图一至图十五　刘筠璨　制图

塔塔尔族传统体育项目			
赛跑跳	爬杆	赛马	摔跤

塔塔尔族传统体育项目与节日			
撒班节	赛跑跳	摔跤	赛马
肉孜节	赛跑跳		
古尔邦节	摔跤	赛马	赛跑跳
登宵节	爬杆	赛跑跳	
油葫芦节	赛跑跳		

图二　塔塔尔族体育活动列表图

	种类	参赛人员	分组方式	使用道具	规则及输赢判断准则
赛跑跳	叼勺	塔塔尔族男女老少	按性别分组 男性一组，女性一组	鸡蛋，勺子	从同一起跑线上起跑，以最先到达终点并不打碎鸡蛋者为赢
	布袋跳	塔塔尔族男女老少	按性别分组 男性一组，女性一组	麻布袋	从同一起跑线上起跑，以最先到达终点者为赢
	拎水桶	塔塔尔族男女老少	按性别分组 男性一组，女性一组	水桶	从同一起跑线上起跑，以最先到达终点者为赢

图三　塔塔尔族体育活动赛跑跳规则介绍图

图四　塔塔尔族体育活动赛跑跳流程图

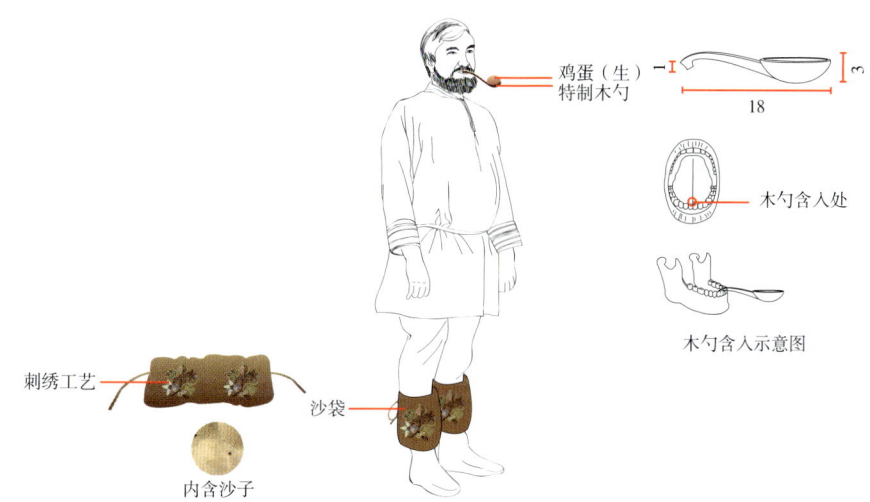

图五　塔塔尔族体育活动赛跑跳细节分析图（单位：cm）

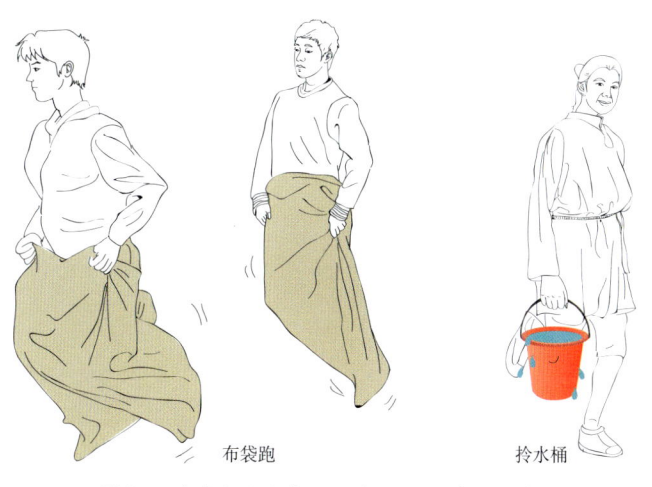

图六　塔塔尔族体育活动赛跑跳的其他形态图

	参赛人员	分组方式	使用道具	规则及输赢判断准则
爬杆	塔塔尔族男性	按年龄分组 老年组、中年组、青年组	竹竿、鲜花或纸花	从同一起点向上爬，以最先到达杆顶并摘得鲜花者为胜

图七　塔塔尔族体育活动爬杆规则介绍图

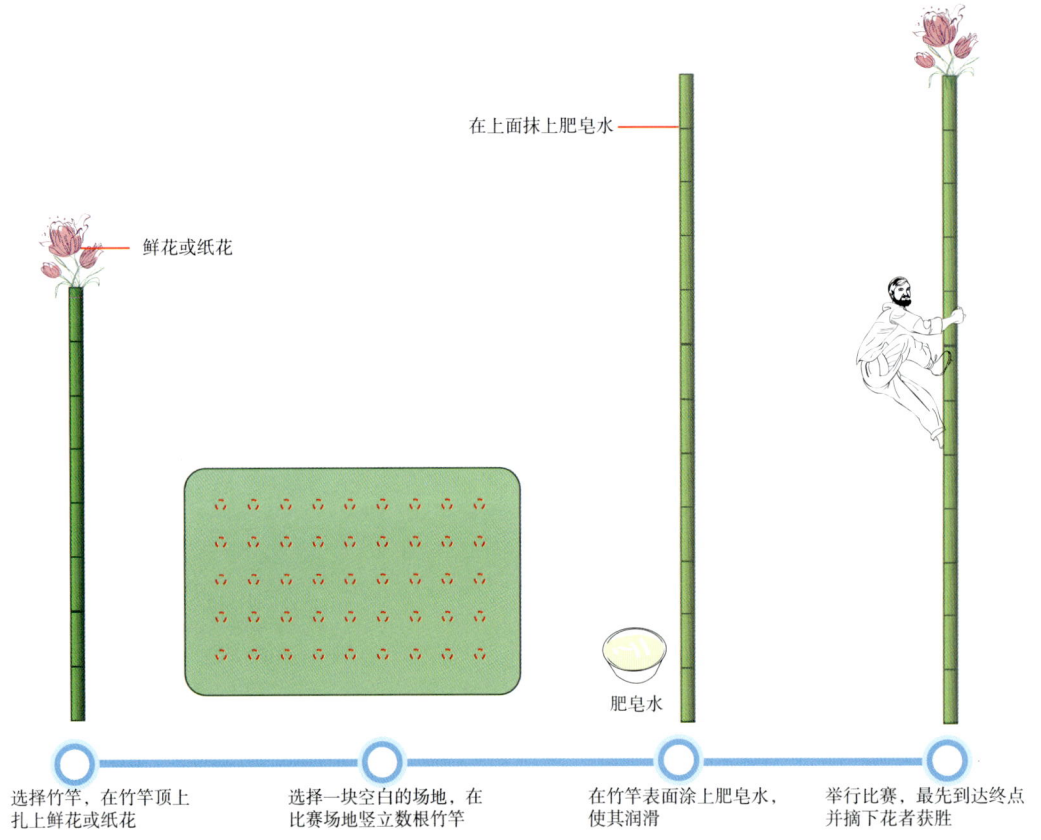

图八　塔塔尔族体育活动爬杆流程图

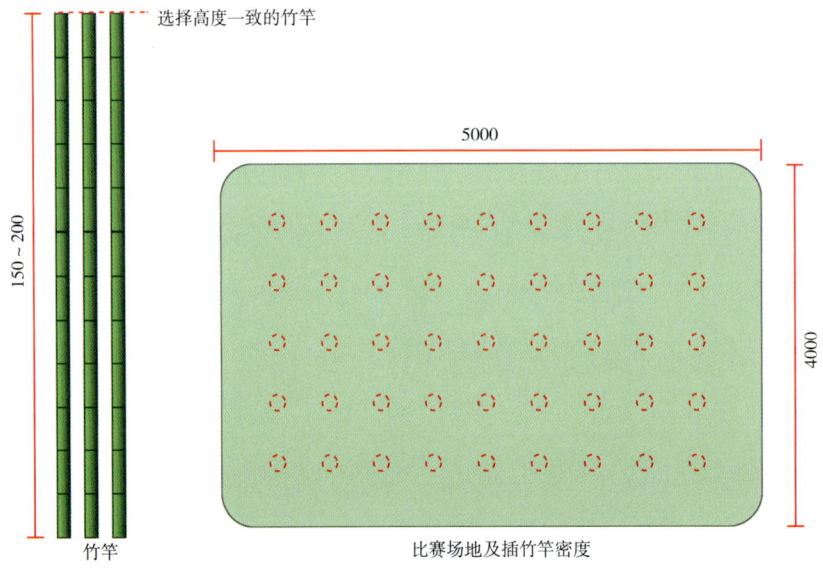

图九　塔塔尔族体育活动爬杆细节分析图（单位：cm）

	种类	参赛人员	参赛人数	赛程	使用道具	规则及输赢判断准则
赛马	赛马	塔塔尔族少年男子一般十岁左右	20~30人	10~30千米	赛马	从同一起点出发,以最先到终点者为胜
	"马上拾物"	塔塔尔族所有男性	10人左右	500~1000米	银元、手绢、花卉、金币、布条	骑手在马飞快奔跑的过程中,拾起地上的物品,骑术高、反应敏捷者获胜

图十　塔塔尔族体育活动赛马比赛规则图

图十一　塔塔尔族体育活动赛马比赛流程示意图

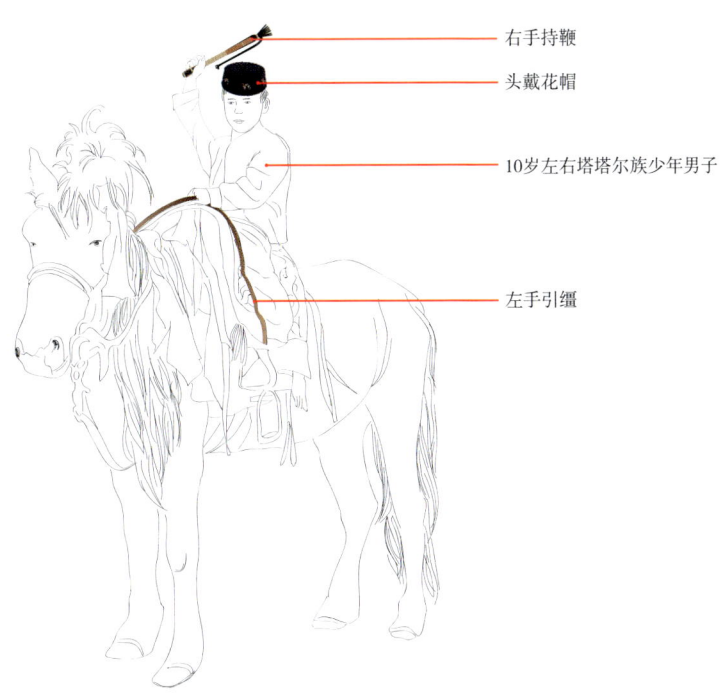

图十二　塔塔尔族体育活动赛马比赛细节分析图

第七章　塔塔尔族传统民俗与宗教

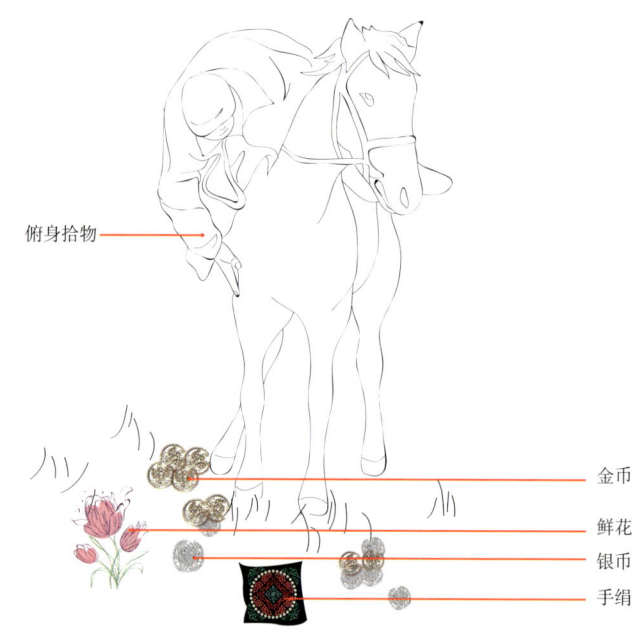

俯身拾物
金币
鲜花
银币
手绢

图十三　塔塔尔族体育活动马上拾物图

摔跤	参赛人员	分组方式	使用道具	规则及输赢判断准则
	塔塔尔族男性	两人一组一对一进行竞技	无	先摔倒对方者为胜

图十四　塔塔尔族体育活动摔跤规则介绍图

草场

选择平坦的草场为比赛场地　　　　　　　一对一进行竞技　　　　　　　进行比赛，先将对方摔倒者获胜

图十五　塔塔尔族体育活动摔跤流程介绍图

声　明

　　本书编写时收入的个别图片，因条件所限，未能同相关著作权人取得联系，获得授权，敬请谅解。请相关著作权人及时与编者联系，以便奉上稿酬。谢谢！